U0651265

沉默的大多数

插图珍藏本

王小波 作品

CS 湖南文艺出版社
HUNAN LITERATURE AND ART PUBLISHING HOUSE

博集天卷
CS-BOOKY

图书在版编目（CIP）数据

沉默的大多数 / 王小波著 . — 长沙：湖南文艺出版社，2015.11
ISBN 978-7-5404-7362-4

Ⅰ . ①沉… Ⅱ . ①王… Ⅲ . ①杂文集—中国—当代②
随笔—作品集—中国—当代 Ⅳ . ① I267.1

中国版本图书馆 CIP 数据核字（2015）第 253123 号

上架建议：名家·经典

沉默的大多数

著　　者：王小波
出 版 人：刘清华
责任编辑：薛　健　刘诗哲
监　　制：毛闽峰　李　娜
特约编辑：薛　婷　张宇宏
封面设计：仙境设计
内文排版：百朗文化
出版发行：湖南文艺出版社
　　　　　　（长沙市雨花区东二环一段 508 号　邮编：410014）
网　　址：www.hnwy.net
印　　刷：北京鹏润伟业印刷有限公司
经　　销：新华书店
开　　本：880mm×1270mm　1/32
字　　数：392 千字
印　　张：15.5
版　　次：2016 年 1 月第 1 版
印　　次：2017 年 1 月第 2 次印刷
书　　号：ISBN 978-7-5404-7362-4
定　　价：38.00 元

质量监督电话：010-59096394
团购电话：010-59320018

目录 Contents

沉默的大多数 001

思维的乐趣 016

中国知识分子与中古遗风 027

知识分子的不幸 034

花剌子模信使问题 043

积极的结论 049

跳出手掌心 058

道德堕落与知识分子 065

论战与道德 071

道德保守主义及其他 077

"行货感"与文化相对主义 082

极端体验 085

我看国学 089

智慧与国学 094

理想国与哲人王 102

救世情结与白日梦 108

百姓·洋人·官 111

警惕狭隘民族主义的蛊惑宣传 114

对中国文化的布罗代尔式考证　　119

人性的逆转　　124

优越感种种　　132

东西方快乐观区别之我见　　135

肚子里的战争　　141

一只特立独行的猪　　144

椰子树与平等　　148

思想和害臊　　151

体验生活　　154

皇帝做习题　　158

拒绝恭维　　161

关于崇高　　165

谦卑学习班　　168

荷兰牧场与父老乡亲　　172

高考经历　　175

科学的美好　　178

我怎样做青年的思想工作　　182

我看老三届　　185

我为什么要写作　　189

用一生来学习艺术　　194

我的精神家园　　198

关于"媚雅"　　202

从Internet说起　　205

奸近杀　　208

欣赏经典　　211

我对小说的看法　　　　　　　214

小说的艺术　　　　　　　　　216

从《黄金时代》谈小说艺术　　219

卡尔维诺与未来的一千年　　　222

盖茨的紧身衣　　　　　　　　224

关于文体　　　　　　　　　　228

关于格调　　　　　　　　　　231

关于幽闭型小说　　　　　　　236

文明与反讽　　　　　　　　　239

长虫·草帽·细高挑　　　　　243

卡拉OK和驴鸣镇　　　　　　247

外国电影里的幽默　　　　　　249

电影·韭菜·旧报纸　　　　　252

商业片与艺术片　　　　　　　256

我对国产片的看法　　　　　　259

中国为什么没有科幻片　　　　262

电脑特技与异化　　　　　　　265

旧片重温　　　　　　　　　　268

为什么要老片新拍　　　　　　271

好人电影　　　　　　　　　　274

都市言情剧里的爱情　　　　　277

有关爱情片　　　　　　　　　281

《祝你平安》与音乐电视　　　284

承认的勇气　　　　　　　　　286

明星与癫狂　　　　　　　　　289

另一种文化　　　　　　　294

艺术与关怀弱势群体　　　297

电视与电脑病毒　　　　　299

在美国左派家做客　　　　303

门前空地　　　　　　　　306

卖唱的人们　　　　　　　310

打工经历　　　　　　　　313

自然景观和人文景观　　　316

北京风情　　　　　　　　319

文化的园地　　　　　　　321

环境问题　　　　　　　　325

个人尊严　　　　　　　　328

君子的尊严　　　　　　　332

居住环境与尊严　　　　　335

饮食卫生与尊严　　　　　338

有关贫穷　　　　　　　　342

有关"伟大一族"　　　　　345

有关"给点气氛"　　　　　349

生活和小说　　　　　　　353

苏东坡与东坡肉　　　　　356

驴和人的新寓言　　　　　359

愚人节有感　　　　　　　362

工作与人生　　　　　　　364

《代价论》、乌托邦与圣贤　367

不新的《万历十五年》　　370

京片子与民族自尊心　　　373

有关"错误的故事"　　　376

洋鬼子与辜鸿铭　　　379

我是哪一种女权主义者　　　382

我看文化热　　　386

文化之争　　　388

弗洛伊德和受虐狂　　　392

诚实与浮嚣　　　395

迷信与邪门书　　　398

生命科学与骗术　　　402

王朔的作品　　　407

盛装舞步　　　410

科学与邪道　　　413

男人眼中的女性美　　　416

对待知识的态度　　　419

有与无　　　422

虚伪与毫不利己　　　425

海明威的《老人与海》　　　427

掩卷：《鱼王》读后　　　432

萧伯纳的《巴巴拉少校》　　　437

《血统》序　　　442

《私人生活》与女性文学　　　445

从《赤彤丹朱》想到的　　　449

域外杂谈·衣　　　453

域外杂谈·食　　　456

域外杂谈·住   459

域外杂谈·行   462

域外杂谈·盗贼   465

域外杂谈·农场   470

域外杂谈·中国餐馆   474

写给新的一年（1996年）   482

写给新的一年（1997年）   485

沉默的大多数

【一】

　　君特·格拉斯在《铁皮鼓》里，写了一个不肯长大的人。小奥斯卡发现周围的世界太过荒诞，就暗下决心要永远做小孩子。在冥冥之中，有一种力量成全了他的决心，所以他就成了个侏儒。这个故事太过神奇，但很有意思。人要永远做小孩子虽办不到，但想要保持沉默是能办到的。在我周围，像我这种性格的人特多——在公众场合什么都不说，到了私下里则妙语连珠，换言之，对信得过的人什么都说，对信不过的人什么都不说。起初我以为这是因为经历了严酷的时期（"文化大革命"），后来才发现，这是中国人的通病。龙应台女士就大发感慨，问中国人为什么不说话。她在国外住了很多年，几乎变成了个心直口快的外国人。她把保持沉默看作怯懦，但这是不对的。沉默是一种生活方式，不但是中国人，外国人中也有选择这种生活方式的。

我就知道这样一个例子：他是苏联的大作曲家肖斯塔科维奇。有好长一段时间他写自己的音乐，一声也不吭。后来忽然口授了一厚本回忆录，并在每一页上都签了名，然后他就死掉了。据我所知，回忆录的主要内容，就是谈自己在沉默中的感受。阅读那本书时，我得到了很大的乐趣——当然，当时我在沉默中。把这本书借给一个话语圈子里的朋友去看，他却得不到任何的乐趣，还说这本书格调低下，气氛阴暗。那本书里有一段讲到了苏联三十年代，有好多人忽然就不见了，所以大家都很害怕，人们之间都不说话。邻里之间起了争纷都不敢吵架，所以有了另一种表达感情的方式，就是往别人烧水的壶里吐痰。顺便说一句，苏联人盖过一些宿舍式的房子，有公用的卫生间、盥洗室和厨房，这就给吐痰提供了方便。我觉得有趣，是因为像肖斯塔科维奇那样的大音乐家，戴着夹鼻眼镜，留着山羊胡子，吐起痰来一定多有不便。可以想见，他必定要一手抓住眼镜，另一手护住胡子，探着头去吐。假如就这样被人逮到揍上一顿，那就更有趣了。其实肖斯塔科维奇长得什么样，我也不知道，我只是想象他是这个样子，然后就哈哈大笑。我的朋友看了这一段就不笑，他以为这样吐痰动作不美，境界不高，思想也不好。这使我不敢与他争辩——再争辩就要涉入某些话语的范畴，而这些话语，就是阴阳两界的分界线。

看过《铁皮鼓》的人都知道，小奥斯卡后来改变了他的决心，也长大了。我现在已决定了要说话，这样我就不是小奥斯卡，而是大奥斯卡。我现在当然能同意往别人的水壶里吐痰是思想不好，境界不高。不过有些事继续发生在我身边，举个住楼的人都知道的例子：假设有人常把一辆自行车放在你门口的楼道上，挡了你的路，你可以开口去说——打电话给居委会；或者直接找到车主，说道：同志，"五讲四美"，请你注意。此后他会用什么样的语言来回答你，我就不敢保证。我估计他最起码要说你"事儿"，假如你是女的，他还会说你"事儿妈"，不管你有多大岁数，够不够做他妈。当然，你也可以选择沉默的方式来表达自己对这种行为的厌恶之情：把他车胎里的气放掉。干这件事时，当然要注意别被车主看见。还有一种更损的方式，不值得推荐，那就是在车胎上按上个图钉。有人按了图钉再拔下来，这样车主找不到窟窿在哪儿，补胎时更困难。假如车子可以搬动，把它挪到难找的地方去，让车主找不着它，也是一种选择。这方面就说这么多，因为我不想教坏。这些事使我想到了福柯先生的话：话语即权力。这话应该倒过来说：权力即话语。就以上面的例子来说，你要给人讲"五讲四美"，最好是戴上个红箍。根据我对事实的了解，红箍还不大够用，最好穿上一身警服。"五讲四美"虽然是些好话，讲的时候最好有实力或者说是身份作为保证。话说到这个地步，可以说说当年和朋友讨论肖斯塔科维奇，他一说到思想、境界等等，我为什么就一声不吭——朋友倒是个很好的朋友，但我怕他挑我的毛病。

　　一般人从七岁开始走进教室，开始接受话语的熏陶。我觉得自己还要早些，因为从我记事时开始，外面总是装着高音喇叭，没黑没夜地乱嚷嚷。从这些话里我知道了土平炉可以炼钢，这种东西和做饭的灶相仿，装了一台小鼓风机，嗡嗡地响着，好像一窝飞行的屎壳郎。炼出的东西是一团团火红的粘在一起的锅片子，看起来是牛屎的样子。有一位手持钢钎的叔叔说，这就是钢。那一年我只有六岁，以后有好长一段时间，一听到"钢铁"这个词，我就会想到牛屎。从那些话里我还知道了一亩地可以产三十万斤粮，然后我们就饿得要死。总而言之，从小我对讲出来的话就不大相信，越是声色俱厉，嗓门高亢，我越是不信。这种怀疑态度起源于我饥饿的肚肠。和任何话语相比，饥饿都是更大的真理。除了怀疑话语，我还有一个恶习，就是吃铅笔。上小学时，在课桌后面一坐定就开始吃。那种铅笔一毛三一支，后面有橡皮头。我从后面吃起，先吃掉柔软可口的橡皮，再吃掉柔韧爽口的铁皮，吃到木头笔杆以后，软糯糯的没什么味道，但有一点儿香料味，诱使我接着吃。终于把整支铅笔吃得只剩了一支铅芯，用橡皮膏缠上接着使。除了铅笔之外，课本、练习本，甚至课桌都可以吃。我说到的这些东西，有些被吃掉了，有些被啃得十分狼藉。这也是一个真理，但没有用话语来表达过：饥饿可以把小孩子变成白蚁。

　　这个世界上有个很大的误会，那就是以为人的种种想法都是由话语教出来的。假设如此，话语就是思维的样板。我说它是个误会，是因为世界还有阴的一面。除此之外，同样的话语也可能教出些很不同的想法。从我懂事的年龄起，就常听人们说：我们这一代，生于一个神圣的时代，多么幸福，而且肩负着解放天下三分之二受苦人的神圣使命，等等。同年龄的人听了都很振奋，很爱听，但我总有点儿疑问，这么多美事怎么都叫我赶上了。除此之外，我以为这种说法不够含蓄。而含蓄是我们的家教。在三年困难时期，有一天开饭时，每人碗里有一小片腊肉。我弟弟见了以后，按捺不住心中的狂喜，冲上阳台，朝全世界放声高呼："我们家吃大鱼大肉了！"结果是被我爸爸拖回来臭揍了一顿。经过这样的教育，我一直比较深沉。所以听到别人说我们多么幸福，多么神圣，别人在受苦，我们没有受等等，心里老在想着：假如我们真遇上了这么多美事，不把它说出来会不会更好。当然，这不是说我不想履行自己的神圣职责。对于天下三分之二的受苦人，我是这么想的：与其大呼小叫说要去解放他们，让人家苦等，倒不如一声不吭，忽然有一天把他们解放，给他们一个意外惊喜。总而言之，我总是从实际的方面去考虑，而且考虑得很周到。幼年的经历、家教和天性谨慎，是我变得沉默的起因。

【二】

在我小时候，话语好像是一池冷水，它使我一身一身起鸡皮疙瘩。但不管怎么说吧，人来到世间，仿佛是来游泳的，迟早要跳进去。我可没有想到自己会保持沉默直到四十岁，假如想到了，未必有继续生活的勇气。不管怎么说吧，我听到的话也不总是那么疯，是一阵疯，一阵不疯。所以在十四岁之前，我并没有终身沉默的决心。

小的时候，我们只有听人说话的份儿。当我的同龄人开始说话时，给我一种极恶劣的印象。有位朋友写了一本书，写的是自己在"文革"中的遭遇，书名为《血统》。可以想见，她出身不好。她要我给她的书写个序。这件事使我想起来自己在那些年的所见所闻。"文革"开始时，我十四岁，正上初中一年级。有一天，忽然发生了惊人的变化，班上的一部分同学忽然变成了"红五类"，另一部分则成了"黑五类"。我自己的情况特殊，还说不清是哪一类。当然，这红和黑的说法并不是我们发明出来，这个变化也不是由我们发起的。在这方面我们毫无责任。只是我们中间的一些人，该负一点儿欺负同学的责任。

照我看来，红的同学忽然得到了很大的好处，这是值得祝贺的。黑的同学忽然遇上了很大的不幸，也值得同情。不等我对他们一一表示祝贺和同情，一些红的同学就把脑袋刮光，束上了大皮带，站在校门口，问每一个想进来的人："你什么出身？"他们对同班同学问得格外仔细，一听到他们报出不好的出身，就从牙缝里迸出三个字："狗崽子！"当然，我能理解他们突然变成了红五类的狂喜，但为此非要使自己的同学在大庭广众下变成狗崽子，未免也太过分。当年我就这么想，现在我也这么想：话语教给我们很多，但善恶还是可以自明。话语想要教给我们，人与人生来就不平等。在人间，尊卑有序是永恒的真理，但你也可以不听。

我上小学六年级时，暑期布置的读书作业是《南方来信》。那是一本记述越南人民抗美救国斗争的读物，其中充满了处决、拷打和虐杀。看完以后，心里充满了怪怪的想法。那时正在青春期的前沿，差一点儿要变成个性变态了。总而言之，假如对我的那种教育完全成功，换言之，假如那些园丁、人类灵魂的工程师对我的期望得以实现，我就想象不出现在我怎能不嗜杀成性、怎能不残忍，或者说，在我身上，怎么还会保留了一些人性。好在人不光是在书本上学习，还会在沉默中学习。这是我人性尚存的主因。至于话语，它教给我的是：要横扫一切牛鬼蛇神，把"文化革命"进行到底。当时话语正站在人性的反面上。假如完全相信它，就不会有人性。

【三】

现在我来说明自己为什么人性尚存："文化革命"刚开始时，我住在一所大学里。有一天，我从校外回来，遇上一大伙人，正在向校门口行进。走在前面的是一伙大学生，彼此争论不休，而且嗓门很大；当然是在用时髦话语争吵，除了毛主席的教导，还经常提到"十六条"。所谓十六条，是中央颁布的展开"文化革命"的十六条规定，其中有一条叫作"要文斗，不要武斗"，制定出来就是供大家违反之用。在那些争论的人之中，有一个人居于中心地位，但他双唇紧闭，一声不吭，唇边似有血迹。在场的大学生有一半在追问他，要他开口说话，另一半则在维护他，不让他说话。"文化革命"里到处都有两派之争，这是个具体的例子。至于队伍的后半部分，是一帮像我这么大的男孩子，一个个也是双唇紧闭，一声不吭，但唇边没有血迹,阴魂不散地跟在后面。有几个大学生想把他们拦住,但是不成功,你把正面拦住,他们就从侧面绕过去,但保持着一声不吭的态度。这件事相当古怪,因为我们院里的孩子相当厉害,不但敢吵敢骂,而且动起手来,大学生还未必是个儿,那天真是令人意外的老实。我立刻投身其中,问他们出了什么事,怪的是这些孩子都不理我,继续双唇紧闭,两眼发直,显出一种坚忍的态度,继续向前行进——这情形好像他们发了一种集体性的癔症。

有关癔症,我们知道,有一种一声不吭,只顾扬尘舞蹈;另一种喋喋不休,就不大扬尘舞蹈。不管哪一种,心里想的和表现出来的完全不是一回事。我在北方插队时,村里有几个妇女有癔症,其中有一位,假如你信她的说法,她其实只死去多年的狐狸,成天和丈夫(假定此说成立,这位丈夫就是个兽奸犯)吵吵闹闹,以狐狸的名义要求吃肉。但肉割来以后,她要求把肉煮熟,并以大蒜佐餐。很显然,这不合乎狐狸的饮食习惯。所以,实际上是她,而不是它要吃肉。至于"文化革命",有几分像场集体性的癔症,大家闹的和心里想的也不是一回事。当然,这要把世界阴的一面考虑在内。只考虑阳的一面,结论就只能是:当年大家胡打乱闹,确实是为了保卫毛主席,保卫党中央。

但是我说的那些大学里的男孩子其实没有犯癔症。后来,我揪住了一个和我很熟的孩子,问出了这件事的始末,原来,在大学生宿舍的盥洗室里,有两个学生在洗脸时相遇,为各自不同的观点争辩起来。争着争着,就打了起来。其中一位受了伤,已被送到医院。另一位没受伤,理所当然地成了打人凶手,就是走在队伍前列的那一位。这一大伙人在理论上是前往某个机构(叫作校革委还是筹委会,我已经不记得了)讲理,实际上是在校园里做无目标的布朗运动。这个故事还有另一个线索:被打伤的学生血肉模糊,有一只耳朵(是左耳还是右耳已经记不得,但我肯定是两者之一）的一部分不见了，在现场也没有找到。根据一种阿加莎·克里斯蒂式的推理，这块耳朵不会在别的地方，只能在打人的学生嘴里，假如他还没把它吃下去的话；因为此君不但脾气暴躁，急了的时候还会咬人，而且咬了不止一次了。我急于交代这件事的要点，忽略了一些细节，比方说，受伤的学生曾经惨叫了一声，别人就闻声而来，使打人者没有机会把耳朵吐出来藏起来等等。总之，此君现在只有两个选择，或是在大庭广众之中把耳朵吐出来，证明自己的品行恶劣，或者把它吞下去。我听到这些话，马上就加入了尾随的行列，双唇紧闭，牙关紧咬，并且感觉到自己嘴里仿佛含了一块咸咸的东西。

现在我必须承认，我没有看到那件事的结局；因为天晚了，回家太晚会有麻烦。但我的确关心着这件事的进展，几乎失眠。这件事的结局是别人告诉我的：最后，那个咬人的学生把耳朵吐了出来，并且被人逮住了。不知你会怎么看，反正当时我觉得如释重负：不管怎么说，人性尚存。同类不会相食，也不会把别人的一部分吞下去。当然，这件事可能会说明一些别的东西：比方说，咬掉的耳朵块儿太大，咬人的学生嗓子眼太细，但这些可能性我都不愿意考虑。我说到这件事，是想说明我自己曾在沉默中学到了一点东西。你可以说，这些东西还不够；但这些东西是好的，虽然学到它的方式不值得推广。

我把一个咬人的大学生称为人性的教师，肯定要把一些人气得发狂。但我有自己的道理：一个脾气暴躁、动辄使用牙齿的人，尚且不肯吞下别人的肉体，这一课看起来更有力量。再说，在"文化革命"的那一阶段里，人也不可能学到更好的东西了。

有一段时间常听到年长的人说我们这一代人不好，是"文革"中的红卫兵，品格低劣。考虑到红卫兵也不是孤儿院里的孩子，他们都是学校教育出来的，对于这种低劣品行，学校和家庭教育应该负一定的责任。除此之外，对我们的品行，大家也过虑了。这是因为，世界不光有阳的一面，还有阴的一面。后来，我们这些人就去插队。在插队时，同学们之间表现得相当友爱，最起码这是可圈可点的。我的亲身经历就可证明：有一次农忙时期我生了重病，闹得实在熬不过去了，当时没人来管我，只有一个同样在生病的同学，半搀半拖，送我涉过了南宛河，到了医院。那条河虽然不深，但当时足有五公里宽，因为它已经泛滥得连岸都找不着了。假如别人生了病，我也会这样送他。因为有这些表现，我以为我们并不坏，不必青春无悔，留在农村不回来；也不必听从某种暗示而集体自杀，给现在的年轻人空出位子来。而我们的人品的一切可取之处，都该感谢沉默的教诲。

【四】

有一件事大多数人都知道：我们可以在沉默和话语两种文化中选择。我个人经历过很多选择的机会，比方说，插队的时候，有些"插友"就选择了说点什么，到"积代会"上去"讲用"，然后就会有些好处。有些话年轻的朋友不熟悉，我只能简单地解释道：积代会是"活学活用毛主席著作积极分子代表大会"，讲用是指讲自己活学活用毛主席著作的心得体会。参加了积代会，就是积极分子。而积极分子是个好意思。另一种机会是当学生时，假如在会上积极发言，再积极参加社会活动，就可能当学生干部，学生干部又是个好意思。这些机会我都自愿地放弃了。选择了说话的朋友可能不相信我是自愿放弃的，他们会认为，我不会说话或者不够档次，不配说话。因为话语即权力，权力又是个好意思，所以的确有不少人挖空心思要打进话语的圈子，甚至在争夺"话语权"。我说我是自愿放弃的，有人会不信——好在还有不少人会相信。主要的原因是进了那个圈子就要说那种话，甚至要以那种话来思索，我觉得不够有意思。据我所知，那个圈子里常常犯着贫乏症。

二十多年前，我在云南当知青。除了穿着比较干净、皮肤比较白皙之外，当地人怎么看待我们，是个很费猜的问题。我觉得，他们以为我们都是台面上的人，必须用台面上的语言和我们交谈——最起码在我们刚去时，他们是这样想的。这当然是一个误会，但并不讨厌。还有个讨厌的误会是：他们以为我们很有钱，在集市上死命地朝我们要高价，以致我们买点儿东西，总要比当地人多花一两倍的钱。后来我们就用一种独特的方法买东西：不还价，甩下一沓毛票让你慢慢数，同时把货物抱走。等你数清了毛票，连人带货都找不到。起初我们给的是公道价，后来有人就越给越少，甚至在毛票里杂些分票。假如我说自己洁身自好，没干过这种事，你一定不相信，所以我决定不争辩。终于有一天，有个学生在这样买东西时被老乡扯住了——但这个人绝不是我。那位老乡决定要说该同学一顿，期期艾艾地憋了好半天，才说出：哇！不行啦！思想啦！斗私批修啦！后来我们回家去，为该老乡的话语笑得打滚。可想而知，在今天，那老乡就会说：哇！不行啦！"五讲"啦！"四美"啦！"三热爱"啦！同样也会使我们笑得要死。从当时的情形和该老乡的情绪来看，他想说的只是一句很简单的话，那一句话的头一个字发音和"洗澡"的"澡"有些相似。我举这个例子，绝不是讨了便宜又要卖乖，只是想说明一下话语的贫乏。用它来说话都相当困难，更不要说用它来思想了。话语圈子里的朋友会说，我举了一个很恶劣的例子——我记住这种事，只是为了丑化生活，但我自己觉得不是的。

我在沉默中过了很多年：插队，当工人，当大学生，后来又在大学里任过教。当教师的人保持沉默似不可能，但我教的是技术性的课程，在讲台上只讲技术性的话，下了课我就走人。照我看，不管干什么都可以保持

沉默。当然，我还有一个终生爱好，就是写小说。但是写好了不拿去发表，同样也保持了沉默。至于沉默的理由，很是简单。那就是信不过话语圈。从我短短的人生经历来看，它是一座声名狼藉的疯人院。当时我怀疑的不仅是说过亩产三十万斤粮、炸过精神原子弹的那个话语圈，而是一切话语圈。假如在今天能证明我当时犯了一个以偏概全的错误，我会感到无限的幸福。

【五】

我说自己多年以来保持了沉默，你可能会不信；这说明你是个过来人。你不信我从未在会议上"表过态"，也没写过批判稿。这种怀疑是对的：因为我既不能证明自己是哑巴，也不能证明自己不会写字，所以这两件事我都是干过的。但是照我的标准，那不叫说话，而是上着一种话语的捐税。我们听说，在过去的年代里，连一些伟大的人物都"讲过一些违心的话"，这说明征税面非常宽。因为有征话语捐的事，不管我们讲什么，都可以不必自责：话是上面让说的嘛。但假如一切话语都是征来的捐税，事情就不很妙。拿这些东西可以干什么？它是话，不是钱，既不能用来修水坝，也不能拿来修电站；只能搁在那里臭掉，供后人耻笑。当然，拿征募来的话语干什么，不是我该考虑的事；也许它还有别的用处我没有想到。我要说的是：征收话语捐的事是古已有之。说话的人往往有种输捐纳税的意识，融化在血液里，落实在口头上。在这方面有个例子，是古典名著《红楼梦》。在那本书里，有两个姑娘在大观园里联句，联着联着，冒出了颂圣的词句。这件事让我都觉得不好意思：两个十几岁的小姑娘，躲在后花园里，半夜三更作几句诗，都忘不了颂圣，这叫什么事？仔细推敲起来，毛病当然出在写书人的身上，是他有这种毛病。这种毛病就是：在使用话语时总想交税的强迫症。

我认为，可以在话语的世界里分出两极。一极是圣贤的话语，这些话是自愿的捐献；另一极是沉默者的话语，这些话是强征来的税金。在这两极之间的话，全都暧昧难明：既是捐献，又是税金。在那些说话的人心里都有一个税吏。中国的读书人有很强的社会责任感，就是缴纳税金，做一个好的纳税人——这是难听的说法。好听的说法就是以天下为己任。

我曾经是个沉默的人，这就是说，我不喜欢在各种会议上发言，也不喜欢写稿子。这一点最近已经发生了改变，参加会议时也会发言，有时也写点儿稿。对这种改变我有种强烈的感受，有如丧失了童贞。这就意味着我违背了多年以来的积习，不再属于沉默的大多数了。我还不至为此感到痛苦，但也有一点儿轻微的失落感。开口说话并不意味着恢复了缴纳税金的责任感，假设我真是这么想，大家就会见到一个最大的废话篓子。我有的是另一种责任感。

几年前，我参加了一些社会学研究，因此接触了一些"弱势群体"，其中最特别的就是同性恋者。做过了这些研究之后，我忽然猛省到：所谓弱势群体，就是有些话没有说出来的人。就是因为这些话没有说出来，所以很多人以为他们不存在或者很遥远。在中国，人们以为同性恋者不存在。在外国，人们知道同性恋者存在，但不知他们是谁。有两位人类学家给同性恋者写了一本书，题目就叫作 *Word is out*。然后我又猛省到自己也属于古往今来最大的一个弱势群体，就是沉默的大多数。这些人保持沉默的原因多种多样，有些人没能力，或者没有机会说话；还有人有些隐情不便说话；还有一些人，因为种种原因，对于话语的世界有某种厌恶之情。我就属于这最后一种。作为最后这种人，也有义务谈谈自己的所见所闻。

【六】

我现在写的东西大体属于文学的范畴。所谓文学，在我看来就是：先把文章写好看了再说，别的就管他妈的。除了文学，我想不到有什么地方可以接受我这些古怪想法。赖在文学上，可以给自己在圈子中找到一个立脚点。有这样一个立脚点，就可以攻击这个圈子，攻击整个阳的世界。

几年前，我在美国读书。有个洋鬼子这样问我们：你们中国那个阴阳学说，怎么一切好的东西都属阳，一点儿不给阴剩下？当然，她这样发问，是因为她正是一个五体不全之阴人。但是这话也有些道理。话语权属于阳的一方，它当然不会说阴的一方任何好话。就是夫子也未能免俗，他把妇女和小人攻击了一通。这句话几千年来总被人引用，但我就没听到受攻击一方有任何回应。人们只是小心提防着不要做小人，至于怎样不做妇人，这问题一直没有解决。就是到了现代，女变男的变性手术也是一个难题，而且不宜推广——这世界上假男人太多，真男人就会找不到老婆。简言之，话语圈里总是在说些不会遇到反驳的话。往好听里说，这叫作自说自话；往难听里说，就让人想起了一个形容缺德行为的顺口溜：打聋子骂哑巴扒绝户坟。仔细考较起来，恐怕聋子、哑巴、绝户都属阴的一类，所以遇到种种不幸也是活该——笔者的国学不够精深，不知这样理解对不对。但我知道一个确定无疑的事实：任何人说话都会有毛病，圣贤说话也有毛病，这种毛病还相当严重。假如一般人犯了这种病，就会被说成精神分裂症。在现实生活里，我们就是这样看待自说自话的人。

如今我也挤进了话语圈子。这只能说明一件事：这个圈子已经分崩离析。基于这种不幸的现实，可以听到各种要求振奋的话语：让我们来重建中国的精神结构等等。作为从另一个圈子里来的人，我对新圈子里的朋友有个建议：让我们来检查一下自己，看看傻不傻，疯不疯？有各种各样的镜子可供检查自己之用：中国的传统是一面镜子，外国文化是另一面镜子。还有一面更大的镜子，就在我们身边，那就是沉默的大多数。这些议论当然是有感而发的。几年前，我刚刚走出沉默，写了一本书，送给长者看。他不喜欢这本书，认为书不能这样来写。照他看来，写书应该能教育人民，提升人的灵魂。这真是金玉良言。但是在这世界上的一切人之中，我最希望予以提升的一个，就是我自己。这话很卑鄙，很自私，也很诚实。

思维的乐趣

【一】

二十五年前，我到农村去插队时，带了几本书，其中一本是奥维德的《变形记》，我们队里的人把它翻了又翻，看了又看，以至它像一卷海带的样子。后来别队的人把它借走了，以后我又在几个不同的地方见到了它，它的样子越来越糟。我相信这本书最后是被人看没了的。现在我还忘不了那本书的惨状。插队的生活是艰苦的，吃不饱，水土不服，很多人得了病，但是最大的痛苦是没有书看，倘若可看的书很多的话，《变形记》也不会这样悲惨地消失了。除此之外，还得不到思想的乐趣。我相信这不是我一个人的经历：傍晚时分，你坐在屋檐下，看着天慢慢地黑下去，心里寂寞而凄凉，感到自己的生命被剥夺了。当时我是个年轻人，但我害怕这样生活下去，衰老下去。在我看来，这是比死亡更可怕的事。

我插队的地方有军代表管着我们，现在我认为，他们是一批单纯的好人，但我还认为，在我这一生里，再没有谁比他们使我更加痛苦过了。他们认为，所谓思想的乐趣，就是一天二十四小时都用毛泽东思想来占领，早上早请示，晚上晚汇报，假如有闲暇，就去看说他们自己"亚古都"的歌舞。我对那些歌舞本身并无意见，但是看过二十遍以后就厌倦了。假如我们看书被他们看到了，就是一场灾难，甚至"著迅鲁"的书也不成——小红书当然例外。顺便说一句，还真有人因为带了旧版的鲁迅著作给自己带来了麻烦。有一个知识可能将来还有用处，就是把有趣的书换上无趣的皮。我不认为自己能够在一些宗教仪式中得到思想的乐趣，所以一直郁郁寡欢。像这样的故事有些作者也写到过，比方说，茨威格写过一部以此为题材的小说《象棋》，可称是现代经典，但我不认为他把这种痛苦描写得十全十美了。这种痛苦的顶点不是被拘押在旅馆里没有书看、没有合格的谈话伙伴，而是被放在外面，感到天地之间同样寂寞，面对和你一样痛苦的同伴。在我们之前，生活过无数的大智者，比方说，罗素、牛顿、莎士比亚，他们的思想和著述可以使我们免于这种痛苦，但我们和他们的思想、著述，已经被隔绝了。一个人倘若需要从思想中得到快乐，那么他的第一个欲望就是学习。我承认，我在抵御这种痛苦方面的确是不够坚强，但我绝不是最差的一个。举例言之，罗素先生在五岁时，感到寂寞而凄凉，就想道：假如我能活到七十岁，那么我这不幸的一生才度过了十四分之一！但是等他稍大一点儿，接触到智者的思想的火花，就改变了想法。假设他被派去插队，很可能就要自杀了。

　　谈到思想的乐趣，我就想到了我父亲的遭遇。我父亲是一位哲学教授，在五六十年代从事思维史的研究。在老年时，他告诉我自己一生的学术经历，就如一部恐怖电影。每当他企图立论时，总要在大一统的官方思想体系里找自己的位置，就如一只老母鸡要在一个大搬家的宅院里找地方孵蛋一样。结果他虽然热爱科学而且很努力，在一生中却没有得到思维的乐趣，只收获了无数的恐慌。他一生的探索，只剩下了一些断壁残垣，收到一本名为《逻辑探索》的书里，在他身后出版。众所周知，他那一辈的学人，一辈子能留下一本书就不错。这正是因为在那些年代，有人想把中国人的思想搞得彻底无味。我们这个国家里，只有很少的人觉得思想会有乐趣，却有很多的人感受过思想带来的恐慌，所以现在还有很多人以为，思想的味道就该是这样的。

【二】

"文化革命"之后，我读到了徐迟先生写哥德巴赫猜想的报告文学，那篇文章写得很浪漫。一个人写自己不懂得的事就容易这样浪漫。我个人认为，对于一个学者来说，能够和同行交流，是一种起码的乐趣。陈景润先生一个人在小房子里证数学题时，很需要有些国外的数学期刊可看，还需要有机会和数学界的同人谈谈。但他没有，所以他未必是幸福的，当然他比没定理可证的人要快活。把一个定理证了十几年，就算证出时有绝大的乐趣，也不能平衡。但是在寂寞里枯坐就更加难熬。假如插队时，我懂得数论，必然会有陈先生的举动，而且就是最后什么都证不出也不后悔，但那个故事肯定比徐先生作品里描写的悲惨。然而，某个人被剥夺了学习、交流、建树这三种快乐，仍然不能得到我最大的同情。这种同情我为那些被剥夺了"有趣"的人保留着。

"文化革命"以后，我还读到了阿城先生写知青下棋的小说，这篇小说写得也很浪漫。我这辈子下过的棋有五分之四是在插队时下的，同时我也从一个相当不错的棋手变成了一个无可救药的庸手。现在把下棋和插队两个词拉到一起，就能引起我生理上的反感。因为没事干而下棋，性质和手淫差不太多。我绝不肯把这样无聊的事写进小说里。

假如一个人每天吃一样的饭，干一样的活儿，再加上把八个样板戏翻过来倒过去地看，看到听了上句知道下句的程度，就值得我最大的同情。我最赞成罗素先生的一句话："须知参差多态，乃是幸福的本源。"大多数的参差多态都是敏于思索的人创造出来的。当然，我知道有些人不赞成我们的意见。他们必然认为，单一机械，乃是幸福的本源。老子说，要让大家"虚其心实其腹"，我听了就不是很喜欢；汉儒废黜百家，独尊儒术，在我看来是个很卑鄙的行为。摩尔爵士设想了一个细节完备的乌托邦，但我像罗素先生一样，绝不肯到其中去生活。在这个名单的末尾是一些善良的军代表，他们想把一切从我头脑中驱除出去，只剩一本 270 页的小红书。在生活的其他方面，某种程度的单调、机械是必须忍受的，但是思想绝不能包括在内。胡思乱想并不有趣，有趣是有道理而且新奇。在我们生活的这个世界上，最大的不幸就是有些人完全拒绝新奇。

我认为自己体验到最大快乐的时期是初进大学时。因为科学对我来说是新奇的，而且它总是逻辑完备，无懈可击，这是这个平凡的尘世上罕见的东西。与此同时，也得以了解先辈科学家的杰出智力。这就如和一位高明的棋手下棋，虽然自己总被击败，但也有机会领略妙着儿。在我的同学里，凡和我同等年龄、有同等经历的人，也和我有同样的体验。某些单调机械的行为，比如吃、排泄、性交，也能带来快感，但因为过于简单，不能和这样的快乐相比。艺术也能带来这样的快乐，但是必须产生于真正的大师，像牛顿、莱布尼茨、爱因斯坦那样级别的人物，时下中国的艺术家，尚没有一位达到这样的级别。恕我直言，能够带来思想快乐的东西，只能是人类智慧至高的产物。比这再低一档的东西，只会给人带来痛苦，而这种低档货，就是出于功利的种种想法。

【三】

有必要对人类思维的器官（头脑）进行"灌输"的想法，时下正方兴未艾。我认为脑子是感知至高幸福的器官，把功利的想法施加在它上面，是可疑之举。有一些人说它是进行竞争的工具，所以人就该在出世之前学会说话，在三岁之前背诵唐诗。假如这样来使用它，那么它还能获得什么幸福，实在堪虞。知识虽然可以带来幸福，但假如把它压缩成药丸子灌下去，就丧失了乐趣。当然，如果有人乐意这样来对待自己的孩子，那不是我能管的事，我只是对孩子表示同情而已。还有人认为，头脑是表示自己是个好人的工具，为此必须学会背诵一批格言、教条——事实上，这是希望使自己看上去比实际上要好，十足虚伪。这使我感到了某种程度的痛苦，但还不是不能忍受的。最大的痛苦莫过于总有人想要用种种理由消灭幸福所需要的参差多态。这些人想要这样做，最重要的理由是道德，说得更确切些，是出于功利方面的考虑。因此他们就把思想分门别类，分出好的和坏的，但所用的标准很是可疑。他们认为，假如人们脑子里灌满了好的东西，天下就会太平。因此他们准备用当年军代表对待我们的态度，来对待年轻人。假如说，思想是人类生活的主要方面，那么，出于功利的动机去改变人的思想，正如为了某个人的幸福把他杀掉一样，言之不能成理。

有些人认为，人应该充满境界高尚的思想，去掉格调低下的思想。这种说法听上去美妙，却使我感到莫大的恐慌。因为高尚的思想和低下的思想的总和就是我自己；倘若去掉一部分，我是谁就成了问题。假设有某君思想高尚，我是十分敬佩的；可是如果你因此想把我的脑子挖出来扔掉，换上他的，我绝不肯，除非你能够证明我罪大恶极，死有余辜。人既然活着，就有权保证他思想的连续性，到死方休。更何况那些高尚和低下完全是以他们自己的立场来度量的，假如我全盘接受，无异于请那些善良的思想母鸡到我脑子里下蛋，而我总不肯相信，自己的脖子上方，原来是长了一座鸡窝。想当年，我在军代表眼里也是很低下的人，他们要把自己的思想方法、生活方式强加给我，也是一种脑移植。菲尔丁曾说，既善良又伟大的人很少，甚至是绝无仅有的，所以这种脑移植带给我的不光是善良，还有愚蠢。在此我要很不情愿地用一句功利的说法：在现实世界上，蠢人办不成什么事情。我自己当然希望变得更善良，但这种善良应该是我变得更聪明造成的，而不是相反。更何况赫拉克利特早就说过，善与恶为一，正如上坡和下坡是同一条路。不知道何为恶，焉知何为善？所以他们要求的，不过是人云亦云罢了。

假设我相信上帝（其实我是不信的），并且正在为善恶不分而苦恼，我就会请求上帝让我聪明到足以明辨是非的程度，而绝不会请他让我愚蠢到让人家给我灌输善恶标准的程度。假若上帝要我负起灌输的任务，我就要请求他让我在此项任务和下地狱中做一选择，并且我坚定不移的决心是：选择后者。

【四】

假如要我举出一生最善良的时刻，那我就要举出刚当知青时，当时我一心想要解放全人类，丝毫也没有想到自己。同时我也要承认，当时我愚蠢得很，所以不仅没干成什么事情，反而染上了一身病，丢盔卸甲地逃回城里。现在我认为，愚蠢是一种极大的痛苦；降低人类的智能，乃是一种最大的罪孽。所以，以愚蠢教人，那是善良的人所能犯下的最严重的罪孽。

从这个意义上说，我们绝不可对善人放松警惕。假设我为大奸大恶之徒所骗，心理还能平衡；而为善良的低智人所骗，我就不能原谅自己。

假如让我举出自己最不善良的时刻，那就是现在了。可能是因为受了一些教育，也可能是因为已经成年，反正你要让我去解放什么人的话，我肯定要先问问，这些人是谁，为什么需要帮助；其次要问，帮助他们是不是我能力所及；最后我还要想想，自己直奔云南去挖坑，是否于事有补。这样想来想去，我肯定不愿去插队。领导上硬要我去，我还得去，但是这以后挖坏了青山、造成了水土流失等等，就罪不在我。一般人认为，善良而低智的人是无辜的。假如这种低智是先天造成的，我同意，但是人可以发展自己的智力，所以后天的低智算不了无辜——再说，没有比装傻更便当的了。当然，这结论绝不是说当年那些军代表是些装傻的奸邪之辈——我至今相信他们是好人。我的结论是：假设善恶是可以判断的，那么明辨是非的前提就是发展智力，增广知识。然而，你劝一位自以为已经明辨是非的人发展智力，增广见识，他总会觉得你让他舍近求远，不仅不肯，还会心生怨恨。我不愿为这样的小事去得罪人。

我现在当然有自己的善恶标准，而且我现在并不比别人表现得坏。我认为低智、偏执、思想贫乏是最大的邪恶。按这个标准，别人说我最善良，就是我最邪恶时；别人说我最邪恶，就是我最善良时。当然我不想把这个标准推荐给别人，但我认为，聪明、达观、多知的人，比之别样的人更堪信任。基于这种信念，我认为我们国家在"废黜百家，独尊儒术"之后，就丧失了很多机会。

我们这个民族总是有很多的理由封锁知识、钳制思想、灌输善良，因此有很多才智之士在其一生中丧失了学习、交流、建树的机会，没有得到思想的乐趣就死掉了。想到我父亲就是其中的一个，我就心中黯然；想到此类人士的总和有恒河沙数之多，我就趋向于悲观。此种悲剧的起因，当

024\ 沉默的大多数

然是现实世界里存在的种种问题。伟大的人物总认为，假设这世界上所有的人都像他期望的那样善良——更确切地说，都像他期望的那样思想，"思无邪"，或者"狠斗私字一闪念"，世界就可以得救。提出这些说法的人本身就是无邪或者无私的，他们当然不知邪和私是什么，故此这些要求就是：我没有的东西，你也不要有。无数人的才智就此被扼杀了。考虑到那恒河沙数才智之士的总和是一种难以想象的庞大资源，这种想法就是打算把整个大海装入一个瓶子之中。我所看到的事实是，这种想法一直在实行中，也就是说，对于现实世界的问题，从愚蠢的方面找办法。据此我认为，我们国家自汉代以后，一直在进行思想上的大屠杀；而我能够这样想，只说明我是幸存者之一。除了对此表示悲伤之外，我想不到别的了。

【五】

我虽然已活到了不惑之年，但还常常为一件事感到疑惑：为什么有很多人总是这样地仇恨新奇，仇恨有趣。古人曾说：天不生仲尼，万古长如夜。但我有相反的想法。假设历史上曾有一位大智者，一下发现了一切新奇、一切有趣，发现了终极真理，根绝了一切发现的可能性，我就情愿到该智者以前的年代去生活。这是因为，假如这种终极真理已经被发现，人类所能做的事就只剩下了依据这种真理来做价值判断。从汉代以后到近代，中国人就是这么生活的。我对这样的生活一点儿都不喜欢。

我认为，在人类的一切智能活动里，没有比做价值判断更简单的事了。假如你是只公兔子，就有做出价值判断的能力——大灰狼坏，母兔子好，然而兔子就不知道九九表。此种事实说明，一些缺乏其他能力的人，为什么特别热爱价值的领域。倘若对自己做价值判断，还要付出一些代价；对别人做价值判断，那就太简单、太舒服了。讲出这样粗暴的话来，我的确感到羞愧，但我并不感到抱歉，因为这种人士带给我们的痛苦实在太多了。

在一切价值判断之中，最坏的一种是：想得太多、太深奥、超过了某些人的理解程度是一种罪恶。我们在体验思想的快乐时，并没有伤害到任何人，不幸的是，总有人觉得自己受了伤害。诚然，这种快乐不是每一个人都能体验到的，但我们不该对此负责任。我看不出有什么理由要取消这种快乐，除非把卑鄙的嫉妒计算在内——这世界上有人喜欢丰富，有人喜欢单纯；我未见过喜欢丰富的人妒恨、伤害喜欢单纯的人，我见到的情形总是相反。假如我对科学和艺术稍有所知的话，它们是源于思想乐趣的浩浩江河，虽然惠及一切人，但这江河绝不是如某些人所想象的那样，为他们而流，正如以思想为乐趣的人不是为他们而生一样。

对于一位知识分子来说，成为思维的精英，比成为道德精英更为重要。人当然有不思索、把自己变得愚笨的自由，对于这一点，我是一点儿意见都没有的。问题在于思索和把自己变聪明的自由到底该不该有。喜欢前一种自由的人认为，过于复杂的思想会使人头脑昏乱，这听上去似乎有些道理。假如你把深山里一位质朴的农民请到城市的化工厂里，他也会因复杂的管道感到头晕，然而这不能成为取消化学工业的理由。所以，质朴的人们假如能把自己理解不了的事情看作与己无关的事，那就好了。

假如现在我周围的世界又充满了"文革"时的军代表和道德教师，只能使我惊，不能使我惧。因为我已经活到了四十二岁。我在大学里遇到了把知识当作幸福来传播的数学教师，他使学习数学变成了一种乐趣。我遇到了启迪我智慧的人。我有幸读到了我想看的书——这个书单很是庞杂，从罗素的《西方哲学史》，一直到英国维多利亚时期的地下小说。这最后一批书实在是很不堪的，但我总算是把不堪的东西也看到了。当然，我最感谢的是那些写了好书的人，比方说，萧伯纳、马克·吐温、卡尔维诺、杜拉斯等等，但对那些写了坏书的人也不怨恨。我自己也写了几本书，虽然还没来得及与大陆读者见面，但总算获得了一点儿创作的快乐。这些微不足道的幸福就能使我感到在一生中稍有所得，比我父亲幸福，比那些将在思想真空里煎熬一世的年轻人幸福。作为一个有过幸福和痛苦两种经历的人，我期望下一代人能在思想方面有些空间来感到幸福，而且这种空间比给我的大得多。而这些呼吁当然是对那些立志要当军代表和道德教师的人而发的。

中国知识分子与中古遗风

一、谁是知识分子?

我到现在还不确切知道什么人算是知识分子,什么人不算。插队的时候,军代表就说过我是"小资产阶级知识分子"。那一年我只有十七岁,上过六年小学,粗识些文字,所以觉得"知识分子"这四个字受之有愧。顺便说一句,"小资产"这三个字也受之有愧,我们家里吃的是公家饭,连家具都是公家的,又没有在家门口摆摊卖香烟,何来"小资产"?至于说到我作为一个人,理应属于某一个阶级,我倒是不致反对,但到现在我也不知道"知识青年"算什么阶级。假如硬要比靠,我以为应当算是流氓无产者之类。这些已经扯得太远了。我们国家总以受过某种程度的教育为尺度来界定知识分子,外国人却不是这样想的。我在美国留学时,和老美交流过,他们认为工程师、牙医之类的人,只能算是专业人员,不算知识分子,知识分子应该是在大学或者研究部门供职,不坐班也不挣大钱的那些人。照这个标准，中国还算有些知识分子。《纽约时报》有一次对知识分子下了个定义，我不敢引述，因为那个标准说到了要"批判社会"，照此中国就没有或是几乎没有知识分子。还有一个定义是在消闲刊物上看来的，我也不大敢信。照那个标准，知识分子全都住在纽约的格林威治村，愤世嫉俗，行为古怪，并且每个人都以为自己是世界上最后一个知识分子。所以我们还是该以有一份闲差或教职为尺度来界定现在的知识分子，以便比较。

如果到历史上去找知识分子，先秦诸子和古希腊的哲学家当然是知识分子，但是距离太遥远。到了中古，我们找到的知识分子的对应物就该是这样的：在中国，是一些进了县学或者州学的读书人，在等着参加科举的时候，能领到些米或者柴火；学官不时来考较一下，实在不通的要打一顿；等到中了科举当了官，恐怕就不能算是知识分子，所研究的学问，属于伦理学或者道德哲学之类。而在欧洲，是些教士或修道士，通晓拉丁文，打一辈子光棍，万一打熬不住，搞了同性恋，要被火烧死，研究的学问是神学，一个针尖上能立几个天使之类。虽然生活清苦，两边的知识分子都有远大的理想。这边以天下为己任，不亦重乎？那边立志献身于上帝，不亦高尚乎？当然，两边都出了些好人物。咱们有关汉卿、曹雪芹，人家有哥白尼、布鲁诺，不说是平分秋色，起码是各有千秋。所以在中古时中外知识分子很是相像。到了近代就不像了。

二、中国的知识分子的中古遗风

现代中国的知识分子，相比之下中古的遗风多些，首先表现在受约束上。试举一例，有一位柯老说过，知识分子两大特点，一是懒，二是贱……三天不打，尾巴就翘到天上去了。他老人家显出了学官的嘴脸。前几天我在电视剧《针眼儿警官》里听见一位派出所所长也说了类似的话，此后我一直等待正式道歉，还没等到。顺便说说，当年军代表硬要拿我算个知识分子，也是要收拾我。此种事实说明，中国知识分子的屁股离学官的板子还不太远。而外国的例子是有一位赫赫有名的福柯，颇有古希腊的遗风，是公开的同性恋者，未听说法国人要拿他点天灯。

不管怎么说，中外知识分子还是做着一样的事，只是做法不同——否则也不能都被叫作知识分子——这就是做自己的学问和关注社会。做学问的方面，大家心里有数，我就不加评论了。至于关注社会，简直是一目了然——关心的方式大不相同。中国知识分子关注社会的伦理道德，经常赤膊上阵，论说是非；而外国的知识分子则是以科学为基点，关注人类的未来，就是讨论道德问题，也是以理性为基础来讨论。弗罗姆、马尔库塞的书，国内都有译本，大家看看就明白了。人家那里热衷于伦理道德的，主要是些教士，还有一些是家庭妇女（我听说美国一些抵制色情协会都是家庭妇女在牵头——可能有以偏概全之处）。我敢说大学教授站在讲坛上，断断不会这样说："你们这些罪人，快忏悔吧……"这与身份不符。因为口沫飞溅，对别人大做价值评判，层次很低。教皇本人都不这样，我在电视上看到过他，笑眯眯的，说话很和气，遇到难以教化的人，就说："我为你祷告，求上帝启示于你——"比之我国某位作家动不动就"警告×××"，真有天壤之别。据我所知，教皇博学多识，我真想把他也算个知识分子，就怕他不乐意当。

我国知识分子在讨论社会问题时，常说的一件事就是别人太无知。举例言之，我在海外求学时，在《人民日报》（海外版）上看到了一篇文章，说现在大学生水平太低，连"郭鲁茅巴"都不知道，我登时就如吃了一闷棍。我想这是个蒙古人，不知为什么我该知道他。想到了半夜才想出来，原来他是郭沫若、鲁迅、茅盾、巴金四位先生。一般来说，知识的多寡是个客观的标准，但把自编的黑话也列入知识的范畴，就难说有多客观了。现在中学生不知道李远哲也是个罪名——据我所知，学化学的研究生也未必能学到李先生的理论；他们还有个罪名是"追星族"，鬼迷心窍，连杨振宁、李政道、李四光是谁都不知道。据我所知，这三位先生的学问实在高深，中学生根本不该懂，不知道学问，死记些名字，有何必要？更何况记下这些名字之后屈指一算，多一半都入了美国籍，这是给孩子灌输些什么？还有一个爱说的话题就是别人"格调低下"，我以为这句话的意思是说："兄弟我格调甚高，不是俗人！"我在一篇匈牙利小说里看到过这种腔调，小说的题目叫《会说话的猪》。总的来说，这类文章的要点是说别人都不够好，最后呼吁要大大提高全社会的道德水平，否则就要国将不国。这种挑别人毛病的文章，国外的报刊上也有。只是挑出的毛病比较靠谱，而且没有借着贬别人来抬自己。如果把道德伦理的功能概括为批判和建设两个方面，以上所说的属于批判方面。我不认为这是批判社会——这是批判人。知识分子的批判火力对两类人最为猛烈：一类是在校学生，尤其是中学生；另一类是踩着地雷断了腿的同类。这道理很明白——别人咱也惹不起。

现在该说说建设的方面了。这些年来，大家蜂拥而上赞美过的正面形象，也就是电视剧《渴望》里面的一位妇女。该妇女除了长得漂亮之外，还像是封建时期一个完美的小媳妇。当然，大伙儿是从后一个方面，而不是前一个方面来赞美她，这也是中古的遗风。不过，要旌表一个戏中人，这可太古怪了。我们知识分子的正面形象则是：谢绝了国外的高薪聘请，回国服务。想要崇高，首先要搞到一份高薪聘请，以便拒绝掉，这也太难为人了，在知识分子里也没有普遍意义。所以，除了树立形象，还该树立个森严的道德体系，把大家都纳入体系。从道德上说事，就人人都能被说着了。

所谓道德体系，是价值观念里跟人有关的部分。有人说它森严点儿好，有人说它松散点儿好，我都没有意见。主要的问题是，价值观念不是某个人能造出来的（人类学上有些说法，难以一一引述），道德体系也不是说立哪个就能立起哪个。就说儒家的道德体系吧，虽然是孔孟把它造了出来，要不是大一统的中央帝国拿它有用，恐怕早被人忘掉了。现在的知识分子想造道德体系，关上门就可以造。造出来人家用不用，那就是另一回事了，我们当然可以潜心于伦理学、道德哲学，营造一批道德体系，供社会挑选，或是向社会推荐——但是这件事也没见有人干。当年冯定老先生就栽在这上面，所以现在的知识分子都学乖了，只管呼吁不管干，并且善用一种无主句："要如何如何。"此种句式来源于《圣经·创世记》："上帝说，要有光，于是有了光。"真是气魄宏伟。上帝的句式，首长用用还差不多，咱们用也就是跟着起哄罢了。

现在可以说说中国现代知识分子的中古遗风是什么了。他既不像远古的中国知识分子（如孔孟、杨朱、墨子）那样建立道德体系，也不像现代欧美知识分子跨价值观的立论（价值中立）。最爱干的事是拿着已有的道德体系说别人，如前所述，这正是中古的遗风。倒霉的是，在社会转型时期，已有的道德体系不完备，自己都说不清，就哀叹：人心不古，世道浇漓，道德武器船不坚、炮不利，造新船新炮又不敢。其实可以把开船打炮的事交给别人干——但咱们又怕失业。当然，知识分子也是社会的一分子，也该有公民热情，针砭时弊也是知识分子该干的事；不过出于公民热情去做事时，是以公民的身份，而非知识分子的身份，和大家完全平等。这个地位咱们又接受不了，非要有点儿知识分子特色不可。照我看，这个特色就是中古特色。

三、中国知识分子该不该放弃中古遗风

现在中国知识分子在关注社会时，批判找不着目标，颂扬也找不着目标，只一件事找得着目标：呼吁速将大任降给我们，这大任乃是我们维护价值体系的责任，没有它，我们就丧失了存在的意义。要论价值体系的形成，从自然地理到生活方式都有一份作用，其功能也是关系到每一个人，维护也好，变革也罢，总不能光知识分子说了算哪。要社会把这份责任全交给你，得有个理由，总不能说我除了这件事之外旁的干不来吧？凭我妙笔生花，词儿多？那就是把别人当傻子了。凭我是个好人？这话人人会说，故而不能认真对待。我知道有人很想说，历史上就是我们负这责任。这不是个道理，历史上男子可以三妻四妾，妇女还裹脚哪，咱们可别讲出这种糊涂油蒙了心的话来找挨骂。再说，拉着历史车轮逆转，咱们这些人是拉不动的。说来说去，只能凭我清楚明白。那么我只能凭思维能力来负这份责任，说那些说得清的事；把那些说不清的事，交付给公论。现代的欧美知识分子就是这么讨论社会问题：从人类的立场，从科学的立场，从理性的立场，把价值的立场剩给别人，咱们能不能学会？

最后说说中国知识分子的传统。当然，他有"士"的传统。有人说，他先天下之忧而忧，后天下之乐而乐（悲观主义者？），有人说，他以天下为己任（国际主义者？），我看都不典型。最典型的是他自以为道德清高（士有百行），地位崇高（四民之首），有资格教训别人（教化于民）。这就是说，我们是这样看自己的。问题是别人怎样看我们。我所见到的事，实属可怜，"脱裤子割尾巴"地混了这么多年，才混到工人阶级队伍里，可谓"心比天高，命比纸薄"！在这种情况下，我建议咱们把"士"的传

统忘掉为好，因为不肯忘就是做白日梦了。如果我们讨论社会问题，就讲硬道理：有什么事，我知道，别人还不知道；或者有什么复杂的问题，我想通了，别人想不通。也就是说，按现代的标准来表现知识分子的能力，这样虽然缺少了中国特色，但也未见得不好。

知识分子的不幸

　　乔叟《坎特伯雷故事集》里，有这样一个故事，有位武士犯了重罪，国王把他交给王后处置。王后命他回答一个问题：什么是女人最大的心愿？这位武士当场答不上来，王后给了他一个期限，到期再答不上来，就砍他的脑袋。于是，这位武士走遍天涯去寻求答案。最后终于找到了，保住了自己的头。假如找不到，也就不成其为故事。据说这个答案经全体贵妇讨论，一致认为正确，就是："女人最大的心愿就是有人爱她。"要是在今天，女权主义者可能会有不同看法，但在中世纪，这答案就可以得满分啦。

　　我也有一个问题，是这样的：什么是知识分子最害怕的事？而且我有答案，自以为经得起全球知识分子的质疑，那就是："知识分子最怕活在不理智的年代。"所谓不理智的年代，就是伽利略低头认罪，承认地球不转的年代，也是拉瓦锡上断头台的年代；是茨威格服毒自杀的年代，也是老舍跳进太平湖的年代。我认为，知识分子的长处只是会以理服人，假如不讲理，他就没有长处，只有短处，活着没意思，不如死掉。丹麦王子哈姆雷特说：活着呢，还是死去，这是问题，但知识分子赶上这么个年代，死活不是问题。最大的问题是：这个倒霉的年头儿何时过去。假如能赶上这年头过去，就活着；赶不上了就犯不着再拖下去。老舍先生自杀的年代，我已经懂事了，认识不少知识分子。虽然我当时是个孩子，但嘴很严，所以也是他们谈话的对象。就我所知，他们最关心的正是赶得上赶不上的问题。在那年头死掉的知识分子，只要不是被杀，准是觉得赶不上好年头了。而活下来的准觉得自己还能赶上——当然，被改造好了、不再是知识分子的人不在此列。因此我对自己的答案颇有信心，敢拿这事和天下人打赌，知识分子最大的不幸，就是这种不理智。

下一个问题是：我们所说的不理智，到底是因何而起？对此我有个答案，但不愿为此打赌，主要是怕对方输了赖账：此种不理智，总是起源于价值观或信仰的领域。不很久以前，有位外国小说家还因作品冒犯了某种信仰，被下了决杀令，只好隐姓埋名躲起来。不管此种宗教的信仰者怎么看，我总以为，因为某人写小说就杀了他是不理智的。所幸这道命令已被取消，这位小说家又可以出来角逐布克奖了。对于这世界上的各种信仰，我并无偏见，对有坚定信仰的人我还很佩服，但我不得不指出，狂信会导致偏执和不理智。有一篇歌词，很有点儿说明意义：

> 跨过大海，尸浮海面，
> 跨过高山，尸横遍野，
> 为天皇捐躯，
> 视死如归。

这是一首日本军歌的歌词，从中不难看出，对天皇的狂信导致了最不

理智的死亡欲望。一位知识分子对歌中唱到的风景，除了痛心疾首，不应
再有其他评价。还有一支出于狂信的歌曲，歌词如下：

无产阶级文化大革命，

就是好！

就是好来就是好啊，

就是好！……

这四个"就是好"，无疑根绝了讲任何道理的可能性。因为狂信，人
就不想讲理。我个人以为，无理可讲比尸横遍野更糟。而且，只要到了无
理可讲的地步，肯定也要尸横遍野，"文化革命"里就死人不少，还造成
了全民知识水平的大倒退。

当然，信仰并不是总要导致狂信，它也不总是导致不理智。全无信仰
的人往往不堪信任，在我们现在的社会里，无信仰无价值的人正给社会制
造麻烦，谁也不能视而不见。十年前，我在美国，和我的老师讨论这个问
题，他说，对一般人来说，有信仰比无信仰要好。起初我不赞成，后来还
是被他说服了。

十年前我在美国，适逢里根政府要通过一个法案，要求所有的中小学
在课间安排一段时间，让所有的孩子在教师的带领下一起祷告。因为想起
了"文化革命"里的早请示，我听了就摇头，险些把脑袋摇了下来。我老
师说，这件事你可以不同意，但不要这样嗤之以鼻——没你想得那么糟。
政府没有强求大家祈祷新教的上帝。佛教孩子可以念阿弥陀佛，伊斯兰教
的孩子可以祷告真主，中国孩子也可以想想天地祖宗——各自向自己的神
祈祷，这没什么不好。但我还是要摇头。我老师又说，不要光想你自己！
十几岁的孩子总不会是知识分子吧。就算他是无神论者，也可以在祷告时

间反省一下自己的所作所为。这种道理说服了我，止住了我的摇头疯。不管是信神，还是自珍自重，人活在世界上总得有点儿信念才成。就我个人而言，虽是无神论者，对于无限广阔的未知世界，多少还有点儿猜测；我也有个人的操守，从不逾矩，其依据也不是人人都能接受的，所以也是一种信念。从这个意义上说，我理应不反对别人信神、信祖宗，或者信天命——只要信得不过分。在学校里安排段祈祷的时间，让小孩子保持虔诚的心境，这的确不是坏主意——当时我是这样想，现在我又改主意了。

时隔十年，再来考虑信仰问题，我忽然发现，任何一种信仰，包括我的信仰在内，如果被滥用，都可以成为打人的棍子、迫害别人的工具。渎神是罪名，反民族反传统、目无祖宗都是罪名。只要你能举出一种可以狂信而无丧失理智危险的信仰，无须再说它有其他的好处，我马上就皈依它——这种好处比其他所有好处加起来，都要大得多啊。

现在，有这样一种信仰摆在了我们面前。请相信，对于它的全部说明，我都考虑过了。它有很多好处：它是民族的、传统的、中庸的、自然的、先进的、唯一可行的，论说都很充分。但我不以为它可以保证自己不是打人的棍子，理由很简单，它本身就包括了很多大帽子，其分量足以使人颈骨折断：反民族、反传统、反中庸、反自然……尤其是头两顶帽子，分量简直是一目了然的。就连当初提倡它的余英时先生，看到我们这里附和者日众，也犯起嘀咕来了。最近他在《二十一世纪》杂志上著文，提出了反对煽动民族狂热的问题。在我看来，就是因为看到了第一顶帽子的分量。金庸先生小说里曾言："武林至尊，宝刀屠龙；号令天下，莫敢不从！"民族狂热就是把屠龙刀啊。余先生不肯铸出宝刀，再倒持太阿，以柄授人——这证明了我对海外华人学者一贯的看法：人家不但学术上有长处，对于切身利害也很惊警，借用打麻将的术语，叫作"门儿清"！

至于国内的学者，门儿清就不是他们的长处。有学者说，我们搞的是学术研究，不是搞意识形态——嘿，这由得了你吗？有朝一日它成了意识形态，你的话就是罪状：胆敢把我们民族伟大的精神遗产扣押在书斋里，不让它和广大群众见面！我敢打赌，甚至敢赌十块钱，到了这有朝一日，整他准比整我还厉害。

说到信仰，我和我老师有种本质的不同。他老人家是基督徒，又对儒学击节赞赏；他告诉我说，只要身体条件许可，他每年都要去趟以色列——他对犹太教也有兴趣；至于割没割包皮，因为没有和他老人家同浴的机会，我不知道。但我知道，他是一个信仰的爱好者。我相信他对我的看法是：可恨的无神论者，马基雅弗利分子。我并不以此为耻。说到马基雅弗利，一般人都急于和他划清界限。因为他胆敢把道义、信仰全抛开，赤裸裸地谈到利害；但是真正的知识分子对他的评价不低，赤裸裸地谈利害，就接近于理智。但我还是不当马基雅弗利分子——我是墨子的门徒，这样把自己划在本民族的圈子里面，主要是想防个万一。顺便说一句，我老师学问很大，但很天真；我学问很小，但老奸巨猾。对于这一点，他也佩服。用他的原话来说，是这样的：你们大陆来的同学，经历这一条，别人没法比啊。

我对墨子的崇拜有两大原因：其一，他思路缜密，有人说他发现了小孔成像——假如是真的，那就是发现了光的直线传播，比朱子只知阴阳二气强了一百多倍——只可惜没有完备的实验记录来证明。另外，他用微积分里较老的一种方法来论证无穷（实际是论兼爱是可能的。这种方法叫德尔塔-依伏赛语言），高明无比，在这方面，把孔孟程朱捆在一起都不是他的个儿。其二，他敢赤裸裸地谈利害。我最佩服他这后一点。但我不崇拜他兼爱无等差的思想，以为有滥情之嫌。不管怎么说，墨子很能壮我的胆。有了他，我也敢说自己是中华民族的赤诚分子，不怕国学家说我是全盘西化了。

作为墨子门徒，我认为理智是伦理的第一准则，理由是：它是一切知识分子的生命线。出于利害，它只能放到第一。当然，我对理智的定义是：

它是对知识分子有益，而绝不是有害的性质——当然还可以有别的定义，但那些定义里一定要把我的定义包括在内。在古希腊，人最大的罪恶是在战争中砍倒橄榄树。在现代，知识分子最大的罪恶是建造关押自己的思想监狱。砍倒橄榄树是灭绝大地的丰饶，营造意识形态则是灭绝思想的丰饶；我觉得后一种罪过更大——没了橄榄油，顶多不吃色拉；没有思想，人就要死了。信仰是重要的，但要从属于理性——如果这是不许可的，起码也该是鼎立之势。要是再不许可，还可以退而求其次——你搞你的意识形态，我不说话总是可以的吧。最糟的是某种偏激之见主宰了理性，聪明人想法子自己来害自己。我们所说的不幸，就从这里开始了。

中国的人文知识分子，有种以天下为己任的使命感，总觉得自己该搞出些给老百姓当信仰的东西。这种想法的古怪之处在于，他们不仅是想当牧师、想当神学家，还想当上帝（中国话不叫上帝，叫"圣人"）。可惜的是，老百姓该信什么，信到哪种程度，你说了并不算哪，这是令人遗憾的。还有一条不令人遗憾，但要命：你自己也是老百姓。所以弄得不好，就会自己屙屎自己吃。中国的知识分子在这一节上从来就不明白，所以常常会害到自己。在这方面我有个例子，只是想形象说明一下什么叫自己屙屎自己吃，没有其他寓意：我有位世伯，"文革"前是工读学校的校长，总拿二十四孝为教本，教学生说，百善孝为先，从老莱娱亲、郭解埋儿①，一路讲到卧冰求鱼。学生听得毛骨悚然，他还自以为得计。忽一日，来了"文化革命"，学生把他驱到冰上，说道：我们打听清楚了，你爸今儿病了，要吃鱼——脱了衣服，趴下吧，给我们表演一下卧冰求鱼——我世伯就此落下病根，健康全毁了。当然，学生都是浑蛋，但我世伯也懊悔当初讲得太肉麻。假如不讲那些肉麻故事，挨揍也是免不了，但学生怎么也想

---

① 又称"郭巨埋儿"，"二十四孝"故事之一。

不出这么绝的方法来作践他。他倒愿意在头上挨皮带，但岂可得乎……我总是说笑话来安慰他：你没给他们讲"割股疗亲"，就该说是不幸之中的大幸，要不然，学生片了你，岂不更坏？但他听了不觉得可笑。时至今日，一听到二十四孝，他就浑身起鸡皮疙瘩。

我对国学的看法是：这种东西实在厉害。最可怕之处就在那个"国"字。顶着这个字，谁还敢有不同意见？这种套子套上脖子，想把它再扯下来是枉然的，否则也不至于套了好几千年。它的诱人之处也在这个"国"字，抢到这个制高点，就可以压制一切不同意见，所以它对一切想在思想领域里巧取豪夺的不良分子都有莫大的诱惑力。你说它是史学也好，哲学也罢，我都不反对——倘若此文对正经史学家哲学家有了得罪之处，我深表歉意——但你不该否认它有成为棍子的潜力。想当年，像姚文元之类的思想流氓拿阶级斗争当棍子，打死打伤了无数人。现在有人又在造一根漂亮棍子。它实在太漂亮了，简直是完美无缺。我怀疑除了落进思想流氓手中变成一种凶器之外，它还能有什么用场。鉴于有这种危险，我建议大家都不要做上帝梦，也别做圣人梦，以免头上鲜血淋漓。

对于什么叫美好道德、什么叫善良，我有个最本分的考虑：认真地思索，真诚地明辨是非，有这种态度，大概就可算是善良吧。说具体些，如罗素所说，不计成败利钝地追求客观真理，这该是种美德吧？知识本身该算一种善吧？科学知识分子说这就够了，人文知识分子却来扳杠。他们说，这种朴素的善恶观，造成了多少罪孽！现代的科技文明使人类迷失了方向，科学又造出了毁灭世界的武器。好吧，这些说法也对。可是翻过来看看，人文知识分子又给思想流氓们造了多少凶器、多少混淆是非的烟幕弹！翻过来倒过去，没有一种知识分子是清白无辜的。所以我建议把看不清楚的事撇开，就从知识分子本身的利害来考虑问题——从这种利害出发，考虑我们该有何种道德、何种信念。至于该给老百姓（包括我们自己在内）灌输些什么，最好让领导上去考虑。我觉得领导上办这些事能行，用不着别人帮忙。

作为一个知识分子，我对信念的看法是：人活在世上，自会形成信念。对我本人来说，学习自然科学、阅读文学作品、看人文科学的书籍，乃至旅行、恋爱，无不有助于形成我的信念，构造我的价值观。一种学问、一本书，假如不对我的价值观发生作用（姑不论其大小，我要求它是有作用的），就不值得一学，不值得一看。有一个公开的秘密就是：任何一个知识分子，只要他有了成就，就会形成自己的哲学、自己的信念。托尔斯泰是这样，维纳也是这样。到目前为止，我还看不出自己有要死的迹象，所以不想最终皈依什么——这块地方我给自己留着，它将是我一生事业的终结之处，我的精神墓地。不断地学习和追求，这可是人生在世最有趣的事啊，要把这件趣事从生活中去掉，倒不如把我给阉了……你有种美好的信念，我很尊重，但要硬塞给我，我就不那么乐意：打个粗俗的比方，你的把把不能代替我的把把，更不能代替天下人的把把啊。这种看法会遭到反对，你会说，有些人就是笨，老也形不成信念，也管不了自己，就这么浑浑噩噩地活着，简直是种灾难！所以，必须有种普遍适用的信念，我们给它加点儿压力，灌到他们脑子里！你倒说说看，这再不叫意识形态，什么叫意识形态？假如你像我老师那么门儿清，我也不至于把脑袋摇掉，但还是要说，不是所有的人都那么笨，总要留点儿余地呀。再说，到底要灌谁？用多大压力？只灌别人，还是连你在内？灌来灌去，可别都灌傻了呀。在科技发达的二十一世纪，你给咱们闹出一窝十几亿傻人，怎么个过法嘛……

花剌子模信使问题

据野史记载，中亚古国花剌子模有一古怪的风俗，凡是给君王带来好消息的信使，就会得到提升，给君王带来坏消息的人则会被送去喂老虎。于是将帅出征在外，凡麾下将士有功，就派他们给君王送好消息，以使他们得到提升；有罪，则派去送坏消息，顺便给国王的老虎送去食物。花剌子模是否真有这种风俗并不重要，重要的是这个故事所具有的说明意义，对它可以举一反三。敏锐的读者马上就能发现，花剌子模的君王有一种近似天真的品性，以为奖励带来好消息的人，就能鼓励好消息的到来，处死带来坏消息的人，就能根绝坏消息。另外，假设我们生活在花剌子模，是一名敬业的信使，倘若有一天到了老虎笼子里，就可以反省到自己的不幸是因为传输了坏消息。最后，你会想到，我讲出这样一个古怪故事，必定别有用心。对于这最后一点，必须首先承认。

从某种意义上说，学者的形象和花剌子模信使有相像处，但这不是说他有被吃掉的危险。首先，他针对研究对象，得出有关的结论，这时还不像信使；然后，把所得的结论报告给公众，包括当权者，这时他就像个信使；最后，他从别人的反应中体会到自己的结论是否受欢迎，这时候他就像个花剌子模的信使。中国的近现代学者里，做"好消息信使"的人很多，尤其是人文学者。比方说，现在大家发现了中华文化是最好的文化，世界的前途倚赖东方文明。不过也有"坏消息信使"，此人叫作马寅初。五十年代初，马寅初提出了新人口论。当时以为，只要把马老臭批一顿，就可以根绝中国的人口问题，后来才发现，问题不是这么简单。

假如学者能知道自己报告的是好消息还是坏消息，这问题也就简单了。这方面有一个例子是我亲身所历。我和李银河从 1989 年开始一项社会学研究，首次发现了中国存在着广泛的同性恋人群，并且有同性恋文化。当时以为这个发现很有意义，就把它报道出来，结果不但自己倒了霉，还带累得一家社会学专业刊物受到本市有关部门的警告。这还不算，还惊动了该刊一位顾问（八十多岁的老先生），连夜表示要不当顾问。此时我们才体会到这个发现是不受欢迎的，读者可以体会到我们此时是多么的惭愧和内疚。假设禁止我们出书，封闭有关社会学杂志，就可以使中国不再出现同性恋问题，这些措施就有道理。但同性恋倾向是遗传的，封刊物解决不了问题，所以这些措施一点儿道理都没有。值得庆幸的是，北京动物园的老虎当时不缺肉吃。由此得出花剌子模信使问题第一个结论是：对于学者来说，研究的结论会不会累及自身，是个带有根本性的问题。这主要取决于在学者周围有没有花剌子模君王类的人。

假设可以对花剌子模君王讲道理，就可以说，首先有了不幸的事实，然后才有不幸的信息，信使是信息的中介，尤其的无辜。假如要反对不幸，应该直接反对不幸的事实，此后才能减少不幸的信息。但是这个道理有一定的复杂性，不是君王所能理解。再说，假如能和他讲理，他就不是君王。

君王总是对的，臣民总是不对。君王的品性不可更改，臣民就得适应这种现实。假如花剌子模的信使里有些狡猾之徒，递送坏消息时就会隐瞒不报，甚至滥加篡改，鲁迅先生有篇杂文，谈到聪明人和傻子的不同遭遇，讨论的就是此类现象。据我所知，学者没有狡猾到这种程度，他们只是仔细提防着自己，不要得出不受欢迎的结论来。由于日夜提防，就进入了一种迷迷糊糊的心态，乃是深度压抑所致。与此同时，人人都渴望得到受欢迎的结论，因此连做人都不够自然。现在人们所说的人文科学的危机，我以为主要起因于此。还有一个原因在经济方面——挣钱太少。假定可以痛快淋漓地做学问，再挣很多的钱，那就什么危机都没有了。

我个人认为，获得受欢迎的信息有三种方法：其一，从真实中索取、筛选；其二，对现有的信息加以改造；其三，凭空捏造。第一种最困难。第三种最为便利，在这方面，学者有巨大的不利之处，那就是凭空捏造不如奸佞之徒。假定有君王专心要听好消息，与其养学者，不如养一帮无耻小人。在中国历史上，儒士的死敌就是宦官。假如学者下海去改造、捏造信息，对于学术来说，是一种自杀之道。因此学者往往在求真实和受欢迎之中，苦苦求索一条两全之路，文史学者尤其如此。我上大学时，老师教诲我们说，搞现代史要牢记两个原则，一是治史的原则，二是党性的原则。这就是说，让历史事实按党性的原则来发生。凭良心说，这节课我没听懂。在文史方面，我搞不清的东西还很多。不过我也能体会到学者的苦心。

在中国历史上，每一位学者都力求证明自己的学说有巨大经济效益、社会效益。孟子当年鼓吹自己的学说，提出了"仁者无敌"之说，有了军事效益，和林彪的"精神原子弹"之说有异曲同工之妙。学术必须有效益，这就构成了另一种花剌子模。学术可以有实在的效益，不过来得极慢，起码没有嘴头上编出来的效益快；何况对于君主来说，"效益"就是一些消息而已。最好的效益就是马上能听见的好消息。因为这个原因，学者们承受着一种压力，要和骗子竞赛语惊四座，看着别人的脸色做学问，你要什么我做什么。必须说明的是，学者并没有完全变狡猾，这一点我还有把握。

假如把世界上所有的学者对本学科用途的说明做一比较，就可发现大致可以分为两种：一种说科学可以解决问题，但就如中药铺里的药材可以给人治病一样，首先要知识完备，然后才能按方抓药，治人的病。照这种观点，我们现在所治之学，只是完备药店的药材，对它能治什么病不做保证。另一种说道，本人所治之学对于现在人类所遇到的问题马上就有答案，这就如卖大力丸的，这种丸药百病通治，吃下去有病治病，无病强身。中国的学者素来有卖大力丸的传统，喜欢做妙语以动天听。这就造成了一种气氛，除了大力丸式的学问，旁的都不是学问。在这种压力之下，我们有时也想做几句惊人之语，但又痛感缺少想象力。

我记得冯友兰先生曾提出要修改自己的《中国哲学史》，以便迎合时尚和领袖，这是变狡猾的例子——罗素先生曾写了一本《西方哲学史》，从未提出为别人作修改，所以冯先生比罗素狡猾——但是再滑也滑不过佞人。从学问的角度来看，冯先生已做了最大的牺牲，但上面也没看在眼里。佞人不做学问，你要什么我编什么，比之学人利索了很多——不说是天壤之别，起码也有五十步与百步之分。二三十年前，一场红海洋把文史哲经通通淹没。要和林彪比滑头，大伙儿都比不过，人文学科的危机实质上在那时就已发生了。

罗素先生修西方哲学史，指出很多伟大的学者都有狡猾的一面（比如说，莱布尼兹），我仔细回味了一下，也发现了一些事例，比如牛顿提出了三大定理之后，为什么要说上帝是万物运动的第一推动力？显然也是朝上帝买个好。万一他真的存在，死后见了面也好说话。按这种标准我国的圣贤滑头的事例更多，处处在拍君王的马屁，仔细搜集可写本《中国狡猾史》。中国古代的统治者都带点儿花剌子模君王气质。我国的文化传统里有"文死谏"之说，这就是说，中国常常就是花剌子模，这种传统就是号召大家做敬业的信使，拿着屁股和脑壳往君王的刀子板子上撞。很显然，只要不是悲观厌世，谁也不喜欢牺牲自己的脑袋和屁股。所以这种号召也是出于滑头分子之口，变着法说君王有理，这样号召只会起反作用。对于我国的传统文化、现代文化，只从诚实的一面理解是不够的，还要从狡猾的一面来理解。扯到这里，就该得出第二个结论：花剌子模的信使早晚要变得滑头起来，这是因为人对自己的处境有适应能力。以我和李银河为例，现在就再不研究同性恋问题了。

　　实际上，不但是学者，所有的文化人都是信使，因为他们产出信息，而且都不承认这些信息是自己随口编造的，以此和佞人有所区别。大家都说这些信息另有所本，有人说是学术，有人说是艺术，还有人说自己传播的是新闻。总之，面对公众和领导时，大家都是信使，而且都要要点儿滑头：拣好听的说或许不至于，起码都在提防着自己不要讲出难听的来——假如混得不好，就该检讨一下自己的嘴是不是够甜。有关信使，我们就讲这么多。至于君主，我以为可以分为两种：一种是粗暴型的君主，听到不顺耳的消息就拿信使喂老虎；另一种是温柔型，到处做信使们的思想工作，使之自觉自愿地只报来受欢迎的消息，这样他所管理的文化园地里，就全是使人喜闻乐见的东西了。这后一种君主至今是我们怀念的对象。凭良心说，我觉得这种怀念有点儿肉麻，不过我也承认，忍受思想工作，即便是耐心细致的思想工作，也比喂老虎好过得多。

　　在得出第三个结论之前，还有一点要补充的——有句老话叫作"久居鲍鱼之肆不闻其臭"，这就是说，人不知自己是不是身在花剌子模，因此搞不清自己是不是有点儿滑头，更搞不清自己以为是学术、艺术的那些东西到底是真是假。不过，我知道，假如一个人发现自己进了老虎笼子，那么就可以断言，他是个真正的信使。这就是第三个结论。余生也晚，赶不上用这句话去安慰马寅初先生，也赶不上去安慰火刑架上的布鲁诺，不过这话留着总有它的用处。

　　现在我要得出最后一个结论，那就是说，假设有真的学术和艺术存在的话，在人变得滑头时它会离人世远去，等到过了那一阵子，人们又可以把它召唤回来——此种事件叫作"文艺复兴"。我们现在就有召唤的冲动，但我很想打听一下召唤什么。如果是召唤古希腊，我就赞成，如果是召唤花剌子模，我就反对。我相信马寅初这样的人喜欢古希腊，假如他是个希腊公民，就会在城邦里走动，到处告诉大家：现在人口太多，希望朋友们节制一下。要是滑头分子，就喜欢花剌子模，在那里他营造出了好消息，更容易找到买主。恕我说得难听，现在的人文知识分子在诚恳方面没几个能和马老相比，所以他们召唤的东西是什么，我连打听都不敢打听。

积极的结论

【一】

我小的时候，有一段很特别的时期。有一天，我父亲对我姥姥说，一亩地里能打三十万斤粮食，而我的外祖母，一位农村来的老实老太太，跳着小脚叫了起来："杀了俺俺也不信！"她还算了一本细账，说一亩地上堆三十万斤粮，大概平地有两尺厚的一层。当时，我们家里的人都攻击我姥姥觉悟太低，不明事理。我当时只有六岁，但也得出了自己的结论：我姥姥是错误的。事隔三十年，回头一想，发现我姥姥还是明白事理的。亩产三十万斤粮食会造成特殊的困难：那么多的粮食谁也吃不了，只好堆在那里，以致地面以每十年七至八米的速度上升，这样的速度在地理上实在是骇人听闻；十几年后，平地上就会出现一些山峦，这样水田就会变成旱田，旱田则会变成坡地，更不要说长此以往，华北平原要变成喜马拉雅山了。

我十几岁时又有过一段很特别的时期。我住的地方（我家在一所大学里）有些大学生为了要保卫党中央、捍卫毛主席而奋起，先是互相挥舞拳头，后用长矛交战，然后就越打越厉害。我对此事的看法不一定是正确的，但我认为，北京城原来是个很安全的地方，经这些学生的努力之后，在它的西北郊出现了一大片枪炮轰鸣的交战地带，北京地区变得带有危险性，故而这种做法能不能叫作保卫，实在值得怀疑。有一件事我始终想知道：身为二十世纪后半期的人，身披铠甲上阵与人交战，白刀子进红刀子出，自我感觉如何？当然，我不认为在这辈子里还能有机会轮到我来亲身体验了，但是这些事总在我心中徘徊不去。等到我长大成人，到海外留学，还给外国同学讲起过这些事，他们或则直愣愣地看着我，或则用目光寻找台历——我知道，他们想看看那一天是不是愚人节。当然，见到这种反应，我就没兴趣给他们讲这些事了。

说到愚人节，使我想起报纸上登过的一条新闻：国外科学家用牛的基因和西红柿做了一个杂种，该杂种并不到处跑着吞吃马粪和腐殖质，而是老老实实长在地上，结出硕大的果实。用这种牛西红柿做的番茄酱带有牛奶的味道，果皮还可以做鞋子。这当然是从国外刊物的愚人节专号上摘译的。像这样离奇的故事我也知道不少，比方说，用某种超声波哨子可以使冷水变热，用砖头砌的炉灶填上煤末子就可以炼出钢铁，但是这些故事不是愚人节的狂想，而是我亲眼所见。有一些时期，每一天都是愚人节。我在这样的气氛里长大。有一天，上级号召大家去插队，到广阔天地里，"滚一身泥巴，炼一颗红心"，我就去了，直到现在也没有认真考较一下，自己的心脏是否因此更红了一些。这当然也是个很特别的时期。消极地回顾自己的经历是不对的，悲观、颓废、怀疑都是不对的。但我做的事不是这样，我正在从这些事件中寻找积极的结论，这就完全不一样了。

【二】

我插队不久就遇到了这样一件事：有一天，军代表把我们召集起来，声色俱厉地呵斥道，你们这些人，口口声声要保卫毛主席，现在却是毛主席保卫了你们，还保卫了红色江山等等。然后就向我们传达说，出了林彪事件，要我们注意盘查行人（我们在边境上）。散了会后，我有好一段时间心中不快——像每个同龄人一样，誓死保卫毛主席的口号我是喊过的。当然，军代表比我们年长，又是军人，理当在这件事上有更多的责任，这是问题的一个方面；另一方面，知青娃子实在难管，出了事先要诈唬我们一顿，这也是军代表政治经验老到之处。但是这些事已经不能安慰我了，因为我一向以为自己是个老实人，原来是这样的不堪信任——我是一个说了不算的反复小人！说了要保卫毛主席，结果却没有保卫。我对自己要求很严，起码在年轻时是这样的。经过痛苦的反思，我认为自己在这件事上是无能为力的，假如不是当初说了不负责任的话，现在就可以说是清白无辜了。我说过自己正在寻找积极的结论，现在就找到了一个。假设我们说话要守信义，办事情要有始有终，健全的理性实在是必不可少。

有关理性，哲学家有很多讨论，但根据我的切身体会，它的关键是：凡不可信的东西就不信，像我姥姥当年对待亩产三十万斤粮的态度，就叫作有理性。但这一点有时候不容易做到，因为会导致悲观和消极，从理性和乐观两样东西里选择理性颇不容易。理性就像贞操，失去了就不会再有；只要碰上了开心的事，乐观还会回来的。不过这一点很少有人注意到。从逻辑上说，从一个错误的前提什么都能推出来；从实际上看，一个扯谎的人什么都能编出来。所以假如你失去了理性，就会遇到大量令人诧异的新鲜事物,从此迷失在万花筒里,直到碰上了钉子。假如不是遇到了林彪事件,我至今还以为自己真能保卫毛主席哩。

我保持着乐观、积极的态度,起码在插队时是这样的。直到有一天患上了重病,加上食不果腹,病得要死。因此我就向领导要求回城养病。领导上不批准,还说我的情绪有问题。这使我猛省到,当时的情绪很是悲伤。不过我以为人生了病就该这样。旧版《水浒传》上,李逵从梁山上下去接母亲,路遇不测,老母被老虎吃了。他回到山寨,对宋江讲述了这个悲惨的故事之后,书上写着:"宋江大笑。"你可以认为宋江保持了积极和乐观的态度,不过金圣叹有不同的意见,他把那句改成了"李逵大哭"。我同意金圣叹的意见,因为人遇到了不幸的事件就应该悲伤,哪有一天到晚呵呵傻笑的。当时的情形是这样的:虽然形势一片大好(这一点现在颇有疑问),但我病得要死,所以我觉得自己有理由悲伤。这个故事这样讲,显得有点儿突兀,应当补充些缘由:伴随着悲伤的情绪,我提出要回城去养病;领导上不批准,还让我高兴一点儿,"多想想大好形势"。现在想起来情况是这样:"四人帮"倒行逆施,国民经济行将崩溃,我个人又病到奄奄一息,简直该悲伤死才好。不过我认为,当年那种程度的悲伤就够了。

我认为,一个人快乐或悲伤,只要不是装出来的,就必有其道理。你可以去分享他的快乐,同情他的悲伤,却不可以命令他怎样怎样,因为这是违背人类的天性的。众所周知,人可以令驴和马交配,这是违背这两种动物的天性的,结果生出骡子来。但骡子没有生殖力,这说明违背天性的事不能长久。我个人的一个秘密是在需要极大快乐和悲伤的公众场合却达不到这种快乐和悲伤应有的水平,因而内心惊恐万状,汗下如雨。1968年国庆时,我和一批同学拥到了金水桥畔,别人欢呼雀跃,流下了幸福的眼泪,我却恨不能找个地缝钻下去。还有一点需要补充的,那就是作为一个男性,我很不容易晕厥,这更加重了我的不幸。我不知道这些话有没有积极意义，但我知道，按当年的标准，我在内心里也是好的、积极向上的，或者说，是"忠"的，否则也不会有勇气把这些事坦白出来。我至今坚信，毛主席他老人家知道了我，一个十七岁的中学生的种种心事，必定会拍拍我的脑袋说，好啦，你能做到什么样就做到什么样吧，不要勉强了。但是这样的事没有发生（恐怕主要的原因是我怕别人知道这些卑鄙的心事，把它们隐藏得很深，故而没人知道），所以我一直活得很紧张。西洋人说，人人衣柜里有一具骷髅。我的骷髅就是我自己。我从不敢想象自己当了演员，走上舞台，除非在做噩梦时。这当然不是影射什么，我只是在说自己。

有关感情问题，我的结论如下，在这方面我们有一点儿适应能力。但是不可夸大这种能力，自以为想笑就能笑、想哭就能哭。假如你扣我些工资，我可以不抱怨；无缘无故打我个"右"派，我肯定要怀恨在心。别人在这方面比我强，我很佩服，但我不能自吹说达到了他的程度。我们不能欺骗上级，误导他们。这是老百姓应尽的义务。

【三】

麦克阿瑟将军写过一篇祈祷文，代他的儿子向上帝讨一些品行。各种品行要了一个遍，又要求给他儿子以幽默感。假设别的东西不能保持人的乐观情绪，幽默感总能。据我所见，我们这里年轻人没有幽默感，中老年人倒有。在各种讨论会上，时常有些头顶秃光光的人面露蒙娜丽莎式的微笑，轻飘飘地抛出几句，让大家忍俊不禁。假如我理解正确的话，这种幽默感是老奸巨猾的一种，本身带有消极的成分。不要问我这些人是谁，我不是告密者，反正不是我，我头顶不秃。我现在年登不惑，总算有了近于正常的理性；因为无病无灾，又有了幽默感，所以遇到了可信和不可信的事，都能应付自如。不过，在我年轻的时候，既没有健全的理性，又没有幽默感，那么是怎么混过来的，实在是个大疑问。和同龄人交流，他们说，自己或则从众，或则听凭朴素的感情的驱动，这种状态，或者可以叫作虔诚。

但是这样理解也有疑问。我见到过不少虔信宗教的人，人家也不干荒唐事。最主要的是：信教的人并不缺少理性，有好多大科学家都信教，而且坚信自己的灵魂能得救；人家的虔诚在理性的轨道之内，我们的虔诚则带有不少黑色幽默的成分。如此看来，问题不在于虔诚。必须指出的是，宗教是在近代才开始合理的，过去也干过烧女巫、迫害异端等勾当。我们知道，当年教会把布鲁诺烧死了。就算我虔信宗教，也不会同意这种行为——我本善良，我对这一点极有把握，所以肯定会去劝那些烧人的人："诸位，人家只不过是主张日心说，烧死他太过分了。"别人听了这样的话，必定要拉我同烧，这样我马上会改变劝说的方向，把它对准布鲁诺："得了吧，哥们儿，你这是何苦？去服个软儿吧。"这就是我年轻时做人的态度，这当然算不上理性健全，只能叫作头脑糊涂，用这样的头脑永远也搞不清楚日心说对不对。如果我说中国人里大多数都像我，这肯定不是个有积极意义的结论。我只是说我自己，好像很富柔韧性。因为我是柔顺的，所以领导上觉得让我怎样都成，甚至在病得要死时也能乐呵呵。这是我的错误。其实我没那么柔顺。

我的积极结论是这样的：真理直率无比，坚硬无比，但凡有一点儿柔顺，也算不了真理。安徒生有一篇童话《光荣的荆棘路》，就是献给这些直率、坚硬的人，不过他提到的全是外国人。作为中国的知识分子，理应有自己的榜样。此刻我脑子里浮现出一系列名字：陈寅恪教授、冯友兰教授等等。说到陈教授，我们知道，他穷毕生精力，考据了一篇很不重要的话本《再生缘》。想到这件事，我并不感到有多振奋，只是有点儿伤感。

【四】

如今到了不惑之年，我终于明白了，自己最适合做的事就是躲在家里写文章。这一方面是因为性情不大合群，另一方面也是我始终向往乐观、积极的东西。如前所述，我们面前有这样两个论域，一个需要认真对待，另一个需要幽默感；最大限度的积极和乐观在后一个论域里才有。我就喜欢编些牛西红柿一类的故事，但是绝不强求别人相信。这不说明我是个糊涂人，我还能够明辨是非。在"真实"这个论域里，假如你让我说话，假如是，我就说是，不是就说不是，绝不乱说，《圣经》上就是这么说的；再多说一句，就是出于那伪善者。当然，你要是不让我说，我就闭着嘴。假设世界上只有这两个论域，我就能应付得来；现在我既能认真地做事，又有幽默感。但是世界上还有第三个论域，我对其中发生的事颇感困惑。

朋友送我一本自著的书，是关于昆德拉的。其中有一段引述昆德拉的话说："苏联，就是苏维埃社会主义联盟。"这使我感受到了来自真实和幽默两方面的挑战。假如你说，昆德拉在教人识字，那是不对的。他不是干那件事的。至于说这话有何特别的寓意，我没看出来，这正是我所担心的，我不愿被人当作笨蛋。事实上没有寓意，无怪我找不出来。至于这句话逗不逗，我请读者自行判断。另外，书里常常提到"某种主义"，既没有特别的寓意，也不逗。向我这位朋友当面请教时，她就气得打噎。原稿里"苏联"那一段很长而且妙趣横生，被压成了这么短（既然被删了，我也不便引），至于某种主义，原是"极权主义"，这都是编辑做的工作。我的另一位朋友不用编辑来改，就把极权主义写成了全体主义，于是极权国家就是"全体

国家"，而且只要你独断专行，就什么都有了。从英文来看，这是很对的，只是从中文来看，全体都需扫盲。当然，此种修改和删节，既不是出于真实，也不是出于幽默感。我写的稿子有时也遭批判，认为它少了点儿什么，既不是真实，又不是幽默感。还有第三种东西，就是"善"。善是非常好的（从理论上说，没有比它更好的东西），但不能有假的成分。否则就是伪善，比没有还坏。当然，不问真伪，一心向善，是一种积极、上进的态度，这也是非常好的。我自己年轻时就是这样，我遇到了一个奇妙的新世界。

对于现在的年轻人来说，所谓奇妙的新世界并不新。但我是从历史的角度来看问题的，不打招呼就偷换概念，这是我这一代人的品行。其实，从历史上看，这个世界也不新。这使我很是沮丧，因为我十分想得出积极的结论。对我们来说，新比旧积极，正如东比西积极。小时候我住在西城区，很羡慕住在东城的人。我现在四十岁，比之刚出娘胎的人，自然缺少积极的特性。我年轻时相信，只要能把事物一分为二，并且能找到主要方面，就足够聪明了；现在觉得还要会点儿别的才好，否则还是不够聪明。这一点也证明我不够积极了。

对于奇妙的新世界，也该有个结论。我同意，这是前进中的曲折，并且有一些坏人作祟。信佛的人相信阿修罗，信基督的相信有撒旦，什么都不信的相信有坏人。这是从战略的高度和历史的角度来看。从一个老百姓的角度来看，我又有很古怪的结论。我能出生，纯属偶然，生在何时何地，也非自身能够左右，故而这个奇妙的新世界，对我来说就是"命运"。我从不抱怨命不好，而是认为它好得很。这肯定是个积极的结论。有过这样的命运之后，我老憋不住呵呵傻笑，并且以为自己很逗，这其实非常不好。把幽默感去掉以后，从过去的岁月里，我得到了一个结论，那就是人活在世界上，不可以有偏差；而且多少要费点儿劲儿，才能把自己保持在理性的轨道上。

跳出手掌心

近来读了 C.P. 斯诺的《两种文化》。这本书里谈到的事倒是不新鲜，比方说，斯诺先生把知识分子分成了科学知识分子和文学（人文）知识分子两类，而且说，有两种文化，一种是科学文化，一种是文学（人文）文化。现在的每个知识分子，他的事业必定在其中一种之中。

我要谈到的事，其实与斯诺先生的书只有一点儿关系，那就是，我以为，把两种文化合在一起，就是人类前途所系。这么说还不大准确，实际上，是创造了这两种文化的活动——人类的思索，才真正是人类前途之所系。尤瑟纳尔女士借阿德里安之口云，当一个人写作或计算时，就超越了性别，甚至超越了人类——当你写作和计算时，就是在思索。思索是人类的前途所系，故此，思索的人，超越了现世的人类。这句话讲得是非常之好的，只是讲得过于简单。实际上，并不是每一种写作或计算都可以超越人类。这种情况并不多见，但是非常的重要。

现在我又想起了另一件事，乍看上去离题甚远：八十年代，美国通过了一个计划，拨出几百亿美元的资金，要在最短时间之内攻克癌症。结果却不令人满意，有些人甚至说该计划贻人笑柄，因为花了那么多钱，也没找出一种特效疗法。这件事说明，有了使不尽的钱，也不见得能做出突破性的发现。实际上，人类历史上任何一种天才的发现都不是金钱直接作用的结果。金钱、权力，这在现世上是最重要的东西，是人类生活的一面，但还有另一面。说到天才的发现，我们就要谈到天才、灵感、福至心灵、灵机一动等等，绝不会说它们是某些人有了钱、升了官，一高兴想出来的。我要说的就是：沉默地思索，是人类生活的另外一面。就以攻克癌症为例，科学家默默地想科学、做科学，不定哪一天就做出一个发现，彻底解决了这个问题。但是，如果要约定一个期限，则不管你给多少钱也未必能成功。对于现代科技来说，资金设备等等固然重要，但天才的思想依然是最主要的动力。一种发现或发明可以赚到很多钱，但有了钱也未必能造出所要的发明。思索是一道大门，通向现世上没有的东西，通到现在人类想不到的地方。以科学为例，这个道理就是明明白白的。

　　科学知识分子很容易把自己的工作看作超越人类的事业，但人文知识分子就很难想到这一点。就以文学艺术为例，我们这里要求它面向社会、面向生活，甚至要求它对现世的人有益，弘扬民族文化等等，这样就越说越小了。诚然，文学艺术等等，要为现世的人所欣赏，但也不仅限于此。莎士比亚的戏现在还在演，将来也要演。你从莎翁在世时的英国的角度出发，绝想象不到会有这样的事。自然科学的成果，有一些现在的人类已经用上了，但据我所知，没用上的还很多。倘若你把没用上的通通取消，科学就不成其为科学。我上大学时，有一次我的数学教授在课堂上讲到：我现在所教的数学，你们也许一生都用不到，但我还要教，因为这些知识是好的，应该让你们知道。这位老师的胸襟之高远，使我终生佩服。我还要说，像这样的胸襟，在中国人文知识分子中间很少见到。

倘若我说,科学知识分子比人文知识分子人品高尚,肯定是不对的。科学知识分子里也有卑鄙之徒,比方说,苏联的李森科。但我未听到谁对他的学说说过什么太难听的话,更没有听到谁做过这样细致的分析:李森科学说中某个谬误,和他的卑鄙内心的某一块是紧密相连的。倘若李森科不值得尊敬,李森科所从事的事业——生物学——依旧值得尊重。在科学上,有错误的学说,没有卑鄙的学说,就是李森科这样卑鄙的人为生物学所做的工作也不能说是卑鄙的行径。这样的道德标准显然不能适用于现在中国的艺术论坛,不信你就看看别人是怎样评论贾平凹先生的《废都》的。很显然,现在在中国,文学不是一种超越现世、超越人类的事业。我们评论它的标准,和三姑六婆评价身边发生的琐事的标准没有什么不同。贾先生写了一部《废都》,就如某位大嫂穿了旗袍出门,我们不但要说衣服不好看,还要想想她的动机是什么,是不是想要勾引谁。另外哪位先生或女士写了什么好书,称赞他的话必是功在世道人心,就如称赞哪位女士相夫教子、孝敬公婆是一样的。当然,假如我说现在中国对文艺只有这样一种标准,那就是恶毒的诽谤。杜拉斯的《情人》问世不久,一下就出了四种译本(包括台湾的译本),电影《辛德勒的名单》国内尚未见到,好评就不绝于耳。我们说,这些将是传世之作,那就不是用现世的标准、道德的标准来评判的。这种标准从来不用之于中国人。由此得到一个结论,那就是在文学艺术的领域,外国人可以做超越人类的事业,中国人却不能。

在文学艺术及其他人文的领域之内,国人的确是在使用一种双重标准,那就是对外国人的作品,用艺术或科学的标准来审评;而对中国人的作品,则用道德的标准来审评。这种想法的背后,是把外国人当成另外一个物种,这样对他们的成就就能客观地评价;对本国人则当作同种,只有主观的评价,因此我们的文化事业最主要的内容不是它的成就,而是它的

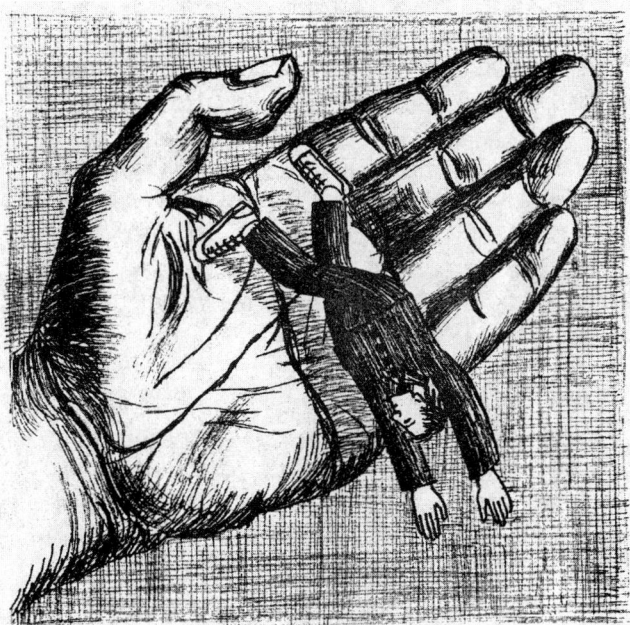

界限；此种界限为大家所认同，谁敢越界就要被群起而攻之。当年孟子如此来评价杨朱和墨子："无君无父，是禽兽也。"现在我们则如此地评价《废都》和一些在国外获奖的电影。这些作品好不好可以另论，总不能说人家的工作是"禽兽行"或者是"崇洋媚外"。身为一个中国人，最大的痛苦是忍受别人"推己及人"的次数，比世界上任何地方的人都要多。我要说的不是自己不喜欢做中国人（这是我最喜欢的事），我要说的是，这对文化事业的发展很是不利。

我认为，当我们认真地评价艺术时，所用的标准和科学上的标准有共通之处，那就是不依据现世的利害得失，只论其对不对（科学）、美不美（艺术）。此种标准我称为智慧的标准。假设有一种人类之外的智能生物，我们当然期望它们除了理解人类在科学上的成就之外，还能理解人类在艺术上的成就，故此，智慧就超越了人类。有些人会以为人类之外的东西能欣赏人类的艺术是不可能的，那么我敢和你打赌，此种生物在读到尤瑟纳尔女士的书时，读到某一句必会击节赞赏，对人类拥有的胸襟给予肯定；至于它能不能欣赏《红楼梦》，我倒不敢赌。但我敢断言，这种标准是存在的。从这种标准来看，人类侥幸拥有了智慧，就该善用它，成就种种事业，其中就包括了文学艺术在内。用这样的标准来度量，小说家力图写出一本前所未有的书，正如科学家力图做出发现，是值得赞美的事。当然，还有别的标准，那就是念念不忘自己是个人，家住某某胡同某某号，周围有三姑六婆，应该循规蹈矩地过一生，倘有余力，就该发大财，当大官，让别人说你好。这后一种标准是个人幸福之所系，自然不可忘记，但作为一个现代知识分子，前一种标准也该记住一些。

一个知识分子在面对文化遗产时，必定会觉得它浩浩洋洋，仰之弥高。这些东西是数千年来人类智慧的积累，当然是值得尊重的。不过，我以为它的来源更值得尊重，那就是活着的人们所拥有的智慧。这种东西就如一汪活水，所有的文化遗产都是它的沉积物。这些活水之中的一小份可以存在于你我的脑子里，照我看来，这是世界上最美好的事情。保存在文化遗产里的智慧让人尊敬，而活人头脑里的智慧更让人抱有无限的期望。我喜欢看到人们取得各种成就，尤其是喜欢看到现在的中国人取得任何一种成就。智慧永远指向虚无之境，从虚无中生出知识和美，而不是死死盯住现时、现事和现在的人。我认为，把智慧的范围限定在某个小圈子里，换言之，限定在一时、一地、一些人、一种文化传统这样一种界限之内是不对的；因为假如智慧是为了产生、生产或发现现在没有的东西，那么前述的界限就不应当存在。不幸的是，中国最重大的文化遗产，正是这样一种界限，就像如来佛的手掌一样，谁也跳不出来，而现代的主流文化却诞生在西方。

在中国做知识分子，有一种传统的模式，可能是孔孟，也可能是程朱传下来的，那就是自己先去做个循规蹈矩的人，做出了模样，做出了乐趣，再去管别人。我小的时候，从小学到中学，班上都有这样的好同学，背着手听讲，当上了小班长，再去管别人。现在也是这样，先是好好地求学，当了知名理论家、批评家，再去匡正世道人心。当然，这是做人的诀窍。做个知识分子，似乎稍嫌不够；除了把世道和人心匡得正正的，还该干点别的。由这样的模式，自然会产生一种学堂式的气氛，先是求学，受教，攒到了一定程度，就来教别人，管别人。如此一种学堂开办数千年来，总是同一些知识在其中循环，并未产生一种面向未来、超越人类的文化——谁要骂我是民族虚无主义，就骂好了，反正我从小就不是好同学——只产生了一个极沉重的传统，无数的聪明才智被白白消磨掉。倘若说到世道人心，我承认没有比中国文化更好的传统——所以我们这里就永远只有世道人心，有不了别的。

总之，说到知识分子的职责，我认为还有一种传统可循：那就是面向未来，取得成就。古往今来的一切大智者无不是这样做的。这两种知识分子的形象可以这样分界，前一种一世的修为，是要做个如来佛，让别人永世跳不出他的手掌心；后一种是想在一生一世之中，只要能跳出别人的手掌心就满意了。我想说的就是，希望大家都做后一种知识分子，因为不管是谁的手掌心，都太小了。

道德堕落与知识分子

看到《东方》杂志一期上王力雄先生的大作《渴望堕落》，觉得很有趣。我同意王先生的一些论点，但是在本质上，我站在王先生的对立面上，持反对王先生的态度。我喜欢王先生直言不讳的文风，只可惜那种严肃的笔调是我学不来的。

一、知识分子的罪名之一：亵渎神圣

如王先生所言，现在一些知识分子放弃了道德职守，摆脱了传统价值观念的束缚，正在"痞"下去，具体的表现是言语粗俗，放弃理想，厚颜无耻，亵渎神圣。我认为，知识分子的语言的确应当斯文些，关心的事情也该和大众有些区别。不过这些事对于知识分子只是末节，他真正的职责在于对科学和文化有所贡献。而这种贡献不是仅从道德上可以评判的，甚至可以说，它和道德根本就不搭界。举例来说，达尔文先生在基督教社会里提出了进化论，所以有好多人说他不道德。我们作为旁观者，当然可以说：一个科学理论，你只能说它对不对，不能拿道德来评说。但假若你是个教士，必然要说达尔文亵渎神圣。鉴于这个情况，我认为满脑子神圣教条的人只宜做教士，不适于做知识分子，最起码不适于当一流的知识分子。

倘若有人说，对于科学家来说，科学就是神圣的，我也不同意。我的一位老师说过，中国人对科学的认识，经历过若干个阶段。首先，视科学如洪水猛兽，故而砍电杆，毁铁路（义和团的作为）；继而视科学如巫术，以为学会几个法门，就可以船坚炮利；后来就视科学为神圣的宗教，拜倒在它面前。他老人家成为一位有成就的历史学家后，才体会到科学是个不断学习的过程。我认为他最后的体会是对的，对于每个知识分子而言，他毕生从事的事业，只能是个不断学习的过程，而不是顶礼膜拜。爱因斯坦身为物理学家，却不认为牛顿力学神圣，所以才有了相对论。这个例子说明，对于知识分子来说，知识不神圣——我们用的字眼是：真实、可信、完美；到此为止。而不是知识的东西更不神圣。所以，对一位知识分子的工作而言，亵渎神圣本身不是罪名，要看他有没有理由这样做。

二、知识分子罪名之二：厚颜无耻

另一个问题是知识分子应不应该比别人更知耻。过去在西方社会里，身为一个同性恋者是很可耻的，计算机科学的奠基人图灵先生就是个同性恋者，败露后自杀了，死时正在有作为的年龄。据说柴可夫斯基也是这样死的。按王先生的标准，这该算知耻近勇吧。但我要是生于这两位先生的年代，并且认识他们，就会劝他们"无耻"地活下去。我这样做，是出于对科学和音乐的热爱。

在一个社会里，大众所信奉的价值观，是不是该成为知识分子的金科玉律呢？我认为这是可以存疑的。当年罗素先生在纽约教书，有学生问他对同性恋有何看法。他用他那颗伟大学者的头脑考虑后，回答了。这回答流传了出去，招来一个没甚文化的老太太告了他一状，说他诲盗诲淫，害得他老人家失了教席，灰头土脸地回英格兰去。这个故事说明的是：不能强求知识分子与一般人在价值观方面一致，这是向下拉齐。除了价值观的基本方面，知识分子的价值体系应该有点儿独特的地方。举例来说，画家画裸体模特，和小流氓爬女浴室窗户不可以等量齐观，虽然在表面上这两种行为有点儿像。

三、知识分子的其他罪名

王先生所举知识分子的罪名，多是从价值观或者道德方面来说的。我觉得多少带点儿宋明理学或者宗教的气味。至于说知识分子言语粗俗，举的例子是电视片中的人物，或者电影明星。我以为这些人物不典型，是不是知识分子都有疑问。假如有老外问我，中国哪些人学识渊博，有独立见解，我说出影星、歌星的名字来，那我喝的肯定是不止二两啦。

现在有些知识分子下了海，引起了王先生很大的忧虑。其实下了海就不是知识分子了，还说人家干什么。我觉得知识分子就该是喜欢弄点儿学问的人，为此不得不受点儿穷，而非特意地喜欢熬穷。假如说安于清贫、安于住筒子楼、安于营养不良是好品格，恐怕是有点儿变态。所谓身体发肤，受之父母，和自己过不去，就是和爹娘过不去。再说，咱们还有妻子儿女。

　　王先生文章里提到的人物主要是作家，我举这些例子净是科学家，或许显得有点儿文不对题。作家也是知识分子，但是他们的事业透明度更大：字人人识，话人人懂（虽然意思未必懂），所以格外倒霉。我认为，在知识分子大家庭里，他们最值得同情，也最需要大家帮助。我听说有位老先生对贾平凹先生的《废都》有如下评价："国家将亡，必有妖孽。"不管贾先生这本书如何，老先生言重了。真正的妖孽是康生、姚文元之辈，只不过他们猖狂时来头甚大，谁也惹不起。将来咱们国家再出妖孽（我希望不要再出了），大概还是那种人物。像这样的话我们该攒着，见到那种人再说。

　　科学家维纳认为，人在做两种不同性质的事，一类如棋手，成败由他的最坏状态决定，也就是说，一局里只要犯了错误就全完了。还有一类如发明家，只要有一天状态好，做成了发明，就成功了，在此之前犯多少次糊涂都可以。贾先生从事的是后一类工作，就算《废都》没写好，将来还可以写出好书。这样看问题，才是知识分子对待知识分子的态度。王先生说，知识分子会腐化社会，我认为是对的，姚文元也算个知识分子，却喜欢咬别的知识分子，带动了大家互相咬，弄得大家都像野狗。他就是这样腐化了社会。

四、知识分子的真实罪孽

　　如果让我来说中国知识分子的罪状，我也能举出一堆：同类相残（文人相轻），内心压抑，口是心非，……不过这样说话是不对的。首先，不该对别人滥做价值判断。其次，说话要有凭据。所以，我不能说这样的话。我认为中国的知识分子只在一个方面有欠缺：他们的工作缺少成绩，尤其是缺少一流的成果。以人口比例来算，现代一切科学文化的成果，就该有四分之一出在中国。实际上远达不到这个比例。学术界就是这样的局面，所以我们劝年轻人从事学术时总要说，要耐得住寂寞！好像劝寡妇守空房一样。除了家徒四壁，还有头脑里空空如也，这让人怎么个熬法吗？

在文学方面，我同意王先生所说的，中国作家已经瘪掉了，从语言到思想，不比大众高明。但说大家的人品有问题，我认为是不对的。没有杜拉斯，没有昆德拉，只有王朔的调侃小说。顺便说一句，我认为王朔的小说挺好看，但要说那就是modern classic①，则是我万难接受、万难领会的。瘪是不好的，但其根源不在道德上。真正的原因是贫乏。没有感性的天才，就不会有杜拉斯《情人》那样的杰作；没有犀利的解析，也就没有昆德拉。作家想要写出不同流俗之作，自己的头脑就要在感性和理性两方面再丰富些，而不是故作清高就能解决问题的。我国的作家朋友只要提高文学修养，还大有机会。就算遇到了挫折，还可以从头开始嘛。

五、知识分子该干什么？

王先生的文章里，我最不能同意的就是结尾的一段。他说，中国社会的精神结构已经千疮百孔，知识分子应司重建之责。这个结构是指道德体系吧。我还真没看见疮在哪里、孔在哪里。有些知识分子下了海，不过是挣几个小钱而已，还没创建"王安""苹果"那样的大公司呢，王先生就说我们"投机逐利"。文章没怎么写，就"厚颜无耻"。还有丧失人格、渴望堕落、出卖原则、亵渎神圣（这句话最怪，不知王先生信什么教）、蔑

––––––––––––––––––

① 意为"现代经典"。

视理想。倘若这些罪名一齐成立，也别等红卫兵、褐衫队来动手，大伙就一齐吊死了吧，别活着现眼。但是我相信，王先生只是顺嘴说说，并没把咱们看得那么坏。

最后说说知识分子该干什么。在我看来，知识分子可以干两件事：其一，创造精神财富；其二，不让别人创造精神财富。中国的知识分子后一样向来比较出色，我倒希望大伙在前一样上也较出色。"重建精神结构"是好事，可别建出个大笼子把大家关进去，再造出些大棍子，把大家揍一顿。我们这个国家最敬重读书人，可是读书人总是不见太平，大家可以静下心来想想原因。

论战与道德

　　知识分子搞学问，除了闭门造车之外，与人讨论问题也常常是免不了的。在讨论时应该取何种态度，是个蛮有意义的问题。在这方面我有些见闻，虽然还不够广博，但已足够有趣。先父是位逻辑学家，在五十年代曾参加过"逻辑问题大讨论"，所以我虽然对逻辑所知不多，也把当年的论文集找出来细读了一番。对于当年的论争各方谁对谁错，我没有什么意见，但是对论战的态度很有看法。众所周知，逻辑是一门严谨的科学，只要能争出个对错即可，可实际情况不是那样，论战的双方都在努力证明对方是"资产阶级"，持有"唯心主义"或"形而上学"的思想方法。相形之下，自己是无产阶级，持有辩证唯物主义的思想方法。在我看来，逻辑问题是对错真伪的问题，扯上这么多，实属冗余；而且在五十年代被判定为一名资产阶级分子之后，一个人的生活肯定不是很愉快的。此种论战的方式有恫吓、威胁之意。一般认为，五十年代的逻辑大讨论还算是一次比较平和的讨论，论战各方都没有因为论点前往北大荒，这是必须肯定的。但要说大家表现了多少君子风度，恐怕就说不上了。

我们这个社会里的论战大多要从平等的讨论转为一方对另一方的批判，这是因讨论的方式决定的；根据我的观察，这些讨论里不是争谁对谁错，而是争谁好谁坏。一旦争出了结果，一方的好人身份既定，另一方是坏蛋就昭然若揭，好人方对坏蛋方当然还有些话要说，不但要批判，还要揭发。根据文献，反右斗争后期，主要是研究"右"派分子在旧社会的作为，女"右"派结交男朋友的方式，男"右"派偷窥女浴室的问题。当然，这个阶段发生的事已经不属讨论的范畴，但还属论战的延续。再以后就是组织处理等等，更不属讨论的范围，但是它和讨论有异常显著的因果关系。

"文化革命"里，我是个小孩子，我住的地方有两派，他们中间的争论不管有没有意义，毕竟是一种论争。我记得有一阵子两派的广播都在朗诵毛主席的光辉著作《将革命进行到底》。倘若你以为双方都在表示自己将革命进行到底的决心，那就错了。大家感兴趣的只是该文中毛主席痛斥反动派是毒蛇的一段——化成美女的蛇和露出毒牙的蛇，它们虽然已经感到冬天的威胁，但还没有冻僵呢——朗诵这篇文章，当然是希望对方领会到自己是条毒蛇这一事实，并且感到不寒而栗。据我所见，这个希望落空了。后来双方都朗诵另一篇光辉著作《敦促杜聿明等投降书》，这显然是把对方看成了反动派，准备接受他们的投降，但是对方又没有这种自觉性。最后的结果当然是刀兵相见，打了起来。这以后的事虽然有趣，但已出了本文的范围。

"文化革命"里的两派之争，有一个阶段，虽不属论战，但也非常有趣，那就是两派都想证明对方成分不纯或者道德败坏，要么发现对方庇护了大叛徒、走资派，要么逮住他们干了有亏德行的事。在后一个方面，只要有某派的一对青年男女待在一个屋子里，对立面必派出一支精悍队伍埋伏在外面，觉得里面火候差不多了，就踹门进去。我住的地方知识分子成堆，而这些事又都是知识分子所为。从表面上看，双方都是斯文人，其实凶蛮得很。这使我感到，仅用言辞来证明自己比对方道德优越，实在是件不容易的事，因此有时候人们的确很难抑制自己的行动欲望。

现在，任何一个有理智的人都不会认为，讨论问题的正当方式是把对方说成反动派、毒蛇，并且设法去捉他们的奸，然而，假如是有关谁好谁坏的争论，假如不是因外力而中止，就会得到这种结果。因为你觉得自己是好的，对方是坏的，而对方持有相反的看法，每一句辩驳都会加深恶意。恶意到了一定程度，就会诉诸行动：假设你有权力，就给对方组织处理；有武力，就让对方头破血流；什么都没有的也会恫吓检举。一般来说，真理是越辩越明，但以这种方式争论，总是越辩越不明，你在哪个领域争论，哪个领域就遭到损害。争论的结果既然是有人好，有人坏；那么好人该有好报，坏人该有坏下场，当然是不言自明。苏联曾在遗传学方面展开了这种争论，给生物学和生物学家带来了很大的损害。我国在文化领域里有过好多次这种论争，得到了什么结果，也很容易看出来。

现在我已是个中年人，我们社会里新的轰轰烈烈的文化事件也很少发生了，但我发现人们的论战方式并没有大的改变，还是要争谁好谁坏。很难听的话是不说了，但是骂人也可以不带脏字。现在最大规模的文化事件就是上演了一部新的电视剧或是电影，到底该为此表示悲哀，还是为之庆幸，我还拿不准，但是围绕着这种文化事件发生的争论之中，还有让人大吃一惊的言论。举例来说，前不久上演了一部电视剧《唐明皇》，有一部分人说不好看，剧组的成员和一部分记者就开了个研讨会，会议纪要登在《中国电视报》上。我记得制片人的发言探讨了反对《唐》剧者的民族精神、国学修为、道德水准诸方面，甚至认为那些朋友的智商都不高，唯一令人庆幸的是，还没有探讨那些朋友的先人祖宗。从此之后，我再不敢去看任何一部国产电视剧，我怕我白发苍苍的老母亲忽然知道自己生了个傻儿子而伤心——因为学习成绩好，我妈一直以为我很聪明。去看电影，尤其是国产电影，也有类似的危险。这种危险表现在两个方面：看了好电影不觉得好，你就不够好；看了坏电影不觉得坏，你就成了坏蛋。有一些电影在国际上得了奖，我看了以后也觉得不坏，但有些评论者说，这些电影简直是在卖国，如此说来，我也有背叛祖国的情绪了——谁敢拿自己的人品去冒这种风险？

我现在既不看国产电影，也不看国产电视剧，而且不看中国当代作家的小说。比方说，贾平凹先生的《废都》，我就坚决不肯看，生怕看了以后会喜欢——虽然我在性道德上是无懈可击的，但我深知，不是每个人都像我老婆那样了解我。事实上，你只要关心文化领域的事，就可能介入了论战的某一方，自身也不得清白，这种事最好还是避免。假如人人都像我这样，我国的文化事业前景堪虞，不过我也管不了这么多。不管影视也好，文学也罢，倘若属于艺术的范畴，人就可以放心大胆地去欣赏，至不济落个欣赏水平低的评价，一扯到道德问题，就让人裹足不前了。这种怯懦并不是因为我们不重视道德问题，而恰恰是因为我们很重视道德问题。假如我干了不道德的事，我乐于受到指责，并且负起责任，但这种不道德绝不能是喜欢或不喜欢某个电影。

假如我不看电影，不看小说，还可以关心一下正经学问，读点理论文章、学术论文。文科的文章往往要说，作者以马列主义为指南，以辩证唯物主义为指导思想，为了什么什么等等。一篇文章我往往只敢看到这里，因为我害怕看完后不能同意作者的观点，就要冒反对马列主义的危险。诚然，我可以努力证明作者口称赞同马列主义，实质上在反对马列，但我又于心不忍，我和任何人都没有这么大的仇恨。

其实，不光是理论文章，就是电视剧、小说作者也会把自己的动机神圣化，然后把自己的作品神圣化，最后把自己也神圣化，这样一来，他就像天兄下凡时的杨秀清。我对这些人原本有一些敬意，直到去年秋天在北方一小城市里遇到了一批耍猴子的人。他们也用杨秀清的口吻说："为了繁荣社会主义文化，满足大家的精神需求等等，现在给大家耍场猴戏。"我听了以后几乎要气死——猴戏我当然没看。我怕看到猴子翻跟头不喜欢，就背上了反对繁荣社会主义文化的罪名，而且我希望有人把这些顺嘴就圣化自己的人管一管——电影、电视、小说、理论文章都可以强我喜欢（只要你不强我去看，我可以喜欢），连猴戏也要强我喜欢，实在太过分了——我最讨厌的动物就是猴子，尤其是见不得它做鬼脸。

现在有很多文人下了海，不再从事文化事业。不管在商界、产业界还是科技界，人们以聪明才智、辛勤劳动来进行竞争。唯独在文化界，赌的是人品、爱国心、羞耻心。照我看来，这有点儿像赌命，甚至比赌命还严重。这种危险的游戏有何奖品？只是一点儿小小的文名。所以，你不要怪文人下海。

假设文化领域里的一切论争都是道德之争、神圣之争，那么争论的结果就该是出人命，重大的论争就该有重大的结果，但这实在令人伤心。假若重大的论争没有重大的结果，那就更让人伤心——一些人不道德、没廉耻，还那么正常地活着，正如孟子所说："无耻之耻，无耻矣！"我实在不敢相信，文化界还有这么多"二皮脸"之人。除了这两种结果，还有第三种结果，那就是大家急赤白脸地争论道德、廉耻，争完了就忘了。这就是说，从起头上就没把廉耻当廉耻，道德当道德。像这样的道德标准，绝不是像我这样的人能接受的。

我认为像我这样的人不在少数：我们热爱艺术、热爱科学，认为它们是崇高的事业，但是不希望这些领域里的事同我为人处世的态度、我对别人的责任、我的爱憎感情发生关系，更不愿因此触犯社会的禁忌。这是因为，这两个方面不在一个论域里，而且后一个论域比前者要严重。打个比方，我像本世纪初年的一个爪哇土著人，此种人生来勇敢，不畏惧战争，但是更重视清洁。换言之，生死和清洁两个领域里，他们更看重后者，因为这个缘故，他们敢于面对枪林弹雨猛冲，却不敢朝着秽物冲杀。荷兰殖民军和他们作战时，就把屎橛子劈面掷去，使他们望风而逃。当我和别人讨论文化问题时，我以为自己的审美情趣、文化修养在经受挑战，这方面的反对意见就如飞来的子弹，不能使我惧怕，而道德方面的非难就如飞来的粪便那样使我胆寒。我的意思当然不是说现在文化的领域是个屎橛纷飞的场所，臭气熏天——绝不是的。我只是说，它还有让我胆寒的气味。所以，假如有人以这种态度论争，我要做的第一件事，就是逃到安全距离之外，然后再好言相劝："算了吧，何必呢？"

道德保守主义及其他

为《东方》的社会伦理漫谈专栏写文章时，我怀有一种特殊的责任感，期待自己的工作能为提高社会的道德水平做出一点贡献。然而作为中国的知识分子，随时保持内省的状态是我们的传统，不能丢掉。

我记得在我之前写这个专栏的何怀宏先生，写过一篇讨论全社会的道德水平能否随经济发展提高的文章，得出了"可以存疑"的结论。对于某些人来说，何先生的结论不能令人满意，结论似乎应当是可以提高而且必须提高。如果是这样，那篇文章就和大多数文章一样，得到一种号召积极行动的结论。

号召积极行动的结论虽好，但不一定合理。再说，一篇文章还没有读，结论就已知道，也不大有趣。我认为，目前文化界存在着一种"道德保守主义"，其表现之一就是多数文章都会得到这种结论。

在道德这个论域，假如不持保守的立场，就不会一味地鼓吹提高全社会的道德水平。举例言之，假如你持宋儒的观点，就会认为，全社会没有了再醮的寡妇，所有的女孩子都躲在家里等待"父母之命、媒妁之言"，道德水平就是很高的，应该马上朝这个方向努力；而假设你是"五四"之后的文化人，就会认为这种做法道德水平有多高是有问题的，也就不急于朝那个方面努力。这个例子想要说明的是，当你急于提高全社会道德水平时，也许已经忽略了社会伦理方面发生的变革，而且这种变革往往受到了别的因素的影响，实际上是不可避免的。事实上，因为我们国家很大一部分人的生活方式正在改变，这种变革也正在发生，所以如何去提高道德水平是个最复杂的问题，而当我们这样提出问题时，也就丧失了提高道德水平的急迫感。

前年夏天，我到外地开一个会——在此声明，我很少去开会，这个会议的伙食标准也不高——看到一位男会友穿了一件文化衫，上面用龙飞凤舞的笔迹写着一串英文：Ok, Let's pee！总的来说，这个口号让人振奋，因为它带有积极、振奋的语调，这正是我们都想听到的。但是这个 pee 是什么意思不大明白，我觉得这个字念起来不大对头。回来一查，果不出我所料，是尿尿的意思。搞明白了全句的意思，我就觉得这话不那么激动人心了。众所周知，我们已过了要人催尿的年龄，在小便这件事上无须别人的鼓励。

我提到这件事，不是要讨论如何小便的问题，而是想指出，在做一件事之前，首先要弄明白是在干什么，然后再决定是不是需要积极和振奋。

这只是我个人的意见，当然，有些人在这类事情上一向以为，无论干的是什么，积极和振奋总是好的。假如倒回几年，到了"文化革命"里，连我也是这样的人。当年我坚信，一切方向问题都已解决，只剩下一件事，"毛主席挥手我前进"。所以在回忆年轻时代的所作所为之时，唯一可以感到自豪的事就是：那段时间我一直积极而振奋，其他的事都只能令我伤心。

　　我个人认为，一个社会的道德水准取决于两个方面，一是价值取向，二是在这些取向上取得的成就。很显然，第一个方面是根本。倘若取向都变了，成就也就说不上，还会适得其反。因此，要提高社会的道德水准就要解决两方面的问题。一、弄清哪一种价值取向比较可取；二、以积极进取的态度来推进它。坦白地说，我只关心第一个问题。换言之，我最关心pee 是要干什么，在搞明白它是什么意思之前，对 Ok，Let's 中包含的强烈语气无动于衷。我知道自己是个挺极端的例子，另一个极端的例子是对干什么毫不关心，只关心积极进取，狂热推动。我觉得，自己所处的这个极端比较符合知识分子的身份，并为处于另一个极端的朋友捏一把冷汗。假如他们凑巧持一种有益无害的价值取向，行为就会很好；假如不那么凑巧，就要成为一种很大的祸害。因为这个缘故，他们的一生是否能于社会有益、于人类有益，就不再取决于自己，而是取决于机遇。正因为有这样的人存在，思考何种社会伦理可取的人的责任就更重大了。

　　我本人关心社会伦理问题，是从研究同性恋始。我做社会学研究，但是这样一个研究题目当然和社会伦理问题有关。现在有人说，同性恋是一种社会丑恶现象，我反对这种说法，但不想在此详加讨论——我的看法是，同性恋是指一些人和他们的生活，说人家是种社会现象很不郑重。我要是说女人是种社会现象，大家以为如何？我只想转述一位"万事通"先生在澡堂里对这个问题发表的宏论，他说："同性恋那是外国的高级玩意儿，我们这里有些人就会赶时髦……这艾滋病也不是谁想得就配得的！"在他说这些话时，我的一位调查对象就在一边坐着。后者告诉我说，他的同性恋倾向是与生俱来的。他既不是想赶时髦，也不是想得艾滋病。他还认为，生为一个同性恋者，是世间最沉重的事。我想，假如这位"万事通"先生知道这一切，也不会对同性恋做出轻浮、赶时髦这样的价值评判，除非他对自己说出的话是对是错也不关心。我举这个例子是想说明：伦理道德的论域也和其他论域一样，你也需要先明白有关事实才能下结论，而并非像某些人想象的那样，只要你是个好人，或者说，站对了立场，一切都可以不言自明。不管你学物理也好，学数学也罢，都得想破了脑袋，才能得到一点儿成绩。假设有一个领域，你在其中想都不用想就能得到大批的成绩，那倒是很开心的事。不过，假如我有了这样的感觉，一定要先去看看心理医生。

在本文开始的时候，提出了"道德保守主义"这样一种说法。我以为"道德保守主义"和不问价值取向是否合理、只求积极进取的倾向，在现象上是一回事，虽然它们在逻辑上没有什么联系。这主要是因为假如你不考虑价值取向这样一个主要问题（换言之，你以为旧有的价值取向都是对的，无须为之动脑子），就会节省大量的精力，干起呼吁、提倡这类事情时，当然精力充沛，无人能比。

举例来说，有关传统道德里让寡妇守节，我们知道，有人说过饿死事小，失节事大；又有人说过饿死事极小，失节事极大，这些先生没有仔细考虑过让寡妇守节是否合理，此种伦理是否有必要变革，所以才能如此轻松地得出要丧偶女士饿死这样一个可怕的结论。

喜欢萧伯纳的朋友一定记得，在《巴巴拉少校》一剧里，安德谢夫先生见到了平时很少见到的儿子斯泰芬。老先生要考较一下儿子，就问他能干点儿什么。他答道："干什么都不行，我的特长在于明辨是非。"假如我理解得对，斯泰芬先生是说他在伦理道德方面有与生俱来的能力。安德谢夫把斯泰芬狠狠损了一顿，说道："你说的那件事，其实是世界上最难的事。"

当然，这位老爷子不是在玩深沉，他的意思是说，你要明辨是非，就要把与此有关的一切事都搞清。这是最高的智慧，绝不是最低的一种。这件事绝不轻松，是与非并不是不言自明的。

在伦理道德的论域里，有两种不同的态度：一种认为，只有详细地考虑有关证据，经过痛苦的思索过程，才能搞清什么是对，什么是错——我就是这样考虑伦理问题的；另一种认为，什么是对什么是错根本无须考虑，只剩下了如何行动的问题——我嫉妒这种立论的方式，这实在太省心。假设有位女子风华绝代，那么她可以认为，每个男人都会爱上她，而且这么想是有理由的。但我很难想象，什么样的人才有资格相信自己一拍脑袋想出来的东西就是对的，现在能想出的唯一例子就是圣灵充满的耶稣基督。我这辈子也不会自大到这种程度。还有一种东西可以拯救我们，那就是相信有一种东西绝对是对的，比如一个传统，一本小红书，你和它融为一体时，也就达到了圣灵充满的境界。

在这种状态下，你会感到一切价值取向上的是与非都一目了然，你会看到那些没有被"充满"的人都是那么堕落，因而充满了道德上的紧迫感。也许有一天，我会向这种诱惑屈服，但现在还不肯。

"行货感"与文化相对主义

　　《水浒传》上写到，宋江犯了法，被刺配江州，归戴宗管。按理他该给戴宗些好处，但他就是不给。于是，戴宗就来要。宋江还是不给他，还问他，我有什么短处在你手里，你凭什么要我的好处？戴宗大怒道，还敢问我凭什么？你犯在我的手里，轻咳嗽都是罪名！你这厮，只是俺手里的一个行货！行货，是劣等货物，戴宗说，宋江是一件降价处理品，而他自己则以货主自居。我看到这则故事时，只有十二岁，从此就有了一种根深蒂固的行货感，这是一种很悲惨的感觉。在我所处的这个东方社会里，没有什么能冲淡我的这种感觉——这种感觉中最悲惨的，并不是自己被降价处理，而是成为货物这一不幸的事实。最能说明你是一件货物的事就是：人家拿你干了什么或对你有任何一种评价，都无须向你解释或征得你的同意。我个人有过这种经历：在我十七岁时，忽然就被装上了火车，经长途运输运往云南，身上别了一个标签——屯垦戍边。对此我没有什么怨言，只有一股油然而生的行货感。对于这件事，在中国的文化传统里早有解释：普天之下，莫非王土；率土之滨，莫非王臣……是啊，普天之下，莫非王土，我不是王；率土之滨，莫非王臣，我又不是王。我总觉得这种解释还不如说我是个行货更直接些。

古埃及的人以为，地球是圆的——如你所知，这是事实；古希腊的人却以为，地是一块平板，放在了大鲸的背上，鲸漂在海里，鲸背上一痒，就要乱蹭，然后就闹地震——这就不是事实。罗素先生说，不能因此认为埃及人聪明，希腊人笨。埃及人住在空旷的地方，往四周一看，圆圆一圈地平线，得出正确的结论不难。希腊人住在多山、多地震的滨海地区，难怪要想到大海、鲸。同样是人，生在旷野和生在山区，就有不同的见识。假若有人生为行货，见识一定和生为货主大有不同。后一方面的例子有美国《独立宣言》，这是两百年前一批北美的种植园主起草的文件，照我们这里的标准，通篇都是大逆不道的语言。至于前一方面的例子，中国的典籍里多的是，从孔孟以降，讲的全是行货言论，尤其是和《独立宣言》对照着读，更是这样。我对这种言论很不满，打算加以批判。但要有个立脚点：我必须证明自己不是行货——身为货物，批判货主是不对的。

这些年来，文化热长盛不衰，西方的学术思潮一波波涌进了中国。有一些源于西方的学术思想正是我的噩梦——这些学术思想里包括文化相对主义、功能学派等等。说什么文化是生活的工具（马林诺夫斯基的功能论），没有一种文化是低等的（文化相对主义），这些思想就是我的噩梦。从道理上讲，这些观点是对的，但要看怎么个用法，遇上歪缠的人，什么好观点都要完蛋。举例来说，江州大牢里的宋江，他生活在一种独特的文化之中（我们可以叫它宋朝的牢狱文化），按照这种文化的定义，他是戴宗手里的行货，他应该给戴宗送好处。他若对戴宗说，人人生而平等，我也是一个人，凭什么说我是宗货物？咱们这种文化是有毛病的。戴宗就可以说，宋公明，根据文化相对主义的原理，没有一种文化有毛病，咱们这种文化很好，你还是安心当我的行货吧。宋江若说，虽然这种文化很好，但你向我要好处是敲诈我，我不能给。戴宗又可以说，文化是生活的工具，既然在我们的文化里你得给我好处，这件事自有它的功能，你还是给了吧。如果不给，我就要按咱这种文化的惯例，用棍子来打你了——你先不要不满意，打你也有打你的功能。这个例子可以说明文化人类学的观点经不住戴宗的歪曲、滥用。实际上，没有一种科学能经得起歪曲、滥用。但有一些学者学习西方的科学，就是为了用东方的传统观念来歪曲的。从文化相对主义，就能歪曲出一种我们都是行货的道理来。

　　我们知道，非洲有些地方有对女孩行割礼的习惯，这是对妇女身心的极大摧残。一些非洲妇女已经起而斗争，反对这种陋习。假如非洲有些食洋不化的人说："这是我们的文化，万万动不得。"甚至搬出文化相对主义来，他肯定是在胡扯。文化相对主义是人类学家对待外文化的态度，可不是让宋公明当行货，也不是让非洲的女孩子任人宰割。人生活在一种文化的影响之中，他就有批判这种文化的权利。我对自己所在的文化有所批评，这是因为我生活在此地，我在这种文化的影响之下，所以有批判它的权利。假设我拿了绿卡，住在外国，你说我没有这种权利，我倒无话可说。这是因为，人该是自己生活的主宰，不是别人手里的行货。假如连这一点都不懂，他就是行尸走肉，而行尸走肉是不配谈论科学的。

极端体验

段成式在《酉阳杂俎》中写道：唐朝有位秀才先生，才高八斗，学富五车，因慕李太白为人，自起名为李赤。我虽没见过他，但能想象出他的样子：一位翩翩佳公子。有一天，春日融融，李赤先生和几个朋友出城郊游。走到一处野外的饭馆，朋友们决定在此吃午饭。大家入席以后，李赤起身去方便。去了就没回来，大家也没理会。忽听外面一声暴喊，大家循声赶去，找到了厕所里。只见李赤先生头在下，脚在上，倒插在粪桶里？这景象够吓人的。幸亏有位上厕所的先生撞见了，惊叫了一声，迟了不堪设想……大伙赶紧把他拔出来，打来清水猛冲了几桶。还好，李赤先生还有气，冷水一激又缓了过来。别人觉得有个恶棍躲在厕所里搞鬼，把李赤拦腰抱起，栽进了粪桶里，急着要把他逮住。但李赤先生说，是自己掉进去的。于是众人大笑，说李先生太不小心了，让他更衣重新入席——却忽略了一件事：李先生不是跳水队员，向前跳水的动作也不是非常熟练，怎么能一失足就倒插在粪桶里？所以，他是自己跳下去的。段成式没解释李秀才为什么会往粪桶里跳，但我觉得，这件事我能解释。

有些人秉性特殊，寻常生活不能让他们满足。他们需要某种极端体验：喜欢被人捆绑起来，加以羞辱和拷打——人各有所好，这不碍我们的事。其中还有些人想要 golden shower，也就是把屎尿往头上浇，这才是真正惊世骇俗的嗜好。据说在纽约和加州某些俱乐部里，有人在口袋里放块黄手绢，露出半截来，就表明自己有这种嗜好。我觉得李赤先生就有这种嗜好，只是他不是让别人往头上浇，而是自己要往里跳。这种事解释得太详细了难免恶心，我们只要明白极端体验是个什么意思就够了。

现在是太平年月，大约在三十年前吧，整个中国乱哄哄的，有些人生活在极端体验里。这些人里有几位我认识，有些是学校里的老师，还有一些是大院里的叔叔、阿姨。他们都不喜欢这种横加在头上的极端体验，就自杀了，跳楼的跳楼，上吊的上吊，用这种方法来解脱苦难。也许有些当年闹事的人觉得这些事还蛮有意思的，但我劝他们替死者家属想想。死者已矣，留给亲友的却是无边的黑夜……

然后我就去插队，走南闯北，这种事情见得很多。比方说，在村里开会，支书总要吆喝"地富到前排"，讲几句话，就叫他们起来"撅"着。那些地富有不少比我岁数还小。原来农村的规矩是地富的子女还叫地富，就那么小一个村子，大家抬头不见低头见，撅在大伙面前，头在下腚在上，把脸都丢光，这也是种极端体验吧。当然，现在不叫地富，大家都是社员了。做出这项决定的人虽已不在人世了，但大家都会怀念他的——总而言之，那是一个极端体验的年代，虽然很惊险、很刺激，但我一点都不喜欢。现在有些青年学人，人已经到了海外，拿到了博士学位和绿卡，又提起那个年代的种种好处来，借某个村庄的经验说事儿，老调重弹：想要大家再去早请示、晚汇报、学老三篇，还煞有介事地总结了毛泽东思想育

新人的经验。听了这些话，我满脊梁乱起鸡皮疙瘩。

我有些庸人的想法：吃饱了比饿着好，健康比有病好，站在粪桶外比跳进去好。但有人不同意这种想法，比方说，李赤先生。大家宴饮已毕，回城里去，走到半路，发现他不见了。赶紧回去找，发现他又倒栽进了粪桶里。这回和上回不同，拖出来一看，他已经没气了。李赤先生的极端体验就到此结束——一玩就把自己玩死，这可是太极端了，没什么普遍意义。我觉得人不该淹死在屎里，但如你所知，这是庸人之见，和李赤先生的见解不同——李赤先生死后面带幸福的微笑，只是身上臭烘烘的。

我这个庸人又有种见解：太平年月比乱世要好。这两种时代的区别，比新鲜空气和臭屎的区别还要大。近二十年来，我们过着太平日子，好比呼吸到了一点儿新鲜空气，没理由再把我们栽进臭屎里。我是中国的国民，我对这个国家的希望就是：希望这里永远是太平年月。不管海外的学人怎么说我们庸俗，丧失了左派的锐气，我这个见解终不肯改。现在能太太平平，看几本书，写点儿小文章，我就很满意了。我可不想早请示、晚汇报，像"文化革命"里那样穷折腾。至于海外那几位学人，我猜他们也不是真喜欢"文化革命"——他们喜欢的只是那时极端体验的气氛。他们可不想在美国弄出这种气氛，那边是他们的安身立命之所。他们只想把中国搞得七颠八倒，以便放暑假时可以过来体验一番，然后再回美国去，教美国书，挣美国钱。这主意不坏，但我们不答应，我们没有极端体验的瘾，别来折腾我们。真正有这种瘾的人，何妨像李赤先生那样，自己一头扎向屎坑。

我看国学

我现在四十多岁了，师长还健在，所以依然是晚生。当年读研究生时，老师对我说，你国学底子不行，我就发了一回愤，从《四书》到二程、朱子乱看了一通。我读书是从小说读起，然后读四书；做人是从知青做起，然后做学生。这样的次序想来是有问题。虽然如此，看古书时还是有一些古怪的感慨，值得敝帚自珍。读完了《论语》闭目细思，觉得孔子经常一本正经地说些大实话，是个挺可爱的老天真。自己那几个学生老挂在嘴上，说这个能干啥，那个能干啥，像老太太数落孙子一样，很亲切。老先生有时候也鬼头鬼脑，那就是"子见南子"那一回。出来以后就大呼小叫，一口咬定自己没"犯色"。总的来说，我喜欢他，要是生在春秋，一定上他那里念书，因为那儿有一种"匹克威克俱乐部"的气氛。至于他的见解，也就一般，没有什么特别让人佩服的地方。至于他特别强调的礼，我以为和"文化革命"里搞的那些仪式差不多，什么早请示晚汇报，我都经历过，没什么大意思。对于幼稚的人也许必不可少，但对有文化的成年人就是一种负担。不过，我上孔老夫子的学，就是奔那种气氛而去，不想在那里长什么学问。

《孟子》我也看过了，觉得孟子甚偏执，表面上体面，其实心底有股邪火。比方说，他提到墨子、杨朱，"无君无父，是禽兽也"，如此立论，已然不是一个绅士的作为。至于他的思想，我一点儿都不赞成。有论家说他思维缜密，我的看法恰恰相反。他基本的方法是推己及人，有时候及不了人，就说人家是禽兽、小人，这股凶巴巴恶狠狠的劲头实在不讨人喜欢。至于说到修辞，我承认他是一把好手，别的方面就没什么。我一点儿都不喜欢他，如果生在春秋，见了面也不和他握手。我就这么读过了孔、孟，用我老师的话来说，就如"春风过驴耳"。我的这些感慨也只是招得老师生气，所以我是晚生。

假如有人说，我如此立论，是崇洋媚外，缺少民族感情，这是我不能承认的。但我承认自己很佩服法拉第，因为给我两个线圈一根铁棍子，让我去发现电磁感应，我是发现不出来的。牛顿、莱布尼兹，特别是爱因斯坦，你都不能不佩服，因为人家想出的东西完全在你的能力之外。这些人有一种惊世骇俗的思索能力，为孔孟所无。按照现代的标准，孔孟所言的"仁义"啦，"中庸"啦，虽然是些好话，但似乎都用不着特殊的思维能力就能想出来，琢磨得过了分，还有点儿肉麻。这方面有一个例子：记不清二程里哪一程，有一次盯着刚出壳的鸭雏使劲看。别人问他看什么，他说，看到毛茸茸的鸭雏，才体会到圣人所说"仁"的真意。这个想法里有让人感动的地方，不过仔细一体会，也没什么了不起的东西在内。毛茸茸的鸭子虽然好看，但再怎么看也是只鸭子。再说，圣人提出了"仁"，还得让后人看鸭子才能明白，起码是词不达意。我虽然这样想，但不缺少民族感情。因为我虽然不佩服孔孟，但佩服古代中国的劳动人民。劳动人民发明了做豆腐，这是我想象不出来的。

　　我还看过朱熹的书，因为本科是学理工的，对他"格物"的论述看得特别的仔细。朱子用阴阳五行就可以格尽天下万物，虽然阴阳五行包罗万象，是民族的宝贵遗产，我还是以为多少有点儿失之于简单。举例来说，朱子说，往井底下一看，就能看到一团森森的白气。他老人家解释道，阴中有阳，阳中有阴（此乃太极图之象），井底至阴之地，有一团阳气，也属正常。我相信，你往井里一看，不光能看到一团白气，还能看到一个人头，那就是你本人（我对这一点很有把握，认为不必做实验了）。不知为什么，这一点他没有提到。可能观察得不仔细，也可能是视而不见，对学者来说，这是不可原谅的。还有可能是井太深，但我不相信宋朝就没有浅一点儿的井。用阴阳学说来解释这个现象不大可能，也许一定要用到几何光学。虽然要求朱子一下推出整个光学体系是不应该的，那东西太过复杂，往那个方向跨一步也好。但他根本就不肯跨。假如说，朱子是哲学家、伦理学家，不能用自然科学家的标准来要求，我倒是同意的。可怪的是，咱们国家几千年的文明史，就是出不了自然科学家。

　　现在可以说，孔孟程朱我都读过了。虽然没有很钻进去，但我也怕钻进去就爬不出来。如果说，这就是中华文化遗产的主要部分，那我就要说，这点儿东西太少了，拢共就是人际关系里那么一点儿事，再加上后来的阴阳五行。这么多读书人研究了两千年，实在太过分。我们知道，旧时的读书人都能把四书五经背得烂熟，随便点出两个字就能知道它在书中什么地方。这种钻研精神虽然可佩，这种做法却十足是神经病。显然，会背诵爱因斯坦原著，成不了物理学家，因为真正的学问不在字句上，而在于思想。就算文科有点儿特殊性，需要背诵，也到不了这个程度。因为"文革"里我也背过毛主席语录，所以以为，这个调调我也懂——说是诵经念咒，并不过分。

　　"二战"期间，有一位美国将军深入敌后，不幸被敌人堵在了地窖里，敌人在头上翻箱倒柜，他的一位随行人员却咳嗽起来。将军给了随从一块口香糖让他嚼，以此来压制咳嗽。但是该随从嚼了一会儿，又伸手来要，理由是这一块太没味道。将军说："没味道不奇怪，我给你之前已经嚼了两个钟头了！"我举这个例子是要说明，四书五经再好，也不能几千年地念。正如口香糖再好吃，也不能换着人地嚼。当然，我没有这样地念过四书，不知道其中的好处。有人说，现代的科学、文化，林林总总，尽在儒家的典籍之中，只要你认真钻研。这我倒是相信的，我还相信那块口香糖再嚼下去，还能嚼出牛肉干的味道，只要你不断地嚼。我个人认为，我们民族最重大的文化传统，不是孔孟程朱，而是这种钻研精神。过去钻研四书五经，现在钻研《红楼梦》。我承认，我们晚生一辈在这方面差得很远，但也未尝不是一件好事。四书也好，《红楼梦》也罢，本来只是几本书，却硬要把整个大千世界都塞在其中。我相信世界不会因此得益，而是因此受害。

任何一门学问，即便内容有限而且已经不值得钻研，但你把它钻得极深极透，就可以挟之以自重，换言之，让大家都佩服你；此后假如再有一人想挟这门学问以自重，就必须钻得更深更透。此种学问被无数的人这样钻过，会成个什么样子，实在难以想象。那些钻进去的人会成个什么样子，更是难以想象。古宅闹鬼，树老成精，一门学问最后可能变成一种妖怪。就说国学吧，有人说它无所不包，到今天还能拯救世界，虽然我很乐意相信，但还是将信将疑。

智慧与国学

【一】

我有一位朋友在内蒙古插过队，他告诉我说，草原上绝不能有驴。假如有了的话，所有的马群都要"炸"掉。原因是这样的：那个来自内地的、长耳朵的善良动物来到草原上，看到了马群，以为见到了表亲，快乐地奔了过去，而草原上的马没见过这种东西，以为来了魔鬼，被吓得一哄而散。于是一方急于认表亲，一方急于躲鬼，都要跑到累死了才算。近代以来，确有一头长耳朵怪物，奔过了中国的原野，搅乱了这里的马群，它就是源于西方的智慧。假如这头驴可以撵走，倒也简单，问题在于撵不走。于是有了种种针对驴的打算，把它杀掉，阉掉，让它和马配骡子，没有一种是成功的。现在我们希望驴和马能和睦相处，这大概也不可能。有驴子的地方，马就养不住。其实在这个问题上，马儿的意见最为正确——对马来说，驴子的确是可怕的怪物。

　　让我们来看看驴子的古怪之处。当年欧几里得讲几何学，有学生发问道："这学问能带来什么好处？"欧几里得叫奴隶给他一块钱，还讽刺他道："这位先生要从学问里找好处啊！"又过了很多年，法拉第发现了电磁感应，演示给别人看，有位贵妇人说："这有什么用？"法拉第反问道："刚生出来的小孩子有什么用？"按中国人的标准，这个学生和贵妇有理，欧几里得和法拉第没有理：学以致用嘛，没有用处的学问哪能叫做学问，西方的智者却站在老师一边，赞美欧几里得和法拉第，鄙薄学生和贵妇。时至今日，我们已经看出，很直露地寻求好处，恐怕不是上策。这样既不能发现欧氏几何，也不能发现电磁感应，最后还要吃很大的亏。怎样在科学面前掩饰我们要好处的暧昧心情，成了一个难题。

　　有学者指出，中国传统的思维方式有重实用的倾向。他们还以为，这一点并不坏。抱着这种态度，我们很能欣赏一台电动机。这东西有"器物之用"，它对我们的生活有些贡献。我们还可以像个迂夫子那样细列出它有"抽水之用"、"通风之用"等等。如何得到"之用"，还是个问题，我们就想到了发明电动机的那个人——他叫作西门子或者爱迪生。他的工作对我们可以使用电机有所贡献，换言之，他的工作对器物之用又有点儿用，可以叫作"器物之用之用"。像这样林林总总，可以揪出一大群，法拉第、麦克斯韦等等，分别具有"之用之用之用"或更多的之用。像我这样的驴子之友看来，这样来想问题，岂止是有点儿笨，简直是脑子里有块榆木疙瘩，嗓子里有一口痰。我认为在器物的背后是人的方法与技能，在方法与技能的背后是人对自然的了解，在人对自然了解的背后，是人类了解现在、过去与未来的万丈雄心。按老派人士的说法，它该叫作"之用之用之用之用"，是末节的末节。一个人假如这样看待人类最高尚的品行，何止是可耻，简直是可杀。而区区的物品，却可以叫"之用"，和人亲近了很多。总而言之，以自己为中心，只要好处，由此产生的狼心狗肺的说法，肯定可以把法拉第、爱迪生等人气得在坟墓里打滚。

在西方的智慧里，怎样发明电动机，是个已经解决了的问题，所以才会有电动机。罗素先生就说，他赞成不计成败利钝地追求客观真理。这话还是有点儿绕。我觉得西方的智者有一股不管三七二十一，总要把自己往聪明里弄的劲头儿。为了变得聪明，就需要种种知识。不管电磁感应有没有用，我们先知道了再说。换言之，追求智慧与利益无干，这是一种兴趣。现代文明的特快列车竟发轫于一种兴趣，说来叫人不能相信，但恐怕真是这样。

中国人还认为，求学是痛苦的，学海无涯苦作舟。学童不仅要背四书五经，还要挨戒尺板子，仅仅是因为考虑到他们的承受力，才没有动用老虎凳。学习本身很痛苦，必须以更大的痛苦为推动力，和调教牲口没有本质的区别。当然，夫子曾说，"学而时习之，不亦说乎？"但他老人家是圣人，和我们不一样。再说，也没人敢打他的板子。从书上看，孟子曾从思辨中得到一些快乐。但春秋以后到近代，再没有中国人敢说学习是快乐的了。一切智力的活动都是如此，谁要说动脑子有乐趣，最轻的罪名也是不严肃——顺便说一句，我认为最严肃的东西是老虎凳，对坐在上面的人来说，更是如此。据我所知，有些外国人不是这样看问题。维特根斯坦在临终时，回顾自己一生的智力活动时说："告诉他们，我度过了美好的一生。"还有一个物理学家说："我就要死了，带上两道难题去问上帝。"在天堂里享受永生的快乐他还嫌不够，还要在那里讨论物理！总的来说，学习一事，在人家看来快乐无比，而在我们眼中则毫无乐趣，如同一个太监面对后宫佳丽。如此看来，东西方两种智慧的区别，不仅是驴和马的区别，而且是叫驴和骟马的区别。那东西怎么就没了，真是个大问题！

作为驴子之友，我对爱马的人也有一种敬意。通过刻苦的修炼来完善自己，成为一个敬祖宗畏鬼神、俯仰皆能无愧的好人，这种打算当然是好的。唯一使人不满意的是，这个好人很可能是个笨蛋。直愣愣地想什么东西有什么用处，这是任何猿猴都有的想法。只有一种特殊的裸猿（也就是人类），才会时时想到"我可能还不够聪明"！所以，我不满意爱马的人对这个问题的解答。也许在这个问题上可以提出一个骡子式的折中方案：你只有变得更聪明，才能看到人间的至善。但我不喜欢这样的答案。我更喜欢驴子的想法：智慧本身就是好的。有一天我们都会死去，追求智慧的道路还会有人在走着。死掉以后的事我看不到。但在我活着的时候，想到这件事，心里就很高兴。

【二】

物理学家海森堡给上帝带去的那两道难题是相对论和湍流。他还以为后一道题太难，连上帝都不会。我也有一个问题，但我不想向上帝提出，那就是什么是智慧。假如这个问题有答案，也必定在我的理解范围之外。当然，不是上帝的人对此倒有些答案，但我总是不信。相比之下我倒更相信苏格拉底的话——我只知道自己一无所知。罗素先生说，虽然有科学上的种种成就，但我们所知甚少，尤其是面对无限广阔的未知，简直可以说是无知的。与罗素的注释相比，我更喜欢苏格拉底的那句原话，这句话说得更加彻底。他还有些妙论我更加喜欢：只有那些知道自己智慧一文不值的人，才是最有智慧的人。这对某种偏向是种解毒剂。

如果说我们都一无所知，中国的读书人对此肯定持激烈的反对态度：孔夫子说自己知天命而且不逾矩，很显然，他不再需要知道什么了。后世的人则以为，天已经生了仲尼，万古不长如夜了。再后来的人则以为，精神原子弹已经炸过，世界上早没有了未解决的问题。总的来说，中国人总要以为自己有了一种超级的知识，博学得够够的、聪明得够够的，甚至巴不得要傻一些。直到现在，还有一些人以为，因为我们拥有世界上最博大精深的文化遗产，可以坐待世界上一切寻求智慧者的皈依——换言之，我们不仅足够聪明，还可以担任联合国救济署的角色，把聪明分给别人一些。我当然不会反对这样说："我们中国人是全世界、也是全宇宙最聪明的人。"一种如此聪明的人，除了教育别人，简直就无事可干。

马克·吐温在世时，有一次遇到了一个人，自称能让每个死人的灵魂附上自己的体。他决定通过这个人来问候一下死了的表兄，就问道："你在哪里？"死表哥通过活着的人答道："我在天堂里。"当然，马克·吐温很为表哥高兴。但问下去就不高兴了——你现在喝什么酒？灵魂答道："在天堂里不喝酒。"又问抽什么烟？回答是不抽烟。再问干什么？答案是"什么都不干，只是谈论我们在人间的朋友，希望他们到这里和我们相会。"这个处境和我们有点儿相像，我们这些人现在就无事可干，只能静待外国物质文明破产，来投靠我们的东方智慧。这话梁任公1920年就说过，现在还有人说。洋鬼子在物质堆里受苦，我们享受天人合一的大快乐，正如在天堂里的人闲着没事拿人间的朋友磕磕牙，我们也有了机会表示自己的善良了。说实在的，等人来这点儿事还是洋鬼子给我们找的。要不是达·伽马找到好望角绕了过来，我们还真闲着没事干。从汉代到近代，全中国那么多聪明人，可不都在闲着，人文学科弄完了，自然科学没的弄。马克·吐温的下一个问题，我国的一些人文学者就不一定爱听了："等你在人间的朋友们都死掉，来到了你那里，再谈点儿什么？"是啊是啊，全世界的人都背弃了物质文明，投奔了我们，此后再干点儿什么？难道重操旧业，去弄八股文？除此之外，再搞点儿考据、训诂什么的。过去的读书人有这些就够了，而现在的年轻人未必受得了。把拥有这种超级智慧比作上天堂，马克·吐温的最后一个问题深得我心：你是知道我的生活方式的，有什么方法能使我不上天堂而下地狱，我倒很想知道！言下之意是：忍受地狱毒火的煎熬，也比闲了没事要好。是啊是啊！我宁可做个苏格拉底那样的人，自以为一无所知，体会寻求知识的快乐，也不肯做个"智慧满盈"的儒士，忍受这种无所事事的煎熬！

【三】

我有位阿姨，生了个傻女儿，比我大几岁，不知从几岁开始学会了缝扣子。她大概还学过些别的，但没有学会。总而言之，这是她唯一的技能。我到她家去坐时，每隔三到五分钟，这傻丫头都要对我狂号一声："我会缝扣子！"我知道她的意思：她想让我向她学缝扣子。但我就是不肯，理由有二：其一，我自己会缝扣子；其二，我怕她扎着我。她这样爱我，让人感动。但她身上的味也很难闻。

我在美国留学时，认得一位青年，叫作戴维。我看他人还不错，就给他讲解中华文化的真谛，什么忠孝、仁义之类。他听了居然不感动，还说："我们也爱国。我们也尊敬老年人。这有什么？我们都知道！"我听了不由得动了邪火，真想扑上去咬他。之所以没有咬，是因为想起了傻大姐，自觉得该和她有点儿区别，所以悻悻然地走开，心里想道："妈的！你知道这些，还不是从我们这里知道的。"礼义廉耻，洋人所知没有我们精深，但也没有儿奸母、子食父、满地拉屎。东方文化里所有的一切，那边都有，之所以没有投入全身心来讲究，主要是因为人家还有些别的事情。

　　假如我那位傻大姐学会了一点儿西洋学术，比方说，几何学，一定会跳起来大叫道："人所以异于禽兽者，几希！这东西就是几何学！"这话不是没有道理，的确没有哪种禽兽会几何学。那时她肯定要逼我跟她学几何，如果我不肯跟她学，她定要说我是禽兽之类，并且责之以大义。至于我是不是已经会了一些，她就不管了。我的意思当然不是说她能学会这东西，而是说她只要会了任何一点儿东西，都会当作超级智慧，相比之下那东西是什么倒无所谓。由这件事我想到超级知识的本质。这种东西罗素和苏格拉底都学不会，我学起来也难。任何知识本身，即便繁难，也可以学会。难就难在让它变成超级，从中得到大欢喜、大欢乐，无限的自满、自足、手之舞之足之蹈之的那种品行。这种品行我的那位傻大姐身上最多，我身上较少。至于罗素、苏格拉底两位先生，他们身上一点儿都没有。

　　傻大姐是个知识的放大器，学点儿东西极苦，学成以后极乐。某些国人对待国学的态度与傻大姐相近。说实在的，他们把它放得够大了。拉封丹寓言里，有一则《大山临盆》，内容如下：大山临盆，天为之崩，地为之裂，日月星辰，为之无光。房倒屋坍，烟尘滚滚，天下生灵，死伤无数……最后生下了一只耗子。中国的人文学者弄点儿学问，就如大山临盆一样壮烈。当然，我说的不只现在，而且有过去，还有未来。

　　正如迂夫子不懂西方的智慧，也能对它品头论足一样，罗素没有手舞足蹈的品行，但也能品出其中的味道——大概把对自己所治之学的狂热感情视做学问本身乃是一种常见的毛病，不独中国人犯，外国人也要犯。他说，人可能认为自己有无穷的财源，而且这种想法可以让他得到一些（何止是一些！罗素真是不懂——王注）满足。有人确实有这种想法，但银行经理和法院一般不会同意他们。银行里有账目，想骗也骗不成，至于在法院里，我认为最好别吹牛，搞不好要进去的。远离这两个危险的场所，躲在人文学科的领域之内，享受自满自足的大快乐，在目前还是可以的，不过要有人养。在自然科学里就不行：这世界上每年都有人发明永动机，但谁也不能因此发财。顺便说一句，我那位傻大姐，现在已经五十岁了，还靠我那位不幸的阿姨养活着。

理想国与哲人王

罗素先生评价柏拉图的《理想国》时说，这篇作品有一个蓝本，是斯巴达和它的立法者莱库格斯。我以为，对于柏拉图来说，这是一道绝命杀手。假如《理想国》没有蓝本，起码柏拉图的想象力值得佩服。现在我们只好去佩服莱库格斯，但他是个传说人物，真有假有尚存疑问。由此所得的结论是：《理想国》和它的作者都不值得佩服。当然，到底罗素先生有没有这样阴毒，还可以存疑。罗素又说，无数青年读了这类著作，燃烧起雄心，要做一个莱库格斯或者哲人王。只可惜，对权势的爱好，使人一再误入歧途。顺便说一句，在理想国里，是由哲学家来治国的。倘若是巫师来治国，那些青年就要想做巫师王了。我很喜欢这个论点。我哥哥有一位同学，他在"文化革命"里读了几本哲学书，就穿上了一件蓝布大褂，手里掂着红蓝铅笔，在屋里踱来踱去，看着墙上一幅世界地图，考虑起世界革命的战略问题了。这位兄长大概是想要做世界的哲人王，很显然，他是误入歧途了，因为没听说有哪个中国人做了全世界的

哲人王。

自柏拉图以降，即便不提哲人王，起码也有不少西方知识分子想当莱库格斯。这就是说，想要设计一整套制度、价值观、生活方式，让大家在其中幸福地生活，其中最有名的设计，大概要算摩尔爵士的《乌托邦》。罗素先生对《乌托邦》的评价也很低，主要是讨厌那些烦琐的规定。罗素以为参差多态是幸福的本源，把什么都规定了，就无幸福可言。作为经历了某种"乌托邦"的人，我认为这个罪状太过轻微。因为在乌托邦内，对什么是幸福都有规定，比如，"以苦为乐、以苦为荣""宁要社会主义的草，不要资本主义的苗"之类。在乌托邦里，很难找到感觉自己不幸福的人，大伙只是傻愣愣的，感觉不大自在。以我个人为例，假如在七十年代，我能说出罗素先生那样充满了智慧的话语，那我对自己的智力状况就很满意，不再抱怨什么。实际上，我除了活着怪没劲之外，什么都说不出来。

本文的主旨不是劝人不要做莱库格斯或哲人王。照我看，这是个兴趣问题，劝也是没有用的。有些人喜欢这种角色，比如说，我哥哥的那位同学；有人不喜欢这种角色，比如说，我。这是两种不同的人。这两类人凑在一起时，就会起一种很特别的分歧。据说，人脖子上有一道纹路，旧时刽子手砍人，就从这里下刀，可以干净利索地切下脑袋。出于职业习惯，刽子手遇到不认识的人，就要打量他脖子上的纹，想象这个活怎么来做，而被打量的人总是觉得不舒服。我认为，对于敬业的刽子手，提倡出门时戴个墨镜是恰当的，但这已是题外之语。想象几个刽子手在一起互相打量，虽然是很有趣的图景，但不大可能发生，因为谢天谢地，干这行的人绝不会有这么多。我想用刽子手比喻喜欢、并且想当哲人王的人，用被打量的人比喻不喜欢而且反对哲人王的人。这个例子虽然有点儿不合适，但我也想不到更好的例子。另外，我是写小说的，我的风格是黑色幽默，所以我不觉得举这个例子很不恰当。举这个例子不是想表示我对哲人王深恶痛绝，而是想说明一下"被打量着"是一种什么样的感觉。

众所周知，哲人王降临人世，是要带来一套新的价值观、伦理准则和生活方式。假如他来了的话，我就没有理由想象自己可以置身于事外。这就意味着我要发生一种脱胎换骨的变化，而要变成个什么，自己却一无所知。如果说还有比死更可怕的事，恐怕就是这个。因为这个缘故，知道有人想当哲人王，我就觉得自己被打量着。

我知道，这哲人王也不是谁想当就能当，他必须是品格高洁之士，而且才高八斗，学富五车。在此我举中国古代的哲人王为例——这只是为了举例方便，毫无影射之意——孔子是圣人，也很有学问。夏礼、周礼他老人家都能言之。但假如他来打量我，我就要抱怨说："甭管您会什么礼，千万别来打量我。"再举孟子为例，他老人家善养浩然之气，显然是品行高洁，但我也要抱怨道："您养正气是您的事，打量我干什么？"这两位老人家的学养再好，总不能构成侵犯我的理由。特别是，假如学养的目的是要打量人的话，我对这种学养的性质是很有看法的。比方说，朱熹老夫子格物、致知，最后是为了齐家、治国、平天下。因为本人不姓朱，还可以免于被齐，被治和被平总是免不了的。假如这个逻辑可以成立，生活就是很不安全的。很可能在我不知道的地方，有一位我全然不认识的先生在努力地格、致，只要他功夫到家，不管我乐意不乐意，也不管他打算怎样下手，我都要被治和平，而且根本不知自己会被修理成什么模样。

就我所知，哲人王对人类的打算都在伦理道德方面。倘若他能在物质生活方面替我们打算周到，我倒会更喜欢他。假如能做到，他也不会被称为哲人王，而会被称为科学狂人。实际上，自从有了真正的科学，科学家表现得非常本分。这主要是因为科学就是教人本分的学问，所以根本就没出过这种狂人。至于中国的传统学术，我就不敢这么说。起码我听到过一种说法，叫作"学而优则仕"，当然，若说学了它就会打量人，可能有点儿过分，但一听说它又出现了新的变种，我就有点儿紧张。国学主张学以致用，用在谁身上，可以不问自明——当然，这又是题外之语。

至于题内之语，还是我们为什么要怕哲人王的打量。照我看来，此君的可怕之处首先在于他的宏伟志向。人家考虑的问题是人类的未来，而我们只是人类的几十亿分之一，几乎可以说是不存在。《水浒传》的牢头禁子常对管下人犯说：你这厮只是俺手上的一个行货……一想到哲人王，我心中难免有种行货感。顺便说一句，有些话只有哲人才能说得出来，比如尼采说，到女人那里去不要忘了带上鞭子。我要替女人说上一句："我们招谁惹谁了？"至于这类疯话气派很大，我倒是承认的。总的来说，哲人王藐视人类，比牢头禁子有过之无不及。主张信任哲人王的人会说："只有藐视人类的人才能给人类带来更大利益。"我又要说："只有这种人才能给人类带来最大的祸害。"从常理来说，倘若有人把你当作了nothing，你又怎能信任他们？

哲人王的又一可怕之处，在于他的学问。在现代社会里，人人都有不懂的学问，科学上的结论不足以使人恐惧，因为这种结论是有证据和推导过程的，对于有理性的人，这些说法是你迟早会同意的那一种。而哲学上的结论就大不相同，有的结论你抵死也不会同意，因为既没有证据也没有推导，哲人王本人就是证明，而结论本身又往往非常的严重。举例来说，尼采先生的结论对一切非受虐狂的女性就很严重，就这句话而论，我倒希望他能活过来，说一句"我是开个玩笑"，然后再死掉。当然，我也盼着中国古代的圣人活过来，把"存天理灭人欲""饿死事小失节事大"之类的话收回一些。

我说哲人王的学问可怕，丝毫也不意味着对哲学的不敬。哲学不独有趣，还足以启迪智慧，"文化革命"里工农兵学哲学时说"哲学就是聪明学，"我以为并不过分。若以为哲学里种种结论可以搬到生活里使用，恐怕就不尽然。下乡时常听老乡抱怨说："学了聪明学反而更笨，连地都不会种了。"至于可以使人成王的哲学，我认为它可以使王者更聪明，老百姓更笨。罗素是个哲学家，他说："真正的伦理准则把人人同等看待。"很显然，他的哲学不能使人成王。孔子说："民可使由之，不可使知之。"像这样的哲学就能使人（首先是自己）成王。孔丘先生被封为大成至圣先师，子子孙孙都是衍圣公，他老人家果然成了个哲人王。

时至今日，还有人盼着出个哲人王，给他设计一种理想的生活方式，好到其中去生活，因此就有人乐于做哲人王，只可惜这些现代的哲人王多半不是什么好东西，人民圣殿教的故事就是一例。不但对权势的爱好可以使人误入歧途，服从权势的欲望也可以使人误入歧途。至于我自己，总觉得生活的准则、伦理的基础，都该是些可以自明的东西。假如有未明之处，我也盼望学者贤明的意见，只是这些学者应该像科学上的前辈那样以理服人，或者像苏格拉底那样，和我们进行平等的对话。假如像某些哲人那样讲出些晦涩、偏执的怪理，或者指天画地、口沫飞溅地做出若干武断的规定，那还不如让我自己多想想的好。不管怎么说，我不想把自己的未来交给任何人，尤其是哲人王。

救世情结与白日梦

现在有一种"中华文明将拯救世界"的说法正在一些文化人中悄然兴起，这使我想起了我们年轻时的豪言壮语："我们要解放天下三分之二的受苦人，进而解放全人类。"对于多数人来说，不过是说说而已，我倒有过实践这种豪言壮语的机会。一九七〇年，我在云南插队，离边境只有一步之遥，对面就是缅甸，只消步行半天，就可以过去参加缅共游击队。有不少同学已经过去了——我有个同班的女同学就过去了，这对我是个很大的刺激——我也考虑自己要不要过去。过去以后可以解放缅甸的受苦人，然后再去解放三分之二的其他部分，但我又觉得这件事有点儿不对头。有一夜，我抽了半条春城牌香烟，来考虑要不要过去，最后得出的结论是：不能去。理由是，我不认识这些受苦人，不知道他们在受何种苦，所以就不知道他们是否需要我的解救。尤其重要的是，人家并没有要求我去解放，这样贸然过去，未免自作多情。这样一来，我的理智就战胜了我的感情，没干这件傻事。

对我年轻时的品行，我的小学老师有句评价：蔫坏。这个坏字我是不承认的，"蔫"却是无可否认。我在课堂上从来一言不发，要是提问我，我就翻一阵白眼。像我这样的蔫人都有如此强烈的救世情结，别人就更不必说了。有一些同学到内蒙古去插队，一心要把阶级斗争盖子揭开，解放当地在"内人党"迫害下的人民，搞得老百姓鸡犬不宁。其结果正如我一位同学说的，我们"非常招人恨"。至于到缅甸打仗的女同学，她最不愿提起这件事，一说到缅甸，她就说："不说这个好吗？"看来，她在缅甸也没解放了谁。看来，不切实际的救世情结对别人毫无益处，但对自己还有点儿用——有消愁解闷之用。"文化革命"里流传着一首红卫兵诗歌《献给第三次世界大战的勇士》，写两个红卫兵为了解放全世界，打到了美国，"战友"为了掩护"我"，牺牲在"白宫华丽的台阶上"。这当然是瞎浪漫，不能当真，这样随便去攻打人家的总统官邸，势必要遭到美国人民的反对。由此可以得出这样的结论：解放的欲望可以分两种，一种是真解放，比如曼德拉、圣雄甘地、我国的革命先烈，他们是真正为了解放自己的人民而斗争。还有一种假解放，主要是想满足自己的情绪，硬要去解救一些人，这种解放我叫它瞎浪漫。

对于瞎浪漫，我还能提供一个例子，是我十三岁时的事。当时我堕入了一阵哲学的思辨之中，开始考虑整个宇宙的前途以及人生的意义，所以就变得木木痴痴。虽然功课还好，但这样子很不讨人喜欢。老师见我这样子，就批评我，见我又不像在听，就掐我几把。这位老师是女的，二十多岁，长得又漂亮，是我单恋的对象，但她又的确掐疼了我。这就使我陷入了爱恨交集之中，于是我常做种古怪的白日梦，一会儿想象她掉进水里，被我救了出来；一会儿想象她掉到火里，又被我救了出来。我想这梦的前一半说明我恨她，后一半说明我爱她。我想，老师还能原谅我的不敬。无论在哪个梦里，她都没被水呛了肺，也没被火烤煳，被我及时地抢救出来了——但我老师本人一定不乐意落入这些危险的境界。为了这种白日梦，我又被她多掐了很多下。我想这是应该的，瞎浪漫的解救，是一种意淫。学生对老师动这种念头，就该掐。针对个人的意淫虽然不雅，但像一回事。针对全世界的意淫，就不知让人说什么好了。

中国的儒士从来就以解天下于倒悬为己任，也不知是真想解救还是瞎浪漫。五十多年前，梁任公说，整个世界都要靠中国文化的精神去拯救，现在又有人旧话重提，这话和红卫兵的想法其实很相通。只是红卫兵只想动武，所以浪漫起来就冲到白宫门前，读书人有文化，就想到将来全世界变得无序，要靠中华文化来重建全球新秩序。诚然，这世界是有某种可能变得无序——它还有可能被某个小行星撞了呢——然后要靠东方文化来拯救。哪一种可能都是存在的，但你总想让别人倒霉干啥？无非是要满足你的救世情结嘛。假如天下真的在"倒悬"中，你去解救，是好样的；现在还是正着的，非要在想象中把人家倒挂起来，以便解救之，这就是意淫。我不尊重这种想法。我只尊敬像已故的陈景润前辈那样的人。陈前辈只以解开哥德巴赫猜想为己任，虽然没有最后解决这个问题，但好歹做成了一些事。我自己的理想也就是写些好的小说，这件事我一直在做。李敖先生骂国民党，说他们手淫台湾，意淫大陆，这话我想借用一下，不管这件事我做成做不成，总比终日手淫中华文化，意淫全世界好得多吧。

百姓·洋人·官

　　小时候，每当得到了一样只能由一人享受的好东西而我们是两个人时，就要做个小游戏来决定谁是幸运者。如你所知，这种把戏叫作"石头、剪子、布"，这三种东西循环相克，你出其中某一样，正好被别人克住，就失败了。这种游戏有个古老的名称，叫作"百姓、洋人、官"，我相信，这名称是清末民初流传下来的，当时洋人怕中国的老百姓，中国的官又怕洋人。《官场现形记》写到了不少实例：中国的老百姓人多，和洋人起了争执，就蜂拥而上，先把他臭揍一顿——洋人怕老百姓，是怕吃眼前亏。洋人到了衙门里，开口闭口就是要请本国大使和你们皇上说话，中国的官怕得要死——不但怕洋人，连与洋人有来往的中国人都怕，这种中国人多数是信教的，你到了衙门里，只要说一句"小的是在教的"，官老爷就不敢把你当中国百姓看待，而是要当洋人来巴结。书里有个故事，说一位官老爷听说某人"在教"，就去巴结，拿了猪头三牲到人家的庙里上供，结果被打得稀烂撵了出来——原来是搞错了，人家在的不是洋人的天主教，而是清真古教。

小说难免有些夸张，但当时有这种现象，倒是无可怀疑。现在完全不同了。洋人在中国，只要不做坏事，就不用怕老百姓。我住的小区里立有一块牌子，写有文明公约，其中有一条，提醒我见了外国人，要"不卑不亢，以礼相待"，人家没有理由怕我。至于我国政府，根本就不怕洋人。在对外交涉中，就是做了些让步，也是合乎道理的。就说保护知识产权吧，盗版软件、盗版 VCD，那是偷人家外国的东西；再说市场准入吧，人家外国的市场准你入，你的市场不准人家入，这生意是没法做的。如果说打击国内的盗版商、开放市场就是怕了洋人，肯定是恶意的中伤。还有中国政府在国际事务中的"不当头"政策，这也合乎道理，要出头就要把大把的银子白白交给别人去花，我们舍不得，跟怕洋人没有关系。在这个方面，我完全赞成政府，尤其这最后一条。

既然情况发生了变化，我再说这些似乎是无的放矢——但我的故事还没讲完呢。无论石头、剪子、布，还是百姓、洋人、官，都是循环相克的游戏。这种古老的游戏还有一个环节是老百姓怕官。这种情况现在应该没有了——现在不是封建社会了，老百姓不该怕官。政府机关也要讲道理、依法办事，你对政府部门有什么意见，既可以反映上去，又可以到检察机关去告——理论上是这样的。但中国是个官本位国家，老百姓见了官，腿肚子就会筛起糠来，底气不足，有民主权利，也不敢享受，对于绝大多数平头百姓来说，情况还是这样。

最近有本畅销书《中国可以说不》，对我国的对外关系发了些议论。我草草翻了一下，没怎么看进去。现在对这本书有些评论，大多认为书的内容有些偏激。还有人肯定这本书，说是它的意义在于老百姓终于可以说外国人，地位因此提高了。可能我在胡猜，但我觉得这里面包含了三重的误会。其一，看到我国政府在对外交涉中讲道理，就觉得政府在怕洋人——不讲理的人常会有这种看法，这是不足为奇的。其二，看到海外的评论注意到了这本书，觉得洋人怕了我们——有些人就是这么一惊一乍，一本书有什么可怕的呢？其三，以为洋人怕了这本百姓写的书，官又怕洋人，结果就是官也怕了百姓了，老百姓的地位也就提高了。这是武侠小说里的隔山打牛、隔物传功之法。这其一和其二无须我再说，大家都知道是不对的，而且很没意思。其三则完全是小说家的题目，但我觉得这种说法完全是扯淡，因为就算洋人怕了你，官又怕了洋人，你还是怕官，这一点毫无改变。

从前，有个大学的青年教师，三十多岁了，每月挣三五百块钱，谈起对象来个个吹。他住在筒子楼里，别人在楼道里炒菜，油烟滚滚灌到卧室里。每次上楼里的公共厕所，不论打开哪一间隔间，便池里都横亘着几根别人遗下的粗壮的屎橛子……除此之外，他在系里也弄不着口好粥喝，副教授一职遥遥无期，出门办件事，到处看别人的脸色——就连楼前楼后带红箍的人都对他粗声粗气地乱喝呼。你知道他痛苦的根源吗？根源在于领导上对他不重视。后来他写成了一本书，先把洋人吓得要死，洋人又来找我国政府，电话一级级打了下来，系主任、派出所、居委会赶紧对他改颜相敬——你知道小人物翻身的原因吗？就在于发现了隔山打牛的诀窍啊。这个故事没有什么针对性，只是在翻写话本里的《李太白醉草吓蛮书》，大家可以找原本来看看。话本里的李太白吓退了蛮人，得到皇上的宠幸，横扫杨贵妃、高力士，地位猛烈地提高了。假如今天的吓蛮书没有收到这样的效力，那是因为写书人酒还喝得不够多。

警惕狭隘民族主义的蛊惑宣传

罗素曾说，人活在世上，主要是在做两件事：一、改变物体的位置和形状，二、支使别人这样干。这种概括的魅力在于简单，但未必全面。举例来说，一位象棋国手知道自己的毕生事业只是改变棋子的位置，肯定会感到忧伤；而知识分子听人说自己干的事不过是用墨水和油墨来污损纸张，那就不仅是沮丧，他还会对说这话的人表示反感。我靠写作为生，对这种概括就不大满意。我的文章有人看了喜欢，有人看了愤怒，不能说是没有意义的……但话又说回来，喜欢也罢，愤怒也罢，终归是情绪，是虚无缥缈的东西。我还可以说，写作的人是文化的缔造者，文化的影响直至千秋万代——可惜现在我说不出这种影响是怎样的。好在有种东西见效很快，它的力量又没有人敢于怀疑：知识分子还可以做蛊惑宣传，这可是种厉害东西……

在第二次世界大战里，德国人干了很多坏事，弄得他们自己都不好意思了。有个德国将军蒂佩尔斯基希这样为自己的民族辩解：德国人民是无罪的，他们受到希特勒、戈培尔之流蛊惑宣传的左右，自己都不知道自己在干什么。还有人给希特勒所著《我的奋斗》做了一番统计，发现其中每个字都害死了若干人。德国人在"二战"中的一切劣迹都要归罪于希特勒在坐监狱时写的那本破书——我有点儿怀疑这样说是不是很客观，但我毫不怀疑这种说法里含有一些合理的成分。总而言之，人做一件事有三种办法，就以希特勒想干的事为例，首先，他可以自己动手去干，这样他就是个普通的纳粹士兵，为害十分有限；其次，他可以支使别人去干，这样他只是个纳粹军官；最后，他可以做蛊惑宣传，把德国人弄得疯不疯、傻不傻的，一齐去干坏事，这样他就是个纳粹思想家了。

　　说来也怪，自苏格拉底以降，多少知识分子拿自己的正派学问教人，都没人听，偏偏纳粹的异端邪说有人信，这真叫邪了门。罗素、波普这样的大学问家对纳粹意识形态的一些成分发表过意见，精彩归精彩，还是说不清它力量何在。事有凑巧，我是在一种蛊惑宣传里长大的（我指的是张春桥、姚文元的蛊惑宣传），对它有点儿感性知识，也许我的意见能补大学问家的不足……这样的感性知识，读者也是有的。我说得对不对，大家可以评判。

　　据我所知，蛊惑宣传不是真话——否则它就不叫作蛊惑——但它也不是蓄意编造的假话。编出来的东西是很容易识破的。这种宣传本身半疯不傻，做这种宣传的人则是一副借酒撒疯、假痴不癫的样子。肖斯塔科维奇在回忆录里说，旧俄国有种疯僧，被狂热的信念左右，信口雌黄，但是人见人怕，他说的话别人也不敢全然不信——就是这种人搞蛊惑宣传能够成功。半疯不傻的话，只有从借酒撒疯的人嘴里说出来才有人信。假如我说"宁要社会主义的草，不要资本主义的苗"，不仅没人信，老农民还要揍我；非得像江青女士那样，用更年期高亢的啸叫声说出来，或者像姚文元

先生那样，带着怪诞的傻笑说出来，才会有人信。要搞蛊惑宣传，必须有种什么东西盖着脸（对醉汉来说，这种东西是酒），所以我说这种人是在借酒撒疯。顺便说一句，这种状态和青年知识分子意气风发的狷狂之态有点儿分不清楚。虽然夫子曾曰"不得中行而与之必也狂狷乎"，但我总觉得那种状态不宜提倡。

其次，蛊惑宣传必定可以给一些人带来快感，纳粹的千年帝国之说，肯定有些德国人爱听；"文革"里跑步进入共产主义之说，又能迎合一部分急功近利的人。当然，这种快感肯定是种虚妄的东西，没有任何现实的基础。这道理很简单，要想获得现实的快乐，总要有物质基础，嘴说是说不出来的，哪怕你想找个干净厕所享受排泄的乐趣，还要付两毛钱呢，都找宣传家去要，他肯定拿不出。最简单的做法是煽动一种仇恨，鼓励大家去仇恨一些人、残害一些人，比如宣扬狭隘的民族情绪，这可以迎合人们野蛮的劣根性。煽动仇恨、杀戮，乃至灭绝外民族，都不要花费什么。煽动家们只能用这种方法给大众提供现实的快乐，因为这是唯一可行的方法——假如有无害的方法，想必他们也会用的。我们应该体谅蛊惑宣传家，他们也是没办法。

最后，蛊惑宣传虽是少数狂热分子的事业，但它能够得逞，是因为正派人士的宽容。群众被煽动起来之后，有一种惊人的力量。有些还有正常思维能力的人希望这种力量可以做好事，就宽容它——纳粹在德国初起时，有不少德国人对它是抱有幻想的，但等到这种非理性的狂潮成了气候，他们后悔也晚了。"文革"初起时，我在学校里，有不少老师还在积极地帮着发动"文革"哩，等皮带敲到自己脑袋上时，他们连后悔都不敢了。根据我的生活经验，在中国这个地方，有些人喜欢受蛊惑宣传时那种快感；有些人则崇拜蛊惑宣传的力量，虽然吃够了蛊惑宣传的苦头，但对蛊惑宣传不生反感；不惟如此，有些人还像瘾君子盼毒品一样，渴望着新的蛊惑宣传。目前，有些年轻人的抱负似乎就是要炮制一轮新的蛊惑宣传——难道大家真的不明白蛊惑宣传是种祸国殃民的东西？在这种情况下，我的抱负只能是反对蛊惑宣传。我别无选择。

对中国文化的布罗代尔式考证

　　萧伯纳是个爱尔兰人，有一次，人家约他写个剧本来弘扬爱尔兰民族精神，他写了《英国佬的另一个岛》，有个剧中人对爱尔兰人的生活态度做了如下描述："一辈子都在弄他的那片土，那只猪，结果自己也变成了一块土，一只猪……"不知为什么，我看了这段话，脸上也有点儿热辣辣。这方面我也有些话要说，萧伯纳的态度很能壮我的胆。

　　1973 年，我到山东老家去插队。有关这个小山村，从小我姥姥已经给我讲过很多，她说这是一个四十多户人家的小山村，全村有一百多头驴。我姥姥还说，驴在当地很有用，因为那里地势崎岖不平，耕地多在山上，所以假如要往地里送点儿什么，或者从地里收获点什么，驴子都是最重要的帮手。但是我到村里时，发现情况有很大的变化，村里不是四十户人，而是一百多户人，驴子一头都不见了。村里人告诉我说，我姥姥讲的是二十年前的老皇历。这么多年以来，人一直在不停地生出来，至于驴子，在学大寨之前还有几头，后来就没有了。没有驴子以后，人就担负起往地里运输的任务，当然不是用背来驮，而是用小车来推。当地那种独轮车载重比小毛驴驮得还要多些，这样人就比驴有了优越性。在所有的任务里，最繁重的是要往地里送粪——其实那种粪里土的成分很大——一车粪大概有三百多斤到四百斤的样子，而地往往在比村子高出二三百米的地方。这就是说，要把二百公斤左右的东西送到八十层楼上，而且早上天刚亮到吃早饭之间就要往返十趟。说实在话，我对这任务的艰巨性估计不足。我以为自己长得人高马大，在此之前又插过三年队，别人能干的事，我也该能干，结果才推了几趟，我就满嘴是胆汁的味道。推了两天，我从城里带来的两双布鞋的后跟都豁开了，而且小腿上的肌肉总在一刻不停的震颤之中。后来我只好很丢脸地接受了一点儿照顾，和一些身体不好的人一道在平地上干活。好在当地人没有因此看不起我，他们还说，像我这样初来乍到的人，能把这种工作坚持到三天之上，实在是不容易。就连他们这些干惯了的人都觉得这种工作太过辛苦，能够歇上一两天，都觉得是莫大的幸福。

时隔二十年，我把这件事仔细考虑了一遍，得到的一个结论是这样的：用人来取代驴子往地里送粪，其实很不上算。因为不管人也好，驴也罢，送粪所做的功都是一样多，我们（人和驴）都需要能量补充，人必须要吃粮食，而驴子可以吃草，草和粮食的价值大不相同。事实上，一个人在干推粪这种活和干别的活时相比，食量将有一个很可观的增长，这就导致了粮食不够吃，所以不得不吃下一大批白薯干。白薯干比之正经粮食便宜了很多，但在集市上也要卖到两毛钱一斤；而在集市上，最好的草（可以苫房顶）是三分钱一斤，一般做饲料的草顶多值两分钱。我不认为自己在吃下一斤白薯干之后，可以和吃了十斤干草的驴比赛负重，而且白薯干异常难吃，噎人，难消化，容易导致胃溃疡，而驴在吃草时肯定不会遇到同样的困难。在此必须强调指出，此种白薯干是生着切片晾的，假设是煮熟了晾出的那种甜甜的东西，就绝不止两毛钱一斤。有关白薯干的情况，还可以补充几句，它一进到了食道里就会往上蹦，不管你把它做成发糕还是面条，只要不用大量的粮食来冲淡，都有同等的效果。因此我曾设想改进一下进食的方式，拿着大顶来吃饭，这样它往上一蹦就正好进到胃里，省得我痛苦地向下咽，但是我没有试验过，我怕被别人看到后难以解释。白薯干原来是猪的口粮，这种可怜的动物后来就改吃人屙的屎。据我在厕所兼猪圈里的观察，它们一遇到吃薯干屙出的屎，就表现出愤怒之状，这曾使我在出恭时良心大感痛苦——这个话题就说到这里为止。由此可见，我姥姥在村里时，四十户人家、一百多头驴是符合经济规律的。当然，我在村里时，一百多户人家没有驴，也符合经济规律。前者符合省钱的规律，后者符合就业的规律。只有"一百户人家加一百头驴"不符合经济规律，因为没有那么多的事可做。于是，驴子消失了。有关这件事，可以举出一件恰当的反例：在英国产业革命前夕，有过一次圈地运动，英国农民认为这是"羊吃人"，而在我的老家则是人吃驴，而且是货真价实的吃。村里人说，有一阵子老是吃驴肉，但我去晚了没赶上，只赶上了吃白薯干。当然，在这场人和驴的生存竞争中，我当时坚定地站在人这一方，认为人有吃掉驴子的权利。

最近我读到布罗代尔先生的《十五至十八世纪的物质文明、经济和资本主义》，才发现这种生存竞争不光是在我老家存在，也不限于在人和驴之间，更不限于本世纪七十年代，它是一种广泛存在的历史事实。十六世纪到中国来的传教士就发现，与西欧相比，中国的役畜非常少，对水力和风力的利用也不充分。这就是说，此种生存竞争不光在人畜之间存在，还存在于人与浩浩荡荡的自然力之间。这次我就不能再站在人的立场上反对水和风了，因为这种对手过于低级，胜之不武。而且我以为，中国的文化传统里，大概是有点儿问题。众所周知，我们国家的传统文化是一种人本的文化，但是它和西方近代的人本主义完全不同。在我们的文化里，只认为生命是好的，却没把快乐啦，幸福啦，生存状态之类的事定义在内，故而就认为，只要大家都能活着就好，不管他们活得多么糟糕。由此导致了一种古怪的生存竞争，和风力、水力比赛推动磨盘，和牲口比赛运输——而且是比赛一种负面的能力，比赛谁更不知劳苦，更不贪图安逸！

中国史学界没个年鉴学派，没有人考证一下历史上的物质生活，这实在是一种遗憾——布罗代尔对中国物质生活的描述还是不够详尽——这件事其实很有研究的必要。在中国人口稠密的地带，根本就见不到风车、水车，这种东西只在边远地方有。我们村里有盘碾子，原来是用驴子拉的，驴没了以后改用人来推。驴拉碾时需要把眼蒙住，以防它头晕。人推时不蒙眼，因为大家觉得这像一头驴，不好意思。其实人也会晕。我的切身体会是，人只有两条腿，因为这种令人遗憾的事实，所以晕起来都站不住。我还听到过一个真实的故事，陈永贵大叔在大寨曾和一头驴子比赛负重，驴子摔倒，永贵大叔赢了。我认为，那头驴多半是个小毛驴，而非关中大叫驴。后一种驴子体态壮硕，恐非人类所能匹敌——不管是哪一种驴，这都是一个伟大的胜利，证明了就是不借助手推车，人也比驴强。我认识的一位中学老师曾经用客观的态度给学生讲过这个故事（未加褒贬），结果在"文化革命"里被斗得要死。这最后一件事多少暗示出中国为什么没有年鉴学派。假如布罗代尔是中国人，写了一本有关中国农村物质生活的书，人和驴比赛负重的故事他是一定要引用的，白纸黑字写了出来，"文化革命"这一关他绝过不去。虽然没有年鉴学派那样缜密的考证，但我也得出了结论：在现代物质文明的影响到来之前，在物质生活方面有这么一种倾向，不是人来驾驭自然力、兽力，而是以人力取代自然力、兽力，这就要求人能够吃苦、耐劳、本分。当然，这种要求和传统文化对人的教诲甚是合拍，不过孰因孰果很难说明白。我认为自己在插队时遭遇的一切，是传统社会物质文明发展规律走到极端所致。

在人与兽、人与自然力的竞争中，人这一方的先天条件并不好。如前所述，我们不像驴子那样有四条腿、可以吃草，也不像风和水那样浑然无觉，不知疲倦。好在人还有一种强大的武器，那就是他的智能、他的思索能力。假如把它对准自然界，也许人就能过得好一点。但是我们把枪口对准了自己，发明了种种消极的伦理道德，其中就包括了吃大苦、耐大劳，"存天理、灭人欲"。而苦和累这两种东西，正如莎翁笔下的爱情，你吃下的越多，它就越有，"所以两者都是无穷无尽的了！"（引自《罗米欧与朱丽叶》）

这篇文章写到了这里，到了得出结论的时候了。我认为，中国文化对于物质生活的困苦，提倡了一种消极忍耐的态度，不提倡用脑子想，提倡用肩膀扛。结果不但是人，连驴和猪都深受其害。假设一切现实生活中的不满意、不方便，都能成为严重的问题，使大家十分关注，恐怕也不至于搞成这个样子，因为我们毕竟是些聪明人。虽然中国人是如此的聪明，但是布罗代尔对十七世纪中国的物质生活（包括北京城里有多少人靠捡破烂为生）做了一番描述之后下结论道：在这一切的背后，"潜在的贫困无处不在"。我们的祖先怎么感觉不出来？我的结论是：大概是觉得那么活着就不坏吧。

人性的逆转

【一】

有位西方的发展学者说：贫穷是一种生活方式。言下之意是说，有些人受穷，是因为他不想富裕。这句话是作为一种惊世骇俗的观点提出的，但我狭隘的人生经历证明此话大有道理。对于这句话还可以充分地推广：贫困是一种生活方式，富裕是另一种生活方式；追求聪明是一种人生的态度，追求愚蠢则是另一种生活态度。在这个世界上，有一些人在追求快乐，另一些人在追求痛苦；有些人在追求聪明，另一些人在追求愚蠢。这种情形常常能把人彻底搞糊涂。

洛克先生以为，人人都追求快乐，这是不言自明的。以此为基础，他建立了自己的哲学大厦。斯宾诺莎也说，人类行为的原动力是自我保存。作为一个非专业的读者，我认为这是同一类的东西，认为人趋利而避害，趋乐而避苦，这是伦理学的根基。以此为基础，一切都很明白。相比之下，我们民族的文化传统大不相同，认为礼高于利，义又高于生，这样就创造了一种比较复杂的伦理学。由此产生了一个矛盾，到底该从利害的角度来定义崇高，还是另有一种先验的东西，叫作崇高——举例来说，孟子认为，人皆有恻隐之心，这是人先天的良知良能，这就是崇高的根基。我也不怕人说我是民族虚无主义，反正我以为前一种想法更对。从前一种想法里产生富裕，从后一种想法里产生贫困；从前一种想法里产生的总是快乐，从后一种想法里产生的总是痛苦。我坚定不移地认为，前一种想法就叫作聪明，后一种想法就叫作愚蠢。笔者在大学里学的是理科，凭这样的学问底子，自然难以和专业哲学家理论，但我还是以为，这些话不能不说。

对于人人都追求快乐这个不言自明的道理，罗素却以为不尽然，他举受虐狂作为反例。当然，受虐狂在人口中只占极少数。但受虐不是罕见的品行。七十年代，笔者在农村插队，在学大寨的口号鞭策下，劳动的强度早已超过了人力所能忍受的极限，那些工作却是一点儿价值也没有的。对于这些活计，老乡们概括得最对：没别的，就是要给人找些罪来受。但队干部和积极分子们乐此不疲，干得起码是不比别人少。学大寨的结果是使大家变得更加贫穷。道理很简单：人干了艰苦的工作之后，就变得很能吃，而地里又没有多长出任何可吃的东西。这个例子说明，人人都有所追求，这个道理是不错的，但追求的可以是任何东西，你总不好说任何东西都是快乐吧。

人应该追求智慧，这对西方人来说是很容易接受的道理，苏格拉底甚至把求知和行善画上了等号。中国人却说"难得糊涂"，仿佛是希望自己变得笨一点儿。在我身上，追求智慧的冲动比追求快乐的冲动还要强烈，因为这个缘故，在我年轻时，总是个问题青年、思想改造的重点对象。我是这么理解这件事的：别人希望我变得笨一些。谢天谢地，他们没有成功。人应该改变自己，变成某种样子，这大概是没有疑问的，有疑问的只是应该变聪明还是变笨。像这样的问题还能举出一大堆，比方说，人（尤其是女人）应该更漂亮、更性感一些，还是更难看、让人倒胃一些，对别人应该更粗暴、更野蛮一些，还是更有礼貌一些，等等。假如你经历过中国的七十年代，就会明白，在生活的每一个方面，都有不同的答案。你也许会说，每个国家都有自己的国情，每个时代都有自己的风尚，但我对这种话从来就不信。我更相信乔治·奥威尔的话：一切的关键就在于必须承认一加一等于二。弄明白了这一点，其他一切全会迎刃而解。

【二】

我相信洛克的理论。人活在世上，趋利趋乐暂且不说，首先是应该避苦避害。这种信念来自我的人生经验，我年轻时在插队，南方北方都插过。谁要是有同样的经历就会同意，为了谋生，人所面临的最大任务是必须搬动大量沉重的物质：这些物质有时是水，有时是粪土，有时是建筑材料等等。到七十年代中期为止，在中国南方，解决前述问题的基本答案是：一根扁担，在中国的北方则是一辆小车。我本人以为，这两个方案都愚不可及。在前一个方案之下，自肩膀至脚跟，你的每一寸肌肉、每一寸骨骼都在百十公斤重物的压迫之下，会给你带来腰疼病、腿疼病。后一种方案比前种方案强点儿不多，虽然车轮承担了重负，但车上的重物也因此更多。假如是往山上推的话，比挑着还要命。西方早就有人在解决这类问题，先有阿基米德，后有牛顿、卡特，所以在一二百年前就把这问题解决了，而在我们中国，到现在也没解决。你或者会以为，西方文明有这么一点儿小长处，善于解决这种问题，但我以为这是不对的。主要的因素是感情问题。西方人以为，人的主要情感源于自身，所以就重视解决肉体的痛苦。

中国人以为，人的主要情感是亲亲敬长，就不重视这种问题。这两种想法哪种更对？当然是前者。现在还有人说，西方人纲常败坏，过着痛苦的生活——这种说法是昧良心的。西方生活我见过，东方的生活我也见过。西方人儿女可能会吸毒，婚姻可能会破裂，总不会早上吃两片白薯干，中午吃两片白薯干，晚上再吃两片白薯干，就去挑一天担子，推一天的重车！从孔孟到如今，中国的哲学家从来不挑担、不推车，所以他们的智慧从不考虑降低肉体的痛苦，专门营造"站着说话不腰疼"的理论。

【三】

在西方人看来，人所受的苦和累可以减少，这是一切的基础。假设某人做出一份牺牲，可以给自己或他人带来很多幸福，这就是崇高——洛克就是这么说的。孟子不是这么说，他的崇高另有根基，远不像洛克的理论那么能服人。据我所知，孟子远不是个笨蛋。除了良知良能，他还另有说法。他说反对他意见的人（杨朱、墨子）都是禽兽，由此得出了崇高的定义：有种东西，我们说它是崇高，是因为反对它的人都不崇高。这个定义一直沿用到了如今。细想起来，我觉得这是一种模糊不清的浑蛋逻辑，还不如直说凡不同意我意见者都是王八蛋为好。总而言之，这种古怪的论证方式时常可以碰到。

在七十年代，发生了这样一回事：河里发大水，冲走了一根国家的电线杆。有位知青下水去追，电杆没捞上来，人也淹死了。这位知青受到表彰，成了革命烈士。这件事引起了一点儿小小的困惑：我们知青的一条命，到底抵不抵得上一根木头？结果是困惑的人惨遭批判，结论是：国家的一根稻草落下水也要去追。至于说知青的命比不上一根稻草，人家也没这么说。他们只说，算计自己的命值点儿什么，这种想法本身就不崇高。坦白地说，我就是困惑者之一。现在有种说法，以为民族的和传统的就是崇高的。我知道它的论据：因为反民族和反传统的人很不崇高，但这种论点吓不倒我。

【四】

过去欧洲有个小岛，岛上是苦役犯服刑之处。犯人每天的工作是从岛东面挑起满满的一挑水，走过崎岖的山道，到岛西面倒掉。这岛的东面是地中海，水从地中海里汲来。西面也是地中海，这担水还要倒回地中海去。既然都是地中海，所以是通着的。我想，倒在西面的水最终还要流回东面去。无价值的吃苦和无代价的牺牲大体就是这样的事。有人会说，这种劳动并非毫无意义，可以陶冶犯人的情操、提升犯人的灵魂；而有些人会立刻表示赞成，这些人就是岛上的那些犯人——我听说这岛上的看守手里拿着鞭子，很会打人。根据我对人性的理解，就是离开了那座岛屿，也有人会保持这种观点。假如不是这样，劳动改造就没有收到效果。在这种情况下，人性就被逆转了。

从这个例子来看，要逆转人性，必须有两个因素：无价值的劳动和暴力的威胁，两个因素缺一不可。人性被逆转之后，他也就糊涂了。费这么大劲儿把人搞糊涂有什么好处，我就不知道，但想必是有的，否则不会有这么个岛。细想起来，我们民族的传统文化里就包含了这种东西。举个例子来说，朝廷的礼节。见皇上要三磕九叩、扬尘舞蹈，这套把戏要起来很吃力，而且不会带来任何收益，显然是种无代价的劳动。但皇上可以廷杖臣子，不老实的马上拉下去打板子。有了这两个因素，这套把戏就可以要下去，把封建士大夫的脑子搞得很糊涂。回想七十年代，当时学大寨和抓阶级斗争总是一块搞的，这样两个因素就凑齐了。我下乡时，和父老乡亲们在一起。我很爱他们，但也不能不说，他们早就被逆转了。我经历了这一切，脑子还是不糊涂，还知道一加一等于二，这只说明一件事：要逆转人性，还要有第三个因素，那就是人性的脆弱。

【五】

我认为七十年代是我们宝贵的精神财富，这个看法和一些同龄人是一样的。七十年代的青年和现在的青年很不一样，更热情、更单纯、更守纪律、对生活的要求更低，而且更加倒霉。成为这些人中的一员，是一种极难得的际遇，这些感受和别人是一样的。有些人认为这种经历是一种崇高的感受，我就断然反对，而且认为这种想法是病态的。让我们像奥威尔一样，想想什么是一加一等于二，七十年代对于大多数中国人来说，是个极痛苦的年代。很多年轻人做出了巨大的自我牺牲，而且这种牺牲毫无价值。想清楚了这些事，我们再来谈谈崇高的问题。就七十年代这个例子来说，我认为崇高有两种：一种是当时的崇高，领导上号召我们到农村去吃苦，说这是一种光荣。还有一种崇高是现在的崇高，忍受了这些痛苦、做出了自我牺牲之后，我们自己觉得这是崇高的。我觉得这后一种崇高比较容易讲清楚。弗洛伊德对受虐狂有如下的解释：假如人生活在一种无力改变的痛苦之中，就会转而爱上这种痛苦，把它视为一种快乐，以便使自己好过一些。对这个道理稍加推广，就会想到，人是一种会自己骗自己的动物。我们吃了很多无益的苦，虚掷了不少年华，所以有人就想说，这种经历是崇高的。这种想法可以使他自己好过一些，所以它有些好作用。很不幸的是它还有些坏作用：有些人就据此认为，人必须吃一些无益的苦、虚掷一些年华，用这种方法来达到崇高。这种想法不仅有害，而且是有病。

　　说到吃苦、牺牲，我认为它是负面的事件。吃苦必须有收益，牺牲必须有代价，这些都属一加一等于二的范畴。我个人认为，我在七十年代吃的苦、做出的牺牲是无价值的，所以这种经历谈不上崇高。这不是为了贬低自己，而是为了对现在和未来发生的事件有个清醒的评价。逻辑学家指出，从正确的前提能够推导出正确的结论，但从一个错误前提就什么都能够推导出来。把无价值的牺牲看作崇高，也就是接受了一个错误的前提。此后你就会什么鬼话都能说出口来，什么不可信的事都肯信——这种状态正确的称呼叫作"糊涂"。人的本性是不喜欢犯错误的，所以想把他搞糊涂，就必须让他吃很多的苦——所以糊涂也很难得呀。因为人性不总是那么脆弱，所以糊涂才难得。经过了七十年代，有些人对人世间的把戏看得更清楚，他就是变得更聪明。有些人对人世间的把戏更看不懂了，他就是变得更糊涂。不管发生了哪种情况，七十年代都是我们的宝贵财富。

　　我要说出我的结论，中国人一直生活在一种有害哲学的影响之下，孔孟程朱编出了这套东西，完全是因为他们在社会的上层生活。假如从整个人类来考虑问题，早就会发现，趋利避害，直截了当地解决实际问题最重要——说实话，中国人在这方面已经很不像样了——这不是什么哲学的思辨，而是我的生活经验。我们的社会里，必须有改变物质生活的原动力，这样才能把未来的命脉握在自己的手里。

优越感种种

　　我在美国留学时，认识不少犹太人——教授里有犹太人，同学里也有犹太人。我和他们处得不坏，但在他们面前总有点儿不自在。这是因为犹太教说，犹太人是上帝的选民，换言之，只有他们可以上天堂，或者是有进天堂的优先权，别人则大抵都是要下地狱的。我和一位犹太同学看起来都是一样的人，可以平等相交，但也只是今生今世的事。死了以后就会完全两样。他因为是上帝的选民，必然直升天堂，而我则未被选中，所以是地狱的后备力量。地狱这个地方我虽没去过，但从书上看到了一些，其中有些地方就和全聚德烤鸭店的厨房相仿。我到了那里，十之八九会像鸭子一样，被人吊起来烤——我并不确切知道，只是这样猜测。本来可以问问犹太同学，但我又不肯问，怕他以为我是求他利用自己选民的身份，替我在上帝面前美言几句，给我找个在地狱里烧锅炉的事干，自己不挨烤，点起火来烤别人——这虽是较好的安排，但我当时年轻气盛，傲得很，不肯走这种后门。我对犹太同学和老师抱有最赤诚的好感，认为他们既聪明，又勤奋，就是他们节俭的品行也对我的胃口：我本人就是个省俭的人。但一想到他们是选民，我不是选民，心里总有点儿不对劲。

我们民族的文化里也有这一类的东西：以天朝大国自居，把外国人叫作"洋鬼子"。这虽是些没了味的老话，但它的影响还在。我有几位外国朋友，他们有时用自嘲的口气说："我是个洋鬼子。"这就相当于我对犹太同学说："选民先生，我是只地狱里的烤鸭。"讽刺意味甚浓。我很不喜欢听到这样的话——既不愿听到人说别人是鬼子，也不愿听人说自己是洋鬼子。相比之下，尤其不喜欢听人说别人是洋鬼子。这世界上各个民族都有自己的文化，这些文化都有特异性，就如每个人都与别人有些差异。人活在世上，看到了这些差异，就想要从中得出于己有利的结果。这虽是难以避免的偏执，但不大体面。我总觉得，这种想法不管披着多么深奥的学术外衣，终归是种浅薄的东西。

对于现世的人来说，与别人相较，大家都有些先天的特异性，有体质上的，也有文化上的。有件事情大家都知道，日耳曼人生来和别的人有些不同：黄头发、蓝眼睛、大高个儿，等等，这种体质人类学上的差异被极个别的混账日耳曼人抓住，就成了他们民族优越的证据，结果他们就做了很多伤天害理的事。犹太民族则是个相反的例子：他们相信自己是上帝的选民，但在尘世上一点儿坏事都不做。我喜欢犹太人，但我总觉得，倘他们不把选民这件事挂在心上，是不是会好些？假如三四十年代的欧洲犹太人忘了这件事，对自己在尘世上的遭遇可能会更关心些，对纳粹分子的欺凌可能会做出更有力的反抗：你也是人，我也是人，我凭什么伸着脖子让你来杀？我觉得有些被屠杀的犹太人可能对上帝指望得太多了一点儿——当然，我也希望这些被屠杀的人现在都在天堂里，因为有那么多犹太人被纳粹杀掉，我倒真心希望他们真是上帝的选民。即使此事一真，我这非选民就要当地狱里的烤鸭，我也愿做这种牺牲——这种指望恐怕没起好作用。这两个例子都与特异性有关。当然，假如有人笃信自己的特异性一定是好的，是优越、正义的象征，举一千个例子也说服不了他。我也不想说服谁，只是想要问问，成天说这个，有什么用？

还有些人对特异性做负面的理解。我知道这么个例子，是从人类学的教科书上看来的：在美国，有些黑人孩子对自己的种族有自卑感，觉得白孩子又聪明又好看，自己又笨又难看。中国人里也有崇洋媚外的，觉得自己的人种不行，文化也不行。这些想法是不对的。有人以为，说自己的特异性无比优越是唯一的出路，这又使我不懂了。人为什么一定用一件错事来反对另一件错事呢？除非人真是这么笨，只能懂得错的，不能懂得对的，但这又不是事实。某个民族的学者对本民族的人民做这种判断，无异是说本族人民是些傻瓜，只能明白次等的道理，不能懂得真正的道理，这才是民族虚无主义的想法。说来也怪，这种学者现在甚多，做出来的学问一半像科学，一半像宣传，整个儿像戈培尔。戈培尔就是这样的，他一面说日耳曼人优越，一面又把日耳曼人当傻瓜来愚弄。我认识一个德国人，一提起这段历史，他就觉得灰溜溜的见不得人。灰溜溜的原因不是怀疑本民族的善良，而是怀疑本民族的智慧："怎么会被纳粹疯子引入歧途了呢？那些人层次很低嘛。"这也是我们要引以为戒的啊。

东西方快乐观区别之我见

　　东西方精神的最大区别在于西方人沉迷于物欲，而东方人精于人与人的关系；前者从征服中得到满足，后者从人与人的相亲相爱中汲取幸福。一次大战刚结束时，梁任公旅欧归来，就看到前一种精神的不足。那个时候列强竞相掠夺世界，以致打了起来，生灵涂炭——任公觉得东方人有资格给他们上一课，而当时罗素先生接触了东方文明以后，也觉得颇有教益。现在时间到了世纪末，不少东方人还觉得有资格给西方人上一课。这倒不是因为又打了大仗，而是西方人的物欲毫无止境，搞得能源、生态一齐闹了危机，而人际关系又是那么冷酷无情。但是这一课没有听众，急得咱们自己都抓耳挠腮。这种物欲横流的西方病，我们的老祖宗早就诊断过。当年孟子见梁惠王，梁惠王问利，孟子就说，上下交征利而国危矣。所谓利，就是能满足物质欲望的东西。在古代，生产力有限，想要利，就得从别人那里夺，争得凶了就要打破头。现代科技发达，可以从开发自然里得到利益，搞得过了头，又要造成生态危机。孟子提出一种东西作为"利"的替代物，这个暂且不提。我们来讨论一下西方病的根源。笔者既学过文，又学过理，两边都是糊里糊涂，且有好做不伦不类的类比之恶习。不管怎样，大家可以听听这种类比可有道理。

人可以从环境中得到满足，这种满足又成为他行动的动力。比方说，冷天烧了暖气觉得舒服，热天放了冷气又觉得舒服，结果他就要把房间恒温到华氏70度，购买空调机，耗费无数电力；骑车比走路舒服，坐车又比骑车舒服，结果是人人买汽车，消耗无数汽油。由此看来，舒服了还要更舒服，正是西方人掠夺自然的动力。这在控制论上叫作正反馈，社会就相当于一个放大器，人首先有某种待满足的物欲，在欲望推动下采取的行动使欲望满足，得到了乐趣，这都是正常的。乐趣又产生欲望，又反馈回去成了再做这行动的动力，于是越来越凶，成了一种毛病。玩过无线电的人都知道，有时候正反馈讨厌得很，状似抽风：假如话筒和喇叭串了，就会闹出这种毛病，喇叭里的声音又进了话筒，放大数百倍出来再串回去，结果就是要吵死人——行话叫作"自激"。在我们这里看来，西方社会正在自激，舒服了还要更舒服，搅到最后，连什么是舒服都不清不楚，早晚把自己烧掉了完事。这种弊病的根源在于它是个欲望的放大器——它在满足物欲方面能做得很成功，当然也有现代技术在做它的后盾。孟老夫子当年就提出要制止这种自激，提出个好东西，叫作"仁义"，仁者，亲亲也，义者，敬长也，亲亲敬长很快乐，又不毁坏什么，这不是挺好的吗（见《孟子·离娄上》）？

有关自激像抽风，还可以举出一个例子。凡高级动物脑子里都有快乐中枢，对那地方施以刺激，你就乐不可支。据说吸毒会成瘾，就是因为毒品直接往那里作用。有段科普文章里说到有几个缺德科学家在海豚脑子里装了刺激快乐中枢的电极，又给海豚一个电键，让它可以自己刺激自己。结果它就抽了风，废寝忘食地狂敲不止。我当然不希望他们是在寻海豚的开心，而希望他们是在做重要的试验。不管怎么说吧，上下交征利，是抽这种风，无止境地开发自然，也是抽这种风。我们可以教给西方人的就是，咱们可以从人与人的关系里得到乐趣。当然，这种乐趣里最直接的就是性爱，但是孟子毫不犹豫地把它挖了出去，虽然讲出的道理很是牵强——说"慕少艾"不是先天的"良知良能"，是后天学坏了，现代人当然要得出相反的结论。实际原因也很简单，它可能导致自激。孟子说，乐之实，乃是父子之情，手足之情（顺便说说，有注者说这个"乐"是音乐之"乐"，我不大信）。再辅之以礼，就可以解决一切社会问题。这是孟子的说法，但我不大信服。他所说的那种快乐也可以自激，就如孟子自己说的："乐则生矣，生则恶可已也，恶可已，则不知足之蹈之手之舞之。"谁要说这不叫抽风，那我倒想知道一下什么是抽风。而且我认为，假如没有一大帮人站在一边拍巴掌，谁也抽不到这种程度——孟夫子本人当然例外。

中国人在人际关系里找到了乐趣，我们认为这是自己的一大优点。因为有此优点，我们既不冷漠，又不自私，而且人与自然的关系和谐，中国社会四平八稳，不容易出毛病。这些都是我们的优点，我也不敢妄自菲薄。但是基督曾说，不要只看到别人眼里有木刺，没准儿自己眼里还有大梁呢。中国的传统道德，讲究得过了头，一样会导致抽风式的举动。这是因为中国的传统社会在这方面也是个放大器。人行忠孝节义，就能得忠臣孝子节妇义士的美名，这种美名刺激你更去行忠孝节义，循环往复，最后你连自己在干什么都搞不清。举例言之，我们讲究孝道，人人都说孝子好。孝子一吃香，然后也能导致正反馈，从而走火入魔：什么郭解埋儿[1]啦，

---

[1] 见第40页注。

卧冰求鱼啦，谁能说这不是自激现象？再举一例，中国传统道德里要求妇女守身如玉，从一而终，这可是个好道德吧？于是人人盛赞节烈妇女。翻开历史一看，女人为了节烈，割鼻子拉耳朵的都有。鼻子耳朵不比头发指甲，割了长不出来，而且人身上有此零件，必有用处，拿掉了肯定有不便处。若是为"节烈"之名而自杀，肯定是更加不妥的了。此类行为，就像那条抽风的海豚。

"文化革命"中大跳忠字舞时，也是抽的这种风。你越是五迷三道，晕头涨脑，大家就越说你好，所以当时九亿人民都像发了四十度的高烧。不用我说，你就能发现，这正是孟子说的那种手舞足蹈的现象。经历了"文化革命"的中国人，用不着我来提醒，就知道它是有很大害处的。"忠"可算是有东方特色的，而且可以说它是孝的一种变体，所以东方精神发扬到了极致，和西方精神一样的不合理，没准儿还会更坏。我们这里不追求物欲的极大满足，物质照样不够用。正如新儒家学者所说，我们的文化重人，所以人多了一定好，假如是自己的种，那就更好。做父母的断断不肯因为穷、养不起就不生，生得多了，人际关系才能极大丰富，对不对？于是你有一大帮儿子就有人羡慕。结果中国有十二亿人，虽然都没有要求开私家车，用空调机，能源也是不够用。只要一日三餐的柴火，就能把山林砍光，只要有口饭吃，地就不够种。偶尔出门一看，到处是人山人海，我就觉得咱们这里自激得很厉害。虽然就个体而言没有什么过分的物欲，就总体来看还是很过分，中国人一年烧掉十亿吨煤，造出无数垃圾，同样也超过地球的承受力。现在社会虽然平稳，拿着这么多的人口也是头疼。故而要计划生育，这就使人伦的基础大受损害。倘若这种东方特色不能改变，那就只能把大家变到身高三寸，那么所有的中国人又可以快乐地生活，并且享受优越的人际关系。可以预言，过个三五百年，三寸又嫌太高。就这么缩下去，一直缩到风能吹走，看来也不是好办法。

　　本文的主旨，在于比较东西方不同的快乐观。罗素在讨论伦理问题时曾经指出，人人都希求幸福。假如说，人得到自己希求的东西就是幸福，那就言之成理。倘若说因为某件事是幸福的，所以我们就希求它，那就是错误的。谁也不是因为吃是幸福的才饿的呀。幸福的来源，就是不计苦乐、不计利弊、自然存在的需要，这种需要的种类、分量，都不是可以任意指定的。当然，这是人在正常时的情形，被人哄到五迷三道、晕头转向的人不在此列。马尔库塞说西方社会有病，是说它把物质消费本身当成了需要，消费不是满足需求，而是满足起哄。我能够理解这种毛病是什么，但是缺少亲身体验。假如把人际关系和谐本身也当成需要，像孟子说的那样：行孝本身是快乐的，所以去行孝，当然就更是有病，而且这种毛病我亲身体验过了（在"文化大革命"里人人表忠心的时候）。人满足物质欲望的结果是消费，人际关系的和谐也是人避免孤独这一需要的结果。一种需要本身是不会过分的，只有人硬要去夸大它，导致了自激时才会过分。饿了，找个干净饭馆吃个饭，有什么过分？想要在吃饭时显示你有钱才过分。你有个爸爸，你很爱他，要对他好，有什么过分？非要在这件事上显示你是个大孝子，让别人来称赞才过分。需要本身只有一分，你非把它弄到十分，这原因大家心里明白，社会对个人不是只起好作用，它还是个起哄的场所，干什么事都要别人说好，赢得一些喝彩声，正是这件事在导致自激。东方社会有东方的起哄法，西方有西方的起哄法。而且两边比较起来，还是东方社会里的人更爱起哄。

　　假如此说是正确的，那么真正的幸福就是让人在社会的法理、公德约束下，自觉自愿地去生活；需要什么，就去争取什么；需要满足之后，就让大家都得会儿消停。这当然需要所有的人都有点儿文化修养，有点儿独立思考的能力，并且对自己的生活负起责任来，同时对别人的事少起点儿哄。这当然不容易，但这是唯一的希望。看到人们在为物质自激，就放出人际关系的自激去干扰；看到人在人际关系里自激，就放出物质方面的自激去干扰；这样激来扰去，听上去就不是个道理。搞得不好，还能把两种毛病一齐染上：出了门，穷奢极欲，非奔驰车不坐，非毒蛇王八不吃，甚至还要吃金箔、屙金屎，回了家，又满嘴仁义道德，整个一个封建家长，指挥上演种种草菅人命的丑剧（就像大邱庄发生过的那样）；要不就走向另一极端，对物质和人际关系都没了兴趣，了无生趣——假如我还不算太孤陋寡闻，这两样人物我们在当代中国都已经看到了。

肚子里的战争

　　我年轻时，有一回得了病，住进了医院。当时医院里没有大夫，都是工农兵出身的卫生员——真正的大夫全都下到各队去接受贫下中农再教育去了。话虽如此说，穿着白大褂的，不叫他大夫又能叫什么呢。我入院第一天，大夫来查房，看过我的化验单，又拿听诊器把我上下听了一遍，最后还是开口来问："你得了什么病？"原来那张化验单他没看懂。其实不用化验单也能看出我的病来：我浑身上下像隔夜的茶水一样的颜色，正在闹黄疸。我告诉他，据我自己的估计，大概是得了肝炎。这事发生在二十多年前，当时还没听说有乙肝，更没有听说丙肝丁肝和戊肝，只有一种传染性肝炎。据说这一种肝炎中国原来也没有，还是三年困难时吃伊拉克蜜枣吃出来的——叫作蜜枣，其实是椰枣。我虽没吃椰枣，也得了这种病。大夫问我该怎么办，我说你给我点儿维生素吧——我的病就是这么治的。说句实在话，住院对我的病情毫无帮助，但我自己觉得还是住在医院里好些，住在队里会传染别人。

在医院里没有别的消遣，只有看大夫们给人开刀。这一刀总是开向阑尾——应该说他们心里还有点儿数，知道别的手术做不了。我说看开刀可不是瞎说的，当地经常没有电，有电时电压也极不稳，手术室是四面全是玻璃窗的房子，下午两点钟阳光最好，就是那时动手术——全院的病人都在外面看着，互相打赌说几个小时找到阑尾。后来我和学医的朋友说起此事，他们都不信，说阑尾手术还能动几个钟头？不管你信也好，不信也罢，我看到的几个手术没有一次在一小时之内找着阑尾。做手术的都说，人的盲肠太难找——他们中间有好几位是部队骡马卫生员出身，参加过给军马的手术，马的盲肠就很大，骡子的盲肠也不小，哪个的盲肠都比人的大，就是把人个子小考虑在内之后，他的盲肠还是太小。闲着没事聊天时，我对他们说："你们对人的下水不熟悉，就别给人开刀了。"你猜他们怎么说？"越是不熟就越是要动——在战争中学习战争！"现在的年轻人可能不知道，这后半句是毛主席语录。人的肠子和战争不是一码事，但这话就没人说了。我觉得有件事情最可恶：每次手术他们都让个生手来做，以便大家都有机会学习战争，所以阑尾总是找不着。刀口开在什么部位，开多大也完全凭个人的兴趣。但我必须说他们一句好话：虽然有些刀口偏左，有些刀口偏右，还有一些开在中央，但所有的刀口都开在了肚子上，这实属难能可贵。

我在医院里遇上一个哥儿们，他犯了阑尾炎，大夫动员他开刀。我劝他千万别开刀——万一非开不可，就要求让我给他开。虽然我也没学过医，但修好过一个闹钟，还修好了队里一台手摇电话机。就凭这两样，怎么也比医院里这些大夫强。但他还是让别人给开了，主要是因为别人要在战争里学习战争，怎么能不答应。也是他倒霉，打开肚子以后，找了三个小时也没找到阑尾，急得主刀大夫把他的肠子都拿了出来，上下一通紧捣。小时候我家附近有家小饭铺，卖炒肝、烩肠，清晨时分厨师在门外洗猪大肠，就是这么一种景象。眼看天色越来越暗，别人也动手来找，就有点儿七手八脚。我的哥儿们被人找得不耐烦，撩开了中间的白布帘子，也去帮着找。最后终于在太阳下山以前找到，把它割下来，天也就黑了，要是再迟一步，天黑了看不见，就得开着膛晾一宿。原来我最爱吃猪大肠，自从看过这个手术，再也不想吃了。

时隔近三十年，忽然间我想起了住院看别人手术的事，主要是有感于当时的人浑浑噩噩，简直是在发疯。谁知道呢，也许再过三十年，再看今天的人和事，也会发现有些人也是在发疯。如此看来，我们的理性每隔三十年就有一次质的飞跃——但我怀疑这么理解是不对的。理性可以这样飞越，等于说当初的人根本没有理性。就说三十年前的事吧，那位主刀的大叔用漆黑的大手捏着活人的肠子上下倒腾时，虽然他说自己在学习战争，但我就不信他不知道自己是在胡闹。由此就得到一个结论：一切人间的荒唐事，整个社会的环境虽是一个原因，但不主要。主要的是，那个闹事的人是在借酒撒疯。这就是说，他明知道自己在胡闹，但还要闹下去，主要是因为胡闹很开心。

我们还可以得到进一步的推论：不管社会怎样，个人要为自己的行为负责——但作为杂文的作者，把推论都写了出来，未免有直露之嫌，所以到此打住。住医院的事我还没写完呢。我在医院里住着，肝炎一点儿都不见好，脸色越来越黄；我的哥儿们动了手术，刀口也总是长不上，人也越来越瘦。后来我们就结伴回北京来看病。我一回来病就好了，我的哥儿们却进了医院，又开了一次刀。北京的大夫说，上一次虽把阑尾割掉了，但肠子没有缝住，粘到刀口上成了一个瘘，肠子里的东西顺着刀口往外冒，所以刀口老不好。大夫还说，冒到外面还是万分幸运，冒到肚子里面，人就完蛋了。我哥儿们倒不觉得有什么幸运，他只是说："妈的，怪不得总吃不饱，原来都漏掉了。"这位兄弟是个很豪迈的人，如果不是这样，也不会拿自己的内脏给别人学习战争。

一只特立独行的猪

插队的时候，我喂过猪，也放过牛。假如没有人来管，这两种动物也完全知道该怎样生活。它们会自由自在地闲逛，饥则食渴则饮，春天来临时还要谈谈爱情；这样一来，它们的生活层次很低，完全乏善可陈。人来了以后，给它们的生活做出了安排，每一头牛和每一只猪的生活都有了主题。就它们中的大多数而言，这种生活主题是很悲惨的：前者的主题是干活，后者的主题是长肉。我不认为这有什么可抱怨的，因为我当时的生活也不见得丰富了多少，除了八个样板戏，也没有什么消遣。有极少数的猪和牛，它们的生活另有安排。以猪为例，种猪和母猪除了吃，还有别的事可干。就我所见，它们对这些安排也不大喜欢。种猪的任务是交配，换言之，我们的政策准许它当个花花公子。但是疲惫的种猪往往摆出一种肉猪（肉猪是阉过的）才有的正人君子架势，死活不肯跳到母猪背上去。母猪的任务是生崽儿，有些母猪却要把猪崽儿吃掉。总的来说，人的安排使猪痛苦不堪，但它们还是接受了：猪总是猪啊。

　　对生活做种种设置是人特有的品性。不光是设置动物，也设置自己。我们知道，在古希腊有个斯巴达，那里的生活被设置得了无生趣，其目的就是要使男人成为亡命战士，使女人成为生育机器，前者像些斗鸡，后者像些母猪。这两类动物是很特别的，但我以为，它们肯定不喜欢自己的生活。但不喜欢又能怎么样？人也好，动物也罢，都很难改变自己的命运。

　　以下谈到的一只猪有些与众不同。我喂猪时，它已经有四五岁了，从名分上说，它是肉猪，但长得又黑又瘦，两眼炯炯有光。这家伙像山羊一样敏捷，一米高的猪栏一跳就过；它还能跳上猪圈的房顶，这一点又像是猫——所以它总是到处游逛，根本就不在圈里待着。所有喂过猪的知青都把它当宠儿来对待，它也是我的宠儿——因为它只对知青好，容许他们走到三米之内，要是别的人，它早就跑了。它是公的，原本该劁掉。不过你去试试看，哪怕你把劁猪刀藏在身后，它也能嗅出来，朝你瞪大眼睛，嗷嗷地吼起来。我总是用细米糠熬的粥喂它，等它吃够了以后，才把糠兑到野草里喂别的猪。其他猪看了嫉妒，一起嚷起来。这时候整个猪场一片鬼哭狼嚎，但我和它都不在乎。吃饱了以后，它就跳上房顶去晒太阳，或者模仿各种声音。它会学汽车响、拖拉机响，学得都很像；有时整天不见踪影，我估计它到附近的村寨里找母猪去了。我们这里也有母猪，都关在圈里，被过度的生育搞得走了形，又脏又臭，它对它们不感兴趣，村寨里的母猪好看一些。它有很多精彩的事迹，但我喂猪的时间短，知道得有限，索性就不写了。总而言之，所有喂过猪的知青都喜欢它，喜欢它特立独行的派头儿，还说它活得潇洒。但老乡们就不这么浪漫，他们说，这猪不正经。领导则痛恨它，这一点以后还要谈到。我对它则不只是喜欢——我尊敬它，常常不顾自己虚长十几岁这一现实，把它叫作"猪兄"。如前所述，这位猪兄会模仿各种声音。我想它也学过人说话，但没有学会——假如学会了，我们就可以做倾心之谈。但这不能怪它，人和猪的音色差得太远了。

　　后来，猪兄学会了汽笛叫，这个本领给它招来了麻烦。我们那里有座糖厂，中午要鸣一次汽笛，让工人换班。我们队下地干活时，听见这次汽笛响就收工回来。我的猪兄每天上午十点钟总要跳到房上学汽笛，地里的人听见它叫就回来——这可比糖厂鸣笛早了一个半小时。坦白地说，这不能全怪猪兄，它毕竟不是锅炉，叫起来和汽笛还有些区别，但老乡们硬说听不出来。领导上因此开了一个会，把它定成了破坏春耕的坏分子，要对它采取专政手段——会议的精神我已经知道了，但我不为它担忧——因为假如专政是指绳索和杀猪刀的话，那是一点儿门都没有的。以前的领导也不是没试过，一百人也逮不住它。狗也没用。猪兄跑起来像颗鱼雷，能把狗撞出一丈开外。谁知这回是动了真格的，指导员带了二十几个人，手拿五四式手枪；副指导员带了十几人，手持看青的火枪，分两路在猪场外的空地上兜捕它。这就使我陷入了内心的矛盾。按我和它的交情，我该舞起两把杀猪刀冲出去，和它并肩战斗，但我又觉得这样做太过惊世骇俗——它毕竟是只猪啊。还有一个理由，我不敢对抗领导，我怀疑这才是问题之所在。总之，我在一边看着。猪兄的镇定使我佩服至极：它很冷静地躲在手枪和火枪的连线之内，任凭人喊狗咬，不离那条线。这样，拿手枪的人开火就会把拿火枪的打死，反之亦然；两头同时开火，两头都会被打死。至于它，因为目标小，多半没事。就这样连兜了几个圈子，它找到了一个空子，一头撞出去了；跑得潇洒至极。以后我在甘蔗地里还见过它一次，它长出了獠牙，还认识我，但已不容我走近了。这种冷淡使我痛心，但我也赞成它对心怀叵测的人保持距离。

　　我已经四十岁了，除了这只猪，还没见过谁敢于如此无视对生活的设置。相反，我倒见过很多想要设置别人生活的人，还有对被设置的生活安之若素的人。因为这个缘故，我一直怀念这只特立独行的猪。

椰子树与平等

　　二十多年前，我在云南插队。当地气候炎热，出产各种热带水果，就是没有椰子。整个云南都不长椰子，根据野史记载，这其中有个缘故。据说，在三国以前，云南到处都是椰子，树下住着幸福的少数民族。众所周知，椰子有很多用处，椰茸可以当饭吃，椰子油也可食用。椰子树叶里的纤维可以织粗糙的衣裙，椰子树干是木材。这种树木可以满足人的大部分需要，当地人也就不事农耕，过着悠闲的生活。忽一日，诸葛亮南征来到此地，他要教化当地人，让他们遵从我们的生活方式：干我们的活，穿我们的衣服，服从我们的制度。这件事起初不大成功，当地人没看出我们的生活方式有什么优越之处。首先，秋收春种，活得很累，起码比摘椰子要累；其次，汉族人的衣着在当地也不适用。就以诸葛先生为例，那身道袍料子虽好，穿在身上除了捂汗和捂痱子，捂不出别的来；至于那顶道冠，既不遮阳，也不挡雨，只能招马蜂进去做窝。当地天热，摘两片椰树叶把羞处遮遮就可以了。至于汉朝的政治制度，对当地的少数民族来说，未免太过烦琐。诸葛先生磨破了嘴皮子，言必称孔孟，但也没人听。他不觉得自己的道理不对，却把账算在了椰子树身上。下了一道命令，一夜之间就把云南的椰树砍了个精光，免得这些蛮夷之人听不进圣贤的道理。没了这些树，他说话就有人听了——对此，我的解释是，诸葛亮他老人家南征，可不是一个人去的，还带了好多的兵，砍树用的刀斧也可以用来砍人，砍树这件事说明他手下的人手够用，刀斧也够用。当地人明白了这个意思，就怕了诸葛先生。我这种看法你尽可以不同意——我知道你会说，诸葛亮乃古之贤人，不会这样赤裸裸地用武力威胁别人，所以，我也不想坚持这种观点。

对于此事，野史上是这么解释的：蛮夷之人，有些稀奇之物，就此轻狂，胆敢藐视天朝大邦；没了这些珍稀之物，他们就老实了。这就是说，云南人当时犯有轻狂的毛病，这是一种道德缺陷。诸葛先生砍树，是为了纠正这种毛病，是为他们好。我总觉得这种说法有点儿太过惊世骇俗。人家有几样好东西，活得好一点儿，心情也好一点儿，这就是轻狂；非得把这些好东西毁了，让人家心情沉痛，这就是不轻狂——我以为这是野史作者的意见，诸葛先生不是这样的人。

野史是不能当真的，但云南现在确实没有椰子，而过去是有的，所以这些椰树可能是诸葛亮砍的。假如这不是耍野蛮，就该有种道义上的解释。我觉得诸葛亮砍椰树时，可能是这么想的：人人理应生来平等，但现在不平等了，四川不长椰树，那里的人要靠农耕为生；云南长满了椰树，这里的人就活得很舒服。让四川也长满椰树，这是一种达到公平的方法，但是限于自然条件，很难做到，所以，必须把云南的椰树砍掉，这样才公平。假如有不平等，有两种方式可以拉平：一种是向上拉平，这是最好的，但实行起来有困难；比如，有些人生来四肢健全，有些人则生有残疾，一种平等之道是把所有的残疾人都治成正常人，这可不容易做到。另一种是向下拉平，要把所有的正常人都变成残疾人就很容易，只消用铁棍一敲，一声惨叫，这就变过来了。诸葛先生采取的是向下拉平之道，结果就害得我吃不上椰子。在云南时，我觉得嘴淡时就啃几个木瓜。木瓜淡而无味，假如没熟透，啃后满嘴都是麻的。但我没有抱怨木瓜树，这种树内地也是不长的，假如它的果子太好吃，诸葛先生也会把它砍光啦。

我这篇文章题目在说椰子，实质在谈平等问题，挂羊头卖狗肉，正是我的用意。人人理应生来平等，这一点人人都同意。但实际上是不平等的，而且最大的不平等不是有人有椰子树，有人没有椰子树。如罗素先生所说，最大的不平等是知识的差异——有人聪明有人笨，这就是问题之所在。这里所说的知识、聪明是广义的，不单包括科学知识，还包括文化素质、艺术的品位，等等。这种椰子树长在人脑里，不光能给人带来物质福利，还有精神上的幸福。这后一方面的差异我把它称为幸福能力的差异。有些作品，有些人能欣赏，有些人就看不懂，这就是说，有些人的幸福能力较为优越。这种优越最招人嫉妒。消除这种优越的方法之一就是给聪明人头上一闷棍，把他打笨些。但打轻了不管用，打重了会把脑子打出来，这又不是我们的本意。另一种方法则是，一旦聪明人和傻人起了争执，我们总说傻人有理。久而久之，聪明人也会变傻。这种法子现在正用着呢。

思想和害臊

我年轻时在云南插队。仅仅几十年前，那里还是化外蛮邦，因为这个缘故，除了山清水秀之外，还有民风淳朴的好处。我去的时候，那里的父老乡亲除了种地，还在干着一件吃力的事情：表示自己是些有思想的人。在那个年月里，在会上发言时，先说一句时髦的话语，就是有思想的表示。这件事我们干起来十分轻松，可是老乡们干起来就难了。比方说，我们的班长想对大田里的工作发表意见——这对他来说本没有什么困难，他是个老庄稼人嘛——他的发言要从一句时髦话语开始，这句话可把他难死了。从他嚅动的嘴唇看来，似要说句"斗私批修"这样的短语，不怎么难说嘛——但这是对我而言，对他可不是这样。只见他老脸涨得通红，不住地期期艾艾，豆大的汗珠滚滚而下，但最后还是没把这句话憋出来，说出来的是："鸡巴哩，地可不是这么一种种法嘛！"听了这样的妙语，我们赶紧站起来，给他热烈鼓掌。我喜欢朴实的人，觉得他这样说话就可以。但他对自己有更高的要求，总要使自己说话有思想。

据说，旧时波兰的农妇在大路上相遇，第一句话总说："圣母马利亚是可赞美的！"外乡人听了摸不着头脑，就说："是呀，她是可以赞美，你就赞美吧。"这就没有理解对方的意思。对方不是想要赞美圣母，而是要表示自己有思想。我们那时说话前先来一句"最高指示"，也是这个意思。在《红楼梦》里，林黛玉和史湘云在花园里联句，忽然冒出些颂圣的诗句。作者大概以为，林史虽是闺阁中人，说话也总要有思想才对。至于我们的班长，也是这样想的，只是没有林妹妹那样伶牙俐齿。也不知为什么，时髦话语使他异常害臊，拼了命也讲不出口，讲出的总是些带 × 的话。这就使全体男知青爱上了他。每次他在大会上发言之前，我们都屏息静等，等到他一讲出话来就鼓掌欢呼，这使他的毛病越来越重了。

有一次，我们队和别的队赛篮球，我们的球队由他带领——说来你可能不信，我们班长会打篮球，球艺虽然不高，但常使对方带伤，有时是胸腔积血，有时是睾丸血肿。他可是个了不起的中锋，我们队就指着他的勇悍赢球——两支队伍立在篮球场上。对方的队长念了一段毛主席语录，轮到他时，他居然顺顺当当讲出话来，也不带 ×，这使我们这些想鼓掌的人很是失望。谁知他被当裁判的指导员恶狠狠地吹了一哨，还训斥他道："最高指示是最高指示，革命口号是革命口号，不可以乱讲！"然后他就被换下场来，脸色铁青坐在边上。原来他说了一句："最高指示，毛主席万岁！"指导员觉得他讲得不对。最高指示是毛主席的话，他老人家没有说过自己万岁。所以这话是不对。但我总觉得不该和质朴的人较真，有思想就行了嘛。自从被吹了一哨，我们班长就不敢说话了，带 × 不带 × 的话都不敢说，几乎成了哑巴……

当年那些时髦话语都表达了一个意思，那就是对权力的忠顺态度——这算不上什么秘密，那个年月提倡的就是忠字当头。但是同样的话，有人讲起来觉得害臊，有人讲起来却不觉得害臊，这就有点儿深奥。害臊的人不见得不忠、不顺，就以我们班长而论，他其实是个最忠最顺的人，但这种忠顺是他内心深处的感情，实际上是一种阴性的态度，不光是忠顺，还有爱，所以不乐意很直露地不惧肉麻地当众披露。我们班长的忠顺表现在他乐意干活，把地种好，但让他在大庭广众中说这些话，就是强人所难。用爱情来打比方，有些男性喜欢用行动来表示爱情，不喜欢把"我爱你"挂在嘴上。我们班长就是这么一种情况。另外有些人没有这种感觉，讲起这些话来不觉得肉麻，但是他们内心的忠顺程度倒不见得更大——正如有些花花公子满嘴都是"我爱你"，真爱假爱却很难说。

　　如前所述，我插队的地方民风淳朴，当地人觉得当众表示自己的雌伏很不好意思，所以"有思想"这种状态，又成了"害臊"的同义语。不光是我们班长这么想，多数人都这么想。这件事有我的亲身经历为证：有一次我在集上买东西，买的是一位傣族老大娘的波罗蜜。需要说明的是，当地人以为知青都很有钱，同样一件东西，卖给我们要贵三倍，所以我们的买法是趁卖主不注意，扔下合理的价钱，把想买的东西抱走。有人把这种买法叫作偷，但我不这么想——当然，我现在也不这么买东西了。那一天我身上带的钱少了，搁下的钱不怎么够。那位傣族老太太——用当地话来说，叫作蔑巴——就大呼小叫地追了过来，朝我大喝一声："不行啦！思想啦！斗私批修啦……"然后，趁我腰一软，腿一颤，把该波罗蜜——又叫作牛肚子果——抢了回去。如你所知，这位蔑巴说这些有思想的话，意思是："你不害臊吗？"这些话收到了效果，我到现在想起了这件事，还觉得羞答答的：为吃口牛肚子果，被人说到了思想上去，真是臊死了。

体验生活

我靠写作为生。有人对我说:"像你这样写是不行的啊,你没有生活!"起初,我以为他想说我是个死人,感到很气愤。忽而想到,"生活"两字还有另一种用法。有些作家常到边远艰苦的地方去住上一段,这种出行被叫作"体验生活"——从字面上看,好像是死人在诈尸,实际上不是的。这是为了对艰苦的生活有点儿了解,写出更好的作品,这是很好的做法。人家说的生活,是后面一种用法,不是说我要死,想到了这一点,我又回嗔作喜。我虽在贫困地区插过队,但不认为体验得够了。我还差得很远,还需要进一步的体验。但我总觉得,这叫作"体验艰苦生活"比较好。省略了中间两个字,就隐含着这样的意思:生活就是要经常吃点儿苦头——有专门从负面理解生活的嫌疑。和我同龄的人都有过忆苦思甜的经历:听忆苦报告、吃忆苦饭,等等。这件事和体验生活不是一回事,但意思有点儿相近。众所周知,旧社会穷人过着牛马不如的生活,吃糠咽菜——菜不是蔬菜,而是野菜。所谓忆苦饭,就是旧社

会穷人饭食的模仿品。

我要说的忆苦饭是在云南插队时吃到的——为了配合某种形势，各队起码要吃一顿忆苦饭，上面就是这样布置的。我当时是个病号，不下大田，在后勤做事，归司务长领导，参加了做这顿饭。当然，我只是下手。真正的大厨是我们的司务长。这位大叔朴实木讷，自从他当司务长，我们队里的伙食就变得糟得很，每顿都吃烂菜叶——因为他说，这些菜太老，不吃就要坏了。菜园子总有点儿垂垂老矣的菜，吃掉旧的，新的又老了，所以永远也吃不到嫩菜。我以为他炮制忆苦饭肯定很在行，但他还去征求了一下群众意见，问大家在旧社会吃过些啥。有人说，吃过芭蕉树心，有人说，吃过芋头花、南瓜花。总的来说，都不是什么太难吃的东西，尤其是芋头花，那是一种极好的蔬菜，煮了以后香气扑鼻。我想有人可能吃过些更难吃的东西，但不敢告诉他。说实在的，把饭弄好吃的本领他没有，弄难吃的本领却是有的，再教教就更坏了。就说芭蕉树心吧，本该剥出中间白色细细一段，但他叫我砍了一棵芭蕉树来，斩碎了整个煮进了锅里。那锅水马上变得黄里透绿，冒起泡来，像锅肥皂水，散发着令人恶心的苦味……

我说过，这顿饭里该有点儿芋头花。但芋头不大爱开花，所以煮的是芋头秆，而且是刨了芋头剩下的老秆。可能这东西本来就麻，也可能是和芭蕉起了化学反应，总之，这东西下锅后，里面冒出一种很恶劣的麻味。大概你也猜出来了，我们没煮南瓜花，煮的是南瓜藤，这种东西斩碎后是些煮不烂的毛毛虫。最后该搁点儿糠进去，此时我和司务长起了严重的争执。我认为，稻谷的内膜才叫作糠。这种东西我们有，是喂猪的。至于稻谷的外壳，它不是糠，猪都不吃，只能烧掉。司务长倒不反对我的定义，但他说，反正是忆苦饭，这么讲究干什么，糠还要留着喂猪，所以往锅里倒了一筐碎稻壳。搅匀之后，真不知锅里是什么。做好了这锅东西，司务长高兴地吹起了口哨，但我的心情不大好。说实在的，我这辈子没怕过什么，那回也没有怕，只是心里有点儿慌。我喂过猪，知道拿这种东西去喂猪，所有的猪都会想要咬死我。猪是这样，人呢？

后来的事情证明我是瞎操心。晚上吃忆苦饭，指导员带队，先唱"天上布满星"，然后开饭。有了这种气氛，同学们见了饭食没有活撕了我，只是有些愣头青对我怒目而视，时不常吼上一句："你丫也吃！"结果我就吃了不少。第一口最难，吃上几口后满嘴都是麻的，也说不上有多难吃。只是那些碎稻壳像刀片一样，很难吞咽，吞多了嘴里就出了血。反正我已经抱定了必死的决心，自然没有闯不过去的关口。别人却在偷偷地干呕。吃完以后，指导员做了总结，看样子他的情况不大好，所以也没多说。然后大家回去睡觉——但是事情当然还没完。大约是夜里十一点，我觉得肠胃搅痛，起床时，发现同屋几个人都在地上摸鞋。摸来摸去，谁也没有摸到，大家一起赤脚跑了出去，奔向厕所，在北回归线那皎洁的月色下，看到厕所门口排起了长队……

有件事需要说明，有些不文明的人有放野屎的习惯，我们那里的人却没有。这是因为屎有做肥料的价值，不能随便扔掉。但是那一夜不同，因为厕所里没有空位，大量这种宝贵的资源被抛撒在厕所后的小河边。干完这件不登大雅之事，我们本来该回去睡觉，但是走不了几步又想回来，所以我们索性坐在了小桥上，聊着天，挨着蚊子咬，时不常到草丛里去一趟，直到肚子完全出清。到了第二天，我们队的人脸色都有点儿绿，下巴有点尖，走路也有点儿打晃。像这个样子当然不能下地，只好放一天假。这个故事应该有个寓意，我还没想出来。反正我不觉得这是在受教育，只觉得是折腾人——虽然它也是一种生活。总的来说，人要想受罪，实在很容易，在家里也可以拿头往门框上碰。既然痛苦是这样简便易寻，所以似乎用不着特别去体验。

皇帝做习题

明末清初，有批洋人传教士来到中国，后来在朝廷里做了官。其中有人留下了一本日记，后来在中国出版了。里面记载了一些有趣的事，包括他们怎么给中国皇帝讲解欧氏几何学。首先，传教士呈上课本、绘图和测绘的仪器，然后给皇上讲一些定理，最后还给皇上留了几道习题。等到下一讲，首先讲解上次的习题——《张诚日记》里就是这么记载的，但这些题皇上做了没有，就没有记载。我猜他是做了的，人家给你出了题目，会不会的总要试一试。假如皇上不是这样的人，也不会请人来讲几何学。这样一猜之后，我对这位皇上马上就有了亲近之感：他和我有共同的经历，虽然他是个鞑子，又是皇帝，但我还是觉得他比古代汉族的读书人亲近。孔孟程朱就不必说了，康梁也好，张之洞也罢，跟我们都隔得很远。我们没有死背过《三字经》《四书》，他们没有挖空心思去解过一道几何题。虽然近代中国有些读书人有点儿新思想，提出新口号曰："中学为体，西学为用"，但我恐怕什么叫作"西学"，还是鞑子皇帝知道得更多些。

　　我相信，读者诸君里有不少解过几何题。解几何题和干别的事不同，要是解对了，自己能够知道，而且会很高兴。要是解得不对，自己也知道没解出来，而且会郁郁寡欢。一个人解对了一道几何题，他的智慧就取得了一点儿实在的成就，虽然这种成就可能是微不足道的，但对于个人来说，这些成就绝不会毫无意义。比尔·盖茨可能没解过几何题，他小时候在忙另一件事：鼓捣计算机。《未来之路》里说，他读书的中学里有台小型计算机，但它名不副实，是个像供电用的变压器似的大家伙。有些家长凑钱买下一点儿机时给孩子们用，所以他有机会接触这台机器，然后就对它着了迷。据他说，计算机有种奇妙之处：你编的程序正确，它绝不会说你错；你编的程序有误，它也绝不会说你对——当然，这台机器必须是好的，要是台坏机器就没有这种好处了。

　　如你所知，给计算机编程和解几何题有共通之处：对了马上能知道对，错了也马上知道错，干干脆脆。你用不着像孟夫子那样，养吾浩然正气，然后觉得自己事事都对。当然，不能说西学都是这样的，但是有些学问的确有这种好处，所以就能成事。成了事就让人羡慕，所以就想以自己为体去用人家——我总觉得这是单相思。学过两天理科的人都知道这不对，但谁都不敢讲。这道理很明白：以其昏昏，使人昭昭，这怎么成呢。

　　解几何题和编程序都是对自己智力的考验。通过了考验（解对了一道题或者编对一段程序），有种大便通畅似的畅快之感。我很希望中国的皇帝解过习题，而且解对了几道。假如是这样，皇帝和我们就有了共同的体验，可以沟通了。编程也好，解几何题也罢，一开始时，你总是很笨的。不用蒙师来打手板，也不用学官来打屁股，你自己心里知道：程序死在机器里，题也做不出来，不笨还能说是很聪明的吗？后来程序能走通，题目也能做出来，不光有大便通畅之感，还感觉自己正在变得聪明——人活在世界上，需要这样的经历：做成了一件事，又做成一件事，逐渐地对自己要做的事有了把握。从书上看到，有很多大学问家都有这样的心路历程。

但是还有些大学问家有着另外一种经历：他大概没有做对过什么习题，也没有编对过什么程序，只是忽然间想通了一个大道理，觉得自己都对，凡不同意自己的都是禽兽之类。这种豁然贯通之感把他自己都感动了，以至他觉得自己用不着什么证明，必定是很聪明。以后要做的事情只是要养吾浩然正气——换言之，保持自己对自己的感动，这就是他总是有理的原因。这种学问家在我们中国挺多的，名气也很大。但不管怎么说吧，比之浩然正气，我还是更相信"共同体验"。

历史不是我的本行，但它是我胡思乱想的领域——谁都知道近代中国少了一次变法。但我总觉得康梁也好，六君子也罢，倡导变法够分量，真要领导着把法变成，恐怕还是不行的。要建成一个近代国家，有很多技术性的工作要做，迂夫子是做不来的。要是康熙皇帝来领导，希望还大些——当然，这是假设皇上做过习题。

拒绝恭维

在美国时，常看"笑星"考斯比的节目。有一次他讲了这么一个笑话：小时候，他以为自己就是耶稣基督。这是因为每次他一人在家时，都要像一切小鬼一样，把屋里闹得一团糟。他妈回家时，站在门口，看到家里像发过一场大水，难免要目瞪口呆，从嘴角滚出一句来："啊呀，我的耶稣基督……"他以为是说他呢。这种事情经常发生，他的这种想法也越来越牢固，以至后来到了教堂里，听到大家热情地赞美基督，他总以为是在夸他，心里难免麻酥酥的，摇头晃脑暗自臭美一番。人家高叫"赞美耶稣我们的救主"，他就禁不住要答应出来。再以后，他爹他妈发现这个小鬼头不正常，除了给他两个大耳光，还带他去看心理医生；最后，他终于不胜痛苦地了解到，原来他不是耶稣，也不是救世主——当然，这个故事讲到这个地步，就一点儿都不逗了。这后半截是我加上的。

我小的时候，常到邻居家里去玩。那边有个孩子，比我小好几岁，经常独自在家。他不乱折腾，总是安安静静跪在一个方凳上听五斗橱上一个匣子——那东西后来我们拆开过，发现里面有四个灯，一个声音粗哑的舌簧喇叭，总而言之，是个破烂货——里面说着些费解的话，但他屏息听着。终于等到一篇文章念完，广播员端正声音，一本正经地说道："革命的同志们，无产阶级革命派的战友们……"这孩子马上很清脆地答应了两声，跳到地上扬尘舞蹈一番。其实匣子里叫的不是他。刚把屁股帘摘掉没几天，他还远够不上是同志和战友，但你也挡不住他高兴。因为他觉得自己除了名字张三李四考斯比之外，终于有了个冠冕堂皇的字号，至于这名号是同志、战友还是救世主，那还在其次。我现在说到的，是当人误以为自己拥有一个名号时的张狂之态。对于我想要说到的事，这只是个开场白。

当你真正拥有一个冠冕堂皇的字号时，真正臭美的时候就到了。有一个时期，匣子里总在称赞革命小将，说他们最敢闯，最有造反精神。所有岁数不大，当得起那个"小"字的人，在臭美之余，还想做点儿什么，就拥到学校里去打老师。在我们学校里，小将们不光打了老师，把老师的爹妈都打了。这对老夫妇不胜羞辱，就上吊自杀了。打老师的事与我无关，但我以为这是极可耻的事。干过这些事的同学后来也同意我的看法，但就是搞不明白，自己当时为什么像吃了蜜蜂屎一样，一味地轻狂。国外的文献上对这些事有种解释，说当时的青春期少男少女穿身旧军装，到大街上挥舞皮带，是性的象征。但我觉得这种解释是不对的。我的同龄人还不至于从性这方面来考虑问题。

小将的时期很快就结束了，随后是"工人阶级领导一切"的时期。学校里有了工人师傅，这些师傅和过去见到的工人师傅不大一样，多少都有点儿晕晕乎乎、五迷三道，虽然不像革命小将那么疯狂，但也远不能说是正常的。然后就是"三支两军时期"，到处都有军代表。当时的军代表里肯定也有头脑清楚、办事稳重的人，但我没有见到过。最后年轻人都被派往农村，接受贫下中农的再教育，学习后者的优秀品质。下乡之前，我们先到京郊农村去劳动，作为一次预演。那村里的人在我们面前也有点儿不够正常——寻常人走路不应该把两腿叉得那么宽，让一辆小车都能从中推过去，也不该是一颠一颠的模样，只有一条板凳学会了走路才会是这般模样。在萧瑟的秋风中，我们蹲在地头，看贫下中农晚汇报，汇报词如下："最最敬爱的伟大领袖毛主席——我们（读作"母恩"）今天下午的活茬是：领着小学生们敛芝麻。报告完毕。"我一面不胜悲愤地想到自己长了这么大的个子，居然还是小学生，被人领着敛芝麻；一面也注意到汇报人兴奋的样子，有些人连冻出的清水鼻涕都顾不上擦，在鼻孔上吹出泡泡来啦。现在我提起这些事情，绝不是想说这些朴实的人们有什么不对，而是试图说明，人经不起恭维。越是天真、朴实的人，听到一种于己有利的说法，证明自己身上有种种优越的素质，是人类中最优越的部分，就越会不知东西南北，撒起癔症来。我猜越是生活了无趣味，又看不到希望的人，就越会竖起耳朵来听这种于己有利的说法。这大概是因为撒癔症比过正常的生活还快乐一些吧——说到了这一点，这篇文章也临近终结。

　　八十年代之初，我是人民大学的学生。有一回被拘到礼堂里听报告，报告人是一位青年道德教育家——我说是被拘去的，是因为我并不想听这个报告，但缺席要记旷课，旷课的次数多了就毕不了业。这位先生的报告总是从恭维听众开始。在清华大学时，他说，这里是清华大学，是全国最高学府呀；在北大则说，这里是有五四传统的呀；在人大则说，这是有革命传统的学校呀。总之，最后总要说，在这里做报告他不胜惶恐。我听到他说不胜惶恐时，禁不住舌头一转，鼻子底下滚出一句顶级的粗话来。顺便说一句，不管到了什么地方，我首先要把当地的骂人话全学会。这是为了防一手，免得别人骂我还不知道，虽然我自己从来不骂人，但对于粗话几乎是个专家。为了那位先生的报告我破例骂了一回，这是因为我不想受他恭维。平心而论，恭维人所在的学校是种礼貌。从人们所在的民族、文化、社会阶层，乃至性别上编造种种不切实际的说法，那才叫作险恶的煽动。因为他的用意是煽动一种癔症的大流行，以便从中渔利。人家恭维我一句，我就骂起来，这是因为，从内心深处我知道，我也是经不起恭维的。

关于崇高

　　七十年代发生了这样一回事：河里发大水，冲走了一根国家的电线杆。有位知青下水去追，电线杆没捞上来，人却淹死了。这位知青受到表彰，成了革命烈士。这件事在知青中间引起了一点儿小小的困惑：我们的一条命，到底抵不抵得上一根木头？结果是困惑的人惨遭批判，不瞒你说，我本人就是困惑者之一，所以对这件事记忆犹新。照我看来，我们吃了很多年的饭才长到这么大，价值肯定比一根木头高，拿我们去换木头是不值的。但人家告诉我说，国家财产是大义之所在，见到它被水冲走，连想都不要想，就要下水去捞。不要说是木头，就是根稻草，也得跳下水。他们还说，我这种值不值的论调是种落后言论——幸好还没有说我反动。

　　实际上，我在年轻时是个标准的愣头青，水性也好。见到大水冲走了木头，第一个跳下水的准是我，假如水势太大，我也可能被淹死，成为烈士，因为我毕竟还不是鸭子。这就是说，我并不缺少崇高的气质，我只是不会唱那些高调。时隔二十多年，我也读了一些书，从书本知识和亲身经历之中，我得到了这样一种结论：自打孔孟到如今，我们这个社会里只有两种人。一种编写生活的脚本，另一种去演出这些脚本。前一种人是古代的圣贤，七十年代的政工干部；后一种包括古代的老百姓和近代的知青。所谓上智下愚、劳心者治人劳力者治于人，就是这个意思吧。从气质来说，我只适合当演员，不适合当编剧，但是看到脚本编得太坏时，总禁不住要多上几句嘴，就被当落后分子来看待。这么多年了，我也习惯了。

在一个文明社会里，个人总要做出一些牺牲——牺牲"自我"，成就"超我"——这些牺牲就是崇高的行为。我从不拒绝演出这样的戏，但总希望剧情合理一些——我觉得这样的要求并不过分。举例来说，洪水冲走国家财产，我们年轻人有抢救之责，这是没有疑问的，但总要问问捞些什么。捞木头尚称合理，捞稻草就太过分。这种言论是对崇高唱了反调。现在的人会同意，这罪不在我：剧本编得实在差劲。由此就可以推导出：崇高并不总是对的，低下的一方有时也会有些道理。实际上，就是唱高调的人见了一根稻草被冲走，也不会跳下水，但不妨碍他继续这么说下去。事实上，有些崇高是人所共知的虚伪，这种东西比堕落还要坏。

人有权拒绝一种虚伪的崇高，正如他有权拒绝下水去捞一根稻草。假如这是对的，就对营造或提倡社会伦理的人提出了更高的要求：不能只顾浪漫煽情，要留有余地；换言之，不能够只讲崇高，不讲道理。举例来说，孟子发明了一种伦理学，说亲亲敬长是人的良知良能，孝敬父母、忠君爱国是人间的大义。所以，臣民向君父奉献一切，就是崇高之所在。孟子的文章写得很煽情，让我自愧不如，他老人家要是肯去作诗，就是中国的拜伦，只可惜不讲道理。臣民奉献了一切之后，靠什么活着？再比方说，在七十年代，人们说，大公无私就是崇高之所在。为公前进一步死，强过了为私后退半步生。这是不讲道理的：我们都死了，谁来干活呢？在煽情的伦理流行之时，人所共知的虚伪无所不在，因为照那些高调去生活，不是累死就是饿死——高调加虚伪才能构成一种可行的生活方式。从历史上我们知道，宋明理学是一种高调。理学越兴盛，人也越虚伪。从亲身经历中我们知道，七十年代的调门最高。知青为了上大学、回城，什么事都干出来了。有种虚伪是不该受谴责的，因为这是为了能活着。现在又有人在提倡追逐崇高，我不知道是在提倡理性，还是一味煽情。假如是后者，那就是犯了老毛病。

与此相反，在英国倒是出现了一种一点儿都不煽情的伦理学。让我们先把这相反的事情说上一说——罗素先生这样评价功利主义的伦理学家：这些人的理论虽然显得卑下，却关心同胞们的福利，所以他们本人的品格是无可挑剔的。然后再让我们反过来说——我们这里的伦理学家既然提倡相反的伦理，评价也该是相反的。他们的理论虽然崇高，却无视多数人的利益。这种偏执还得到官方的奖励，在七十年代，高调唱得好，就能升官——他们本人的品行如何，也就不好说了。我总觉得有煽情气质的人唱高调是浪费自己的才能，应该试试去写诗——照我看，七十年代的政工干部都有诗人的气质——把营造社会伦理的工作让给那些善讲道理的人，于公于私，这都不是坏事。

谦卑学习班

　　朋友们知道我在海外留学多年，总要羡慕地说，你可算是把该看的书都看过了。众所周知，我们这里可以引进好莱坞的文化垃圾，却不肯给文人方便，设家卖国外新书的文化书店。如果看翻译的书，能把你看得连中国话都忘了。要是到北京图书馆去借，你就是老死在里面也借不到几本书。总而言之，大家都有想看而看不到的书。说来也惭愧，我在国外时，根本没读几本正经书，专拣不正经的书看。当时我想，正经书回来也能看到，我先把回来看不到的看了吧。我可没想到回来以后什么都看不到——要是知道，就在图书馆里多泡几年再回来。根据我的经验，人从不正经的书里也能得到教益。

　　我就从一本不正经的书里得到了一些教益。这本书的题目叫作《我是〈花花公子〉的编辑》，里面尽是荒唐的故事，但有一则我以为相当正经。这本书标明是纪实类的书，但我对它的真实性有一点儿怀疑。这故事是这么开始的：有一天，洛杉矶一家大报登出一则学习班的广告：教授谦卑。学费两千元，住宿在内，膳食自理。本书的作者接到主编的指示："去看看出了什么怪事。"他就驱车出发，一路上还在想着："我也太狂傲了，这回报社给报销学费，让我也学点儿谦卑。"等到到了学习班的报名处，看到了一大批过了气的名人：有文体明星、政治家、文化名人、道德讲演家，甚至还有个把在电视上讲道的牧师。美国这地方有点儿古怪：既捧人，也毁人。以电影明星为例，先把你捧到不知东西南北，口出狂言道："我是有史以来最伟大的男（女）演员。"然后就开始毁。先是老百姓看他（她）的狂相不顺眼，纷纷写信或打电话到报社、电视台贬他，然后，那些捧人的传媒也跟着转向，把他骂个一文不值——这道理很简单：报纸需要订户，电视台也需要收视率，美国老百姓可是些得罪不起的人哪。在我们这里就不是这样，所以也没有这样的学习班——这样一来，一个名人就被毁掉了。作者在这个学习班上见到的全是大名人，这些家伙都因为太狂，碰了钉子，所以想要学点儿谦卑。此时，他想道："和他们相比，我得算个老实人——狂傲这两个字用在我身上是不恰当的。"当然，他还没见到我们中国的明星，要是见到了，一定会以为自己就是道德上的完人了。

且说这个学习班，设在一个山中废弃的中学里，要门没门，要窗没窗，只有满地的鹿粪和狐狸屎。破教室的地上放了一些床垫子，从破烂和肮脏程度来看，肯定是大街上捡来的垃圾。那些狂傲的名人好不容易才弄清是要他们睡在这些垫子上，知道以后，就纷纷向工作人员嚷道："两千块钱的住宿就是这样的吗？"人家只回答一句话："别忘了你是来学什么的！"有些人就说："说得对，我是来学谦卑的，住得差点儿，有助于纠正我道德上的缺陷。"有些人还是不理解，还是吵吵闹闹。但吵归吵，人家只是不理。等到中午吃饭时，那破学校的食堂里供应汉堡包，十块钱一份，面包倒是很大，生菜叶子也不少——毛驴会喜欢的——就是没有肉。有些狂傲的名人就吼了起来："十块钱一个的汉堡包就该是这样的吗？牛肉在哪儿？"（顺便说一句，"Where is the beef！"是句成语，意思是"别蒙事呀！"）得到的回答是："别忘了你是来学什么的！"就这样，吃着净素，睡着破床垫，每天早上在全校唯一能流出冷水的破管子前面排着长队盥洗。此书的作者是个老油子，看了这个破烂的地点和这些不三不四的工作人员，心里早就像明镜似的，但他也不来说破。除了吃不好睡不好，这个学习班还实行着封闭式管理，不到结业谁也不准回家——当然，除非你不想结业，也不要求退还学费，就可以回家。这些盛气凌人的家伙被圈在里面，很快就变得与一伙叫花子相仿。除了这种种不便，这个班还总不上课，让学员在这破烂中学里溜达，美其名曰反省自己。学习班的办公室里总是挤满了抱怨的人，大家都找负责人吵架，但这位负责人也有一手，总是笑容可掬地说道："要是我是你，就不这样气急败坏——要知道，在上帝面前，我们可都是罪人哪。至于课，我们会上的。听了以后保证你们会满意。"长话短说，这个鬼学习班把大家耗了两个礼拜，这帮名人居然都坚持了下来，只是天天闹着要听课。

最后，上课的时刻终于来到了。校方宣布，主讲者是个伟大的人，很不容易请到。所以这课只讲一堂，讲完了就结业。于是，全体学员都来到了破礼堂里，见到了这位演讲人。原书花了整整三页来形容他，但我没有篇幅，只能长话短说：此人有点儿像歌星，有点儿像影星，有点儿像信口雌黄的政治家，又有几分像在讲台上满嘴撒村的野狐禅牧师——为了使中国读者理解，还要加上一句，他又像个有特异功能的大气功师。总而言之，他就是那个我们花钱买票听他嚷嚷的人。这么个家伙往台上一站，大家都备感亲切，因而鸦雀无声。此人说道："我的课只讲一句话，讲完了整个学习班就结束……虽然只是一句话，大家记住了，就会终生受用不尽，以后永不会狂傲——听好了：You are an asshole！"同时，他还把这话写在了黑板上，然后一摔粉笔，扬长而去。这话只能用北京俗话来翻译："你是个傻×！"

　　礼堂里先是鸦雀无声，然后就是卷堂大乱。有人感到大受启发，说道："有道理，有道理！原来我是个傻×呀。"还有人愤愤不平，说道："就算我真是个傻×，也犯不着花两千块钱请人来告诉我！"至于该书作者，没有介入争论，径直开车下山去找东西吃——连吃两个礼拜的净素可不是闹着玩的。如前所述，我对这故事的真实性有点儿怀疑，但我以为，真不真的不要紧，要紧的是要有教育意义——中国常有人不惜代价，冒了被踩死的危险，挤进体育馆一类的地方，去见见大名人，在里面涕泪直流，出来后又觉得上当。这道理是这样的：用不着花很多钱，受很多罪，跑好远的路，洗耳恭听别人说你是傻×。自己知道就够了。

荷兰牧场与父老乡亲

　　我到荷兰去旅游，看到运河边上有个风车，风车下面有一片牧场，就站下来看，然后被震惊了。这片牧场在一片低洼地里，远低于运河的水面，茵茵的绿草上有些奶牛在吃草。乍看起来不过是一片乡村景象，细看起来就会发现些别的：那些草地的中央隆起，四周环以浅沟；整个地面像瓦楞铁一样略有起伏，下凹的地方和沟渠相接，浅沟通向深沟，深沟又通向渠道。所有的渠道都通到风车那里。这样一来，哪怕天降大雨，牧场上也不会有积水。水都流到沟渠里，等着风车把它抽到运河里去。如果没有这样精巧的排水系统，这地方就不会有牧场，只会有沼泽地。站在运河边上，极目所见，到处是这样井然有序的牧场。这些地当然不是天生这样，它是人悉心营造的结果。假如这种田园出于现代工程技术人员之手，那倒也罢了。实际上，这些运河、风车、牧场，都是十七世纪时荷兰人的作品。我从十七岁就下乡插队，南方北方都插过，从来没见过这样的土地。

　　我在山东老家插过两年队，什么活儿都干过。一九七四年的春夏之交，天还没有亮，我就被一阵哇哇乱叫的有线广播声吵起来了。这种哇哇的声音提醒我们，现在已经是电子时代。然后我紧紧裤腰带，推起独轮车，给地里送粪。独轮车很不容易叫我想起现在是电子时代。俗话说得好，种地不上粪，等于瞎胡混，我们老家的人就认这个理。独轮车的好处在于它可以在各种糟糕的路上走，绕过各种坑和石头；坏处在于它极难操纵，很容易连人带车一起翻掉。我们老家的人在提高推车技巧方面不遗余力，达到了杂技的水平。举例来说，有人可以把车推过门槛，有人可以把它推上台阶。但不管技巧有多高，还是免不了栽跟头，而且总造成鼻青脸肿的后果。现在我想，与其在车技上下苦功，还不如把路修修——我在欧洲游玩时，发现那边的乡间道路极为美好——但这件事就是没人干。不要说田间的路，就是村里的路也很糟，说不清是路还是坑。

　　我们老家那些地都在山上。下乡时我带了几双布鞋，全是送粪时穿坏的。整双鞋像新的一样，只是后跟豁开了。我的脚脖子经常抽筋，现在做梦梦到推粪上山，还是要抽筋。而且那些粪不过是美其名为粪，实则是些垫猪圈的土，学大寨时要凑上报数字，常常刚垫上就挖出来，猪还来不及在上面排泄呢……我去起圈时，猪老诧异地看着我。假如它会说话，肯定要问问我："抽什么疯呢？"有时我也觉得不好意思，就揍它。被猪看成笨蛋，这是不能忍受的。

　　坦白地说，我自己绝不可能把一车粪推上山——坡道太陡，空手走都有点儿喘。实际上山边上有人在接应：小车推到坡道上，就有人用绳子套住，在前面拉，合两人之力，才能把车弄上山去。这省了我的劲儿，但从另一个角度来说就更笨了。这道理是这样的：这一车粪有一百公斤，我和小车加起来，也快有一百公斤了，为了送一百公斤的粪，饶上我这一百公斤已经很笨，现在又来了一个人，这就不只是一百公斤。刨去做无效功不

算，有效功不过是送上去一些土，其中肥料的成分本属虚无缥缈……好在
这些蠢事猪是看不到的，假如看到的话，不知它会怎么想。土里只要含
有微量它老人家的粪尿，人就要不惜劳力送上高山——它会因此变成自大
狂，甚至提出应该谁吃谁的问题……

　　从任何意义上说，送粪这种工作绝不比从低洼地里提水更有价值。这
种活计本该交给风能去干，犯不着动用宝贵的人体生物能。我总以为，假
如我老家住了些十七世纪的荷兰人，肯定遍山都是缆车、索道——他们就
是那样的人：工程师、经济学家、能工巧匠。至于我老家的乡亲，全是些
勤劳朴实、缺少心计的人。前一种人的生活比较舒服，这是不容争辩的。

　　现在可以说说我是种什么人。在老家时，我和乡亲们相比，显得
更加勤劳朴实、更加少心计。当年我想的是，我得装出很能吃苦的样
子，让村里的贫下中农觉得我是个好人，推荐我去上大学，跳出这个火
坑……顺便说一句，我虽有这种卑鄙的想法，但没有得逞。大学还是我
自己考上的。既然他们没有推荐我，我就可以说几句坦白的话，不算占
了便宜又卖乖。村里的那些活儿，弄得人一会儿腰疼，一会儿腿疼，尤
其是拔麦子，拔得手疼不已，简直和上刑没什么两样——十指连心嘛，
干吗要用它们干这种受罪的事呢？当年我假装很受用，说什么身体在受
罪，思想却变好了，全是昧心话。说良心话就是，身体在受罪，思想也
更坏了，变得更阴险，更奸诈……当年我在老家插队时，共有两种选择：
一种朴实的想法是在村里苦挨下去，将来成为一位可敬的父老乡亲；一
种狡猾的想法就是从村里混出去，自己不当父老乡亲，反过来歌颂父老
乡亲。这种歌颂虽然动听，但多少有点儿虚伪……站在荷兰牧场面前，
我发现还有第三种选择。对于个人来说，这种选择不存在，但对于一个
民族来说，它不仅存在，而且是正途。

高考经历

　　1978年我去考大学。在此之前，我只上过一年中学，还是十二年前上的，中学的功课或者没有学，或者全忘光。家里人劝我说："你毫无基础，最好还是考文科，免得考不上。"但我就是不听，去考了理科，结果考上了。家里人还说："你记忆力好，考文科比较有把握。"我的记忆力是不错，一本很厚的书看过以后，里面每个细节都能记得，但是书里的人名地名年代等等，差不多全都记不得。

　　我对事情实际的一面比较感兴趣：如果你说的是种状态，我马上就能明白是怎样一种情形；如果你说的是种过程，我也马上能理解照你说的，前因如何，后果则会如何。不但能理解，而且能记住。因此，数理化对我来说，还是相对好懂的。最要命的是这类问题：一件事，它有什么样的名分，应该怎样把它纳入名义的体系——或者说，对它该用什么样的提法。众所周知，提法总是要背的。我怕的就是这个。文科的鼻祖孔老夫子说，必也正名乎。我也知道正名重要。但我老觉得把一件事搞懂更重要——我就怕名也正了，言也顺了，事也成了，最后成的是什么事情倒不大明白。我层次很低，也就配去学学理科。

当然，理科也要考一门需要背的课程，这门课几乎要了我的命。我记得当年准备了一道题，叫作十次路线斗争，它完全是我的噩梦。每次斗争都有正确的一方和错误的一方，正确的一方不难回答，错误的一方的代表人物是谁就需要记了。你去问一个基督徒："谁是你的救主？"他马上就能答上来："他是我主耶稣啊！"我的情况也是这样，这说明我是个好人。若问："请答出著名的十大魔鬼是谁？"基督徒未必都能答上来——好人记魔鬼的名字干什么。我也记不住错误路线代表人物的名字，这是因为我不想犯路线错误。但我既然想上大学，就得把这些名字记住。"十次路线斗争"比这里解释得还要难些，因为每次斗争都分别是反左或反右，需要一一记清，弄得我头大如斗。坦白说，临考前一天，我整天举着双手，对着十个手指一一默诵着，总算是记住了所有的左和右。但我光顾了记题上的左右，把真正的左右都忘了，以后总也想不起来。后来在美国开车，我老婆在旁边说往右拐，或者往左拐，我马上就想到了陈独秀或者王明，弯却拐不过来，把车开到了马路牙子上，把保险杠撞坏。后来改为揪耳朵，情况才有好转，保险杠也不坏了——可恨的是，这道题还没考。一门课就把我考成了这样，假如门门都是这样，肯定能把我考得连自己是谁都忘掉。现在回想起来，幸亏我没去考文科——幸亏我还有这么点儿自知之明。如果考了的话，要么考不上，要么被考傻掉。

我当年的"考友"里，有志文科的背功都相当了得。有位仁兄准备功课时是这样的：十冬腊月，他穿着件小棉袄，笼着手在外面溜达，弓着个腰，嘴里念念叨叨，看上去像个跳大神的老太婆。你从旁边经过时，叫住他说："来，考你一考。"他才把手从袖子里掏出来，袖子里还有高考复习材料，他把这东西递给你。不管你问哪道题，他先告诉你答案在第几页，第几自然段，然后就像炒豆一样背起来，在句尾断下来，告诉你这里是逗号还是句号。当然，他背的一个字都不错，连标点都不会错。这位仁兄最后以优异的成绩考进了一所著名的文科大学——对这种背功，我是真心羡慕的。至于我自己，一背东西就困，那种感觉和煤气中毒以后差不太多。跑到外面去挨冻倒是不困，清水鼻涕却要像开闸一样往下流，看起来甚不雅。我觉得，去啃几道数学题倒会好过些。

说到数学，这可是我最没把握的一门课，因为没有学过。其实哪门功课我都没学过，全靠自己瞎琢磨。物理化学还好琢磨，数学可是不能乱猜的。我觉得自己的数学肯定要砸，谁知最后居然还及了格。听说那一年发生了一件怪事：京郊某中学毕业班的学生，数学有人教的，可考试成绩通通是零蛋，连个得 0.5 分的都没有。把卷子调出来一看，都答得满满的，不是白卷。学生说，这门课听不大懂，老师让他们死记硬背来的。不管怎么说吧，也不该都是零分。后来发现，他们的数学老师也在考大学，数学得分也是零。别人知道了这件事都说，这班学生的背功真是了得。不是吹牛，要是我在那个班里，数学肯定得不了零分——老师让我背的东西，我肯定记不住。既然记不住，一分两分总能得到。

科学的美好

　　我原是学理科的，最早学化学。我学得不坏，老师讲的东西我都懂。化学光懂了不成，还要做实验，做实验我就不行了。用移液管移液体，别人都用橡皮球吸液体，我老用嘴去吸——我知道移液管不能用嘴吸，只是橡皮球经常找不着——吸别的还好，有一回我竟去吸浓氨水，好像吸到了陈年的老尿罐里，此后有半个月嗓子哑掉了。做毕业论文时，我做个萃取实验，烧瓶里盛了一大瓶子氯仿，滚滚沸腾着，按说不该往外跑，但我的装置漏气，一会儿就漏个精光。漏掉了我就去领新的，新的一会儿又漏光。一个星期我漏掉了五大瓶氯仿，漏掉的起码有一小半被我吸了进去。这种东西是种麻醉药，我吸进去的氯仿足以醉死十条大蟒。说也奇怪，我居然站着不倒，只是有点儿迷糊。在这种情况下，我还把实验做了出来，证明我的化学课学得蛮好。但是老师和同学一致认为我不适合干化学。尤其和我在一个实验室里做实验的同学更是这样认为，他们也吸进了一些氯仿，远没我吸得多，却都抱怨说头晕。他们还称我为实验室里的人民公敌。我自己也是这样想的，继续干化学，毒死我自己还不要紧，毒死同事就不好了。我对这门科学一直恋恋不舍：学化学的女孩很多，有不少长得很漂亮。

后来我去学数学，在这方面我很有天分。无论是数字运算，还是公式推导，我都像闪电一样快，只是结果不一定全对。人家都说，我做起数学题来像小日本一样疯狂。我们这一代人在银幕上见到的日本人很多，这些人总是头戴战斗帽，挺着刺刀不知死活地冲锋，别人说我做数学题时就是这么个模样。学数学的女孩少，长得也一般。但学这门科学我害不到别人，所以我也很喜欢。有一回考试，我看看试题，觉得很容易，就像刮风一样做完了走人。等分数出来，居然考了全班的最低分。找到老师一问，原来那天的试题分为两部分，一半在试题纸的正面，我看到了，也做了。还有一半在反面，我根本就没看见。我赶紧看看这些没做的题，然后说："这些题目我都会做。"老师说，"知道你会，但是没做也不能给分。"他还说什么"就是要整整你这屁股眼大掉了心的人"。这就是胡说八道了。谁也不能大到了这个地步。一门课学到了要挨整的程度，就不如不学。

我现在既不是化学家，也不是数学家，更不是物理学家。我靠写文章为生，与科技绝缘——只是有时弄弄计算机。这个行当我会的不少，从最低等的汇编语言到最新潮的 C++ 全会写，硬件知识也有一些。但从我自己的利益来看，我还不如一点儿都不会，省得整夜不睡，鼓捣我的电脑，删东加西，最后把整个系统弄垮，手头又没有软件备份。于是，在凌晨五点钟，我在朋友家门前踱来踱去，抽着烟。早起的清洁工都以为我失恋了，这门里住着我失去的恋人，我在表演失魂落魄给她看。其实不是的，电脑死掉了，我什么都干不了，更睡不着觉。好容易等到天大亮了，我就冲进去，向他借软件来恢复系统——瞎扯了这么多，现在言归正传。我要说的是，我和科学没有缘分，但是我爱科学，甚至比真正的科学家还要爱得多些。

正如罗素先生所说，近代以来，科学建立了一种理性的权威——这种权威和以往任何一种权威不同。科学的道理不同于"夫子曰"，也不同于红头文件。科学家发表的结果，不需要凭借自己的身份来要人相信。你可以拿一支笔，一张纸，或者备几件简单的实验器材，马上就可以验证别人的结论。当然，这是一百年前的事。验证最新的科学成果要麻烦得多，但是这种原则一点儿都没有改变。科学和人类其他事业完全不同，它是一种平等的事业。真正的科学没有在中国诞生，这是有原因的。这是因为中国的文化传统里没有平等：从打孔孟到如今，讲的全是尊卑有序。上面说了，拿煤球炉子可以炼钢，你敢说要做实验验证吗？你不敢。炼出牛屎一样的东西，也得闭着眼说是好钢。在这种框架之下，根本就不可能有科学。

科学的美好，还在于它是种自由的事业。它有点儿像它的一个产物互联网（Internet）——谁都没有想建造这样一个全球性的电脑网络，大家只是把各自的网络连通，不知不觉就把它造成了。科学也是这样的，世界上各地的人把自己的发明贡献给了科学，它就诞生了。这就是科学的实质。还有一样东西也是这么诞生的，那就是市场经济。做生意的方法，你发明一些，我发明一些，慢慢地形成了现在这个东西，你看它不怎么样，但它还无可替代。一种自由发展而成的事业，总是比个人能想出来的强大得多。参与自由的事业，像做自由的人一样，令人神往。当然，扯到这里就离了题。现在总听到有人说，要有个某某学，或者说，我们要创建有民族风格的某某学，仿佛经他这么一规划、一呼吁，在他画出的框子里就会冒出一种真正的科学。老母鸡"咯咯"地叫一阵，挣红了脸，就能生一个蛋，但科学不会这样产生。人会情绪激动，又会爱慕虚荣。科学没有这些毛病，对人的这些毛病，它也不予回应。最重要的是，科学就是它自己，不在任何人的管辖之内。

　　对于科学的好处，我已经费尽心机阐述了一番，当然不可能说得全面。其实我最想说的是，科学是人创造的事业，但它比人类本身更为美好。我的老师说过，科学对中国人来说，是种外来的东西，所以我们对它的理解，有过种种偏差：始则惊为洪水猛兽，继而当巫术去理解，再后来把它看作一种宗教，拜倒在它的面前。他说这些理解都是不对的，科学是个不断学习的过程。我老师说得很对。我能补充的只是，除了学习科学已有的内容，还要学习它所有、我们所无的素质。我现在不学科学了，但我始终在学习这些素质。这就是说，人要爱平等、爱自由，人类开创的一切事业中，科学最有成就，就是因为有这两样做根基。对个人而言，没有这两样东西，不仅谈不上成就，而且会活得像一只猪。比这还重要的只有一样，就是要爱智慧。无论是个人，还是民族，做聪明人才有前途，当笨蛋肯定是要倒霉。大概是在一年多以前吧，我写了篇小文章讨论这个问题，论证人爱智慧比当笨蛋好些。结果冒出一位先生把我臭骂一顿，还说我不爱国——真是好没来由！我只是论证一番，又没强逼着你当聪明人。你爱当笨蛋就去当吧，你有这个权利。

我怎样做青年的思想工作

我有个外甥，天资聪明，虽然不甚用功，也考进了清华大学——对这件事，我是从他母系的血缘上来解释的，作为他的舅舅之一，我就极聪明。这孩子爱好摇滚音乐，白天上课，晚上弹吉他唱歌，还聚了几个同好，自称是在"排演"，但使邻居感到悲愤。这主要是因为他的吉他上有一种名为噪声发生器的设备，可以弹出砸碎铁锅的声音。要说清华的功课，可不是闹着玩的，每逢考期临近，他就要熬夜突击准备功课，这样一来就找不着时间睡觉。几个学期下来，眼见得尖嘴猴腮，两眼乌青，瘦得可以飘起来。他还想毕业后以摇滚音乐为生。不要说他父母觉得灾祸临门，连我都觉得玩摇滚很难成立为一种可行的生活方式——除非他学会喝风屙烟的本领。

作为摇滚青年，我外甥也许能找到个在酒吧里周末弹唱的机会，但也挣不着什么钱；假如吵着了酒吧的邻居，或者遇到了要"整顿"什么的，还有可能被请去蹲派出所——这种事我听说过。此类青年常在派出所的墙根下蹲成一排，状如在公厕里，和警察同志做轻松之调侃。当然，最后还要家长把他们领出来。这孩子的父母，也就是我的姐姐、姐夫，对这种前景深感忧虑，他们是体面人，丢不起这个脸。所以长辈们常要说他几句，但他不肯听。最不幸的是，我竟是他的楷模之一。我可没蹲过派出所，只不过是个自由撰稿人，但不知为什么，他觉得我的职业和摇滚青年有近似之处，口口声声竟说："舅舅可以理解我！"因为这个缘故，不管我愿意不愿意，我都要负起责任，劝我外甥别做摇滚乐手，按他所学的专业去做电气工程师。虽然在家族之内，这事也属思想工作之类。按说该从理想、道德谈起，但因为在甥舅之间，就可以免掉，径直进入主题："小子，你爸你妈养你不容易。好好把书念完，找个正经工作吧，别让他们操心啦。"回答当然是，他想这样做，但办不到。他热爱自己的音乐。我说："有爱好，这很好。你先挣些钱来把自己养住，再去爱好不迟。摇滚音乐我也不懂，就听过一个《一无所有》。歌是蛮好听的，但就这题目而论，好像不是一种快乐的生活。"我外甥马上接上来道："舅舅，何必要快乐呢？痛苦是灵感的源泉哪。前人不是说，没有痛苦，叫什么诗人？"——我记得这是莱蒙托夫的诗句。连这话他都知道，事情看来很有点儿不妙……

痛苦是艺术的源泉，这似乎无法辩驳。在舞台上，人们唱的是《黄土高坡》《一无所有》，在银幕上，看到的是《老井》《菊豆》《秋菊打官司》。不但中国，外国也是如此，就说音乐吧，柴可夫斯基《如歌的行板》是千古绝唱，据说素材是俄罗斯民歌《小伊万》，那也是人民痛苦的心声。美国女歌星玛瑞·凯瑞，以黑人灵歌的风格演唱，这可是当年黑奴们唱的歌……照此看来，我外甥决心选择一种痛苦的生活方式，以此净化灵魂，达到艺术的高峰，该是正确的了。但我偏说他不正确，因为他是我外甥，我对我姐姐总要有个交代。因此我说："不错，痛苦是艺术的源泉，但也不必是你的痛苦，……柴可夫斯基自己可不是小伊万；玛瑞·凯瑞也没在南方的种植园里收过棉花；唱《黄土高坡》的都打扮得珠光宝气；演秋菊的卸了妆一点儿都不悲惨，她有的是钱，……听说她还想嫁个大款。这种种事实说明了一个真理：别人的痛苦才是你艺术的源泉。而你去受苦，只会成为别人的艺术源泉。"因为我外甥是个聪明孩子，他马上就想到了，虽然开掘出艺术的源泉，却不是自己的，这不合算——虽然我自己并不真这么想，但我把外甥说服了。他同意好好念书，毕业以后不搞摇滚，进公司去挣大钱。

取得了这个成功之后，这几天我正在飘飘然，觉得有了一技之长。谁家有不听话的孩子都可以交给我说服，我也准备收点儿费，除写作之外，开辟个第二职业——职业思想工作者。但本文的目的不是吹嘘我有这种本领，给自己做广告，而是要说明，思想工作有各种各样的做法。本文所示就是其中的一种：把正面说服和黑色幽默结合起来，马上就开辟了一片新天地……

我看老三届

　　我也是"老三届"，本来该念书的年龄，我却到云南挖坑去了。这件事对我有害，尚在其次，还惹得父母为此而忧虑。有人说，知青的父母都要因儿女而减寿，我家的情况就是如此。做父母的总想庇护未成年的儿女，在特殊年代里，无力庇护，就代之以忧虑。身为人子，我为此感到内疚，尤其是先父去世后更是如此。当然，细想起来，罪不在我，但是感情总不能自已。

　　在上山下乡运动中，两千万知青境遇不同，有人感觉好些，有人感觉坏些。讨论整个"老三届"现象，就该把个人感情撇除在外，有颗平常心。"老三届"的人对此会缺少平常心，这是可以理解的。从历史的角度来看，这件事极不寻常。怎么就落在我们身上，这真叫活见鬼了。人生在什么国度，赶上什么样的年月，都不由自己来决定。所以这件事说到底，还是造化弄人。

　　上山下乡是件大坏事，对我们全体"老三届"来说，它还是一场飞来的横祸。当然，有个别人可能会从横祸中得益，举例来说，这种特殊的经历可能会有益于写作，但整个事件的性质不可因此混淆。我们知道，有些盲人眼睛并没有坏，是脑子里的病，假如脑袋受到重击就可能复明。假设有这样一位盲人扶杖爬上楼梯，有个不良少年为了满足自己无聊的幽默感，把他一脚踢了下去，这位盲人因此复了明，但盲人滚下楼梯依然是件惨痛的事。尤其是踢盲人下楼者当然是个下流子，绝不能因为该盲人复明就被看成是好人。这是一种简单的逻辑，大意是说，坏事就是坏事，好事就是好事，让我们先言尽于此。至于坏事可不可以变成好事，已经是另一个问题了。

我有一位老师，有先天的残疾，生下来时手心朝下，脚心朝上，不管自己怎么努力，都不能改变手脚的姿态。后来他到美国，在手术台上被人大卸八块又装了起来，勉强可以行走，但又多了些后遗症。他向我坦白说，对自己的这个残疾，他一直没有平常心："我在娘胎里没做过坏事，怎么就这样被生了下来？"后来大夫告诉他说，这种病有六百万分之一的发生几率，换言之，他中了个一比六百万的大彩。我老师就此恢复了平常心。他说："所谓造化弄人，不过如此而已。这个彩我认了。"他老人家在学术上有极大的成就，客观地说，和残疾是有一点儿关系的，因为别人玩时他总在用功。但我没听他说过："谢天谢地，我得了这种病！"总而言之，在这件事上他是真正地有了平常心。顺便说一句，他从没有坐着轮椅上台"讲用"。我觉得这样较好。对残疾人的最大尊重，就是不把他当残疾人。

坦白地说，身为"老三届"，我也有没有平常心的时候，那就是在云南挖坑时。当时我心里想："妈的！比我们大的可以上大学，我们就该修理地球？真是不公平！"这是一类想法。这个想法后来演变成："比我们小的也直接上大学，就我们非得先挖坑后上学，真他妈的不公平。"另一类想法是："我将来要当作家，吃些苦可能是大好事。陀思妥耶夫斯基还上过绞首台哪。"这个想法后来演变成："现在的年轻人没吃苦，也当不了作家。"这两种想法搅在一起，会使人彻底糊涂。现在我出了几本书，但我以为，后一种想法是没有道理的。假定此说是有理的，想当作家的人就该时常把自己吊起来，想当历史学家的人就该学太史公去掉自己的男根，想当音乐家的人就该买个风镐回家把自己震聋，以便像贝多芬，想当画家的人就该割去自己的耳朵，混充凡·高。什么都想当的人就得把什么都去掉，像个梆子，听起来就不是个道理。总的来说，任何"老三届"优越的理论都没有平常心。当然，我也反对任何"老三届"恶劣的说法。"老三届"正在壮年，耳朵和男根齐备，为什么就不如人？在身为"老三届"这件事上，我也有了平常心："不就是荒废了十年学业吗？这个彩老子也认了。现在不过四十来岁，还可以努力嘛。"

现在来谈谈那种坏事可以变好事，好事也可以变坏事的说法。它来源于伟人，在伟大的头脑里是好的，但到了寻常人的头脑里就不起好作用，有时弄得人好赖不知，香臭不知。对我来说，好就是好，坏就是坏，这个逻辑很够用。人生在世，会遇到一些好事，还会遇上些坏事。好事我承受得起，坏事也承受得住。就这样坦荡荡做个寻常人也不坏。

本文是对《中国青年研究》第四期上彭泗清先生文章的回应。坦白地说，我对彭先生的文章不满，起先是因为他说了"老三届"的坏话。在我看来，"老三届"现象、"老三届"情结，是我们这茬人没有平常心造成的。人既然不是机器，偶尔失去平衡，应该是可以原谅的。但是仔细想来，"文革"过了快二十年了，人也不能总是没有平常心哪，"老三届"文人的一些自我吹嘘的言论，连我看着都肉麻。让我们先言尽于此：对于彭先生所举"老三届"心态的种种肉麻之处，我是同意的。

然后再说说我对彭先生的不满之处。彭先生对"老三届"的看法是否定的，对此我倒不想争辩，想争的是他讲出的那一番道理。他说"老三届"

有种种特殊遭遇，所以他们是些特殊的人；这种特殊的人不怎么高明——
这是一种特别糟糕的论调。翻过来，说这种特殊的人特别好，也同样的糟。
这个论域貌似属于科学，其实属于伦理，它还是一切法西斯和偏执狂的策
源地。我老师生出来时脚心朝上，但假如说的不是身体而是心智，就不能
说他特殊。"老三届"的遭遇是特别，但我看他们也是些寻常人。对黑人、
少数民族、女人，都该做如是观。罗素先生曾说，真正的伦理原则把人人
同等看待。我以为这个原则是说，当语及他人时，首先该把他当个寻常人，
然后再论他的善恶是非。这不是尊重他，而是尊重"那人"，从最深的意
义上说，更是尊重自己——所有的人毕竟属同一物种。人的成就、过失、
美德和陋习，都不该用他的特殊来解释。You are special①，这句话只适于
对爱人讲。假如不是这么用，也很肉麻。

---

① 意为"你很特别"。

我为什么要写作

有人问一位登山家为什么要去登山——谁都知道登山这件事既危险，又没什么实际的好处，他回答道："因为那座山峰在那里。"我喜欢这个答案，因为里面包含着幽默感——明明是自己想要登山，偏说是山在那里使他心里痒痒。除此之外，我还喜欢这位登山家干的事，没来由地往悬崖上爬。它会导致肌肉疼痛，还要冒摔出脑子的危险，所以一般人尽量避免爬山。从热力学的角度来看，这是个减熵现象，极为少见。这是因为人总是趋利避害，热力学上把自发现象叫作熵增现象，所以趋害避利肯定减熵。

现在把登山和写作相提并论，势必要招致反对。这是因为最近十年来中国有过小说热、诗歌热、文化热，无论哪一种热都会导致大量的人投身写作，别人常把我看成此类人士中的一个，并且告诫我说，现在都是什么年月了，你还写小说（言下之意是眼下是经商热，我该下海去经商了）？但是我的情形不一样。前三种热发生时，我正在美国念书，丝毫没有受到感染。

我们家的家训是不准孩子学文科,一律去学理工。因为这些缘故,立志写作在我身上是个不折不扣的减熵过程。我到现在也弄不明白自己为什么要干这件事,除了它是个减熵过程这一点。

有关我立志写作是个减熵过程,还有进一步解释的必要。写作是个笼统的字眼,还要看写什么东西。写畅销小说、爱情小诗等热门东西,应该列入熵增过程之列。我写的东西一点儿不热门,不但挣不了钱,有时还要倒贴一些。严肃作家的"严肃"二字,就该做如此理解。据我所知,这世界上有名的严肃作家,大多是凑合过日子,没名的大概连凑合也算不上。这样说明了以后,大家都能明白我确实在一个减熵过程中。

我父亲不让我们学文科,理由显而易见。在我们成长的时代里,老舍跳了太平湖,胡风关了监狱,王实味被枪毙了。以前还有金圣叹砍脑壳等实例。当然,他老人家也是屋内饮酒,门外劝水的人,自己也是个文科的教授,但是他坦白地承认自己择术不正,不足为训。我们兄弟姐妹五个就此全学了理工科,只有我哥哥例外。考虑到我父亲脾气暴躁、吼声如雷,你得说这种选择是个熵增过程。而我哥哥那个例外是这么发生的:七八年考大学时,我哥哥是北京木城涧煤矿最强壮的青年矿工,吼起来比我爸爸音量还要大。无论是动手揍他,还是朝他吼叫,我爸爸自己都挺不好意思,所以就任凭他去学了哲学,在逻辑学界的泰斗沈有鼎先生的门下当了研究生。考虑到符号逻辑是个极专门的学科(这是从外行人看不懂逻辑文章来说),它和理工科差不太多的。从以上的叙述,你可以弄明白我父亲的意思。他希望我们每个人都学一种外行人弄不懂而又是有功世道的专业,平平安安地度过一生。我父亲一生坎坷,他又最爱我们,这样的安排在他看来最自然不过。

我自己的情形是这样的,从小到大,身体不算强壮,吼起来音量也不够大,所以一直本分为人。尽管如此,我身上总有一股要写小说的危险情绪。插队的时候，我遇上一个很坏的家伙（他还是我们的领导，属于在我们这个社会里少数坏干部之列），我就编了一个故事，描写他从尾骨开始一寸寸变成了一头驴，并且把它写了出来，以泄心头之愤。后来读了一些书，发现卡夫卡也写了个类似的故事，搞得我很不好意思。还有一个故事，女主人公长了蝙蝠的翅膀，并且头发是绿色的，生活在水下。这些二十岁前的作品我都烧掉了。在此一提是要说明这种危险倾向的由来。后来我一直抑制着这种倾向，念完了本科，到美国去留学。我哥哥也念完了硕士，也到美国去留学。我在那边又开始写小说，这种危险的倾向再也不能抑制了。

　　在美国时，我父亲去世了。回想他让我们读理科的事，觉得和美国发生的事不是一个逻辑。这让我想起了苏联元帅图哈切夫斯基对大音乐家肖斯塔科维奇说的话来："我小的时候，很有音乐天才。只可惜我父亲没钱给我买把小提琴！假如有了那把小提琴，我现在就坐在你的乐池里。"这段话乍看不明其意，需要我提示一句，这次对话发生在苏联的三十年代，说完了没多久，图元帅就一命呜呼了。那年头专毙元帅将军，不大毙小提琴手。"文化革命"里跳楼上吊的却是文人居多。我父亲在世时，一心一意地要给我们每人都弄把小提琴。这把小提琴就是理工农医任一门，只有文科不在其内，这和美国发生的事不一样，但是结论还是同一个——我该去干点儿别的，不该写小说。

　　有关美国的一切，可以用一句话来描述：American's business is business，这句话的意思就是说，那个国家永远是在经商热中，而且永远是1000度的白热。所以你要是看了前文之后以为那里有某种气氛会有助于人立志写作，就错了。连我哥哥到了那里都后悔了，觉得不该学逻辑，应当学商科或者计算机。虽然他依旧无限仰慕罗素先生的为人，并且竭其心力证明了一项几十年未证出的逻辑定理，但是看到有钱人豪华的住房，也免不了唠叨几句他对妻儿的责任。

在美国有很强大的力量促使人去挣钱，比方说洋房，有些只有一片小草坪，有的有几百亩草坪，有的有几千亩草坪，所以仅就住房一项，就能产生无穷无尽的挣钱的动力。再比方说汽车，有无穷的档次和价格。你要是真有钱，可以考虑把肯尼迪遇刺时坐的汽车买来坐。还有人买下了苏联的战斗机，驾着飞上天。在那个社会里，没有人受得了自己的孩子对同伴说："我爸爸穷。"我要是有孩子，现在也准在那里挣钱。而写书在那里也不是个挣钱的行当，不信你到美国书店里看看，各种各样的书胀了架子，和超级市场里陈列的卫生纸一样多——假如有人出售苦心孤诣一页页写出的卫生纸，肯定不是好行当。除此之外，还有好多人的书没有上架，窝在他自己的家里。我没有孩子，也不准备要。作为中国人，我是个极少见的现象。但是人有一张脸，树有一张皮，别人都有钱挣，自己却在干可疑的勾当，脸面上也过不去。

在美国时，有一次和一位华人教授聊天，他说他的女儿很有出息，放着哈佛大学人类学系奖学金不要，自费去念一般大学的 law school，如此反潮流，真不愧是书香门第。其实这是舍小利而趋大利，受小害而避大害。不信你去问问律师挣多少钱，人类学家又挣多少钱。和我聊天的这位教授是个大学问家，特立独行之辈，一谈到了儿女，好像也不大特立独行了。

说完了美国、苏联，就该谈谈我自己。到现在为止，我写了八年小说，也出了几本书，但是大家没怎么看到。除此之外，我还常收到谩骂性的退稿信，这时我总善意地想，写信的人准是在领导那里挨了骂，找我撒气。提起王小波，大家准会想到宋朝在四川拉杆子的那一位，想不到我身上。我还在减熵过程中。顺便说一句，人类的存在，文明的发展就是个减熵过程，但这是说人类，具体说到自己，我的行为依旧无法解释。再顺便说一句，处于减熵过程中的，绝不只是我一个人。在美国，我遇上过支起摊来卖托洛茨基、格瓦拉、毛主席等人的书的家伙，我要和他说话，他先问我怕不怕联邦调查局——别的例子还很多。在这些人身上，你就看不到水往低处流、苹果掉下地、狼把兔子吃掉这一宏大的过程，看到的现象相当于水往山上流、苹果飞上天、兔子吃掉狼。我还可以说，光有熵增现象不成。举例言之，大家都顺着一个自然的方向往下溜，最后准会在个低洼的地方会齐，挤在一起像粪缸里的蛆。但是这也不能解释我的行为。我的行为是不能解释的，假如你把熵增现象看成金科玉律的话。

当然，如果硬要我用一句话直截了当地回答这个问题，那就是，我相信我自己有文学才能，我应该做这件事。但是这句话正如一个嫌疑犯说自己没杀人一样不可信。所以信不信由你吧。

用一生来学习艺术

我念过文科，也念过理科。在课堂上听老师提到艺术这个词，还是理科的老师次数更多：化学老师说，做实验有实验艺术。计算机老师说，编程序有编程艺术。老师们说，怎么做对是科学，怎么做好则是艺术；前者有判断真伪的法则，后者则没有；艺术的真谛就是要叫人感到好，甚至是完美无缺。传授科学知识就是告诉你这些法则，而艺术的修养是无法传授的，只能够潜移默化。这些都是理科老师教给我的，我觉得比文科老师讲得好。

没有科学知识的人比有科学知识的人更容易犯错误，但没有艺术修养的人就没有这个缺点，他还有容易满足的好处。假如一个社会里，人们一点儿文学修养都没有，那么任何作品都会使他们满意。举个例子说，美国人是不怎么读文学书的，一部《廊桥遗梦》就可以使他们如痴如狂。相反，假如在某个国家里，欣赏文学作品是他们的生活方式，那就只有最好的作品才能使他们得到满足。我想，法国最有资格算作这类国家。一部《情人》曾使法国为之轰动。大家都知道，这本书的作者是刚去世不久的杜拉斯。这本书有四个中文译本，其中最好的当属王道乾先生的译本。我总觉得读过了《情人》，就算知道了现代小说艺术；读过道乾先生的译笔，就算知道什么是现代中国的文学语言了。

有位作家朋友对我说，她很喜欢《情人》那种自由的叙事风格。她以为《情人》是信笔写来的，是自由发挥的结果。我的看法则相反，我认为这篇小说的每一个段落都经过精心的安排。第一次读时，你会感到极大的震撼，但再带着挑剔的眼光重读几遍，就会发现没有一段的安排经不起推敲。从全书第一句"我已经老了"，给人带来无限的沧桑感开始，到结尾的一句"他说他爱她将一直爱到他死"，带来绝望的悲凉终，感情的变化都在准确的控制之下。叙事没有按时空的顺序展开，但有另一种逻辑作为线索，这种逻辑我把它叫作艺术——这种写法本身就是种无与伦比的创造。我对这件事很有把握，是因为我也这样写过：把小说的文件调入电脑，反复调动每一个段落，假如原来的小说足够好的话，就逐渐能找到这种线索；花上比写原稿多三到五倍的时间，就能得到一篇新小说，比旧的好得没法比。事实上，《情人》也确实是这样改过，一直改到改不动，才交给出版社。《情人》这种现代经典与以往小说的不同之处，在于它需要更多的心血。我的作家朋友听了以后感觉有点儿泄气：这么写一本书，也不见得能多赚稿费，不是亏了吗？但我以为，我们一点儿都不亏。现在世界上已经有了杜拉斯，有了《情人》，这位作家和她的作品给我们一个范本，再写起来已经容易多了。假如没有范本，让你凭空去创造这样一种写法，那才是最困难的事：六七十年代，法国有一批新小说作家，立意要改变小说的写法，作品也算是好看，但和《情人》是没法比的。有了这样的小说，阅读才不算是过时的陋习——任凭你有宽银幕、环绕立体声，看电影的感觉终归不能和读这样的小说相比。

译《情人》的王道乾先生已经在前几年逝世了。虽然没见过面，但他是我真正尊敬的前辈。我知道他原是位诗人，四十年代末曾到法国留学，后来回来参加祖国建设，一生坎坷，晚年搞起了翻译。他的作品我只读过《情人》，但已使我终身受益。另一篇使我终身受益的作品是查良铮（穆旦）先生译的《青铜骑士》。从他们那里我知道了一个简单的真理：文字是用来读的，不是用来看的。看起来黑压压的一片，都是方块字，念起来就大不相同。诗不光是押韵，还有韵律；散文也有节奏的快慢，或低沉压抑，沉痛无比，或如黄钟大吕，回肠荡气：这才是文字的筋骨所在。实际上，世界上每一种文学语言都有这种筋骨，当年我在美国留学，向一位老太太学英文，她告诉我说，不读莎士比亚，不背弥尔顿，就根本不配写英文——当然，我不会背弥尔顿，是不配写英文的了，但中文该怎么写，始终是个问题。

古诗是讲平仄的，古文也有韵律，但现在写这种东西就是发疯；假如用白话来写，用哪种白话都是问题。张爱玲晚年执意要写苏白，她觉得苏白好听。这种想法不能说没有道理，但文章里的那些字我都不知该怎么念。现在作家里用北方方言写作的很多，凭良心说，效果是很糟心的。我看到过的一种最古怪的主意，是钱玄同出的，他建议大家写《儒林外史》那样的官话。幸亏没人听，否则会把大家都写成迂夫子的。这样一扯就扯远了。这个问题现在已经解决了，我们已经有了一种字正腔圆的文学语言，用它可以写最好的诗和最好的小说，那就是道乾先生、穆旦先生所用的语言。不信你去找本《情人》或是《青铜骑士》念上几遍，就会信服我的说法。

本文的主旨是怀念那些已经逝去的前辈，却从科学和艺术的区别谈起。我把杜拉斯、道乾先生、穆旦先生看作我的老师，但这些老师和教我数学的老师是不同的——前者给我的是一些潜移默化，后者则教给我一些法则。在这个世界上，前一种东西更难得到。除此之外，比之科学，艺术更能使人幸福，因为这些缘故，文学前辈也是我更爱的人。

　　以上所述，基本上是我在文学上所知道的一切。我没有读过大学的中文系，所以孤陋寡闻，但我以为，人活在世上，不必什么都知道，只知道最好的就够了。为了我知道的这些，我要感谢杜拉斯，感谢王道乾和穆旦——他们是我真正敬爱的人。

我的精神家园

　　我十三岁时，常到我爸爸的书柜里偷书看。那时候政治气氛紧张，他把所有不宜摆在外面的书都锁了起来，在那个柜子里，有奥维德的《变形记》，朱生豪译的莎翁戏剧，甚至还有《十日谈》。柜子是锁着的，但我哥哥有捅开它的方法。他还有说服我去火中取栗的办法："你小，身体也单薄，我看爸爸不好意思揍你。"但实际上，在揍我这个问题上，我爸爸显得不够绅士派，我的手脚也不太灵活，总给他这种机会。总而言之，偷出书来两人看，挨揍则是我一人挨，就这样看了一些书，虽然很吃亏，但我也不后悔。

　　看过了《变形记》，我对古希腊着了迷。我哥哥还告诉我说，古希腊有一种哲人，穿着宽松的袍子走来走去。有一天，有一位哲人去看朋友，见他不在，就要过一块涂蜡的木板，在上面随意挥洒，画了一条曲线，交给朋友的家人，自己回家去了。

　　那位朋友回家，看到那块木板，为曲线的优美所折服，连忙埋伏在哲人家左近，待他出门时闯进去，要过一块木板，精

心画上一条曲线……当然，这故事余下的部分就很容易猜了：哲人回了家，看到朋友留下的木板，又取一块蜡版，把自己的全部心胸画在一条曲线里，送给朋友去看，使他真正折服。现在我想，这个故事是我哥哥编的，但当时我还认真地想了一阵，终于傻呵呵地说道："这多好啊。"时隔三十年回想起来，我并不羞愧。井底之蛙也拥有一片天空，十三岁的孩子也可以有一片精神家园。此外，人有兄长是好的。虽然我对国家的计划生育政策也无异议。

长大以后，我才知道科学和艺术是怎样的事业。我哥哥后来是已故逻辑学大师沈有鼎先生的弟子，我则学了理科，还在一起讲过真伪之分的心得、对热力学的体会，但这已是我二十多岁时的事。再大一些，我到国外去旅行，在剑桥看到过使牛顿体会到万有引力的苹果树，拜伦拐着腿跳下去游水的"拜伦塘"，但我总在回想幼时遥望人类智慧星空时的情景。千万丈的大厦总要有块奠基石，最初的爱好无可替代。所有的智者、诗人，也许都体验过儿童对着星光感悟的一瞬。我总觉得，这种爱好对一个人来说，就如性爱一样，是不可少的。

我时常回到童年，用一片童心来思考问题，很多烦难的问题就变得易解。人活着当然要做一番事业，而且是人文的事业，就如有一条路要走，假如是有位老学究式的人物，手执教鞭戒尺打着你走，那就不是走一条路，而是背一本宗谱。我听说苏联就是这么教小孩子的：要背全本的普希金、半本莱蒙托夫，还要记住俄罗斯是大象的故乡（肖斯塔科维奇在回忆录里说了很多）。我们这里是怎样教孩子的，我就不说了，以免得罪师长。我很怀疑会背宗谱就算有了精神家园，但我也不想说服谁。安徒生写过《光荣的荆棘路》，他说人文的事业就是一片着火的荆棘，智者仁人就在火里走着。当然，他是把尘世的嚣嚣都考虑在内了，我觉得用不着想那么多。用宁静的童心来看，这条路是这样的：它在两条竹篱笆之中。篱笆上开满了紫色的牵牛花，在每个花蕊上，都落了一只蓝蜻蜓。这样说固然有煽情之嫌，但想要说服安徒生，就要用这样的语言。维特根斯坦临终时说："告诉他们，我度过了美好的一生。"这句话给人的感觉就是：他从牵牛花丛中走过来了。虽然我对他的事业一窍不通，但我觉得他和我是一头儿的。

我不大能领会下列说法的深奥之处：要重建精神家园，恢复人文精神，就要灭掉一切俗人——其中首先要灭的，就是风头正健的俗人。假如说，读者兜里的钱是有数的，买了别人的书，就没钱来买我的书，所以要灭掉别人，这个我倒能理解，但上述说法不见得有如此之深奥。假如真有这么深奥，我也不赞成——我们应该像商人一样，严守诚实原则，反对不正当的竞争。让我的想法和作品成为嚣嚣尘世的正宗，这个念头我没有，也不敢有。既然如此，就必须解释我写文章（包括这篇文章）的动机。坦白地说，我也解释不大清楚，只能说：假如我今天死掉，恐怕就不能像维特根斯坦一样说道："我度过了美好的一生"；也不能像司汤达一样说："活过，爱过，写过"。我很怕落到什么都说不出的结果，所以正在努力工作。

关于"媚雅"

　　前不久在报纸上看到一篇文章，谈到有关"媚俗"与"媚雅"的问题。作者认为，米兰·昆德拉用出来一个词儿，叫作"媚俗"，是指艺术家为了取悦大众，放弃了艺术的格调。他还说，我们国内有些小玩闹造出个新词"媚雅"，简直不知是什么意思。这个词的意思我倒知道，是指大众受到某些人的蛊惑或者误导，一味追求艺术的格调，也不问问自己是不是消受得了。在这方面我有些经验，都与欣赏音乐有关。高雅音乐格调很高，大概没有疑问。我自己在音乐方面品味很低，乡村音乐还能听得住，再高就受不了。

　　大约十年前，我在美国，有一次到波士顿去看个朋友。当时正是盛夏，为了躲塞车，我天不亮就驾车出发，天傍黑时到，找到了朋友，此时他正要出门。他说，离他家不远有个教堂，每晚里面都有免费的高雅音乐会，让我陪他去听。说实在的，我不想去，就推托道："听高雅音乐要西装革履，正襟危坐。我开了一天的车，疲惫不堪，就算了吧。"但是他说："这个音乐会比较随便，属大学音乐系师生排演的性质。你进去以后只要不打瞌睡、不中途退场就可。"我就去了，到了门口才知道是演奏布鲁克纳的两首交响曲。我的朋友还拉我在第一排正中就座，听这两首曲子——在这里坐着，连打呵欠的机会都没有了。我觉得这两首曲子没咸没淡、没油没盐，演奏员在胡吹、胡拉，指挥先生在胡比画，整个感觉和晕船相仿。天可怜见，我开了十几个小时的车，坐在又热又闷的教堂里，只要头沾着点儿东西，马上就能睡着，但还强撑着，把眼睛瞪得滚圆，从七点撑到了九点半！中间有一段我真恨不能一头碰死算了……布鲁克纳那厮这两首鸟曲，真是没劲透了！

如前所述，我在古典音乐方面没有修养，所以没有发言权。可能人家布鲁克纳音乐的春风是好的，不入我这俗人的驴耳。但我总觉得，就算是高雅的艺术，也有功力、水平之分，不可以一概而论。总不能一入了高雅的门槛就是无条件的好——如此立论，就是媚雅了。人可以抱定了媚雅的态度，但你的感官马上就有不同意见，给你些罪受……

下一个例子我比较有把握——不是我俗，而是表演高雅音乐的人水平低所致。这回是听巴赫的合唱曲，对曲子我没有意见，这可不是崇拜巴赫的大名，是我自己听出来的。这回我对合唱队有点儿意见。此事的起因是我老婆教了个中文班，班上有个学生是匹兹堡市业余乐团的圆号手，邀我们去听彩排，我们就去了。虽不是正式演出，作为观众却不能马虎，因为根本就没有几个观众。所以我认真打扮起来——穿上三件套的西服。那件衣服的马甲有点儿瘦，但我老婆说，瘦衣服穿起来精神，所以我把吃牛肉吃胀的肚腩强箍了下去，导致自己的横膈膜上升了一寸，有点儿透不过气来。就这样来到音乐学院的小礼堂，在前排正中入座。等到幕启，见到合唱队，我就觉得出了误会：合唱队正中站了一位极熟的老太太。我在好几个课里和她同学——此人没有八十，也有七十五——我记得她是受了美国政府一项"老年人重返课堂"项目的资助，书念得不好，但教授总让她及格，我对此倒也没有什么意见。看来她又在音乐系混了一门课，和同学一起来演唱。很不幸的是，人老了，念书的器官会退化，歌唱的器官更会退化，这歌大概也唱不好。但既然来了，就冲这位熟识的老人，也得把这个音乐会听好——我们是有这种媚雅的决心的。说句良心话，业余乐团的水平是可以的，起码没走调，合唱队里领唱的先生水平也很高。及至轮到女声部开唱，那位熟识的老太太按西洋唱法的要求把嘴张圆，放声高歌"亚美路亚"，才半声，眼见得她的假牙就从口中飞了出来，在空中一张一合，做要咬人状，飞过了乐池，飞过我们头顶，落向脑后第三排。耳听得"亚美路亚"变成了一声"噗"！在此庄重的场合，唱着颂圣的歌曲，虽然没假牙口不关风，老太太也不便立即退场，瘪着嘴假作歌唱，其状十分古怪……请相信，我坐在那里很严肃地把这一幕听完了，才微笑着鼓掌。所有狂野粗俗的笑都被我咽到肚子里，结果把内脏都震成了碎片。此后三个月，经常咳出一片肺或是一片肝。但因为当时年轻，身体好，居然也没死。笔者行文至此，就拟结束。我的结论是，媚雅这件事是有的，而且对俗人来说，有更大的害处。

从Internet说起

　　我的电脑还没联网，也想过要和 Internet 联上。据说，网上黄毒泛滥，还有些反动的东西在传播，这些说法把我吓住了。前些时候有人建议对网络加以限制，我很赞成。说实在的，哪能容许信息自由地传播。但假如我对这件事还有点儿了解，我要说，除了一剪子剪掉，没有什么限制的方法。那东西太快，太邪门了。现代社会信息爆炸，想要审查太困难，不如禁止方便。假如我做生意，或者搞科技，没有网络会有些困难。但我何必为商人、工程师们操心？在信息高速网上，海量的信息在流动。但是我，一个爬格子的，不知道它们也能行。所以，把 Internet 剪掉吧，省得我听了心烦。

　　Internet 是传输信息的工具。还有处理信息的工具，就是各种个人电脑。你想想看，没有电脑，有网也接不上。再说，磁盘、光盘也足以贩黄。必须禁掉电脑，这才是治本。这回我可有点儿舍不得——大约十年前，我就买了一台个人电脑，到现在换到了第五台。花钱不说，还下了很多工夫，现在用的软件都是我自己写的。我用它写文章，做科学工作：算题，做统计——顺便说一句，用电脑来做统计是种幸福，没有电脑，统计工作是种巨大的痛苦。但是它不学好，贩起黄毒来了，这可是它自己作死，别人救不了它。看在十年老交情上，我为它说几句好话。早期的电脑是无害的。那种空调机似的庞然大物算起题来嘎嘎作响，没有能力演示黄毒。后来的486、586才是有罪的，这些机器硬件能力突飞猛进，既能干好事，也能干坏事，把它禁了吧……但现在要买过时的电脑，不一定能买到。为此，可以要求IBM给我们重开生产线，制造早期的PC机。洋鬼子听了瞪眼，说："你们是不是有毛病？"回答应该是："我们没毛病，你才有毛病——"但要防止他把我们的商务代表送进疯人院。当然，如果决定了禁掉一切电脑，我也能对付。我可以用纸笔写作，要算统计时就打算盘。不会打算盘的可以捡冰棍棍儿计数——满地捡棍儿是有点儿难看，但是——谢天谢地，我现在很少做统计了。

除了电脑，电影电视也在散布不良信息。在这方面，我的态度是坚定的：我赞成严加管理。首先，外国的影视作品与国情不符，应该通通禁掉。其次，国内的影视从业人员良莠不齐，做出的作品也多有不好的……我是写小说的，与影视无缘，只不过是挣点儿小钱。王朔、冯小刚，还有大批的影星们，学历都不如我，搞出的东西我也看不入眼，但他们可都发大财了。应该严格审查——话又说回来，把Internet上的通信逐页看过才放行，这是办不到的，一百二十集的连续剧从头看到尾也不大容易，倒不如通通禁掉算了。"文化大革命"十年，只看八个样板戏不也活过来了嘛。我可不像年轻人，声、光、电、影一样都少不了，我有本书看看就行了。说来说去，我把流行音乐漏掉了。这种乌七八糟的东西，应该首先禁掉。年轻人没事，可以多搞些体育锻炼，既陶冶了性情，又锻炼了身体……

这样禁来禁去，总有一天禁到我身上。我的小说内容健康，但让我逐行说明每一句都是良好的信息，我也做不到。再说，到那时我已经吓傻了，哪有精神给自己辩护。电影电视都能禁，为什么不能禁小说？我们爱读书，还有不识字的人呢，他们准赞成禁书。好吧，我不写作了，到车站上去扛大包。我的身体很好，能当搬运工。别的作家未必扛得动大包……

我赞成对生活空间加以压缩，只要压不到我，但压来压去，结果出乎我的想象。

海明威在《丧钟为谁而鸣》里说过这个意思：所有的人是一个整体，别人的不幸就是你的不幸。所以，不要以为丧钟是为谁而鸣——它就是为你而鸣。但这个想法我觉得陌生，我就盼着别人倒霉。五十多年前，有个德国的新教牧师说："起初，他们抓共产党员，我不说话，因为我不是工会会员；后来，他们抓犹太人，我不说话，因为我是亚利安人；后来，他们抓天主教徒，我不说话，因为我是新教徒……最后，他们来抓我，已经没人能为我说话了。"众所周知，这里不是纳粹德国，我也不是新教牧师。所以，这些话我也不想记住。

奸近杀

　　《廊桥遗梦》上演之前，有几位编辑朋友要我去看，看完给他们写点儿小文章。现在电影都演过去了，我还没去看。这倒不是故作清高，主要是因为围绕着《廊桥遗梦》有种争论，使我觉得很烦，结果连片子都懒得看了。有些人说，这部小说在宣扬婚外恋，应该批判。还有人说，这部小说恰恰是否定婚外恋的，所以不该批判。于是，《廊桥遗梦》就和"婚外恋"焊在一起了。我要是看了这部电影，也要对婚外恋做一评判，这是我所讨厌的事情。对于《廊桥遗梦》，我有如下基本判断：第一，这是编出来的故事，不是真的。第二，就算是真的，也是美国人的事，和我们没有关系。有些同志会说："不管和我们有没有关系，反正这电影我们看了，就要有个道德评判。"这就叫我想起了近二十年前的事：当时巴黎歌剧院来北京演《茶花女》，有些观众说："这个茶花女是个妓女啊！男主角也不是什么好东西，玛格丽特和阿芒，两个凑起来，正好是一对卖淫嫖娼人员！"要是小仲马在世，听了这种评价，一定要气疯。法国的歌唱家知道了这种评论，也会说：我们到这里演出，真是干了件傻事。演一场歌剧是很累的，唱来唱去，底下看见了什么？卖淫嫖娼人员！从那时到现在，已经过了十几年。我总觉得中国的观众应该有点儿长进——谁知还是没有长进。

小时候，我有一位小伙伴，见了大公鸡踩蛋，就捡起石头狂追不已，我问他干什么，他说要制止鸡耍流氓。当然，鸡不结婚，搞的全是婚外恋，而且在光天化日之下做事，有伤风化，但鸡毕竟是鸡，它们的行为不足以损害我们——我就是这样劝我的小伙伴。他有另一套说法：虽然它们是鸡，但毕竟是在耍流氓。这位朋友长着鸟形的脸，鼻涕经常流过河，有点儿缺心眼——当然，不能因为人家缺心眼，就说他讲的话一定不对。不知为什么，傻人道德上的敏感度总是很高，也许这纯属巧合。我们要讨论的问题是，在聪明人的范围之内，道德上的敏感度是高些好，还是低些好。

在道德方面，全然没有灵敏度肯定是不行的，这我也承认。但高到我这位朋友的程度也不行，这会闹到鸡犬不宁。他看到男女接吻就要扔石头，而且扔不准，不知道会打到谁，因此在电影院里成为一种公害。他把石头往银幕上扔，对看电影的人很有点儿威胁。人家知道他有这种毛病，放电影时不让他进，但是石头还会从墙外飞来。你冲出去抓住他，他就发出一阵傻笑。这个例子说明，太古板的人没法欣赏文艺作品，他能干的事只是扰乱别人……

我既不赞成婚外恋，也不赞成卖淫嫖娼，但对这种事情的关切程度总该有个限度，不要闹得和七十年代初抓阶级斗争那样的疯狂。我们国家五千年的文明史，有一条主线，那就是反婚外恋、反通奸，还反对一切男女关系，不管它正当不正当。这是很好的文化传统，但有时也搞得过于疯狂，宋明理学就是例子。理学盛行时，科学不研究，艺术不发展，一门心思都在端正男女关系上，自然没什么好结果。中国传统的士人，除了有点儿文化之外，品行和偏僻小山村里二十岁就守寡的尖刻老太婆也差不多。我从清朝笔记小说中看到一则纪事，比《廊桥遗梦》短，但也颇有意思。这故事是说，有一位才子，在自己的后花园里散步，走到篱笆边，看到一对蚂蚱在交尾。要是我碰上这种事，连看都不看，因为我小时候见得太多了。但才子很少走出书房，就停下来饶有兴致地观看。忽然从草丛里跳出一个花里胡哨的癞蛤蟆，一口把两只蚂蚱都吃了，才子大惊失色，如梦方醒……这故事到这里就完了。有意思的是作者就此事发了一通感慨，大家可以猜猜他感慨了些什么……

坦白地说，我看书看到这里，掩卷沉思，想要猜出作者要感慨些啥。我在这方面比较鲁钝，什么都没猜出来。但是从《廊桥遗梦》里看到了婚外恋的同志、觉得它应该批判的同志比我要能，多半会猜到：蚂蚱在搞婚外恋，死了活该。这就和谜底相当接近了。作者的感慨是，"奸近杀"啊。由此可以重新解释这个故事：这两只蚂蚱在篱笆底下偷情，是两个堕落分子。而那只黄里透绿、肥硕无比的癞蛤蟆，却是个道德上的义士，看到这桩奸情，就跳过来给他们一点儿惩戒——把他们吃了。寓意是好的，但有点儿太过离奇：癞蛤蟆吃蚂蚱，都扯到男女关系上去，未免有点儿牵强。我总怀疑那只癞蛤蟆真有这么高尚。它顶多会想："今天真得蜜，一嘴就吃到了两只蚂蚱！"至于看到人家交尾，就义愤填膺，扑过去给以惩戒——它不会这么没气量。这是因为，蚂蚱不交尾，就没有小蚂蚱；没有小蚂蚱，癞蛤蟆就会饿死。

欣赏经典

有个美国外交官，二三十年代在莫斯科待了十年。他在回忆录里写道，他看过三百遍《天鹅湖》。即使在芭蕾舞剧中《天鹅湖》是无可争辩的经典之作，看三百遍也太多了，但身为外交官，有些应酬是推不掉的，所以这个戏他只能一遍又一遍地看，看到后来很有点儿吃不消。我猜想，头几十次去看《天鹅湖》，这个美国人听到的是柴可夫斯基优美的音乐，看到的是苏联艺术家优美的表演，此人认真地欣赏着，不时热烈地鼓掌。看到一百遍之后，观感就会有所不同，此时他只能听到一些乐器在响着，看到一些人在舞台上跑动，自己也变成木木痴痴的了。看到二百遍之后，观感又会有所不同。音乐一响，大幕拉开，他眼前是一片白色的虚空——他被这个戏魇住了。此时他两眼发直，脸上挂着呆滞的傻笑，像一条冬眠的鳄鱼——松弛的肌肉支持不住下巴，就像冲上沙滩的登陆艇那样，他的嘴打开了，大滴大滴的哈喇子从嘴角滚落，掉在膝头。就这样如痴如醉，直到全剧演完，演员谢幕已毕，有人把舞台的电闸拉掉，他才觉得眼前一黑。这时他赶紧一个大嘴巴把自己打醒，回家去了。后来他拿到调令离开苏联时，如释重负地说道："这回可好了，可以不看《天鹅湖》了。"

如你所知，该外交官看《天鹅湖》的情形都是我的猜测——说实在的，他流了哈喇子也不会写进回忆录里——但我以为，对一部作品不停地欣赏下去，就会遇到这三个阶段。在第一个阶段，你听到的是音乐，看到的是舞蹈——简言之，你是在欣赏艺术。在第二个阶段，你听到一些声音，看到一些物体在移动，觉察到了一个熟悉的物理过程。在第三个阶段，你已经上升到了哲学的高度，最终体会到芭蕾舞和世间一切事物一样，不过是物质存在的形式而已。从艺术到科学再到哲学，这是个返璞归真的过程。一般人的欣赏总停留在第一阶段，但有些人的欣赏能达到第二阶段。比方说，在电影《霸王别姬》里，葛优扮演的戏霸就是这样责备一位演员："'别人的'霸王出台都走六步，你怎么走了四步？"在实验室里，一位物理学家也会这样大惑不解地问一个物体："别的东西在真空里下落，加速度都是一个G，你怎么会是两个G？"在实验室里，物理过程要有再现性，否则就不成其为科学，所以不能有以两个G下落的物体。艺术上的经典作品也应有再现性，比方说《天鹅湖》，这个舞剧的内容是不能改变的。这是为了让后人欣赏到前人创造的最好的东西，它只能照老样子一遍遍地演。

经典作品是好的，但看的次数不可太多。看的次数多了不能欣赏到艺术——就如《红楼梦》说饮茶：一杯为品，二杯是解渴的蠢物，三杯就是饮驴了。当然，不管是品还是饮驴，都不过是物质存在的方式而已，在这个方面，没有高低之分……

"文化革命"里，我们只能看到八个样板戏。打开收音机是这些东西，看个电影也是这些东西。插队时，只要听到广播里音乐一响，不管轮到了沙奶奶还是李铁梅，我们张嘴就唱；不管是轮到了吴琼花还是洪常青，我们抬腿就跳。路边地头的水牛看到我们有此举动，怀疑对它有所不利，连忙扬起尾巴就逃。假如有人说我唱的跳的不够好，在感情上我还难以接受：这就是我的生活——换言之，是我存在的方式，我不过是嚷了一声，跳了一个高，有什么好不好的？打个比方来说，犁田的水牛在拔足狂奔时，总要把尾巴像面小旗子一样扬起来，从人的角度来看有点儿不雅，但它只会这种跑法。我在地头要活动一下筋骨，就是一个倒踢紫金冠——我就会这一种踢法，别的踢法我还不会哪。连这都要说不好，岂不是说，我该死掉？根据这种情形，我认为自己对八个样板戏的欣赏早已到了第三个阶段，我们是从哲学的高度来欣赏的，但这些戏的艺术成就如何，我确实是不知道。莫斯科歌舞剧院演出的《天鹅湖》的艺术水平如何，那位美国外交官也不会知道。你要是问他这个问题，他只会傻呵呵地笑着，你说好，他也说好，你说不好，他也说不好……

在一生的黄金时代里，我们没有欣赏到别的东西，只看了八个戏。现在有人说，这些戏都是伟大的作品，应该列入经典作品之列，以便流传到千秋万代。这对我倒是种安慰——如前所述，这些戏到底有多好我也不知道，你怎么说我就怎么信，但我也有点儿怀疑，怎么我碰到的全是经典？就说《红色娘子军》吧，作曲的杜鸣心先生显然是位优秀的作曲家，但他毕竟不是柴可夫斯基……芭蕾和京剧我不懂，但概率论我是懂的。这辈子碰上了八个戏，其中有两个是芭蕾舞剧，居然个个是经典，这种运气好得让人起疑。根据我的人生经验，假如你遇到一种可疑的说法，这种说法对自己又过于有利，这种说法准不对，因为它是编出来自己骗自己的。当然，你要说它们都是经典，我也无法反对，因为对这些戏我早就失去了评判能力。

我对小说的看法

　　我自幼就喜欢读小说，并且一直以为自己可以写小说，直到二十七八岁时，读到了图尼埃尔（Tournier，M.）的一篇小说，才改变了自己的看法。在不知不觉之中，小说已经发生了很大的变化。现代小说和古典小说的区别，就像汽车和马车的区别一样大。现代小说中的精品，再不是可以一目十行往下看的了。为了让读者同意我的意见，让我来举一个例子。杜拉斯《情人》的第一句是："我已经老了。"无限沧桑尽在其中。如果你仔细读下去，就会发现，每句话的写法大体都是这样的，我对现代小说的看法，就是被《情人》固定下来的。现代小说的名篇总是包含了极多的信息，而且极端精美，让读小说的人狂喜，让打算写小说的人害怕。在经典作家里，只有俄国的契诃夫（Chekhov，A.P.）偶尔有几笔写成这样，但远不是通篇都让人敬畏。必须承认，现代小说家曾经使我大受惊吓。我读过的图尼埃尔的那篇小说，叫作《少女与死》，它只是一系列惊吓的开始。

　　因为这个发现，我曾经放弃了写小说，有整整十年在干别的事，直到将近四十岁，才回头又来尝试写小说。这时我发现，就是写过一些名篇的现代小说家，平常写的小说也是很一般的。瑞士作家迪伦马特（Dürrenmatt, F.）写完了他的名篇《法官和他的刽子手》之后，坦白说，这个长中篇耗去了他好几年的光阴，而且说，今后他不准备再这样写下去了。此后他写了很多长篇，虽然都很好看，但不如《法官和他的刽子手》精粹。杜拉斯也说，《情人》经过反复地修改，每一段、每一句都重新安排过。照我看，她的其他小说都不如《情人》好。他们的话让人看了放心，说明现代小说家也不是一群超人。他们有些惊世骇俗的名篇，但是既不多，也不长。虽然如此，我还是认为，现代小说中几个中篇，如《情人》之类，比之经典作家的鸿篇巨制毫不逊色。爱好古典文学的人也许不会同意我的看法，我也没打算说服他们。但我还是要说，我也爱好过古典文学，而在影视发达的现代，如果没有现代小说，托尔斯泰并不能让我保持阅读的习惯。

　　我认为，现代小说的成就建筑在不多几个名篇上，虽然凭这几篇小说很难评上诺贝尔文学奖，但现代小说艺术的顶峰就在其中。我的抱负也是要在一两篇作品里达到这个水平。我也特别喜欢写长中篇（六万字左右），比如我的《未来世界》，就是这么长。《情人》《法官和他的刽子手》等名篇也是这么长。当然，这样做有东施效颦之嫌。在我写过的小说里，《黄金时代》是我最满意的，但是还没达到我希望的水准，所以还要继续努力。

小说的艺术

　　朋友给我寄来了一本昆德拉的《被背叛的遗嘱》，这是本谈小说艺术的书。书很长，有些地方我不同意，有些部分我没看懂（这本书里夹杂着五线谱，但我不识谱，家里更没有钢琴），但还是能看懂、能同意的地方居多。我对此书有种特别的不满，那就是作者丝毫没有提到现代小说的最高成就：卡尔维诺、尤瑟娜尔、君特·格拉斯、莫迪阿诺，还有一位不常写小说的作者，玛格丽特·杜拉斯。早在半世纪以前，茨威格就抱怨说，哪怕是大师的作品，也有纯属冗余的成分。假如他活到了现在，看到现代小说家的作品，这些怨言就没有了。昆德拉不提现代小说的这种成就，是因为同行嫉妒，还是艺术上见解不同，我就不得而知。当然，昆德拉提谁不提谁，完全是他的自由。但若我来写这本书，一定要把这件事写上。不管怎么说吧，我同意作者的意见，的确存在一种小说的艺术，这种艺术远不是谁都懂得。昆德拉说，不懂开心的人不会懂得任何小说艺术。除了懂得开心，还要懂得更多，才能懂得小说的艺术。

但若连开心都不懂，那就只能把小说读糟蹋了。归根结底，昆德拉的话并没有错。

　　我自己对读小说有一种真正的爱好，这种爱好不可能由阅读任何其他类型的作品所满足。我自己也写小说，写得好时得到的乐趣，绝非任何其他的快乐可以替代。这就是说，我对小说有种真正的爱好，而这种爱好就是对小说艺术的爱好——在这一点上，我可以和昆德拉沟通。我想象一般的读者并非如此，他们只是对文化生活有种泛泛的爱好。现在有种论点，认为当代文学的主要成就是杂文，这或者是事实，但我对此感到悲哀。我自己读杂文，有时还写点儿杂文。照我看，杂文无非是讲理，你看到理在哪里，径直一讲就可。当然，把道理讲得透彻，讲得漂亮，读起来也有种畅快淋漓的快感，但毕竟和读小说是两道劲儿。写小说则需要深得虚构之美，也需要些无中生有的才能，我更希望能把这件事做好。所以，我虽能把理讲好，但不觉得这是长处，甚至觉得这是一种劣根性，需要加以克服。诚然，作为一个人，要负道义的责任，憋不住就得说，这就是我写杂文的动机。所以也只能适当克服，还不能完全克服。

　　前不久在报上看到一种论点，说现在杂文取代了小说，负起了社会道义的责任。假如真是如此，那倒是件好事，小说来负道义责任，那就如希腊人所说，鞍子扣到头上来了——但这是仅就文学内部而言。从整个社会而言，道义责任全扣在提笔为文的人身上还是不大对头。从另一方面来看，负道义责任可不是艺术标准，尤其不是小说艺术的标准。这很重要啊。

　　昆德拉的书也主要是说这个问题。写小说的人要让人开心，他要有虚构的才能，并要有施展这种才能的动力——我认为，这是主要之点。昆德拉则说，看小说的人要想开心，能够欣赏虚构，并且能宽容虚构的东西——他说这是主要之点。我倒不存这种奢望。小说的艺术首先会形成在小说家的意愿之中，以后会不会遭人背叛，那是以后的事。首先要有这种东西，这才是最主要的。

　　昆德拉说，小说传统是欧洲的传统。但若说小说的艺术在中国从未受到重视，那也是不对的。在很多年前，曾有过一个历史的瞬间，年轻的张爱玲初露头角，显示出写小说的才能。傅雷先生发现了这一点，马上写文章说，小说的技巧值得注意。那个时候连张春桥都化名写小说，仅就艺术而言，可算是一团糟，张爱玲确是万绿丛中一点红——但若说有什么遗嘱被背叛了，可不是张爱玲的遗嘱，而是傅雷的遗嘱。天知道张爱玲后来写的那叫什么东西。她把自己的病态当作才能了……人有才能还不叫艺术家，知道珍视自己的才能才叫艺术家呢。

　　笔者行文至此，就欲结束。但对小说的艺术只说了它不是什么，它到底是什么，还一字未提。假如读者想要明白的话，从昆德拉的书里也看不到，应该径直找两本好小说看看。看完了能明白则好，不能明白也就无法可想了，可以去试试别的东西；千万别听任何人讲理，越听越糊涂。任何一门艺术只有从作品里才能看到——套昆德拉的话说，只喜欢看杂文、看评论、看简介的人，是不会懂得任何一种艺术的。

从《黄金时代》谈小说艺术

《黄金时代》这本书里，包括了五部中篇小说。其中《黄金时代》一篇，从二十岁时就开始写，到将近四十岁时才完篇，其间很多次地重写。现在重读当年的旧稿，几乎每句话都会使我汗颜，只有最后的定稿读起来感觉不同。这篇三万多字的小说里，当然还有不完美的地方，但是我看到了以后，丝毫也没有改动的冲动。这说明小说有这样一种写法，虽然困难，但还不是不可能。这种写法就叫作追求对作者自己来说的完美。我相信对每个作者来说，完美都是存在的，只是不能经常去追求它。据说迪伦马特写《法官和他的刽子手》，也写了很多年。写完以后说，今后再也不能这样写小说了。这说明他也这样写过。一个人不可能在每篇作品里做到完美，但是完美当然是最好的。

有一次，有个女孩子问我怎样写小说，并且说她正有要写小说的念头。我把写《黄金时代》的过程告诉了她。下次再见面，问她的小说写得怎样了，她说，听说小说这么难写，她已经把这个念头放下了。其实在这本书里，大多数章节不是这样呕心沥血地写成的。但我主张，任何写小说的人都不妨试试这种写法。这对自己是有好处的。

这本书里有很多地方写到性。这种写法不但容易招致非议，本身就有媚俗的嫌疑。我也不知为什么，就这样写了出来。现在回忆起来，这样写既不是为了招致非议，也不是想要媚俗，而是对过去时代的回顾。众所周知，六七十年代，中国处于非性的年代。在非性的年代里，性才会成为生活主题，正如饥饿的年代里吃会成为生活的主题。古人说，食色性也。想爱和想吃都是人性的一部分，如果得不到，就成为人性的障碍。

然而，在我的小说里，这些障碍本身又不是主题。真正的主题，还是对人的生存状态的反思。其中最主要的一个逻辑是：我们的生活有这么多的障碍，真他妈的有意思。这种逻辑就叫作黑色幽默。我觉得黑色幽默是我的气质，是天生的。我小说里的人也总是在笑，从来就不哭，我以为这样比较有趣。喜欢我小说的人总说，从头笑到尾，觉得很有趣，等等。这说明本人的作品有自己的读者群。当然，也有些作者以为哭比较使人感动。他们笔下的人物从来就不笑，总在哭。这也是一种写法。他们也有自己的读者群。有位朋友说，我的小说从来没让她感动过。她就是个爱哭的人，误读了我的小说，感到很失落。我这样说，是为了让读者不再因为误读我的小说感到失落。

现在严肃小说的读者少了，但读者的水平是大大提高了。在现代社会里，小说的地位和舞台剧一样，正在成为一种高雅艺术。小说会失去一些读者，其中包括想受道德教育的读者，想看政治暗喻的读者，感到性压抑、寻找发泄渠道的读者，无所事事想要消磨时光的读者；剩下一些真正读小说的人。小说也会失去一些作者——有些人会去下海经商，或者搞影视剧本，最后只剩下一些真正写小说的人。我以为，这是一件好事。

卡尔维诺与未来的一千年

朋友寄来一本书,卡尔维诺的《未来千年文学备忘录》,我正在看着。这本书是他的讲演稿,还没来得及讲,稿也没写完,人就死了。这些讲演稿分别冠以如下题目:轻逸、迅速、易见、确切和繁复。还有一篇"连贯",没有动笔写,所以我整天在琢磨他到底会写些什么,什么叫作"连贯"。卡尔维诺指出,在未来的一千年里,文学会继续繁荣,而这六项文学遗产也会被发扬光大。我一直喜欢卡尔维诺,看了这本书,就更加喜欢他了。

卡尔维诺的《我们的祖先》,看过的人都喜欢。这是他年轻时的作品,我以为这本书是"轻逸"的典范。中年以后,他开始探索小说艺术的无限可能,这时期的作品我看过《看不见的城市》——这本书不见得人人都会喜欢。我也不能强求大家喜欢他的每一本书,但是我觉得必须喜欢他的主意:小说艺术有无限种可能性。难道这不好吗?前不久有位朋友看了我的小说,对我说道,看来小说还能有新的写法——这种评价使我汗颜：我还没有探索无限，比卡尔维诺差得远。我觉得这位朋友的想法有问题——假如他不是学文学的博士而是个一般读者的话，那就没有问题了。

编辑先生邀我给名人茶座写个小稿，我竟扯到了卡尔维诺和文学遗产，这可不是茶座里的谈资。说实在的，我也不知道什么是可以在茶座里闲扯的事。我既不养猫，也不养狗，更没有汽车。别人弄猫弄狗的时候，我或则在鼓捣电脑，或则想点儿文学上的事——假如你想听听电脑，我可以说，现在在中关村花二百五十块钱可以买到八兆内存条，便宜死了……我想这更不是茶座里的谈资。可能我也会养猫养狗，再买辆汽车，给自己找点儿罪受——顺便说一句，我觉得汽车的价格很无耻。一辆韩国低档车卖三几十万，全世界都没听说过。至于猫啊狗啊，我觉得是食物一类。我吃掉过一只猫，五只狗，是二十多年前吃的。从爱猫爱狗者的角度看来，我是个"啃你饱"（Cannibal＝食人族）。所以，我也只能谈谈卡尔维诺……

卡尔维诺的《看不见的城市》是这么个故事：马可·波罗站在蒙古大汗面前，讲述他东来旅途中所见到的城市，每一座城市都是种象征，而且全都清晰可见。看完那本书我做了一夜的梦，只见一座座城市就如奇形怪状的孔明灯浮在一片虚空之中。一般的文学读者会说，好了，城市我看到了，讲这座城里的故事吧——对卡尔维诺那个无所不能的头脑来说，讲个故事又有何难。但他一个故事都没讲，还在列举着新的城市，极尽确切之能事，一直到全书结束也没列举完。我大体上明白卡尔维诺想要做的事，对一个作者来说，他想要拥有一切文学素质——完备的轻逸、迅速、易见、确切和繁复，再加上连贯。等这些都有了以后，写出来的书肯定好看，可以满足一切文学读者。很不幸的是，这好像不大容易，但必须一试——这是为了保证读者在未来的一千年里有书看。我想，这题目也没人会感兴趣——但是没办法，我就知道这些。

盖茨的紧身衣

比尔·盖茨在《未来之路》一书里写道：随着现代信息技术的发展，工程师已有能力营造真实的感觉。他们可以给人戴上显示彩色图像的眼镜，再给你戴上立体声耳机，你的所见所闻都由计算机来控制。只要软硬件都过硬，人分不出电子音像和真声真像的区别。可能现在的软硬件还称不上过硬，尚做不到这一点，但过去二十年里，技术的进步是惊人的，所以对这一天的到来，一定要有心理准备。

光看到和听到还不算身历其境，还要模拟身体的感觉。盖茨先生想出一种东西，叫做 VR 紧身衣，这是一种机电设备，像一件衣服，内表面上有很多伸缩的触头，用电脑来控制，这样就可以模仿人的触觉。照他的说法，只要有二十五万到三十万个触点，就可以完全模拟人全身的触感——从电脑技术的角度来说，控制这些触头简直是小儿科。有了这身衣服，一切都大不一样。比方说，电脑向你输出一阵风，你不但可以看到风吹杨柳，听到风过树梢，还可以感到风从脸上流过。假如电脑输出的是美人，那就不仅是她的音容笑貌，还有她的发丝从你面颊上滑过——这是友好的美人；假如不友好，来的就是大耳刮子。VR 紧身衣的概念就是如此。作为学食品科技的人，我觉得还有个面罩连着一些香水瓶，由电脑控制的阀门决定你该闻到什么气味，但假若你患有鼻炎，就会觉得面罩没有必要。总而言之，VR 紧身衣的概念就是如此。估计要不了二十年，科学就能把它造出来，而且让它很便宜，像今天的电子游戏机一样，在街上出售。穿上它就能前往另一个世界，假如软件丰富，想上哪儿就能上哪儿，想遇上谁就能遇上谁，想干啥就能干啥，而且不花什么代价——顶多出点儿软件钱。到了那一天，不知人们还有没有心思阅读文本，甚至识不识字都不一定。我靠写作为生，现在该做出何种决定呢？

　　大概是在六七十年代吧，法国有些小说家就这样提出问题：在电影时代，小说应该怎么写？该看到的电影都演出来了，该听到的广播也播出来了。托尔斯泰在《战争与和平》里花几十页写出的东西，用宽银幕电影几个镜头就能解决。还照经典作家的写法，没有人爱看，顶多给电影提供脚本——如我们所知，这叫生产初级产品，在现代社会里地位很低。在那时，电影电视就像比尔·盖茨的紧身衣，对艺术家来说，是天大的灾难。有人提出，小说应该向诗歌的方向发展。还有人说，小说该着重去写人内心的感受。这样就有了法国的新小说。还有人除了写小说，还去搞电影，比如已故的玛格丽特·杜拉斯。我对这些作品很感兴趣，但凭良心说，除杜拉斯的《情人》之外，近十几年来没读到过什么令人满意的小说。有人也许会提出最近风靡一时的《廊桥遗梦》，但我以为，那不过是一部文字化的电影。假如把它编成软件，钻到比尔·盖茨的紧身衣里去享受，会更过瘾一些。相比之下，我宁愿要一本五迷三道的法国新小说，也不要一部《廊桥遗梦》，这是因为，从小说自身的前途来看，写出这种东西解决不了问题。

　　真正的小说家不会喜欢把小说写得像电影。我记得米兰·昆德拉说过，小说和音乐是同质的东西。我讨厌这个说法，因为好像这世界上没有了音乐，就说不出小说该像什么了，但也不能不承认，这种说法有些道理。小说该写人内在的感觉，这是没有疑问的。但仅此还不够，还要使这些感觉组成韵律。音乐有种连贯的、使人神往的东西，小说也该有。既然难以言状，就叫它韵律好了。

　　本文的目的是要纪念已故的杜拉斯，谈谈她的小说《情人》，谁知扯得这样远——现在可以进入主题。我喜欢过不少小说，比方说，乔治·奥威尔的《1984》，还有些别的书。但这些小说对我的意义都不能和《情人》相比。《1984》这样的书对我有帮助，是帮我解决人生中的一些疑惑，而《情人》解决的是有关小说自身的疑惑。这本书的绝顶美好之处在于，它写出一种人生的韵律。书中的性爱和生活中别的事件，都按一种韵律来组织，使我完全满意了。就如达·芬奇画出了他的杰作，别人不肯看，那是别人的错，不是达·芬奇的错；米开朗琪罗雕出了他的杰作，别人不肯看，那是别人的错，不是米开朗琪罗的错。现代小说有这样的杰作，人若不肯看小说，那是人的错，不是小说的错。杜拉斯写过《华北情人》后说，我最终还原成小说家了。这就是说，只有书写文本能使她获得叙事艺术的精髓。这个结论使我满意，既不羡慕电影的镜头，也不羡慕比尔·盖茨的紧身衣。

关于文体

自从我开始写作，就想找人谈谈文体的问题，但总是找不到。和不写作的人谈，对方觉得这个题目索然无味；和写作的人谈，又有点儿谈不开。既然写作，必有文体，不能光说别人不说自己。文体之于作者，就如性之于寻常人一样敏感。

把时尚排除在外，在文学以内讨论问题，我认为最好的文体都是翻译家创造出来的。傅雷先生的文体很好，汝龙先生的文体更好。查良铮先生的译诗、王道乾先生翻译的小说这两种文体是我终生学习的榜样。必须承认，我对文体有特殊的爱好，别人未必和我一样。但我相信爱好文学的人会同意我这句话：优秀文体的动人之处，在于它对韵律和节奏的控制。阅读优美的文字会给我带来极大的快感。好多年以前，我在云南插队，当地的傣族少女身材极好。看到她们穿着合身的筒裙婀娜多姿地走路，我不知不觉就想跟上去。阅读带来的快感可以和这种感觉相比。我开始写作，是因为受了好文章的诱惑——我自己写得怎样，当然要另说。

前辈作家中，有一部分用方言来写作，或者在行文中带出方言的影响来，我叫它方言体。其中以河北和山西两地的方言最为常见。河北人说话较慢，河北方言体难免拖沓。至于山西方言体，我认为它有难懂的毛病——最起码"圪蛋"（据说山西某些地区管大干部叫大"圪蛋"）这个词对山西以外的读者来说，就不够通俗。"文化革命"中出版的文艺作品方言体的很多，当时的作者以为这样写更乡土些，更乡土就更贴近工农兵，更贴近工农兵也就更革命——所以说，方言体也就是革命体。当然，不是每种方言都能让人联想到革命。必须是老根据地所在省份的方言才有革命的气味。用苏白写篇小说，就没有什么革命的气味。

自方言体之后，影响最大的文体应该是苏晓康写报告文学的文体，或称晓康体。这种文体浮嚣而华丽，到现在还有人模仿。念起来时最好拖着长腔，韵味才足，并且好用三个字的词组，比如"共和国""启示录"之类。在晓康体里，前者是指政府，后者是指启示，都属误用。晓康体写多了，人会退化成文盲的。

现在似乎出现了一种新的文体。我们常看到马晓晴和葛优在电视屏幕上说一种话，什么"特"这个，"特"那个，其实是包含了特多的傻气，这种文体与之相似。所以我们就叫它撒娇打痴体好了。其实用撒娇打痴体的作者不一定写特字，但是肯定觉得做个聪明人特累。时下一些女散文作家（尤其是漂亮的）开始用撒娇打痴体写作。这种文体不用写多了，只消写上一句，作者就像个大头傻子。我也觉得自己活得特累，但不敢学她的样子。我全凭自己的聪明混饭吃。这种傻话本该是看不进去的，但把书往前一翻，看到了作者像。她蛮漂亮的，就感觉她是在搔首弄姿，而且是朝我来的。虽然相片漂亮，真人未必漂亮，就算满脸大麻子，拍照前还不会用泥子泥住？但不管怎么说吧，那本书我还真看下去了——当然，读完就后悔了。赶紧努力把这些傻话都忘掉，以免受到影响。作者怕读坏文章，就是怕受坏影响。

以上三种文体的流行，都受到了时尚的左右。方言体流行时，大家都羡慕老革命；晓康体流行时，大家都在虚声恫吓；而撒娇打痴体之流行，使我感觉到一些年轻的女性正努力使自己可爱一些。一个漂亮女孩冒点儿傻气，显得比较可爱——马晓晴就是这么表演的。我们还知道西施有心绞痛并因此更加可爱，心绞痛也该可以形成一种文体。以此类推，更可爱的文体应该是："拿硝酸甘油来！"但这种可爱我们消受不了。我们已经有了一些医学知识，知道心绞痛随时有可能变成心肌梗死，塞住了未必还能活着。大美人随时可能死得直翘翘，也就不可爱了。

如前所说，文体对于作者，就如性对寻常人一样重要。我应该举个例子说明我对恶劣文体的感受。大约是在一九七〇年，盛夏时节，我路过淮河边上一座城市，当时它是一大片低矮的平房。白天热，晚上更热。在旅馆里睡不着，我出来走走，发现所有的人都在树下乘凉。有件事很怪：当地的男人还有些穿上衣的，中老年妇女几乎一律赤膊。于是，水银灯下呈现出一片恐怖的场面。当时我想，假如我是个天阉，感觉可能会更好一点儿。恶劣的文字给我的感受与此类似：假如我不识字，感觉可能会更好。

关于格调

　　最近我出版了一本小说《黄金时代》，有人说它格调不高，引起了我对格调问题的兴趣。各种作品、各种人，尤其是各种事件，既然有高有低，就有了尺度问题。众所周知，一般人都希望自己格调高，但总免不了要干些格调低的事。这就使得格调问题带有了一定的复杂性。

　　当年有人问孟子，既然男女授受不亲，嫂子掉到水里，要不要伸手去拉。这涉及了一个带根本性的问题，假如"礼"是那么重要，人命就不要了吗？孟子的回答是：用手去拉嫂子是非礼，不去救嫂子则是豺狼也，所以只好从权，宁愿非礼而不做豺狼。必须指出，在非礼和豺狼之中做一选择是痛苦的，但这要怪嫂子干吗要掉进水里。这个答案有不能令人满意的地方，但不是最坏，因为他没有说戴上了手套再去拉嫂子，或者拉过了以后再把手臂剁下来。他也没有回答假如落水的不是嫂子而是别的女人，是不是该去救。但是你不能对孟子说，在生活里，人命是最重要的，犯不着为了些虚礼牺牲它——说了孟夫子准要和你翻脸。另一个例子是舜曾经不通知父亲就结了婚。孟子认为，他们父子关系很坏，假如请示的话，可能一辈子结不了婚。他还扯上了一些不孝有三无后为大的话，结论是舜只好从权了。这个结论同样不能令人满意，因为假如舜的父亲稍稍宽容，许可舜和一个极为恶毒的女人结婚，不知孟子的答案是怎样的。假如让舜这样一位圣贤娶上一个恶毒的妇人，从此在痛苦中生活，我以为不够恰当。倘若你说，在生活里，幸福是最重要的，孟老夫子也肯定要和你翻脸。但不管怎么说，一个理论里只要有了"从权"这种说法，总是有点儿欠严谨。好在孟子又有些补充说明，听上去更有道理。

有关礼与色孰重的问题，孟子说，礼比色重，正如金比草重。虽然一车草能比一小块金重，但是按我的估计，金子和草的比重大致是一百比一，搞精确是不可能的，因为草和草还不一样。这样我们就有了一个换算关系，可以作为生活的指南，虽然怎么使用还是个问题。不管怎么说，孟子的意思是明白的，生活里有些东西重，有些东西轻。正如我们现在说，有些事格调高，有些事格调低。假如我们重视格调高的东西，轻视格调低的东西，自己的格调就能提升。

作为一个前理科学生，我有些混账想法，可能会让真正的人文知识分子看了身上长鸡皮疙瘩。对于"礼"和"色"，大致可以有三到四种不同的说法：其一，它们是不同质的东西，没有可比性；其二，礼重色轻，但是它们没有共同的度量；最后是有这种度量，礼比色重若干，或者一单位的礼相当于若干单位的色。以上的分类恰恰就是科学上说的定类（nominal）、定序（ordinal）、定距（interval）和定比（ratio）这四种尺度（定距和定比的区别不太重要）。这四种尺度越靠后的越精密。格调既然有高低之分，显然属于定序以后的尺度。然而，说格调仅仅是定序的尺度还不能令人满意——按定序的尺度，礼比色重，顺序既定，不可更改，舜就该打一辈子光棍。如果再想引人事急从权的说法，那就只能把格调定为更加精密的尺度，以便回答什么时候从权，什么时候不可从权的问题——如果没个尺度，想从权就从权，礼重色轻就成了一句空话。于是，孟子的格调之说应视为定比的尺度，以格调来度量，一份礼大致等于一百份色。假如有一份礼，九十九份色，我们不可从权；遇到了一百零一份色就该从权了。前一种情形是在一百和九十九中选了一百，后者是从一百和一百零一中选了一百零一。在生活中，做出正确的选择，就能使自己的总格调得以提高。

对于作品来说，提升格调也是要紧的事。改革开放之初有部电影，还得过奖的，是个爱情故事。男女主角在热恋之中，不说"我爱你"，而是大喊"I love my motherland①"！场景是在庐山上，喊起来地动山摇，格调就很高雅，但是离题太远。国外的电影拍到这类情节，必然是男女主角拥抱热吻一番，这样格调虽低，但比较切题。就爱情电影而言，显然有两种表达方式，一种格调高雅，但是晦涩难解；另一种较为直接，但是格调低下。按照前一种方式，逻辑是这样的：当男主角立于庐山之上对着女主角时，心中有各种感情——爱祖国、爱人民、爱领袖、爱父母，等等。最后，并非完全不重要，他也爱女主角。而这最后一点，他正急于使女主角知道。但是经过权衡，前面那些爱变得很重，必须首先表达之，爱她这件事就很难提到。而女主角的格调也很高雅，她知道提到爱祖国、爱人民，等等，正是说到爱她的前奏，所以她耐心地等待着。我记得电影里没有演到说出"I love you"，按照这种节奏，拍上十几个钟头就可以演到。改革开放之初没有几十集的连续剧，所以真正的爱情场面很难看到。外国人在这方面缺少训练，所以对这部影片的评价是，

① 意为"我爱我的祖国"。

虽然女主角很迷人，但不知拍了些啥。

按照后一种方式，男主角在女主角面前时，心里也爱祖国、爱上帝，等等。但是此时此地，他觉得爱女主角最为急迫，于是说，我爱你，并且开始带有性爱意味的身体接触。不言而喻，这种格调甚为低下。这两种方式的区别只在于有无经过格调方面的加权运算，这种运算本身就极复杂，导致的行为就更加复杂。后一种方式没有这个步骤，显得特别简捷，用现时流行的一个名词，就是较为"直露"。这两种方式的区别在于前者以爱对方为契机，把祖国人民等等一一爱到，得到了最高的总格调。而后者径直去爱对方，故而损失很大，只得到了最低的总格调。

说到了作品，大家都知道，提升格调要受到某种制约。"文革"里有一类作品只顾提升格调，结果产生了高大全的人物和高大全的故事，使人望之生厌。因为这个缘故，领导上也说，要做到政治性与艺术性的统一。作品里假如只有格调，就不成个东西。这就是说，格调不是评价作品唯一的尺度。由此就产生了一个问题，另外那种东西和格调是个什么关系？这个问题孟子肯定会这么回答：艺术与格调，犹色与礼也。作品里的艺术性，或则按事急从权的原则，最低限度地出现；或则按得到最高格调的原则，合理地搭配。比如说，径直去写男女之爱，得分为一，搭配成革命的爱情故事，就可以得到一百零一分。不管怎么说，最后总要得到高大全。

我反对把一切统一到格调上，这是因为它会把整个生活变成一种得分游戏。一个得分游戏不管多么引人入胜，总不能包容全部生活，包容艺术，何况它根本就没什么意思。假如我要写什么，我就根本不管它格调不格调，正如谈恋爱时我决不从爱祖国谈起。

现在可以谈谈为什么别人说我的作品格调低——这是因为其中写到了性。因为书中人物不是按顺序干完了格调高的事才来干这件格调低的事，所以它得分就不高。好在评论界没有按礼与色一百比一的比例来算它的格调，所以在真正的文学圈子里对它的评价不低，在海外还得过奖。假如说，这些人数学不好，不会算格调，我是不能承认的。不说别人，我自己的数学相当好，任何一种格调公式我都能掌握。我写这些作品是有所追求的，但这些追求在格调之外。除此之外，我还怀疑，人得到太多的格调分，除了使别人诧异之外，没有实际的用处。

坦白地说，我对色情文学的历史有一点儿了解。任何年代都有些不争气的家伙写些丫丫乌的黄色东西，但是真正有分量的色情文学都是出在"格调最高"的时代。这是因为食色性也，只要还没把小命根一刀割掉，格调不可能完全高。比方说，英国维多利亚时期出了一大批色情小说，作者可以说有相当的文学素质；再比方说，"文化革命"里流传的手抄小说，作者的素质在当时也算不错。要使一个社会中一流的作者去写色情文学，必须有极严酷的社会环境和最不正常的性心理。在这种情况下，色情文学是对假正经的反击。我认为目前自己尚写不出真正的色情文学，也许是因为对环境感觉鲁钝。前些时候我国的一位知名作者写了《废都》，我还没有看。有人说它是色情文学，但愿它不是的，否则就有说明意义了。

维多利亚时期的英国人和"文革"时的中国人一样，性心理都不正常。正常的性心理是把性当作生活中一件重要的事，但不是全部。不正常则要么不承认有这么回事，要么除此什么都不想。假如一个社会的性心理不正常，那就会两样全占。这是因为这个社会里有这样一种格调，使一部分人不肯提到此事，另一部分人则事急从权，总而言之，没有一个人有平常心。作为作者，我知道怎么把作品写得格调极高，但是不肯写。对于一件愚蠢的事，你只能唱唱反调。

关于幽闭型小说

　　张爱玲的小说有种不同凡响之处，在于她对女人的生活理解得很深刻。中国有种老女人，面对着年轻的女人，只要后者不是她自己生的，就要想方设法给她罪受。让她干这干那，一刻也不能得闲，干完了又说她干得不好；从早唠叨到晚，说些尖酸刻薄的话——捕风捉影，指桑骂槐。现在的年轻人去过这种生活，一天也熬不下来。但是传统社会里的女人都得这么熬，直到多年的媳妇熬成了婆，这女人也变得和过去的婆婆一样刁。张爱玲对这种生活了解得很透，小说写得很地道。但说句良心话，我不喜欢。我总觉得小说可以写痛苦，写绝望，不能写让人心烦的事，理由很简单：看了以后不烦也要烦，烦了更要烦，而心烦这件事，正是多数中国人最大的苦难。也有些人烦到一定程度就不烦了——他也"熬成婆"了。

　　像这种人给人罪受的事，不光女人中有，男人中也有，不光中国有，外国也有。我在一些描写航海生活的故事里看到过这类事，这个折磨人的家伙不是婆婆，而是水手长。有个故事好像是马克·吐温写的：有这么个千刁万恶的水手长，整天督着手下的水手洗甲板，擦玻璃，洗桅杆。讲卫生虽是好事，但甲板一天洗二十遍也未免过分。有一天，水手们报告说，一切都洗干净了。他老人家爬到甲板上看看，发现所有的地方都一尘不染，挑不出毛病，就说，好吧，让他们把船锚洗洗吧。整天这样洗东西，水手们有多心烦，也就不必再说了，但也无法可想——四周是汪洋大海，就算想辞活不干，也得等到船靠码头。实际上，中国的旧式家庭，对女人来说也是一条海船，而且永远靠不了码头。你要是烦得不行，就只有跳海一途。这倒不是乱讲的，旧式女人对自杀这件事，似乎比较熟练。由此可以得到这样的结论：这种故事发生的场景，总是一个封闭的地方，人们在那里浪费着生命。这种故事也就带点儿幽囚恐怖症的意味。

本文的主旨，不是谈张爱玲，也不是谈航海小说，而是在谈小说里幽闭、压抑的情调。家庭也好，海船也罢，对个人来说，是太小的囚笼，对人类来说，是太小的噩梦。更大的噩梦是社会，更准确地说，是人文生存环境。假如一个社会长时间不进步，生活不发展，也没有什么新思想出现，对知识分子来说，就是一种噩梦。这种噩梦会在文学上表现出来。这正是中国文学的一个传统。这是因为，中国人相信天不变道亦不变，在生活中感到烦躁时，就带有最深刻的虚无感。这方面最好的例子，是明清的笔记小说，张爱玲的小说也带有这种味道：有忧伤，无愤怒；有绝望，无仇恨；看上去像个临死的人写的。我初次读张爱玲，是在美国，觉得她怪怪的。回到中国看当代中青年作家的作品，都是这么股味。这时才想到，也许不是别人怪，是我怪。

所谓幽闭类型的小说，有这么个特征，那就是把囚笼和噩梦当作一切来写。或者当媳妇，被人烦；或者当婆婆，去烦人；或者自怨自艾；或者顾影自怜；总之，是在不幸之中品来品去。

　　这种想法我很难同意。我原是学理科的，学理科的不承认有牢不可破的囚笼，更不信有摆不脱的噩梦，人生唯一的不幸就是自己的无能。举例来说，对数学家来说，只要他能证明费尔马定理，就可以获得全球数学家的崇敬，自己也可以得到极大的快感，问题在于你证不出来。物理学家发明了常温核聚变的方法，也可马上体验幸福的感觉，但你也发明不出来。由此就得出这样的结论，要努力去做事，拼命地想问题，这才是自己的救星。

　　怀着这样的信念，我投身于文学事业。我总觉得一门心思写单位里那些烂事，或者写些不愉快的人际冲突，不是唯一可做的事情。举例来说，可以写《爱丽丝漫游奇境记》这样的作品，或者，像卡尔维诺《我们的祖先》那样的小说。文学事业可以像科学事业那样，成为无边界的领域，人在其中可以投入澎湃的想象力。当然，这很可能是个馊主意。我自己就写了这样一批小说，其中既没有海船，也没有囚笼，只有在它们之外的一些事情。遗憾的是，这些小说现在还在主编手里压着出不来，他还用一种本体论的口吻说道："他从哪里来？他是谁？他到底写了些什么？"

文明与反讽

　　据说在基督教早期，有位传教士（死后被封为圣徒）被一帮野蛮的异教徒逮住，穿在烤架上用文火烤着，准备拿他做一道菜。该圣徒看到自己身体的下半截被烤得吱吱冒泡，上半截还纹丝未动，就说："喂！下面已经烤好了，该翻翻个儿了。"烤肉比厨师还关心烹调过程，听上去很有点儿讽刺的味道。那些野蛮人也没办他的大不敬罪——这倒不是因为他们宽容。人都在烤着了，还能拿他怎么办。如果用棍子去打、拿鞭子去抽，都是和自己的午餐过不去。烤肉还没断气，一棍子打下去，将来吃起来就是一块瘀血疙瘩，很不好吃。这个例子说明的是，只要你不怕做烤肉，就没有什么阻止你说俏皮话。但那些野蛮人听了多半是不笑的——总得有一定程度的文明，才能理解这种幽默，所以，幽默的圣徒就这样被没滋没味的人吃掉了。

　　本文的主旨不是拿人做烤肉，而是想谈谈反讽——照我看，任何一个文明都该容许反讽的存在，这是一种解毒剂，可以防止人把事情干到没滋没味的程度。谁知动笔一写，竟写出件烧烤活人的事，我也不知道是为什么。让我们进入正题，且说维多利亚女王时期，英国的风气极是假正经。上等人说话都不提到腰以下的部位，连裤子这个字眼都不说，更不要说屁股和大腿。为了免得引起不良的联想，连钢琴腿都用布遮了起来。还有桩怪事，在餐桌上，鸡胸脯不叫鸡胸脯，叫作白肉，鸡大腿不叫鸡大腿，叫作黑肉——不分公鸡母鸡都是这么叫。这么称呼鸡肉，简直是脑子有点儿毛病。照我看，人若是连鸡的胸脯、大腿都不敢面对，就该去吃块砖头。问题不在于该不该禁欲，而在于这么搞实在是没劲透了。英国人就这么没滋没味地活着，结果是出了件怪事情：就在维多利亚时期，英国出现了一大批匿名出版的地下小说，通通是匪夷所思的色情读物。直到今天，你在美国逛书店，假如看到书架上钉块牌子，上书"维多利亚时期"，架子上放的准不是假正经，而是真色情……

坦白地说，维多利亚时期的地下小说我读了不少——你爱说我什么就说什么好了。我不爱看色情书，但喜欢这种逆潮流而动的事——看了一些就开始觉得没劲。这些小说和时下书摊上署名"黑松林"的下流小册子还是有区别的，可以看出作者都是有文化的人。其中有一些书，还能称得上是种文学现象。有一本还有剑桥文学教授作的序，要是没有品，教授也不会给它写序。我觉得一部分作者是律师或者商人，还有几位是贵族。这是从内容推测出来的。至于书里写到的事，当然是不敢恭维。看来起初的一些作者还怀有反讽的动机，一面捧腹大笑，一面胡写乱写，搞到后来就开始变得没滋没味，把性都写到了荒诞不经的程度。所以，问题还不在于该不该写性，而在于不该写得没劲。

过了一个世纪，英国的风气又是一变。无论是机场还是车站，附近都有个书店，布置得怪模怪样，霓虹灯乱闪，写着小孩不准入内，有的进门

还要收点儿钱。就这么一惊一乍的，里面有点儿啥？还是维多利亚时期的
小说以及它们的现代翻写本，这回简直是在犯贫。终于，福尔斯先生朝这
种现象开了火。这位大文豪的作品中国人并不陌生，《法国中尉的女人》
《石屋藏娇》，国内都有译本。特别是后一本书，假如你读过维多利亚时期
的原本，才能觉出逗来。有本维多利亚时期的地下小说，写一个光棍汉绑
架了一个小姑娘，经过一段时间，那女孩爱上他了——这个故事被些无聊
的家伙翻写来翻写去，翻到彻底没了劲。福尔斯先生的小说也写了这么个
故事，只是那姑娘被关在地下室里，先是感冒了，后来得了肺炎，然后就
死球了。当然，福尔斯对女孩没有恶意，他只是在反对犯贫。总而言之，
当一种现象（不管是社会现象还是文学现象）开始贫了的时候，就该兜头
给它一瓢凉水。要不然它还会贫下去，就如美国人说的，散发出屁眼气
味——我是福尔斯先生热烈的拥护者。我总觉得文学的使命就是制止整个
社会变得无趣……当然，你要说福尔斯是反色情的义士，我也没什么可说
的。你有权利把任何有趣的事往无趣处理解。但我总觉得福尔斯要是生活
在维多利亚时期，恐怕也不会满足于把鸡腿叫作黑肉，他总要闹点儿事，
写地下小说或者还不至于，但可能像王尔德一样，给自己招惹些麻烦。我
觉得福尔斯是个反无趣的义士。

假如我是福尔斯那样的人，现在该写点儿啥？我总禁不住想向《红楼
梦》开火。其实我还有更大的题目，但又不想作死——早几年兴文化衫，
有人在胸口印了几个字"活着没劲"，觉得自己有了点儿幽默感，但所有
写应景文章的人都要和这个人玩命，说他颓废——反讽别的就算了吧，这
回只谈文学。曹雪芹本人不贫，但写各种"后梦"的人可是真够贫的。然
后又闹了小一个世纪的"红学"。我觉得全中国无聊的男人都以为自己是
贾宝玉，以为自己不是贾宝玉的，还算不上是个无聊的男人。看来我得把
《红楼梦》反着写一下——当然，这本书不会印出来的：刚到主编的手里，

他就要把我烤了。罪名是现成的：亵渎文化遗产，民族虚无主义。那位圣徒被烤的故事在我们这里，也不能那样讲，只能改作：该圣徒在烤架上不断高呼"我主基督万岁""圣母马利亚万岁""打倒异教徒"，直至完全烤熟。连这个故事也变得很没劲了。

长虫·草帽·细高挑

　　近来买了本新出的《哈克贝利·芬历险记》。这本书我小时候很爱看，现在这本是新译的——众所周知，新译的书总是没有老版本好。不过新版本也不是全无长处，篇首多了一篇吐温瞎编的兵工署长通告，而老版本把它删了。通告里说，如有人胆敢在本书里寻找什么结构、道德寓意等等，一律逮捕、流放，乃至枪毙。马克·吐温胆子不小，要是现在国内哪位作家胆敢仿此通告一番：如有人敢在我的书里寻找文化源流或可供解构的东西，一律把他逮捕、流放、枪毙，我看他会第一个被枪毙。现在各种哲学，甚至是文化人类学的观点，都浩浩荡荡地杀入了文学的领域。作家都成了文化批评的对象，或者说，成了老太太的尿盆——挨呲儿的货。连他们自己都从哲学或人类学上给自己找写作的依据，看起来着实可怜，这就叫人想起了电影《霸王别姬》里张丰毅演的角色，屁股上挨了板子，还要说："打得好，师傅保重。"哲学家说，存在的就是合理的。一种情形既然出现了，就必然有它的原因。再说，批评也是为了作家好。但我现在靠写作为生，见了这种情形，总觉得憋气。

我家乡有句歇后语：长虫戴草帽，混充细高挑——老家人以为细高挑是种极美丽的身材，连长虫也来冒充。文化批评就是揭去作家头上的草帽，使他们暴露出爬行动物的本色。所谓文学是不存在的，存在的只有文化——这是一种特殊的混沌，大家带着各种丑恶的心态生活在其中。这些心态总要流露出来，这种流露就是写作——假如这种指责是成立的，作家们就一点儿正经的都没有，是帮混混。我不敢说自己是作家，也不认识几个作家，没理由为作家叫屈。说实在的，按学历我该站在批评的一方，而不是站在受批评的一方。但若说文学事业的根基——写作——是这样一种东西，我还是不能同意。

过去我是学理科的。按照C. P. 格林的观点，正如文学是文学家的文化，科学也是科学家的文化。对科学的文化批评尚未兴起，而且我不认为它有可能兴起。但这不是说没人想要批评科学。人文学者，尤其是哲学家，总想拿数学、物理说事，给它们若干指导。说归说，数学家、物理学家总是不理，说得实在外行时，就拿它当个笑话讲。我当研究生时，有位著名的女人类学家对统计学提出了批评，说没必要搞得这么复杂、高深。很显然，这位女士想要"解构"数学的这一分支。上课之前老师把这批评给大家念了念，师生一起捧腹大笑，其乐也融融——但文学家很少有这种欢笑的机会。数学家笑，是因为假如一个人不演算，也不做公式推导，哪怕你后现代哲学懂得再多，也没有理由对数学说三道四。但这句话文学家就不敢说。同样是文化，怎么会有这种不同的境遇呢？这原因大家恐怕都想到了：文学好像人人都懂，而数学，则远不是人人都懂得。

罗素先生说得好，人人理应平等，实际上却远不是这样——特别是人与人有知识的差别。这一点在大学里看得最明白：搞科学哲学的教授，尽管名声很大，实际上见了学物理的研究生都要巴结，而物理学家见了数学家，气焰也要减几分，因为就连爱因斯坦都有求职业数学家帮忙的时候。说起一门学问，我会你不会，咱俩就没法平等。看起来，作家们必须从反面理解这种差别：他要巴结的不仅是文艺批评家、文艺理论家，还有哲学家、人类学家、社会学家，甚至要包括每一个文科毕业的学生——只要该学生不是个作家，因为不管谁说出句话来，你听不懂，就只好撅屁股挨打，打你的人火气还特大，我总觉得这事有点儿不对头。假如挨两下能换来学问，也算挨得值，但就怕碰上蒙事、打几下便宜手的人。我知道一句话，估计除了德宏州的景颇人谁也听不懂："呜！阿靠！卡路来！"似乎批评家要想知道意思也得让我打两下，但我没这么坏，不打人也肯把意思说出来，这话是我插队时学来的，意思是："喂，大哥，上哪儿去呀？"就凭一句别人听不懂的景颇话打人，我也未免太心黑了一点儿——那也没有凭几句哲学咒符打人嘿。

　　文化批评还不全是"呜阿靠卡路来"。它有很大的正面意义，其中最重要的是可以鼓舞作家自爱、自强、自重。一种跨学科的统治一切的欲望，像幽灵一样四处游荡——可怎么偏偏是你遇上了这个鬼？俗话说，老太太买柿子，拣软的捏。但一枚柿子不能怪人家来捏你，要反省自己为什么被捏。对罗素先生的话也可以做适度的推广：人与人不独有知识的差异，还有能力的差异——我的意思是说，写作一道，虽没有很深的学问，也远不是人人都会。作家可以在两个方面表现这种差异：其一是文体，傅雷、汝龙、王道乾，这些优秀翻译家都是文体大师。谁要想解构就去解好了，反正那样的文章你写不出来。其二是想象力，像卡尔维诺的《我们的祖先》、尤瑟纳尔的《东方奇观》，里面充满了天外飞龙般的想象力，这可是个硬指标，而且和哲学、人类学、社会学都不搭界。捏不动的硬柿子还有一些，比方说，马克·吐温的幽默。在所有的柿子里，最硬的是莎翁，从文字到故事都无与伦比。当然，搞文化批评的人早就向莎翁开战了，说他的《驯

悼记》是男性中心主义的作品。说这个没用，他老人家是人，又没学会喝
风屙烟，编几个小剧本到小剧场里搞搞笑，赚几个小钱，这又有什么。再
说，人家还有四大悲剧哩——你敢挑四大悲剧的毛病吗？我现在靠写作为
生，写上一辈子，总得写出些让别人解构不了的东西。我也不敢期望过高，
写到有几分像莎翁就行了。到那时谁想摘我的草帽，就让他摘好了，不摘
草帽是个细高挑，摘了还是个细高挑……

卡拉OK和驴鸣镇

　　有一次，愁容骑士堂吉诃德和他忠实的侍从桑乔·潘萨走在路上，遇到一伙手持刀杖去打冤家的乡下人。这位高尚的骑士问乡下人为什么要厮杀，听到了这么一个故事：在一个镇子上，住了两个朋友。有一天，其中一位走失了一头驴子，就找朋友帮忙。他们进山去找，那位帮忙的朋友说："山这么大，怎么找呢。我有一样不登大雅之堂的雕虫小技，假如你也会一点儿，事情就好办了。"失驴的朋友说："这是怎样的技巧呢？"那位帮忙者说他会学驴叫。假如失驴者也会，大家就可以分头学着驴叫在山上巡游，那迷途的驴子听到同类的呼唤，肯定会走出来和他们会合。那失驴者答道："好计策！至于学驴叫，我岂止是会一点儿，简直是很精通啊！让我们依计而行吧。"于是，两位朋友分头走进了山间小道，整个荒山上响起了阵阵驴鸣……

　　我住的这座楼隔音很坏，住户中有不少人买了卡拉OK机器，从早唱到晚。黑更半夜，我躺在床上听到OK之声，一面把脑袋往被窝里扎，一面就想起了这个故事——且听我把故事讲完。这两位朋友分头去寻驴，在林子深处相会了。失驴的朋友说："怎么，竟是你吗！我是不轻易恭维人的，但我要说，仅从声音上判断，你和一头驴子是没有任何区别的⋯⋯"那帮忙者答道："朋友，同样的话我正要用来说你！你的声音很洪亮，音度很坚强，节奏很准确。在我的长项上，我从不佩服任何人的，但我对你要五体投地，俯首称臣了！"——这也正是笔者的感触。你可以去查一九七八年人民大学新生的体检记录，我的肺活量在两千人里排第一，可以长号一分钟不换气，引得全校的人都想掐死我，但总想在半夜敲邻居的门，告诉他，在号叫方面我对他已是五体投地——现在言归正传，那失驴者听到赞誉之后说："以前，我以为自己是个一无所长的人，现在听了你的赞誉，再不敢妄自菲薄，我也是有一技之长的人了⋯⋯"后来，这两位朋友又去寻驴，每次都把对方当成驴，聚在了一起。最后，总算是找到了，这可怜的畜生被狼吃得只剩些残余。那帮忙的朋友说："我说它怎么不答应！就算它死了，只要是完整的，听了你的召唤，也一定会起来回答。"而那失驴的朋友却说："虽然失了驴，但也发现了自己的才能，我很开心！"于是，这两个朋友下山去，把这故事告诉路人，不想给本镇招来了"驴鸣镇"的恶名——隐含的意思就是镇上全是驴。故事开始时见到的那伙人，就是因为被人称为驴鸣镇人，而去拼命。如前所述，我觉得自己住在驴鸣楼里，但不想为此和人拼命。

我总想提醒大家一句，人在歌唱时听不到自己的声音。在卡拉 OK 时，面对五彩画面觉得挺美时，也许发出的全不类人声。茶余酒后，想过把歌星瘾时，也可以唱唱。但干这种勾当，最好在歌厅酒楼等吵不着人的地方；就是嗓子好，也请把嗓门放低些，留点儿余地——别给餐厅留下"驴鸣餐厅"的恶名。

外国电影里的幽默

　　近来和影视圈里的朋友谈电影，我经常要提起伍迪·艾伦。这些朋友说，艾伦的片子难懂，因为里面充满了外国人的幽默。幽默这种东西很深奥，一般人没有这么大的学问，就看不懂。我说："我觉得这些片子很好懂。"他们说："您是个最有学问的人哪。"就因为能看懂艾伦的电影，我赚了这么一顶高帽。艾伦有部电影叫作《傻瓜》（Banana），写的也是个傻瓜，走在街上看到别人倒车，就过去指挥，非把人家指挥到墙上才算；看到别人坐在桥栏杆上，就要当胸推上一把，让人家拖着一声怪叫掉到水里——就这么个能把人气乐了的家伙，居然参加了游击队，当了南美的革命领袖……当然，这部电影想在中国上演是不容易的，但也没有什么高深的学问在内。

　　艾伦还有部片子，叫作《性——你想知道又不敢问的事情》，从名字就能看出来，这片子有点儿辈，不在引进之列，但也不难懂。我在街道工厂学过徒，我估计我们厂的师傅看到这部片子都能笑出来；但也会有人看了不想笑。有位英国演员得了奥斯卡金像奖之后，仅仅因为他是男的，追星族的少女就对他很热情。他感慨道："我现在才知道，原来四十多岁，秃顶，腆着个大肚子（这就是他老兄当年的形象），这就是性感的标志啊。"我也有同样感慨："原来'傻瓜''想知道又不敢问的事情'，这就是高深的学问啊。"

最近看过美国电影《低俗小说》（又译《黑色通缉令》），里面有个笑话是这样的：第一次世界大战时，有个美国军人给爱人买了一块金表，未来得及给她，就上了前线。他带着这块表出生入死，终于回来，把表交给了她，两人结婚生子，这块表就成了这一家的传家宝。这家的第二代又是军人，带着金表去越南打仗，被越共逮住，进了战俘营。越共常常搜战俘的身，但此人想到，我要把这传家宝藏好，交给我儿子；就把它藏在了屁眼里，一连藏了五年，直到不幸死去。在临终时，他把表托付给战友，让他一定把表给儿子。这位战友也没地方藏，又把它藏在了屁眼里，又藏了两年，才被释放。最后，这家的第三代还是个孩子时，有一天，来了一位军官（就是那位受托的战友），给他讲了这个故事，并把这件带有两个人体温、七年色、香、味的宝物，放到孩子手心里。这孩子直到四十多岁，还常常在梦里见到这一幕，然后怪叫一声吓醒。

鲁迅先生也讲过一个类似的故事：民国时，一位前清的遗少把玩着一件珍贵的国宝——放在手里把玩，还拿来刮鼻子，就差含在嘴里——原来这国宝是古人大殓时夹在屁眼里的石头。从这两个故事的相似之处可以看出幽默是没有国界的，用不到什么高深学问就能欣赏它；但你若是美国的老军官，就不喜欢《黑色通缉令》，你要是中国的遗老，就会不喜欢鲁迅先生的笑话。在这种情况下，人就会说："听不懂。"

除了不想懂，还有不敢懂的情形。美国的年轻人常爱用这样一句感叹语："Holy shit！"信教的老太太就听不懂。holy 这个词常用在宗教方面，就如中国人说：伟大、光荣、正确，shit 是屎。连在一起来说，好多人就不敢懂了。

在美国，教会、军队，还有社会的上层人物，受宗教和等级观念制约，时常犯有假正经的毛病，所以就成为嘲讽的对象。这种幽默中国没有，但不难理解。中国为什么没有这种幽默，道理是明摆着的：这里的权力不容许幽默，只容许假正经。开玩笑会给自己带来麻烦，我喜欢说几句笑话，别人就总说："你在五七年，准是个'右'派。"一九五七年有好多漫画家都当了"右"派。直到现在，中国还是世界上少数几个没有政治漫画的国家。于是，幽默在这个国家成了高深莫测的学问。

有一部根据同名小说改编的电影《玫瑰之名》，讲了这么一个故事：中世纪的意大利，有座修道院，院里藏了一本禁书。有很多青年僧侣冒着生命危险去偷看这本书，又有一个老古板，把每个看过这本书的人都毒死了。该老古板说道，这本禁书毒害人的心灵，动摇人的信仰，破坏教会在人间的统治——为此，他不但杀人，还放了火，把这本禁书和整个修道院都烧掉了。这是个阴森恐怖的故事，自始至终贯穿着一个悬念——这是一本什么书？可以想象，这书里肯定写了些你想知道又不敢问的事情。在电影结束时，披露了书名，它就像《低俗小说》里那块沉重的金表，放进了你的掌心，它是亚里士多德久已失传的《诗学》第二部。这本书只谈了一件事：什么叫作幽默。这个故事的背景也可以放在现代中国。

电影·韭菜·旧报纸

　　看来，国产电影又要进入一个重视宣传教育的时期。我国电影的从业人员，必须做好艰苦奋斗的思想准备——这是我们的光荣传统。七十年代中期，我在北京的街道工厂当工人，经常看电影，从没花钱买过电影票，都是上面发票。从理论上说，电影票是工会买的。但工会的钱又从哪里来？我们每月只交五分钱的会费。这些钱归根结底是国家出的。严格地说，当时的电影没有票房价值，国家出钱养电影。今后可能也是这样。正如大家常说的，国家也不宽裕，电影工作者不能期望过高。这些都是正经话。

　　国家出钱让大家看电影，就是为了宣传和教育。坦白地说，这些电影我没怎么看。一九七四年、一九七五年我闲着没事，还去看过几次，到了一九七七、一九七八年，我一场电影都没看。那时期我在复习功课考大学，每分钟都很宝贵。除我以外，别的青工也不肯去看，有人要打家具，准备结婚，有人在谈朋友。总之，大家都忙。年轻人都让老师傅去看，但我们厂的师傅女的居多，她们说，电影院里太黑，没法打毛衣——虽然摸着黑也可以打毛衣，但师傅们说还没学会这种本领。其结果就是，我们厂上午发的电影票，下午都到了字纸篓里。我想说的是，电影要收到宣传教育的结果，必须有人看才成，这可是个严肃的问题。除了编导想办法，别人也要帮着想办法。根据我的切身经历，我有如下建议：假如放映工会包场，电影院里应该有适当的照明，使女工可以一面看电影，一面打毛衣，这样就能把人留在场里。

当然，电影的宣传教育功能不光体现在城市，还体现在广阔的农村，在这方面我又有切身体验。七十年代初，我在云南插队。在那个地方，电影绝不缺少观众。任何电影都有人看，包括《新闻简报》。但你也不要想到票房收入上去。有观众，没票房，这倒不是因为观众不肯掏钱买票，而是因为他们根本就没有钱。我觉得在农村放电影，更能体现电影的宣传、教育功能。打个比方说，在城市的电影院放电影，因为卖票，就像是职业体育；在农村放电影，就像业余体育。业余体育更符合奥林匹克精神。但是干这种事必须敬业，有献身精神——为此，我提醒电影工作者要艰苦奋斗，放电影的人尤其要有这种精神。我插队时净和放映员打交道，很了解这件事情。那时候我在队里赶牛车，旱季里，隔上十天半月，总要去接一次放映员，和他们搞得很熟……

有一位心宽体胖的师傅分管我们队，他很健谈，可惜我把他的名字忘掉了。我不光接他，还要接他的设备。这些设备里不光有放映机，还有盛在一个铁箱里的汽油发电机。这样他就不用使脚踏机来发电了。赶着牛车往回走时，我对他的工作表示羡慕。想想看，他不用下大田，免了风吹日晒，又有机器可用，省掉了自己的腿，岂不是轻省得很？但是他说，我说得太轻巧，不知道放映员担多大责任。别的不说，片子演到银幕上，万一大头朝下，就能吓出一头冷汗。假如银幕上有伟大领袖在内，就只好当众下跪，左右开弓扇自己的嘴巴，请求全体革命群众的原谅。原谅了还好，要是不原谅，捅了上去，还得住班房——这种事情是有的，而且时常发生。也不知为什么，放映员越怕，就越要出这种事。他说放电影还不如下大田。这是特殊年代里的特殊事件，没有什么普遍意义。但他还说：宣传工作不好干——这就有普遍意义了。就拿放电影来说吧，假如你放商业片，放坏了，是你不敬业；假如这片子有政治意义，放坏了，除了不敬业，还要加一条政治问题。放电影的是这样，拍电影的更是这样。这问题很明白，我就不多说了。

越不好干的工作，就越是要干，应该有这种精神。我接的这位师傅就是这样。他给我们放电影，既没有报酬，更谈不上红包。我们只管他的饭，就在我们的食堂里吃。这件事说起来很崇高，实际上没这么崇高。我所在的地方是个国营农场，他是农场电影队的，大家同在一个系统，没什么客套。走着走着，他问起我们队的伙食怎样。这可不是瞎问。我们虽是农场，却什么家当都没有，用两只手种地，自己种自己吃，和农民没两样。那时候地种得很坏，我就坦白地说，伙食很糟。种了一些花生，遭了病害，通通死光，已经一年没油吃。他问我有没有菜吃，我说有。他说，这还好。有的队菜地遭了灾，连菜都没有，只能拿豆汤当菜。他已经吃了好几顿豆汤，不想再吃了。我们那里有个很坏的风气，叫作看人下菜碟。首长下来视察就不必说了，就是兽医来阉牛，也会给他煎个荷包蛋。就是放映员来了，什么招待也没有。我也不知是为什么。

我讲这个故事，是想要说明，搞电影工作要艰苦奋斗。没报酬不叫艰苦奋斗，没油吃不叫艰苦奋斗，真正的艰苦马上就要讲到。回到队里，帮他卸下东西，我就去厨房——除了赶牛车，我还要帮厨。那天和往常一样，吃凉拌韭菜。因为没有油，只有这种吃法。我到厨房时，这道菜已经炮制好了，我就给帮着打饭打菜。那位熟悉的放映员来时，我还狠狠地给了他两勺韭菜，让他多吃一些。然后我也收拾家什，准备收摊；就在这时，放映员仁兄从外面猛冲了进来，右手扼住了自己的脖子，舌头还拖出半截，和吊死鬼一般无二。当然，他还有左手。这只手举着饭盆让我看——韭菜里有一块旧报纸。照我看这也没有什么。他问我韭菜洗了没有，我说洗大概是洗了的，但不能保证洗得仔细。但他又问："你们队的韭菜是不是用大粪来浇？"我说："大概也不会用别的东西来浇……"然后才想了起来，这大概是队部的旧报纸。旧报纸上只要没有宝像，就有人扯去方便用，报纸就和粪到了一起——这样一想，我也觉得恶心起来，这顿韭菜我也没吃。可钦可佩的是，这位仁兄干呕了一阵，又去放电影了。以后再到了我们队放电影，都是自己带饭，有时来不及带饭，就站在风口处，张大嘴巴说道："我喝点儿西北风就饱了——"他还有点儿幽默感。需要说明的是，洗韭菜的不是我，假如是我洗的，让我不得好死。这些事是我亲眼所见，放映员同志提心吊胆，在韭菜里吃出纸头，喝着西北风，这就是艰苦奋斗的故事。相比之下，今天的电影院经理，一门心思地只想放商业片，追求经济效益，不把社会效益、宣传工作放在心上，岂不可耻！但话又说回来，光喝西北风怎么饱肚，这还需要认真研究。

商业片与艺术片

　　去年，好莱坞十部大片在中国上演，引起了一场不大不小的轰动。这类片子我在美国时看了不少，但我远不是个电影迷。初到美国时英文不好，看电影来学习英文——除了在电影院看，还租带子，在有线电视上看，前后看了大约也有上千部。片子看多了，就能分出好坏来，但我是个中国的知识分子，既不买好莱坞电影俗套的账，也不吃美国文化那一套，评判电影另有一套标准。实际上，世界上所有的文化人评判美国电影，标准都和我差不多。用这个标准来看这十部大片，就是一些不错的商业片，谈不上好。美国电影里有一些真好的艺术片，可不是这个样子。

　　作为一个文化人，我认为好莱坞商业片最让人倒胃之处是落俗套。五六十年代的电影来不来地张嘴就唱，抬腿就跳，唱的是没调的歌，跳的是狗撒尿式的踢踏舞。我在好莱坞电影里看到男女主人公一张嘴或一抬腿，马上浑身起鸡皮疙瘩，抖作一团；你可能没有同样的反应，那是因为没有我看得多。到了七十年代，西部片大行其道，无非是一个牛仔拔枪就打，全部情节就如我一位美国同学概括的：Kill eveybody——把所有的人都杀了。等到观众看到牛仔、左轮手枪就讨厌，才换上现在最大的俗套，也就是我们正在看的：炸房子，摔汽车；一直要演到你一看到爆炸就起鸡皮疙瘩，才会换点儿别的。除了爆炸，还有很多别的俗套。说实在的，我真有点儿佩服美国片商炮制俗套时那种恬不知耻的劲头。举个例子，有部美国片子《洛基》，起初是部艺术片，讲一个穷移民，生活就如一潭死水——那叙事的风格就像怪腔怪调的布鲁斯，非常的地道。有个拳王挑对手，一下挑到他头上，这是因为他的名字叫"洛基"，在英文的意思里是"经揍"……这电影可能你已经看过了，怪七怪八的，很有点儿意思。我对它评价不低。假如只拍一集，它会给人留下很好的印象，别人也爱看。无奈有些傻瓜喜欢看电影里揍人的镜头，就有混账片商把它一集集地拍了下去，除了揍人和挨揍，一点儿别的都没了。我离开美国时好像已经拍到了《洛基七》或者《洛基八》，弄到了这个地步，就不是电影，根本就是大粪。

好莱坞商业片看多了，就会联想到《镜花缘》里的直肠国。那里的人消化功能差，一顿饭吃下去，从下面出来，还是一顿饭。为了避免浪费，只好再吃一遍（再次吃下去之前，可能会回回锅，加点儿香油、味精）。直到三遍五遍，饭不像饭而像粪时，才换上新饭。这个比方多少有点儿恶心，但我想不到更好的比方了。好莱坞的片商就是直肠国的厨师，美国观众就是直肠国的食客。顺便说一句，国产电影里也有俗套，而且我们早就看腻了……这个话题就到此为止，以免大家恶心。说句公道话，这十部大片有不少长处，特技很出色，演员也演得好，虽然说到头来，也就是些商业俗套，但中国观众才吃第一遍，感觉还很好，总得再看上一些才能觉得味道不对头。

我说过，美国也有好的艺术片。比方说，沃伦·比提年轻时自己当制片、自己主演的片子就很好。其中有一部《赤色分子》，中国的观众就算没看过，大概也有耳闻。再比方说伍迪·艾伦的影片，从早年的 Banana（《傻瓜》），到后来的《汉娜姐妹》，都很好。艺术片和商业片的区别就在于不是俗套。谁能说《末代皇帝》是俗套？谁能说《美国往事》是俗套？美国出产真正的艺术片并不少，只是与大量出产的商业片比，显得少一点儿而已。然而就是这少量的电影，才是美国电影真正生命之所在。美国搞电影的人自己都说，除了少量艺术精品，好莱坞生产垃圾。制造垃圾的理由是：垃圾能卖钱，精品不卖钱。《美国往事》《末代皇帝》从筹划到拍成，都是好几年。要总是这样拍电影，片商只好去跳楼……

　　既然艺术片不赚钱，怎么美国人还在拍艺术片？这是最有意思的问题。我以为，没有好的艺术片，就没有好的商业片。好东西翻炒几道才成了俗套，文化垃圾恰恰是精品的碎片。要是没人搞真正的艺术电影，好莱坞现在肯定还在跳狗撒尿的踢踏舞，让最鲁钝、最没品位的电影观众看了也大发疟疾。无论如何，真正的艺术才是世界上最好的东西。我对去年引进十部大片很赞成，因为前年连这样十部大片都没有。但我觉得自今年起，就该有点儿艺术片。除此之外，眼睛也别光盯着好莱坞。据我所知，美国一些独立制片人的片子相当好，欧洲的电影就更好。只看好莱坞商业片，是会把人看笨的。

我对国产片的看法

　　我很少出去看电影。近来在电影院看过的国产片子，大概只有《红粉》。在《红粉》这部片子里，一个嫖客、两个妓女，生离死别，演出多少悲壮的故事，看了让人起鸡皮疙瘩。由此回想起十多年前看过的一部国产片《庐山恋》，男女主人公在庐山上谈恋爱，狂呼滥喊："I love my motherland！"有如董存瑞炸碉堡。不知别人怎么看，我的感觉是不够妥当。这种不妥当的片子多得不计其数，恕我不一一列举。

　　作家纳博科夫曾说，一流的读者不是天生的，他是培养出来的。《庐山恋》还评上了奖，这大概是因为编导对观众的培养之功，但是这样的观众恐怕不能算是一流的。所以我们可以改改纳博科夫的话：三流的影视观众不是天生的，他也是培养出来的。作为欣赏者，我们开头都是二流水平，只有经过了培养，才会特别好或是特别坏。在坏的方面我可以举个例子，最近几年，中央台常演一些历史题材的连续剧，片子一上电视，编导就透过各种媒体说："这部片子的人物、情节、器具、歌舞，我们都是考证过的。"我觉得这很没意思。可怪的是，每演这种电视片，报纸上就充满了观众来信，对人物年代做些烦琐考证，我也觉得挺没劲。似乎电视片的编导已经把观众都培养成了考据迷。当然，也有个把漏网之鱼，笔者就是其中之一。但就一般来说，影视的编导就是墨索里尼，总是有理。凭良心说，现在的情况不算坏。"文化革命"里人们只看八个样板戏，也没人说不好。在那些年月里，培养出了一些只会欣赏样板戏的观众。在现在年月里，也培养了一批只会考证的观众。说到国产片的现状，应该把编导对观众的培养考虑在内。

作为一条漏网之鱼，我对电影电视有些不同的看法，我想从上面欣赏一些叫作艺术的东西。从这个意义上说，国产片的一些编导犯下了双重罪孽：其一，自己不妥当；其二，把观众也培养得不妥当。不过这种情况已经发生了变化：近年来，中国电影也取得了一些成就，有些片子还在国际上得了奖。我认为这些片子是好的，但也有一点儿疑问：怎么都这么惨咧咧、苦兮兮的？《霸王别姬》里剁下了一根手指头，《红高粱》里扒下了一张人皮。我们国家最好的导演，对人类的身体都充满了仇恨。单个艺术家有什么风格都可以，但说到群体，就该有另一种标准。打个比方来说，我以为英国文学是好的，自莎士比亚以降，名家辈出，内中有位哈代先生，写出的小说惨绝人寰——但他的小说也是好的。倘若英国作家自莎士比亚以降全是哈代的风格，那就该有另一种评价：英国文学是有毛病的。最近《辛德勒名单》大获成功，我听说有位大导演说："这正是我们的戏路！我们也可以拍这种表现民族苦难的片子。"以我之见，按照我们的戏路，这种片子是拍不出来的。除非把活儿做到银幕之外，请影院工作人员扮成日本兵，手擎染血的假刺刀，随着剧情的进展，来捅我们的肚皮。当然，假如上演这样的片子，剧院外面该挂个牌子：为了下一代，孕妇免进。话虽如此说，我仍然以为张艺谋、陈凯歌不同凡响。不同凡响的证明就是，他们征服了外国的观众，而外国的观众还没有经过中国编导的培养。假如中国故事片真正走向了世界，情况还不知是怎样。

莫泊桑曾说，提笔为文，就想到了读者。有些读者说："请让我笑吧。"有些读者说："请让我哭吧。"有些读者说："请让我感动吧⋯⋯"在中国，有些读者会说："请让我们受教育吧。"我举这个例子，当然是想用莫泊桑和读者，来比喻影视编导与观众。敏感的读者肯定能发现其中的可笑之处：作品培养了观众的口味，观众的口味再来影响作者，像这样颠过来、倒过去，肯定是很没劲。特别是，假如编导不妥当，就会使观众不妥当；观众又要求编导不妥当，这样下去，大家都越来越不妥当。作为前辈大师，莫泊桑当然知道这是个陷阱，所以他不往里面跳。他说："只有少数出类拔萃的读者才会要求：请凭着你的本心，写出真正好的东西来。"他就为这些读者而写。我也想做一个出类拔萃的观众，所以也这样要求，请凭着你的本心去拍片——但是，别再扒人皮了，这样下去有点儿不妥当。对于已经不妥当的编导，就不知说些什么——也许，该说点儿题外之语。我在影视圈里也有个把朋友，知道拍片子难。上面要审本子审片，这是一。找钱难，这是二。还有三和四，就没必要一一列举，其中肯定有一条：观众水平低。不过，我不知该怪谁。这只是一时一地的困境，而艺术是永恒的。此时此地，讲这些就如疯话一般。但我偏还觉得自己是一本正经的。

中国为什么没有科幻片

王童叫我回答一个问题：为什么中国没有科幻片。其实，这问题该去问电影导演才对。我认得一两位电影导演，找到一位当面请教时，他就露出一种蒙娜丽莎的微笑来，笑得我浑身起鸡皮疙瘩。笑完了以后，他朝我大喝一声："没的还多着哪！少跟我来这一套……"吼得我莫名其妙，不知自己来了哪一套。搞电影的朋友近来脾气都不好，我也不知为什么。

既然问不出来，我就自己来试着回答这个问题。我在美国时，周末到录像店里租片子，"科幻"一柜里片子相当多，名虽叫作科幻，实际和科学没什么大关系。比方说，《星球大战》，那是一部现代童话片。细心的观众从里面可以看出白雪公主和侠盗罗宾汉等一大批熟悉的身影。再比方说，《侏罗纪公园》，那根本就是部恐怖片。所谓科幻，无非是把时间放在未来的一种题材罢了。当然，要搞这种电影，一些科学知识总是不可少的，因为在人类的各种事业中，有一样总在突飞猛进地发展，那就是科学技术，要是没有科学知识，编出来也不像。

　　有部美国片子《苍蝇》，国内有些观众可能也看过，讲一个科学家研究把人通过电缆发送出去。不幸的是，在试着发送自己时，装置里混进了一只苍蝇，送过去以后，他的基因和苍蝇的基因就混了起来，于是他自己就一点点地变成了一只血肉模糊的大苍蝇——这电影看了以后很恶心，因为它得了当年的奥斯卡最佳效果奖。我相信编这个故事的人肯定从维纳先生的这句话里得到了启迪：从理论上说，人可以通过一条电线传输，但是这样做的困难之大，超出了我们的能力。想要得到这种启迪，就得知道维纳是谁。他是控制论的奠基人，少年时代是个神童——这样扯起来就没个完了。总而言之，想搞这种电影，编导就不能上电影学院，应该上综合性大学。倒也不必上理科的课，只要和理科的学生同宿舍，听他们扯几句就够用了。据我所知，综合性大学的学生也很希望在校园里看到学电影的同学。尤其是理科的男学生，肯定希望在校园里出现一些表演系的女生……这很有必要。中国的银幕上也出现过科学家的形象，但都很不像样子，这是因为搞电影的没见过科学家。演电影的人总觉得人若得了博士头衔，非疯即傻。实际上远不是这样。我老婆就是个博士。她若像电影上演的那样，我早和她离婚了。

　　除了要有点儿科学知识，搞科幻片还得有点儿想象力。对于创作人员来说，这可是个硬指标。这类电影把时间放到了未来，脱离了现实的束缚，这就给编导以很大自由发挥的空间——其实是很严峻的考验。真到了这片自由的空间里，你又搞不出东西来，恐怕是有点儿难堪。拍点儿历史片、民俗片，就算没拍好，也显不出寒碜。缺少科学知识，没有想象力，这都是中国出不了科幻片的原因——还有一个原因，科幻片要搞好，就得搞些大场面，这就需要钱——现在是社会主义初级阶段，没那么多钱。好了，现在我已经有了很完备的答案。但要这么回答王童，我就觉得缺了点儿什么……

我问一位导演朋友中国为什么没有科幻片，人家就火了。现在我设身处地地替他想想，假设我要搞部科幻片，没有科学知识，我可以到大学里听课。没有想象力，我可以喝上二两，然后面壁枯坐。俗话说得好，牛粪落在田里，大太阳晒了三天，也会发酵、冒泡的。我每天喝二两，坐三个小时，年复一年，我就不信什么都想不出来——最好的科幻本子不也是人想出来的吗？搞到后来，我有了很好的本子，又有投资商肯出钱，至于演员嘛，让他们到大学和科研单位里体验生活，也是很容易办到的——搞到这一步，问题就来了：假设我要搞的是《侏罗纪公园》那样的电影，我怎么跟上面说呢？我这部片子，现实意义在哪里？积极意义又在哪里？为什么我要搞这么一部古怪的电影？最主要的问题是，我这部电影是怎样配合当前形势的？这些问题我一个都答不上来，可答不上来又不行。这样一想，结论就出来了：当初我就不该给自己找这份麻烦。

电脑特技与异化

　　《侏罗纪公园》《玩具总动员》获得成功以后，电影中的电脑特技就成了个热门话题。咱们这里也有人炒这个题目，写出了大块文章，说电脑特技必然导致电影人的异化云云。我对这问题也有兴趣，但不是对炒有兴趣，而是对特技有兴趣。电脑做出的效果虽然不错，但还不能让我满意。听说做特技要用工作站，这种机器不是我能买得起的，软件也难伺候，总得有一帮专家聚在一起，黑天白日地干，做出的东西才能看。有朝一日技术进步了，用一台PC机就能做电影，软件一个人也能伺候过来，那才好呢。到了那时，我就不写小说，写点有声有色的东西。说句实在话，老写这方块字，我早就写烦了。有关文章的作者一定会惊呼道："连小说的作者（我）也被异化了。"但这种观点不值一驳。你说电脑特技是异化，比之搭台子演戏，电影本身才是异化呢。演戏还要化装，还不如灰头土脸往台上一站。当然上台也是异化，不如不上台。整个表演艺术都没有，这不是更贴近生活吗？说来说去，人应该弃绝一切科学、技术和艺术的进步，而且应该长一脸毛，拖条尾巴，见了人龇出大牙嗷嗷地叫唤——你当然知道它是谁，它是狒狒。比之人类，它很少受到异化，所以更像我们的共同祖先——猴子。当然，狒狒在低等猴类面前也该感到惭愧，因为它也被异化了。这样说来说去，所有的动物都该感到惭愧，只有最原始的三叶虫和有关批判文章的作者例外。

像这样理解异化的概念，可能有点儿歪批，但也没有把电脑科技叫作异化更歪。除了异化之外，还有个概念叫作同化。在生物学上指生物从外界取得养分，构造自己的机体。作为艺术家，我认为一切技术手段都是我们同化的目标。假如中国的电影人连电脑特技这样的手段都同化不了，干脆散伙算了。我希望艺术家都长着一颗奔腾的心，锐意进取。你当然也可以说，这姓王的被异化得太厉害，心脏都成了电脑的CPU。

说句老实话吧，我不相信有关文章的作者真的这么仇恨电脑。所有的东西都涨价，就是电脑在降价，它有什么可恨的呢。他们这样说，主要是因为电脑特技是外国人先搞出来，并且先用在电影上的。假如这种技术是中国人的发明，并且在我国的重点影片上首先采用，我就不相信谁还会写这种文章——资本主义国家弄出了新玩意，先弄它一下。不管有理没理，态度起码是好的。有朝一日，上面有了某种精神，咱们的文章早就写了，受表扬不说，还赚了个先知先见之明。像这种事情以前也有过，但不是发生在中国，而是发生在早年的苏联，也不是发生在电影界，而是发生在物理学界。

当时爱因斯坦的相对论刚刚问世，有几位聪明人盘算了一下，觉得该弄它一下，就写几篇文章批判了一番。爱因斯坦看了觉得好笑，写了首打油诗作为回敬——批判文章我没看到，爱老师的打油诗是读过的。当然，等我读到打油诗时，爱老师和写文章的老师都死掉了。对于后者来说，未尝不是好事，要不别人见到时说他一句："批判相对论，你还是物理学家呢你。"难免也会臊死。

　　我总觉得，未来的电影离不了电脑特技，正如今日的物理学离不了相对论，所以上面也不会有某种精神。当然，我也不希望有关作者被臊死。这件事没弄对，但总会有弄对的时候。

旧片重温

　　我小时看过的旧片中，有一部对我有特殊意义，是《北国江南》。当时我正上到小学高年级，是学校组织去看的。这是一部农村题材的电影，由秦怡女士主演。我记得她在那部电影里面瞎了眼睛，还记得那电影惨咧咧的，一点儿都不好看——当然，这是说电影，不是说秦怡，秦女士一直是很好看的，别的一点儿都记不得。说实在的，小男孩只爱看打仗的电影，我能在影院里坐到散场，就属难能可贵。这部电影的特殊之处在于：我去看时还没有问题，看过之后就出了问题——阶级斗争问题和路线斗争问题。这种问题我一点儿都没看出来，说明我的阶级觉悟和路线觉悟都很低。这件事引起了我的警惕，同时也想到，电影不能单单当电影来看，而是要当谜语来猜，谜底就是它问题何在。当然，像这种电影后来还有不少，但这是第一部，所以我牢牢记住了这个片名：《北国江南》。但它实在不对我胃口，所以没有记住内容。

　　和我同龄的人会记得，电影开始出问题，是在六十年代中期，准确地说，是一九六五年以后。在此之前也出过，比方说，电影《武训传》，但那时我太小。一九六五年我十三岁，在这个年龄发生的事对我们一生都有影响。现在还有人把电影当谜语猜，说每部片子都有种种毛病。我总是看不出来，也可能我这个人比较鲁钝，但是必须承认，一九六五年、一九六六年那些谜语实在是难猜。

举例来说，有一部喜剧片《龙马精神》，说到有一匹瘦马，"脊梁比刀子快，屁股比锥子快，躺下比起来快"。这匹马到了生产队的饲养员大叔手里，就被养得很肥。这部电影的问题是：这匹马起初怎么如此瘦，这岂不是给集体经济抹黑？这个谜底就大出我的意料。从道理上讲，饲养员大叔把瘦马养肥了，才说明他热爱集体。假如马原来就胖，再把它喂得像一口超级肥猪，走起来就喘，倒不一定是关心集体。但《龙马精神》还是被枪毙掉了。

再比方说，电影《海鹰》，我没看出问题来，但人家还是给它定了罪状。这电影中有个镜头，一位女民兵连长（王晓棠女士饰）登上了丈夫（一位海军军官）开的吉普车，扬尘而去。人家说，这女人不像民兵连长，简直像吉普女郎。所谓吉普女郎，是指解放前和美国兵泡的不正经的女人。说实在的，一般电影观众，除非本人当过吉普女郎，很难看出这种意思来。所以，我没看出这问题，也算是情有可原。

几乎所有的电影都被猜出了问题，但没有一条是我能看出来的。最后只剩下了"三战一哈"还能演。三战是《地道战》《地雷战》《南征北战》，大多不是文艺片，是军事教育片。这"一哈"是有关一位当时客居我国的亲王的新闻片，这位亲王带着他的夫人，一位风姿绰约的公主，在我国各地游览，片子是彩色的，蛮好看，上点儿年纪的读者可能还记得。除此之外，就是《新闻简报》，这是黑白片，内容千篇一律，一点儿不好看。有一个流行于七十年代的顺口溜，对各国电影做出了概括：朝鲜电影，又哭又笑；日本电影，内部卖票；罗马尼亚电影，莫名其妙；中国电影，《新闻简报》。这个概括是不正确的，起码对我国概括得不正确。当时的中国电影，除《新闻简报》，还剩了点儿别的。

这篇文章是从把电影当谜语来猜说起的。在六十年代末七十年代初，大多数的电影都被指出隐含了反动的寓意，枪毙实在是罪有应得。然后开始猜书。书的数量较多，有点儿猜不过来，但最后大多也有了结论：通通是毒草——红宝书例外。然后就猜人。好好一个人，看来没有毛病，但也被人找出谜底来。不是大叛徒，就是大特务，一个个被关进了牛棚；没被关进去的大都不值得一猜，比方说，我，一个十四五岁的中学生，关我就没啥意思，但我绝不认为自己身上就猜不出什么来。到了这个程度，似乎没有可猜的了吧？但人总能找出事干，这时就猜一切比较复杂的图案。有一种河南出产的香烟"黄金叶"，商标是一张烟叶，叶子上脉络纵横，花里胡哨。红卫兵从这张烟叶上看出有十几条反动标语，还有蒋介石的头像。我找来一张"黄金叶"的烟盒，对着它端详起来，横着看、竖着看，一条也没看出来。不知不觉，大白天的落了枕，疼痛难当，脖子歪了好几个月。好在年龄小，还能正过来。

到了这时，我终于得出一个结论：这种胡乱猜疑，实在是扯淡得很。这是个普遍猜疑的年代，没都能猜出有来。任何一种东西，只要足够复杂，其中有些难以解释的东西，就被往坏里猜。电影这种产品，信息含量很高，就算是最单纯的电影，所包含的信息也多过"黄金叶"的图案，想要没毛病，根本就不可能。所以，你要是听说某部电影有了问题，千万不要诧异。我们这代人，在猜疑的年代长大，难免会落下毛病，想从鸡蛋里挑出骨头，这样才显出自己能来，这是很不好的。但你若说，我这篇短文隐含了某些用意，我要承认，你说对了，不是胡乱猜疑。

为什么要老片新拍

听说最近影视圈里兴起了一阵重拍旧片的浪潮，把一批旧电影重拍成电视连续剧。其中包括《敌后武工队》《平原枪声》《铁道游击队》等等。现在《野火春风斗古城》已经拍了出来，正在电视上演着。我看了几眼，虽然不能说全无优点，但也没什么新意。联想到前不久看到一些忠实于原著的历史剧，我怀疑一些电视剧编导正在走一条程式化的老路，正向传统京剧的方向发展。笔者绝不是京剧迷，但认识一位京剧迷。二十年前我当学徒工时，有位老师傅告诉我说，在老北平，他每天晚上都到戏园子坐坐。一出《长坂坡》不知看了多少遍，"谁的赵云"他都看过。对此需要详加解释。过去所有的武生大概都在《长坂坡》里演过赵云，而我师傅则看过一切武生演的赵云。因为还不是所有的男演员都演过杨晓冬，也不是所有的女演员都演过银环，现在我们还不能说谁的杨晓冬、谁的银环都看过，但是事情正朝这个方向发展，因为杨晓冬和银环正在多起来。我们也不妨未雨绸缪，把这件事提前说上一说。

　　老实说，老片新拍（或者老戏重拍）不是什么新鲜事。我在美国时看过一部《疤脸人》，是大明星艾尔·帕西诺主演的彩色片。片尾忽然冒出一个字幕：以前有过一部电影《疤脸人》，然后就演了旧《疤脸人》的几个片断。从这几个片断就可以看出，虽然新旧《疤脸人》是同一个故事，但不是同一部电影。我们还知道影片《乱》翻新了莎翁的名剧，至于《战争与和平》，不知被重拍了多少遍。一个导演对老故事有了崭新的体会，就可以重拍，保证观众有一个全新的《疤脸人》或《战争与和平》就是，而且这是对过去导演的挑战。必须指出，就是这样的老戏重拍，我也不喜欢。但这种老片重拍和我们看到的连续剧还不是一回事。我看到的《野火春风斗古城》，不仅忠实于小说原著，而且忠实于老的黑白片，观后感就是让我把早已熟悉的东西过上一遍——就如我师傅每晚在戏园子里把《长坂坡》过一遍。前些时候有些历史连续剧，也是把旧小说搬上荧屏，也是让大家把旧有的东西过一遍。同是过一遍，现在的连续剧和传统京剧不能比。众所周知，京剧是高度完美的程式化表演。连续剧里程式是有的，完美则说不上。

　　我认为，现在中国人里有两种不同的欣赏趣味。一种是旧的，在传统社会和传统戏剧影响下形成的，那就是只喜欢重温旧的东西；另一种是新的，受现代影视影响形成的，只喜欢欣赏新东西。按前一种趣味来看现在的连续剧，大体上还能满意，只是觉得它程式化的程度不够。举例来说，现在连续剧里的银环，和老电影里的银环，长相不一样，表演也不一样，这就使人糊涂。最好勾勾脸，按同一种程式来表演。当然，既已有了程式，编导就是多余的。传统的京剧班子里就没有编导的地位。不过，养几个闲人观众也不反对。若按后一种趣味来看连续剧，就会说："这叫什么？照抄些旧东西，难道编导的艺术工作就是这样的吗？"但后一种观众是需要编导的，只是嫌他没把工作做好。总而言之，老戏新拍使编导处于一种两面不讨好的尴尬地位：前一种观众要你的戏，但不要你这个人；后一种观众要你这个人，不要你的戏。换言之，在前一种观众面前，你是尸位素餐地鬼混着；在后一种观众面前，你是不称职或不敬业的编导。照我看来，老戏重拍真是不必要。我有一个做导演的朋友，他告诉我说："你不知道做编导的苦处，好多事都是不得已而为之。"他这样一说，我倒是明白了。

好人电影

　　我在国外时看过一部歌颂好人好事的电影，片名就叫《好人先生》。现在我们这里正好提倡拍这样的电影。俗话说得好，它山之石可以攻玉，从《好人先生》里，也许可以找出可供借鉴的地方。这位好人先生是个意大利人，和我现在的年龄相仿，比我矮一个头，头顶秃光光的，在电影院里工作。和一切好人一样，他的长相一般，但他的天性就是助人为乐，不管谁需要帮助，他马上就出现在那人身旁，也不说什么豪言壮语，挽起袖子就开始工作。

　　影片一开始时，他在帮助一位失业青年。这位青年有表演天才，只可惜没有演出的机会。好人先生要帮他的忙，就去找夜总会的老板。他到了人家那里也不说话，先帮老板擦桌扫地。老板知道他的意思，就说："你不要这样。我不能叫某某到我这里演出——我的生意不坏，弄个棒槌来出洋相，这不是毁我的生意吗？"好人也不说话，接着帮老板干活，天天如此，终于叫老板不好意思了，说道："好吧，叫你那个人来吧。只准演一晚上。"好人还是没说话。当晚他把那位青年送来了——顺便说一句，好人有一辆汽车，非常之小，样子也很古怪，像个垃圾箱的模样，我看不出是什么牌子的——把那青年送到夜总会的后门，陪他到了后台，此时电影已经演了老半天了，好人还没说一句话呢。我一边看一边想："真可惜，这么好的人是个哑巴。"然后，那位青年的演出大获成功。好人在后台看他谢幕，忽然说了一句："新的明星诞生了。"然后就开车走了。我看到这里非常感动，也挺高兴——好人不是哑巴。我们的电影里，好人满嘴豪言壮语，效果倒未必好。

　　在那部电影里，好人开着他那辆古怪汽车跑来跑去，忙得不可开交。那部电影头绪繁多，有二十条以上的线索，这是因为他在帮助二十个以上的人。有时你简直看不出他在干什么。比方说，他抽出大量的时间来陪一位年轻的单身母亲。这位女士非常的可爱，我觉得他对她有意思了。这也没什么不好的：好人是光棍一条，有个伴儿也没什么不好。走到大庭广众之中，他老请她唱歌给他听——她的嗓子非常之好，但不喜欢在生人面前歌唱，但终于拗不过好人。终于有一回，在一个大商场里放声歌唱起来，简直就像天使在歌唱。大家停下来听，给她鼓掌，她也陶醉在歌唱之中——这时候好人又跑了。人家唱得这么好，他也不听。这时我忽然想到，这个女人原来心理是有问题的，既孤僻，又悲观；好人帮助她克服了心理危机——他其实并不想听她唱歌，不过是做件好事而已。好人做好事，做得让你不知是在干啥，这样可以制造悬念——这是一种电影技法，警匪片常用，好人片里也用得上。

　　《好人先生》是根据真人真事拍成的，像这类影片总是有点儿沉闷。这部电影也有这个缺点。这电影我讲不全，因为中间睡着了几次，每次都是我老婆掐醒的。平时我睡觉不打呼噜，可那回打得很响，还是在电影院里，所以她不掐也不行——影片结尾并不沉闷：好人遇上了一个特殊的求助者——一个四五十岁的寡妇。这女人一看就很刻薄古板，身上穿着黑色的丧服，非常不讨人喜欢。她把好人叫到家里来，直截了当地说："我要你每月到我这里来两次，每月第一个星期一和第三个星期一，晚上八点来，和我做爱。你要对我非常温柔——你不能穿现在穿的夹克衫，要穿西服打领带，还要洒香水。你在我这里洗澡，但是要自带毛巾和浴衣……"嘀里嘟噜说了一大堆，全是不合理的要求，简直要把人的肺气炸——看起来，和那寡妇做爱比到车站卸几车皮煤还要累。就我个人来说，我宁愿去车站卸煤。你猜好人怎么着？他默默地听完了，起身吻了寡妇一下，说："到下个星期一还有三天。"就去忙他的事了。这就是好人真正令人感动之处：他帮助别人是天性使然，只要能帮人干点儿事，他就非常高兴，不管这事是什么，只要是好事他都做。这种境界非常的高，也是值得我们借鉴的。当然了，因为国情不同，我们的好人不一定也要和寡妇做爱……

这部电影的结尾是：好人从寡妇那里出来，开车到另一处做好事，半路上出了车祸，被卡车撞了，好人也就死了。好人总是没好报，这世界上一切好人电影都是这么结束的。我们的电影也是这样，所以就用不着借鉴了。

都市言情剧里的爱情

　　看过冯小刚导演的都市言情剧《情殇》，感到这个戏还有些长处。摄影、用光都颇考究，演员的表演也不坏，除主题歌难听，没有太不好的地方。当然，这是把它放在"都市言情剧"这一消闲艺术门类内去看，放到整个艺术的领域里评论，就难免有些苛评——现在我就准备给它点儿苛评。我觉得自己是文化人，作为此类人士，我已经犯下了两样滔天大罪：第一，我不该看电视剧，这种东西俗得很；第二，我不该给电视剧写评论。看了恶俗的都市言情剧，再写这篇评论文章，我就如毕达哥拉斯学派的弟子，有了吃豆子的恶行，从此要被学院拒之于门外。所幸我还有先例可引，毛姆先生是个正经作家，但他也看侦探小说，而且写过评论侦探小说的文章。毛姆先生使我觉得自己有可能被原谅。当然，是被文化人原谅，不是被言情剧作者原谅——苛刻地评论人家，还想被原谅，显得太虚伪。

　　毛姆是这样评论侦探小说的：此类小说自爱伦·坡以来，人才辈出，培养出一大批狡猾的观众，也把自己推入了难堪之境。举例来说，一旦侦探小说里出现一位和蔼可亲、与世无争的老先生时，狡猾的观众们就马上指出："杀人的凶手就是他！"此类情形也发生在我们身边，言情剧的作者也处于难堪的境地。这两年都市言情剧看多了，我们正在变得狡猾。从电视屏幕上看到温柔、漂亮的女主角林幻，我马上就知道她将在这部戏里大受摧残——否则她就不必这样温柔、漂亮了。在言情剧里，一个女人温柔、漂亮，就得倒点儿霉。假如她长得像我（在现实生活里，女人长得像我是种重大灾难），倒有可能很走运。她还有个变成植物人的丈夫，像根木棍一样睡在病床上，拖着她，使她不便真正移情别恋。从剧情来看，任何一个女人处在女主角的地位，都要移情别恋，因为不管她多么善良、温柔，总是一个女人，不是一根雌性的木棍，不能永远爱根雄木棍，而且剧里也没把她写成木棍，既然如此，植物人丈夫的作用无非是加重对女主角的摧残……剧情的发展已经证实了我的预见。

更狡猾的观众则说，剧作者的用意还不仅如此。请相信，这根木头棍子是颗定时炸弹。一旦林幻真正移情别恋，这根木头棍子就会醒来，这颗定时炸弹就要炸响，使可爱的女主角进一步大受摧残。戏演到现在，加在女主角身上的摧残已经够可怕的了：植物人丈夫一年要二十万医药费，她爱的男人拿不出。有个她不爱的男人倒拿得出，但要她嫁过去才能出这笔钱。对于一个珍视爱情的女人来说，走到了这一步，眼看要被逼成一个感情上的大怪物……我很不希望这种预见被证实，但从剧情的发展来看，又没有别的出路。造出一颗定时炸弹，不让它响，对炸弹也不公平哪。

毛姆先生曾指出，欣赏通俗作品有种诀窍，就是不要把它当真，要把它当作编出来的东西来看，这样就能得到一定的乐趣。常言道，爱与死是永恒的主题，侦探小说的主题是死，言情剧的主题是爱。虽然这两件事是我们生活中的大事，但出现在通俗作品里，就不能当真。此话虽然大有道理，怎奈我不肯照办。

　　从长远的观点来看，我们都是要死的。被杀也是一种可能的死因。但任何一个有尊严的人都会拒绝侦探小说里那种死法：把十八英尺长的短吻鳄鱼放到游泳池里，让它咬死你；或者用锐利的冰柱射入你的心脏；最起码要你死于南洋主人使用的毒刺——仿佛这世界上没有刀子也捡不到砖头。其实没有别的理由，只是要你死得怪怪的。这不是死掉，而是把人当猴子耍，凶手对死者太不尊重——我这样认真却是不对的。侦探小说的作者并没有真的杀过人。所以，在侦探小说里，别的事情都可以当真，唯有死不能当真。

　　同理，都市言情剧别的事都可以当真，也只有爱情不能当真。倘若当真，就有很多事无法解释。以《情殇》中的林幻为例，她身为一个女人，长得漂亮也不是她之罪，渴望爱情又有什么不对？但不知为什么，人家给她的却是这样一些男人：第一个只会睡觉，该醒时他不醒，不该醒时他偏醒。就是这么睡，一年却要二十万才够开销——看到睡觉有这么贵，我已经开始失眠；第二个虽然有点儿像土匪，她也没有挑剔，爱上了，但又没有钱，不能在一起；第三个有钱，可以在一起，她又不爱——看到钱是如此重要，我也想挣点儿钱，免得害着我老婆，甚至想到去写电视剧——我也不知还有没有第四个和第五个，但我知道假如有，也不会是什么好东西。这世界上不是没有好男人，怎奈人家不给她，拣着坏的给。这个女人就像一头毛驴被驾在车辕上，爱情就像胡萝卜，挂在眼前，不管怎么够，就是吃不着——既然如此，倒不如不要爱情。我想一个有尊严的女人到了这个地步，一定会向上帝抱怨："主啊，我知道你的好意，你把我们分成男人和女人，想让我们生活有点儿乐趣——可以谈情说爱，但是好心不一定能办好事啊。看我这个样子，你不可怜我吗？倒不如让我没有性别，也省了受这份活罪——我知道有些低等生物蒙你的恩宠，可以无性繁殖。我就像细菌那样分裂繁殖好了。这样晚上睡觉，早上一下变成了两个人，谈恋爱无非是找个伴儿嘛，自己裂成两半儿，不就有伴儿了吗……"

上帝听了林幻的祷告，也许就安排她下世做个无性繁殖的人，晚上睡觉时是林幻，醒来就变成了林幻一和林幻二，再也不用谈爱情。很不幸的是，这篇祷告词有重大的遗漏，忘记告诉上帝千万不要再把她放进电视剧里，以免剧作者还是可以拿着她分裂的事胡编乱派，让她生不如死。但这已是另一个世界里电视剧作者的题目，非我所能知道。

有关爱情片

据说有不少观众在呼唤国产爱情片。其实，国产片子里提到爱情的也不少。小时候我看过一部《战火中的青春》，那片子是打仗的，小男孩挺爱看，但看完又觉得有点儿腻腻歪歪的不对劲。现在知道，这是因为片里暗示了一点儿爱情。青年时代看过《庐山恋》，从片名就知道，这是部爱情片。至于近来的影片，只要是现代的，大概都有点儿爱情的影子在内。有这么多提到爱情的国产片，观众还觉得不够，想必是有原因的——我觉得这原因就是：这些电影里爱情的力度不够，不足以满足观众（尤其是中青年女观众）的需要。我以为这是因为导演老想在电影里加入些理想和追求，把怎么谈恋爱都忘了。

以《庐山恋》为例，不仅爱情的力度不够，而且相当古怪，虽说是部爱情片，男女主人公一不接吻，二不拥抱，连爱你都不说，只用英文高呼"I love my motherland"，吼得地动山摇。那部电影看得我浑身发冷——在云南插队时，我得过疟疾，自打那以后，还没起过那么多的鸡皮疙瘩。想看看爱情片的观众当然也不想洗这样的冷水澡。她们想看的是《生死恋》《爱情故事》《廊桥遗梦》这样的电影，爱就爱个七死八活——拿洗澡来打比方，他们不想洗冷水澡，也不想洗温水澡。他们要的是一锅热水，烫得能煺猪毛。用猪毛来比喻爱情虽然欠斯文，但能够说明问题。我要说的是：我国的编导要想使观众满意，一定要再升升温度才成。我敢拿我这个月的饭钱打赌，谁要是能搞出一锅滚滚大开的热水、一部爱到七死八活的电影，肯定能大获成功。

　　读者看到我这段不阴不阳的文字，肯定会想到我不爱看爱情片。你猜对了，我爱看警匪片、科幻片，甚至武打片，就是不爱看爱情片。众所周知，警匪片很是扯淡，在《纽约大劫案》中，一帮士匪劫走了几十卡车的黄金。其实在美国，除了国库哪里都没有这么多的金子，谁要是不想活了就可以去劫个试试。现在的科幻片则完全荒诞不经。在武打片里，人们在天上飞来飞去，随手一挥，就放出一片UFO来，打到哪里哪里就爆炸——可就是炸不死对方。那些侠客就这样浪费自己的神奇武功，却不肯用这种能力去开山辟路，造福于人。但是人也不能总这样一本正经，偶尔看看别人扯淡，也是一种调剂。

　　要让我来说，哪种电影都没有爱情片扯淡——人要像这种电影里那样疯狂，不出一个月准完蛋。实际上，多数爱情片的结局总是男女主人公之一完蛋——除了让他们完蛋，就想不出办法来收场。虽然女主角很迷人，男主角很潇洒，看到他们完蛋我也不伤心——我知道不是真完蛋，而是假完蛋。这种电影我看过不少，都是陪太太看的。她在这边流眼泪，我在那边说风凉话。电影散场后，她眼睛还是红红的。我不免要说："你看看你，岁数也不小了，还是Ph. D.，看这种电影掉眼泪，寒碜不寒碜。"我老婆振振有词："你不知道，人经常流点儿眼泪，对身体有好处。"按照她的说法，看爱情片就是为了刺激一下泪腺。我没有理由反对她的这种嗜好——如前所述，我自己也常看些扯淡的电影作为消遣。我知道，有位伟大的哲学家、了不起的大智者维特根斯坦，最喜欢看没品的侦探小说，相比之下我们又算得了什么。女人爱看爱情片，这种嗜好也该得到尊重。我看不出我国的编导有什么理由不肯把水再烧热一些——她们爱看什么就拍什么吧。

《祝你平安》与音乐电视

我很少看 MTV，但既看电视，总免不了会看见一些。最近看到了孙悦唱的 MTV《祝你平安》，心里有些疑惑，想借《演艺圈》的园地，求教于高明。照我看来，那是一首安慰失意情人的歌，对此不当再有其他解释了。孙悦唱得很好，歌也很好听。但画面就让人有点儿看不懂，看懂的地方又让人有气。

先说我不懂的地方。众所周知，MTV 的画面不一定有逻辑，好看就成，但我不懂的是导演的创意。这本是支爱情歌，却串进了女教师和聋哑学生。虽然弘扬主旋律、歌颂人民教师是好的，但不是这么弘扬法……我老婆没看过这段 MTV，却会唱这歌，时不常对我来几句，以示柔情，但我总觉得她在说我是哑巴。这不就是搞串了吗？主旋律是主旋律，男女之情是男女之情，切不可这样胡串。再说，在片首孙悦打扮得像个小蜜，片中才出现了聋哑学生。假如不是我想象力过于丰富，这故事仿佛是说：有一聋哑学校的教师，丢下学生跑到深圳，傍上了大款。回过头来想想被丢下的学生，心中不忍——这歌就不叫

"祝你平安"，该叫作"鳄鱼的眼泪"，因为真有良心就该回去教书。就算真有这样的事，也只是极个别的现象，没有普遍意义。

再说说我自以为看懂了的地方。片子结束时，出现了一个交通警，微笑着做准许车辆通行的手势。照我浅薄的理解，这是对歌曲名称的简单图示：警察同志让你过去，同时一笑，此乃祝你平安之意也——用这种手法来点题。但愿我理解错，因为把别人想得如此低能是有罪的。有个英文歌Crazy，请这位导演来拍MTV，就要拍些疯子了，否则没法点题。《我的太阳》可以是这种拍法：请一漂亮女孩搂住陈佩斯。既有"我的"，又有"太阳"，太阳就是陈佩斯的脑袋。你肯定会同意，我的创意虽然直露，尚不如《祝你平安》的结尾那么直。要拍岳飞的《满江红》，就得去请食人族，否则不能"饥餐胡虏肉"。按照这种自然主义的逻辑，麦当娜的Like a Virgin该请观众看点儿什么？难道要请大家当一回大夫，去看那个东西？我们又不是妇科大夫，看了也看不懂……

承认的勇气

我很少看电视。有一天偶然打开电视，想看看有没有球赛，谁知里面在演连续剧《年轮》，一对知青正在恋爱——此时想关上也不可能，因为我老婆在旁边，她就喜欢看人恋爱——当时是黑更半夜，一男一女在旷野中，四野无人，只见姑娘忽然惨呼一声，"我是可以教育好的子女"，投入情郎的怀抱。这个场面有点儿历史的真实性，但我还是觉得，这女孩子讲的话太过古怪了。既然是"子女"，又堪教育，我倒想问问，你今年几岁了。坦白地说，假如我是这位情郎，就要打"吹"的主意。同情归同情，我可不喜欢和糊涂人搞在一起。该剧的作者会为这位当年的姑娘辩护道："什么事情都要放到一定的历史背景下看，当年上面的精神说她是个子女，她就是个子女。"这话虽然有道理，但不对我的胃口。我更希望听到这样的解释：这女孩本是个聪明人，只可惜当时正在犯傻，但是这样的解释是很少能听到的。知青文学的作者们总是这样来解释当年的事：这是时代使然，历史使然。好像出了这样的洋相，自己就没有责任了。

我和同龄人一样，有过各种遭遇。有一阵子，我是黑五类（现在这名字是指黑芝麻、黑米等，当时是指人），后来则被发现需要再教育，就被置于广阔天地之中去滚一身泥巴，炼一颗红心。再后来回到城里，成了工人阶级，本来可以领导一切，但没发现领导了谁。再以后千辛万苦考上了大学，忽而慨然想到，现在总算是个臭老九了——以后的变化还多，就不一一列举。总而言之，人生在世，常常会落到一些"说法"之中。有些说法是不正确的，落到你的头上，你又拿它当了真，时过境迁之后，应该怎样看待自己，就是个严肃的问题。这件事让中国人一说太过复杂（我就是中国人，所以讲得这样复杂），美国人说起来简单："这不就是当了回傻×吗？"

傻×（asshole）这个词，多数美国人是给自己预备的。比方说，感觉自己遭人愚弄时，就会说："我觉得自己当了傻×（I feel like an asshole）！"心情不好时更会说：我正捉摸我是哪一种傻×。自己遭人愚弄，就坦然承认，那个×说来虽然不雅，但我总觉得这种达观的态度值得学习。相比之下，国人总不肯承认自己傻过，仿佛这样就能使自己显得聪明，除此之外，还要以审美的态度看待自己过去的丑态。像这种傻法，简直连×都不配做了。

本文的目的是想谈谈我的心路历程。像这样说美国人的好话，有民族虚无主义之嫌，会使该历程的价值大减。其实我想要说的是，承认自己傻过，这是一种美德，而且这种美德并不是洋人教给我的。年轻时我没有这种美德，总觉得自己很聪明，而且永远很聪明，既不会一时糊涂，也不会受愚弄。就算身处逆境，也要高声吟道，天生我材必有用——也不怕风闪了舌头。忽一日，到工厂里学徒，拜刘二为师，学模具钳工，顺便学会了这种美德。这种美德出于中国哲人的传授，又会使它价值大增。这位哲人长了一双牛一样的眼睛，胡子拉碴，穿着不大干净。我第一次见到他，就听见他在班组里高谈阔论道："我是傻×。"对这个论断，刘师傅证明如下：师傅加师母，再加两位世兄，全靠师傅的工资养活，这工资是三十五块五，很不够用，想不出路子搞钱，所以他是傻×。假如你相信是你自己，而不是别人，该为家庭负责，就会相信这个结论。同理，脑袋扛在肩上，是自己的，也该为它负责，假如自己表现得很傻，就该承认。假如这世上有人愚弄了我，我更是心服口服：既然你能耍了我，那就没什么说的——我是傻×。人生在世有如棋局，输一着就是当了回傻×，懂得这个才叫会下棋。假如我办了什么傻事被你撞见了，你叫我傻×，我是不会介意的。但我不会说别人是傻×，更不会建议别人也说自己是傻×，我知道这是个忌讳。

我现在有了一种二十岁时没有的智慧。现在我心闲气定地坐在电脑面前写着文章，不会遭到任何人的愚弄，这种状态比年轻时强了很多。当时我被人塞了一脑子的教条，情绪又受到猛烈的煽动，只会干傻事，一件聪明事都办不出来。有了前后两种参照，就能大体上知道什么是对的。这就是我的智慧。有这种智慧也不配叫作智者，顶多叫个成年人。很不幸的是，好多同龄人连这种智慧都没有，这就错过了在我们那个年代里能学会的唯一的智慧——知道自己受了愚弄。

明星与癫狂

　　笔者在海外留学时，有一次清早起来跑步，见到一些人带着睡袋在街头露宿。经询问，是大影星埃迪·摩菲要到这座城市来巡回演出，影迷在等着买票。摩菲的片子我看过几部，觉得他演得不坏。但花几十块钱买一张票到体育场里看他，我觉得无此必要，所以没有加入购票的行列，而是继续跑步，这样我就在明星崇拜的面前当了一回冷血动物——坦白地说，我一直是这样的冷血动物。顺便说一句，那座城市不大，倒有个很大的体育馆，所以票是富余的，白天也能买到，根本用不着等一夜。而且那些人根本不是去等买票，而是终夜喝啤酒、放音乐、吵闹不休，最安静的人也在不停地咯咯傻笑，搞得邻居很有意见。凭良心说，正常人不该是这个样子。至于他们进了体育馆，见到了摩菲之后，闹得就更厉害，险些把体育馆炸掉了。所以我觉得他们排队买票时是在酝酿情绪，以便晚上纵情地闹。此种情况说明，影迷（或称追星族）是有计划、有预谋地把自己置于一场癫狂之中。这种现象并不少见，每有美式足球比赛，或是摇滚歌星的演唱会，就会有人做出这种计划和预谋。当时我很想给埃迪·摩菲写封信，告诉他这些人没见到他时就疯掉了，以免他觉得这么多人都是他弄疯的，受到良心的责备。后来一想，这事他准是知道的，所以就没有写。

现在我回到国内，翻开报纸的副刊，总能看到有关明星的新闻：谁和谁拍拖，谁和谁分手了，等等。明星做生意总能挣大钱，写本书也肯定畅销。明星的手稿还没有写出来就可以卖到几百万元，真让笔者羡慕不已。至于那文章，我认为写得真不怎样——不能和我崇拜的作家、也不能和我相比。在电视上可以看到影星唱歌，我觉得唱得实在糟——起码不能和帕瓦罗蒂相比（比我唱的当然要稍好一些，但在歌唱方面，笔者绝不是个正面的榜样），但也有人鼓掌。房地产的开发商把昂贵的别墅送给影星，她赏个面子收下了，但绝不去住，开发商还觉得是莫大的荣耀。最古怪的是在万人会场里挤满了人，等某位明星上台去讲几句话，然后就疯狂地鼓掌，这使我想起了“文革”初的某些场景。我相信，假如有位明星跑到医院去，穿上白大褂，要客串一下外科医生的角色，肯定会有影迷把身体献上任她宰割，而且要求不打麻药；假如跳上民航的客机要求客串机长，飞机上肯定挤满了把生死置之度外的影迷，至于她自己肯不肯拿自己的生命来冒险，则是另一个问题。总而言之，在我们这个社会里，也开始出现了针对明星的癫狂，表面上没有美国闹得厉害，实际上更疯得没底。这种现象使我陷入了沉思之中。

我认为明星崇拜是一种癫狂症，病根不在明星身上，而是在追星族的身上。理由很简单：明星不过是一百斤左右的血肉之躯，体内不可能有那么多有害的物质，散发出来时，可以让数万人发狂，所以是追星族自己要癫狂。追星族为什么要癫狂不是我的题目，因为我不是米歇尔·福柯。但我相信他的说法：正常人和疯子的界线不是那么清楚。笔者四十余岁，年轻时和同龄人一样，发过一种癫狂症，既毁东西又伤人，比追星还要有害。所以，有点儿癫狂不算有病，这种癫狂没了控制才是有病。总的来说，我不反对这件事，因为人既有这样一股疯劲，把它发泄掉总比郁积着好。在周末花几十元买一张票，把脑子放在家里，到体育场里疯上一阵，回来把脑子装上，再去上班，就如脱掉衣服洗个热水澡，或许会对身心健康有某种好处，也未可知。我既然不反对这种癫狂，也就不会反对这种癫狂的商业利用（叫作"明星制"吧？）。大众有这种需求，片商或穴头来操办，赚些钱，也算是公道。至于明星本人，在这些癫狂的场合出现，更没有任何可责备的地方。我所反对的，只是对这件事的误解。虽然有这种癫狂，大家并没有疯，这一点很重要。

　　如前所述，追星族常常有计划、有预谋地发一场癫狂。何时何地发作、发多久、发到什么程度、为此花费多少代价，都该由那些人自己来决定。倘若明星觉得自己可以控制这些人的癫狂，肯定是个不合理的想法，因为他把影迷当成了真的疯子。据报载，我国一位女影星晾台，涮了四川上万影迷，这些影迷有点儿发火了。这位女影星却说，这些影迷不懂什么叫作明星制，还举了迈克尔·杰克逊为例，说这位男歌星涮了新加坡无数的歌迷，那些歌迷还觉得蛮开心云云。我以为女影星的说法是不对的。四川的影迷虽然没有新加坡的歌迷迷得那么凶，但迷到何种程度该由那些人自己来决定。倘若由你决定他们该达到哪个程度，人家就迷到什么程度，有这种想法就不正常。几年前就从报上看到有位男明星开车撞了人，不但不道歉，反要把受害者打一顿。显然，该男明星把受害者看作追星的影迷，觉得他该心甘情愿地挨顿揍，但后者有不同的看法，把他揪到警察那里去了。总而言之，用晾和揍的方法，让大家领略明星制的深奥，恐非正常人所为。最后的结论是：追星族不用我们操心，倒是明星，应该注意心理健康。

　　最后再来说点儿题外之语。国外（尤其是指美国，但不包括港台）对待影星的态度有两重性，既有冷静地欣赏其表演的一面，也有追星起哄的一面。大影星同时也是优秀的演员，演出了一些经典的艺术片。好莱坞的影业也玩闹起哄，但恐怕另有些正经的。他是个有城府的拳师，会耍花拳绣腿，但也另有真招，不让你看到。鉴于这种情形，我怀疑所谓"明星制"，是帝国主义者打过来的一颗阴险的糖衣炮弹——当然我也没有任何凭据，只是胡乱猜测，香港的影业已经中弹了。你别看它现在红火，群星灿烂，但早晚要被好莱坞吃掉，不信你就拿两地的片子比比看。至于在大陆，首批中弹的是演员。现在有明星，但没有出色的表演，更没有可以成为经典的艺术片。假如我没理解错，这些明星还拿玩闹起哄当了真，当真以为自己是些超人。这个游戏玩到此种程度，已经过了，应该回头了。

另一种文化

我老婆原是学历史的"工农兵大学生"。大学三年级时，有一天，一位村里来的女同学在班上大声说道："我就不知道什么是太监！"说完了这话，还做顾盼自雄之状。班上别的同学都跟着说："我也不知道，我也不知道。"就我老婆性子直，羞答答地说："啊呀，我可能是知道的，太监就是阉人嘛。"人家又说："什么叫作阉人？"她就说不出口，闹了个大红脸。当时她是个女孩子，在大庭广众之下承认自己知道什么是太监、阉人，受了很大的刺激，好一阵子灰溜溜的，不敢见人也不敢说话。

但后来她就走向了反面，不管见到谁，总把这故事讲给别人听，末了还要加上一句恶毒的评论："哼，学历史的大学生不知道什么是太监，书都念到下水里去了！"没有客人时，她就把这故事讲给我听。我听了二百来遍，实在听烦了。有一回，禁不住朝她大吼了一声："你就少说几句吧！人家是农村来的，牲口又不穿裤子——没见过阉人，还没见过阉驴吗！"这一嗓子又把她吼了个大红脸，这一回可是真的受了刺激，恼羞成怒了，有好几天不和我说话。假如说，这话是说村里来的女同学知道太监是什么，硬说不知道，我自己也觉得过分。假如说，这话是说那位女同学只知道阉驴不知道太监，那我吼叫些什么？所以，我也不知自己是什么意思。不知道自己什么意思，但还是有点儿意思，这就是种文化呀。

　　依我之见，文化有两方面的内容：一种是各种书本知识，这种文化我老婆是有的，所以她知道什么是太监。另一种是各种暧昧的共识，以及各种可意会不可言传的精妙气氛，一切尽在不言中——这种文化她没有，所以，她就不知道要说自己不知道什么是太监。你别看我说得头头是道，在这后一方面我也是个土包子。我倒能管住自己的嘴，但管不住自己的笔。我老婆是乱讲，我是乱写。我们俩都是没文化的野人。

　　我老婆读过了博士，现在是社会学家，做过性方面的研究，熟悉这方面的文献——什么 homo、S/M，各种乱七八糟，她全知道。这样她就自以为很有学问，所到之处，非要直着脖子嚷嚷不可。有一次去看电影《霸王别姬》，演到关师傅责打徒弟一场，那是全片的重头戏。整个镜头都是男人的臀部，关师傅舞着大刀片（木头的）噼噼啪啪在上面打个不休，被打者还高呼："打得好！师傅保重！打得好！师傅保重！"相信大家都知道应该看点儿什么，更知道该怎么看。我看到在场的观众都很感动，有些女孩眼睛都湿润了。这是应该的，有位圈内朋友告诉我，导演拍这一幕时也很激动，重拍了无数次，直到两位演员彻底被打肿。每个观众都很激动，但保持了静默……大家都是有文化的。就是我老婆，像个直肠子驴一样吼了出来："大刀片子不够性感！"大刀片子是差了点儿意思，你就不能将就点儿吗？这一嗓子把整个电影院的文化气氛扫荡了个干净。所有的人都把异样的目光投向我们，我想找个地缝钻进去，但没有找到。最近，她又闹着要我和她去看《红樱桃》。我就是不去，在家里好好活着，有什么不好，非要到电影院里去找死……这些电影利用了观众的暧昧心理，确实很成功。

国内的大片还有一部《红粉》。由于《霸王别姬》的前车之鉴，我没和老婆一起看，是自己偷着看的。这回是我瞎操心，这片子没什么能让她吼出来的，倒是使我想打瞌睡。我倒能理解编导的创意：你们年轻人，生在红旗下，长在红旗下，知道什么是妓女吗？好吧，我来讲一个妓女的故事……满心以为我们听到妓女这两个字就会两眼发直，但是这个想法有点儿过分。在影片里，有位明星刮了头发做尼姑，编导一定以为我们看了大受刺激。这个想法更过分：见了小尼姑就两眼发直，那是阿Q！我们又不是阿Q。有些电影不能使观众感到自己暧昧，而是感到编导暧昧，这就不够成功。

影视方面的情形就是这样：编导们利用"一切尽在不言中"的文化氛围，确实是大有可为。但我们写稿子的就倒了霉，想要使文字暧昧、可意会不可言传，就只好造些新词、怪词，或者串几句英文。我现在正犯后一种毛病，而且觉得良心平安：英文虽然难懂，但毕竟是种人话，总比编出一种鬼话要强一点儿吧。前面所写的homo、S/M，都是英文缩写。虽然难懂，但我照用不误。这主要是因为写出的话不够暧昧，就太过直露，层次也太低。这篇短文写完之后，你再来问我这些缩写是什么意思，我就会说："我也不知道，忘掉了啊。"我尤其不认识一个英文单词，叫做pervert，刚查了字典马上就忘。我劝大家也像我这样。在没忘掉之前，我知道是指一类人，害怕自己的内心世界，所以鬼鬼祟祟的。这些人用中国话来说，就是有点儿变态。假如有个pervert站出来说：我就是个pervert，那他就不是个pervert。当且仅当一个人声称：我就不知道pervert是什么时，他才是个pervert。假如我说，我们这里有种pervert的气氛，好多人就是pervert，那我就犯了众怒。假如我说，我们这里没有pervert的气氛，也没有人是pervert，那恰恰说明我正是个pervert。所以，我就什么都不说了。

艺术与关怀弱势群体

前不久在《中华读书报》上看到一篇文章，作者在北大听戴锦华教授的课，听到戴教授盛赞林白的《一个人的战争》，就发问道：假如你有女儿，想不想让她看这本书？戴教授答曰："否。"于是作者以为自己抓到了理，得意扬扬地写了那篇文章。读那篇文章时，我就觉得这是一片歪理，因为同样的话也可以去问谢晋导演。谢导的儿子是低智人，笔者的意思不是对谢导不敬，而是说，假如谢导持有上述文章作者的想法，拍电影总以儿子能看为准，中国的电影观众就要吃点儿苦头。大江健三郎也有个低智儿子，若他写文章以自己的儿子能看为准绳，那就是对读者的不敬。但我当时没有作文反驳，因为有点儿吃不准，不知戴教授有多大。倘若她是七十岁的老人，儿女就当是我的年龄，有一本书我都不宜看，那恐怕没有什么人宜看。昨天在一酒会上见到戴教授，发现她和我岁数相仿，有儿女也是小孩子，所以我对自己更有把握了。因为该文作者的文艺观乃是以小孩子为准绳，可以反驳他（或者她）的谬见。很不幸的是，我把原文作者的名字忘了，在此申明，不是记得有意不提。

任何社会里都有弱势群体，比方说，小孩子、低智人——顺便说一句，孩子本非弱势，但在父母心中就弱势得很。以笔者为例，是一绝顶聪明的雄壮大汉，我妈称呼我时却总要冠个傻字——社会对弱势人群当有同情之心。文明国家各种福利事业，都是为此而设。但我总觉得，科学、艺术不属福利事业，不应以关怀弱势群体为主旨。这样关怀下去没个底。就以弱智人为例，我小时候邻居有位弱智人，喜欢以屎在墙上涂抹，然后津津有味地欣赏这些图案。如果艺术的主旨是关怀弱势群体，恐怕大家都得去看屎画的图案。倘若科学的主旨是关怀弱势群体，恐怕大家都得变成蜣螂一类——我对这种前景深为忧虑。最近应朋友之邀，做起了影视评论，看了一些国产影视剧，发现这种前景就在眼前，再看到上述文章，就更感忧虑。以不才之愚见，我国的文学工作者过于关怀弱势群体，与此同时，自己正在变成一个奇特的弱势群体——起码是比观众、读者为弱。戴锦华教授很例外地不在其中，难怪有人看她不顺眼。笔者在北大教过书，知道该校有个传统：教室的门是敞开的，谁都可以听。这是最美好的传统，体现了对弱势群体的关怀。但不该是谁都可以提问。罗素先生曾言，人人理应平等，但实际上做不到，其中最特殊的就是知识的领域……要在北大提问，修养总该大体上能过得去才好。

说完了忧虑，可以转入正题。我以为科学和艺术的正途不仅不是去关怀弱势群体，而且应当去冒犯强势群体。使最强的人都感到受了冒犯，那才叫作成就。以爱因斯坦为例，发表相对论就是冒犯所有在世的物理学家，他做得很对。艺术家也当如此，我们才有望看到好文章。以笔者为例，杜拉斯的《情人》、卡尔维诺的《我们的祖先》，还有许多书都使我深感被冒犯，总觉得这样的好东西该是我写出来的才对。我一直憋着用同样的冒犯去回敬这些人——只可惜卡尔维诺死了。如你所见，笔者犯着眼高手低的毛病。不过我也有点儿好处——起码我能容下林白的《一个人的战争》。

电视与电脑病毒

　　在美国时看电视，有些日子闹神，有些日子闹鬼。假如你打开电视机，看到所有的人都在唱歌，那一天准是圣诞节。所有的人都在唱"静静的夜、神圣的夜"，有的频道上是乡村歌手，弹着吉他，有的频道是普普通通的一家人，围在炉边唱。还有的频道上甚至是帕瓦罗蒂本人，在一座大教堂里和一群唱诗班的童子一道，把所有该在这一天唱的歌都唱完才算完——看一天电视就可以把所有的宗教歌曲都听会。那一天是耶稣基督的诞生日。美国又是个基督教国家，我们外国人没什么可说的，倒是他们美国人自己在说："年年都是这一套，真是烦死了。"美国人喜欢拿宗教开些玩笑，不是因为他们不虔诚，主要是因为老是这一套，他们觉得有点儿烦——好在一年就闹这一次。闹神的情况就是这样。还有的日子打开电视，满屏幕都是鬼。那些绿脸的鬼怪从坟里钻出来，龇着牙在街上走着，仿佛整个世界都是绿的——当然，那一天准是万圣节。对这一套老百姓早就烦死了，经常给报刊写信臭骂电视台，但他们就是不肯改。还有时屏幕上一片鲜红，有个面目狰狞的家伙手执大斧，在所有的频道上砍人，直砍到人头滚滚，血流成河。此时你怎么也想不起还有一个砍头节。找日历来看了才知道，那一天是十三号星期五，也就是黑色星期五。对于砍人头的电视片，多数美国人恨得要死，但电视台偏要放。他们的脑子被日历拘住了。大家都知道，有些计算机病毒是择日发作的，其中有一种就叫作"黑色星期五"。这一天真是不幸，电脑闹病毒，电视也闹病毒。美国人自己也是这么说的：赶上特别的日子，你休想看上像样的电视节目。

自从我回了中国，电视总算是不闹"黑色星期五"了。但它还是一阵一阵的，和有病毒的电脑颇有点儿像，中国电视台的编导脑子里也有本日历。有些日子所有的频道都在闹日本鬼子——当然，这些鬼子和汉奸最后都被抗日军民消灭了，但这不能抵偿我看到他们时心中的烦恶。有个汉奸老在电视屏幕上说："太君，地雷的秘密我打听出来了"——混账东西，你打听出什么了？从我十五岁开始，你一直说到了现在！还有些日子所有的频道都在引吭高歌，而且唱得都是没滋没味的。这和日历当然有关，有些日子是教师节，有些日子是老人节、儿童节。现在的节日甚多，差不多两个礼拜必有一个节日。假如把纪念日算上，几乎每天都有点儿说头。有个说头电视台就得有所表示，表示的结果往往是让人烦躁……

某一天成为节日或者纪念日都是有原因的，我和别人一样，对此不敢有分毫的不敬。六月一号是小朋友的节日。到了这一天电视台就不需费心安排节目，只管把平日没人看的儿童题材影片弄上去演。有些影片质量很次，有些则是过时的黑白片。大人看了不满意，编导可以说："今天是儿童节，为了孩子，您就忍着点儿吧。"小孩不满意，则可以说："叔叔阿姨们特地给你安排了节目，亲爱的小朋友，你不要给脸不要脸哪。"总而言之，各方面都交代得过去，还省了买好节目的钱。但是这样的儿童节目别指望小朋友会爱看。其实，儿童节的情况还算好的，到了我们的节日更糟。到了教师节，就唱些歌来歌唱人民教师，我当过很多年教师，但就是不爱听那些歌——连词带曲全都很糟。词曲作者写应景的作品，当然提不起精神。歌手们唱这种应景的歌也尽跑调儿——我看他们上台前连练都没练过。不练是对的，练这种绕嘴的歌儿会咬伤舌头。人民教师里教音乐的人听了这种歌准要哭："怎么教出这样的学生来了？以前我当教师，听见这种歌就起一身鸡皮疙瘩。现在不当了，鸡皮疙瘩起得倒少了"……到了春节就要听相声，相声越来越不逗。还有那些犯贫的小品——平常的日子还可以不受这种罪……

　　对电视观众来说，幸运的是，不是每天都是节日和大的纪念日，在这些日子里可以指望看点儿好节目。对电视台的编导来说，不幸的也是，不是每天都是节日和纪念日，那一天他们必须给观众找点儿节目。我现在站在编导一方来说话——我们应该体谅电视台的难处。我认为，可以增加节日和纪念日的数目。举例来说，现在有儿童节、青年节、老人节，怎么没有中年节呢？要知道，中年人肩负着生活的重担。再比如说，现在有妇女节，为什么没有男人节呢？要知道，男人更需要关怀嘛。再说，打鬼子也不必等到抗战胜利五十周年，每年的"七·七"和"八·一五"都可以打他们。经过这样安排以后，可以做到每天都有一个题目，只要在这个题目之下，不管节目好坏都可以演。到了中年节，除了《人到中年》，似乎没什么可演的了，这就省得挑挑拣拣，年年都演它。我现在想不到有什么专以男人为题材的影片，那就更好。干脆什么都不演，电视台放假，在屏幕上放一条字幕：本台全体人员向全国所有的男同志致敬。有些计算机病毒闹起来就是这样，屏幕上冒出一行字来，就焊死了不动了……

　　有些电脑可能会染上某种择日发作的病毒，比如"黑色星期五""米开朗琪罗"，这种病毒要好几年才发作一次，一台电脑也顶多染上一两种病毒。电脑病毒不可能时常发作，更不可能每天都发作。这理由很简单：电脑是买来用的，每天闹一次，这种破烂我们要它有何用处？相比之下，我发现大家对电视比电脑宽容得多。

在美国左派家做客

　　上次礼拜九先生来访问我，问我爱听谁的歌。我实在想不起歌手的名字，就顺口说了个披头士。其实我只是有时用披头士的歌来吵吵耳朵。现在我手上有这四个英国佬的几盒磁盘，CD连一张都没有，像这个样子大概也不算是他们的歌迷。只是一听到这些歌就会想到如烟的往事：好多年以前，我初到美国，深夜里到曼哈顿一位左派家里做客，当时他家里的破录音机正放着披头士的歌。说起来不好意思，我们根本不认识人家，只是朋友的朋友告诉了我们这个地址。夜里一两点钟一头撞了进去，而且一去就是四个人。坦白地说，这根本不是访友，而是要省住旅馆的钱——在纽约住店贵得很。假如不是左派，根本就不会让我们进去，甚至会打电话叫警察来抓我们。但主人见了我们很高兴，陪我们聊了一夜，聊到了切·格瓦拉、托洛茨基，还有浩然的《金光大道》。这位先生家英文的《金光大道》，中国出版，是朋友的朋友翻译的。我翻了翻，觉得译得并不好。这位朋友谈到了他们沸腾的六七十年代：反战运动、露天集会、大示威、大游行，还讲到从小红书上初次看到"造反有理"时的振奋心情。讲的时候，眼睛里都冒金光。我们也有些类似的经历，但不大喜欢谈。他老想让我们谈谈中国的红卫兵，我们也不想谈。总的来说，他给我的印象就像某位旧友，当年情同手足，现在却话不投机——我总觉得他的想法有点儿极左的气味。要是按他的说法，我不必来美国学什么，应该回去接着造反，我不觉得这是个好主意。但不管怎么说，美国的左派人品都非常之好，这一点连"右"派也不得不承认。

我记得这位左派朋友留了一头长发，穿着油光水滑的牛仔裤，留了一嘴大胡子，里面有不少白丝。在他那间窄小、肮脏的公寓里，有一位中年妇女，但不是他老婆。还有一个傻呵呵的金发女孩，也不是他的女儿。总的来说，他不像个成功人士。但历史会给他这样的人记上一笔，因为他们曾经挺身而出，反越战，反种族歧视，反对一切不公正。凌晨时分，我们都困了，但他谈意正浓——看来他惯于熬夜。在战斗的六七十年代，他们经常在公园里野营，在火堆边上弹着吉他唱上一夜，还抽着大麻烟。这种生活我也有过，只不过不在公园里，是在山坡上。可能是在山边打坝，也可能是上山砍木头，一帮知青在野地里点堆火，嗷嗷地唱上一夜。至于大麻，我没有抽过。只是有一次烟抽完了，我拿云南出的大叶清茶给自己卷了一支，有鸡腿粗细。拿火柴一点，一团火冒了上来，把我的睫毛燎了个精光。茶叶里没有尼古丁，但有不少咖啡因，我抽了一口，感觉好像太阳穴上挨了两枪，一头栽倒在地。只可惜我们过这样的生活没有什么意义，只是自己受了些罪而已。对此我没什么可抱怨的，只是觉得已经够了，我想要干点儿别的——这是我和左派朋友最大的不同之处。但不管怎么说，在美国的各种人中，我最喜欢的还是左派。

门前空地

　　十年前我在美国，每天早上都要起来跑步，跑过我住的那条街。这条街上满是旧房子，住户一半是学生，另一半是老年人。它的房基高于街道，这就是说，要走上高台阶才到房门口。从房子到人行道，有短短的一道慢坡。这地方只能弄个花坛，不能派别的用场——这就是这条街的有趣之处。这条街上有各民族的住户，比方说，街口住的似是英裔美国人，花坛弄得就很像样子。因为这片空地是慢坡，所以要有护墙，他的护墙是涂了焦油的木材筑成，垒得颇有乡村气氛。花坛里铺了一层木屑，假装是林间空地。中央种了两棵很高的水杉，但也可能是罗汉松——那树的模样介于这两种树之间，我对树木甚是外行，弄不清是什么树。一般来说，美国人喜欢在门前弄片草坪，但是草坪要剪要浇，还挺费事的；种树省心，半年不浇也不会死。

　　我们门前也是草坪，但里面寄宿的学生谁也不去理它，结果长出耐旱的蒿子和茅草来，时常长到一人多高。再高时，邻居就打电话来抱怨说这些乱草招蚊子，我们则打电话叫来房东，他用广东话嘟哝着，骂老美多事，把那些杂草砍倒。久而久之，我们门前又出现了个干草垛。然后邻居又抱怨说会失火，然后房东只好来把这些干草运走。上述两栋房子里的人都不想伺候花草，却有这样不同的处理方法。但我们门前比较难看，这是不言而喻的。

我们左面住了一家意大利人。男主人黝黑黝黑，长了一头银发，遇上我跑步回来，总要拉着我嘀咕一阵，说他要把花坛好好弄弄。照我看，这花坛还不坏，只是砖护墙有些裂缝，里面的土质也不够好，花草都半死不活。这位老先生画了图给我看，那张图画得太过规范，叫我怀疑他是土木工程师出身。其实他不是，他原来是卖比萨饼的。这件事他筹划来筹划去，迟迟不能开工。

在街尾处，住了一对中国来的老夫妇，每次我路过，都看到他们在修理花园，有时在砌墙，有时在掘土，使用的工具包括了儿童掘土的玩具铲以及各种报废的厨具。有一回我看到老太太在给老头砌的砖墙勾缝，所用的家什是根筷子。总而言之，他们一直在干活，从来就没停过手。门前的护墙就这么砌了出来，像个弥勒佛，鼓着大肚子。来往行人都躲着走，怕那墙会倒下来，把自己压在下面。他们在花园里摆了几块歪歪扭扭的石头，假装是太湖石。但我很怕这些石头会把老两口绊倒，把他们的门牙磕掉……后来，他们把门廊油得红红绿绿，十分恶俗，还挂上了一块破木板钉成的匾，上面写了三个歪歪倒倒的字"蓬莱阁"。我不知蓬莱仙阁是什么样子，所以没有意见。但海上的八仙可能会有不同意见……

关于怎样利用门前空地，中国人有各种各样的想法。其中之一是在角落里抠出个茅坑，攒点儿粪，种菜园子。小时候我住在机关大院的平房里，邻居一位大师傅就是如此行事。他还用废油毡、废铁板在门前造了一间难以言状的古怪房子，用稻草绳子、朽烂的木片等给自己抠出片领地来，和不计其数的苍蝇快乐地共同生活。据我所见，招来的几乎全是绿莹莹的苍蝇，黑麻蝇很少来。由此可以推断出，同是苍蝇，黑麻蝇比较爱清洁，层次较高，绿豆蝇比较脏，层次也低些。假如这位师傅在美国这样干，有被拉到街角就地正法的危险。现在我母亲楼下住了另一位师傅，他在门前堆满了捡来的易拉罐和废纸板，准备去卖钱。他还嫌废纸板不压秤，老在上面浇水。然后那些纸板就发出可怕的味道来，和哈喇的臭咸鱼极为相似。这位老大爷在美国会被关进疯人院——因为他一点儿都不穷，还要攒这些破烂。每天早上，他先去搜索垃圾堆，然后出摊卖早点。我认为，假如你想吃街头的早点，最好先到摊主家里看看……我提起这些事，是想要说明：门前空地虽是你自己的，但在别人的视线之中。你觉得自己是个什么人，就怎么弄好了。

后来，我的意大利邻居终于规划好了一切，开始造他的花坛。那天早上来了很多黑头发的白种男人，在人行道上大讲意大利语。他们从一辆卡车上卸下一大堆混凝土砌块来，打着嘟噜对行人说 sorry，因为挡了别人走路。说来你也许不信，他们还带来几样测绘仪器，在那里找水平面呢。总共五米见方的地面，还非弄得横平竖直不可。然后，铺上了袋装腐殖土，种了一园子玫瑰花，路过的人总禁不住站下来看，但这是以后的事。花坛刚造好时，是座庄严的四方形建筑。是一本正经建造的，不是胡乱堆的。过往的行人看到，就知道屋主人虽然老了，但也不是苟活在世上。

卖唱的人们

有一次，我在早上八点半钟走过北京的西单北大街，这个时间商店都没开门，所以人行道上空空荡荡，只有满街飞扬的冰棍纸和卖唱的盲人。他们用半导体录音机伴奏，唱着民歌。我到过欧美很多地方，常见到各种残疾人乞讨或卖唱，都不觉得难过，就是看不得盲人卖唱。这是因为盲人是最值得同情的残疾人，让他们乞讨是社会的羞耻。再说，我在北京见到的这些盲人身上都很脏，歌唱得也过于悲惨；凡是他们唱过的歌，我都再也不想听到。当时满街都是这样的盲人，就我一个明眼人，我觉得这种景象有点儿过分。我见过各种各样的卖唱者，就属那天早上看到的最让人伤心。我想，最好有个盲人之家，把他们照顾起来，经常洗洗澡，换换衣服，再有辆面包车，接送他们到各处卖唱，免得都挤在西单北大街——但是最好别卖唱。很多盲人有音乐天赋，可以好好学一学，做职业艺术家。美国就有不少盲人音乐家，其中有几个还很有名。

本文的宗旨不是谈如何关怀盲人，而是谈论卖唱——当然，这里说的卖唱是广义的，演奏乐器也在内。我见过各种卖唱者，其中最怪异的一个是在伦敦塔边上看到的。这家伙有五十岁左右，体壮如牛，头戴一顶猎帽，上面插了五彩的鸵鸟毛，这样他的头就有点儿像儿童玩的羽毛球；身上穿了一件麂皮夹克，满是污渍，但比西单的那些盲人干净——那些人身上没有污渍，整个油亮油亮的——手里弹着电吉他，嘴上用铁架支了一只口琴，脚踩着一面踏板鼓，膝盖拴有两面钹，靴子跟上、两肘拴满了铃，其他地方可能也藏有一些零碎，因为从声音来听，不止我说到的这些。他在演奏时，往好听里说，是整整一支军乐队，往难听里说，是一个修理黑白铁的工场。演奏着一些俗不可耐的乐曲。初看时不讨厌，看过一分钟，就得丢下点儿零钱溜走，否则会头晕，因为他太吵人。我不喜欢他，因为他是个哗众取宠的家伙。他的演奏没有艺术，就是要钱。

据我所见，卖唱不一定非把身上弄得很脏，也不一定要哗众取宠。比方说，有一次我在洛杉矶乘地铁，从车站出来，走过一个很大的过厅。这里环境很优雅，铺着红地毯，厅中央放了一架钢琴。有一个穿黑色燕尾服的青年坐在钢琴后面，琴上放了一杯冰水。有人走过时，他并不多看你，只弹奏一曲，就如向你表示好意。假如你想回报他的好意，那是你的事。无心回报时，就带着这好意走开。我记得我走过时，他弹奏的是"八音盒舞曲"，异常悠扬。时隔十年，我还记得那乐曲和他的样子，他非常年轻。人在年轻时，可能要做些服务性的工作，糊口或攒学费，等待进取的时机，在公共场所演奏也是一种。这不要紧，只要无损于尊严就可。我相信，这个青年一定会有很好的前途。

下面要谈的是我所见过的最动人的街头演奏，这个例子说明在街头和公共场所演奏，不一定会有损个人尊严，也不一定会使艺术蒙羞——只可惜这几个演奏者不是真为钱而演奏。一个夏末的星期天，我在维也纳，阳光灿烂，城里空空荡荡，正好欣赏这座伟大的城市。维也纳是奥匈帝国的

首都，帝国已不复存在，但首都还是首都。到过那座城市的人会同意，"伟
大"二字绝非过誉。在那个与莫扎特等伟大名字联系在一起的歌剧院附近，
我遇上三个人在街头演奏。不管谁在这里演奏，都显得有点儿不知寒碜，
只有这三个人例外。拉小提琴的是个金发小伙子，穿件毛衣，一条宽松的
裤子，简朴但异常整洁。他似是这三个人的头头，虽然专注于演奏，但也
常看看同伴，给她们无声的鼓励。有一位金发姑娘在吹奏长笛，她穿一套
花呢套裙，眼睛里有点儿笑意。还有一个东亚女孩坐着拉大提琴，乌黑的
齐耳短发下一张白净的娃娃脸，穿着短短的裙子、白袜子和学生穿的黑皮
鞋，她有点儿慌张，不敢看人，只敢看乐谱。三个人都不到二十岁，全都
漂亮至极。至于他们的音乐，就如童声一样，是一种天籁。这世界上没有
哪个音乐家会说他们演奏得不好。我猜这个故事会是这样的：他们三个是
音乐学院的同学，头一天晚上，男孩说："敢不敢到歌剧院门前去演奏？"
金发女孩说："敢！有什么不敢的！"至于那东亚女孩，我觉得她是我们
的同胞。她有点儿害羞，答应了又反悔，反悔了又答应，最后终于被他们
拉来了。除了我们之外，也有十几个人在听，但都远远地站着，恐怕会打
扰他们。有时会有个老太太走近去放下一些钱，但他们看都不看，沉浸在
音乐里。我坚信，这一幕是当日维也纳最美丽的风景。我看了以后有点儿
嫉妒，因为他们太年轻了。青年的动人之处，就在于勇气，和他们的远大
前程。

打工经历

在美留学时，我打过各种零工。其中有一回，我和上海来的老曹去给家中国餐馆装修房子。这家餐馆的老板是个上海人，尖嘴猴腮，吝啬得不得了。给人家当了半辈子的大厨，攒了点儿钱，自己要开店，又有点儿烧得慌——这副嘴脸实在是难看，用老曹的话来说，是一副赤佬相。上工第一天，他就对我们说："我请你们俩，就是要省钱，否则不如请老美。这工程要按我的意思来干。要用什么工具、材料，向我提出来，我去买。别想揩我的油……"

以前，我知道美国的科技发达，商业也发达，但我还不知道，美国还是各种手艺人的国家。我们打工的那条街上就有一大窝，什么电工、管子工、木工，等等，还有包揽装修工程的小包工头儿，一听见我们开了工，就都跑来看。先看我们抡大锤、打钎子，面露微笑，然后就跑到后面去找老板，说："你请的这两个宝贝要是在本世纪内能把这餐馆装修完，我输你一百块钱。"我脸上着实挂不住，真想扔了钎子不干。但老曹从牙缝里啐口唾沫说:"不理他!这个世纪干不完,还有下个世纪,反正赤佬要给我们工钱……"

俗话说,没有金刚钻,别揽瓷器活。要是不懂怎么装修房子就去揽这个活,那是我们的错。我虽是不懂,但有一把力气,干个小工还是够格的。人家老曹原是沪东船厂的,是从铜作工提拔起来的工程师,专门装修船舱的,装修个餐馆还不知道怎么干吗……他总说,当务之急是买工具、租工具,但那赤佬老板总说,"别想揩油。"与其被人疑为贪小便宜,还不如闷头干活,赚点儿工钱算了。

等把地面打掉以后,我们在这条街上赢得了一定程度的尊敬。顺便说一句,打下来的水泥块是我一块块抱出去,扔到垃圾箱里的,老板连个手推车都舍不得租。他觉得已经出了人工钱,再租工具就是吃了亏。那些美国的工匠路过时,总来聊聊天,对我们的苦干精神深表钦佩。但是他们说,活儿可不是你们俩这种干法。说实在的,他们都想揽这个装修工程,只是价钱谈不拢。下一步是把旧有的隔断墙拆了。我觉得这很简单,挥起大锤就砸——才砸了一下,就被老板喝止。他说这会把墙里的木料砸坏。隔断墙里能有什么木料,不过是些零零碎碎的破烂木头。但老板说,要用它来造地板。于是,我们一根根把这些烂木头上的钉子起出来。美国人见了问我们在干什么,我如实一说,对方捂住肚子往地下一蹲,笑得就地打起滚来。这回连老曹脸上都挂不住了,直怪我太多嘴……

起完了钉子,又买了几块新木料,老板要试试我们的木匠手艺,让我们先造个门。老曹就用锯子下起料来。我怎么看,怎么觉得这锯子不像那么回事儿,锯起木头来直拐弯儿。它和我以前见过的锯子怎么就那么不一样呢。正在干活,来了一个美国木匠。他笑着问我们原来是干啥的。我出国前是个大学教师,但这不能说,不能丢学校的脸。老曹的来路更不能说,说了是给沪东船厂丢脸。我说:"我们是艺术家。"这话不全是扯谎。

我出国前就发表过小说，至于老曹，颇擅丹青，作品还参加过上海工人画展……那老美说："我早就知道你们是艺术家！"我暗自得意，我们身上的艺术气质是如此浓郁，人家一眼就看出来了。谁知他又补充了一句："工人没有像你们这么干活的！"等这老美一走，老曹就扔下了锯子，破口大骂起来。原来这锯子的正确用途，是在花园里锯锯树杈……

我们给赤佬老板干了一个多月，也赚了他几百块钱的工钱，那个餐馆还是不像餐馆，也不像是冷库，而是像个破烂摊。转眼间夏去秋来，我们也该回去上学了。那老板的脸色越来越难看，天天催我们加班。催也没有用，手里拿着手锤铁棍，拼了命也是干不出活来的。那条街上的美国工匠也嗅出味来了，全聚在我们门前，一面看我们俩出洋相，一面等赤佬老板把工程交给他们。在这种情况下，连老曹也绷不住，终于和我一起辞活不干了。于是，这工程就像熟透的桃子一样，掉进了美国师傅的怀里。本来，辞了活儿以后就该走掉。但老曹还要看看美国人是怎么干活的。他说，这个工程干得窝囊，但不是他的过错，全怪那赤佬满肚子馊主意。要是由着他的意思来干，就能让洋鬼子看看中国人是怎么干活的……

美国包工头接下了这个工程，马上把它分了出去，分给电工、木工、管子工，今天上午是你的，下午是他的，后天是我的，等等。几个电话打出去，就有人来送工具，满满当当一卡车。这些工具不要说我，连老曹都没见过。除了电锯电刨，居然还有用电瓶的铲车，可以在室内开动，三下五除二，就把我们留下的破烂从室内推了出去。电工上了电动升降台，在天花板上下电线，底下木工就在装配地板，手法纯熟至极。虽然是用现成的构件，也得承认人家干活真是太快了。装好以后电刨子一刨，贼亮；干完了马上走人，运走机械，新的工人和机械马上开进来……转眼之间，饭馆就有个样儿了……我和老曹看了一会儿，就灰溜溜地走开了。这是因为我们都当过工人，知道怎么工作才有尊严。

自然景观和人文景观

我到过欧美的很多城市，美国的城市乏善可陈，欧洲的城市则很耐看。比方说，走到罗马城的街头，古罗马时期的竞技场和中世纪的城堡都在视野之内，这就使你感到置身于几十个世纪的历史之中。走在巴黎的市中心，周围是漂亮的石头楼房，你可以在铁栅栏上看到几个世纪之前手工打出的精美花饰。英格兰的小城镇保留着过去的古朴风貌，在厚厚的草顶下面，悬挂出木制的啤酒馆招牌。我记忆中最漂亮的城市是德国的海德堡，有一座优美的石桥架在内卡河上，河对岸的山上是海德堡选帝侯的旧宫堡。可以与之相比的有英国的剑桥，大学设在五六百年前的石头楼房里，包围在常春藤的绿荫里——这种校舍不是任何现代建筑可比。比利时的小城市和荷兰的城市，都有无与伦比的优美之处，这种优美之处就是历史。相比之下，美国的城市很是庸俗，塞满了乱糟糟的现代建筑。他们自己都不爱看，到了夏天就跑到欧洲去度假——历史这种东西，可不是想有就能有的呀。

　　有位意大利的朋友告诉我说，除了脏一点儿、乱一点儿，北京城很像一座美国的城市。我想了一下，觉得这是实情——北京城里到处是现代建筑，缺少历史感。在我小的时候就不是这样的，那时的北京的确有点儿与众不同的风格。举个例子来说，我小时候住在北京的郑王府里，那是一座优美的古典庭院，眼看着它就变得面目全非，塞满了四四方方的楼房，丑得要死。郑王府的遭遇就是整个北京城的缩影。顺便说一句，英国的牛津城里，所有的旧房子，屋主有翻修内部之权，但外观一毫不准动，所以那座城市保持着优美的旧貌。所有的人文景观属于我们只有一次。假如你把它扒掉了，再重建起来就不是那么回事了。

　　这位意大利朋友还告诉我说，他去过山海关边的老龙头，看到那些新建的灰砖城楼，觉得很难看。我小时候见过北京城的城楼，还在城楼边玩耍过，所以我不得不同意他的意见。真古迹使人留恋之处，在于它历经沧桑直至如今，在它身边生活，你才会觉得历史至今还活着。要是可以随意翻盖，那就会把历史当作可以随意捏造的东西，一个人尽可夫的娼妇，这两种感觉真是大不相同。这位意大利朋友还说，意大利的古迹可以使他感到自己不是属于一代人，而是属于一族人，从亘古到如今。他觉得这样活着比较好。他的这些想法当然是有道理的，不过，现在我们谈这些已经有点儿晚了。

　　谈过了城市和人文景观，也该谈谈乡村和自然景观——谈这些还不晚。房龙曾说，世界上最美丽的乡村就在奥地利的萨尔茨堡附近。那地方我也去过，满山枞木林，农舍就在林中，铺了碎石的小径一尘不染……还有荷兰的牧场，弥漫着精心修整的人工美。牧场中央有放干草的小亭子，油漆得整整齐齐，像是园林工人干的活；因为要把亭子造成那个样子，不但要手艺巧，还要懂得什么是好看。让别人看到自己住的地方是一种美丽的自然景观，这也是一种做人的态度。

　　谈论这些域外的风景不是本文主旨，主旨当然还是讨论中国。我前半辈子走南闯北，去过国内不少地方，就我所见，贫困的小山村，只要不是穷到过不下去，多少还有点儿样。到了靠近城市的地方，人也算有了点儿钱，才开始难看。家家户户房子宽敞了，院墙也高了，但是样子恶俗，而且门前渐渐和猪窝狗圈相类似。到了城市的近郊，到处是乱倒的垃圾。进到城里以后，街上是干净了，那是因为有清洁工在扫。只要你往楼道里看一看，阳台上看一看，就会发现，这里住的人比近郊区的人还要邋遢得多。总的来说，我以为现在到处都是既不珍惜人文景观，也不保护自然景观的邋遢娘儿们邋遢汉。这种人要吃，要喝，要自己住得舒服，别的一概不管。

　　我的这位意大利朋友是个汉学家。他说，中国人只重写成文字的历史，不重保存环境中的历史。这话从一个意大利人嘴里说出来，叫人无法辩驳。人家对待环境的态度比我们强得多。我以为，每个人都有一部分活在自己所在的环境中，这一部分是不会死的，它会保存在那里，让后世的人看到。在海德堡，在剑桥，在萨尔茨堡，你看到的不仅是现世的人，还有他们的先人，因为世世代代的维护，那地方才会像现在这样漂亮。和青年朋友谈这些，大概还有点儿用。

北京风情

　　我小时候住在成方街，离北京的城墙很近。就在这条街的尽头，城墙塌了一个口子，沿着一道陡坡，躲开密密麻麻的酸枣刺，就可以上到城上。城墙上面是宽阔的大道，漫地的方砖中间长满了荒草。庚子年间，八国联军来攻打北京，看到了这座城墙。有个联军的军官在日记里写道："这是世界上最宏伟的防御工事"——他是对这城墙的高度发出的感叹，而我对城墙顶上的广阔感触很深。那上面是一片荒无人迹的辽阔的地带，走上半小时碰不见一个人。后来我在美国，和台湾来的同学聊天，说到梁思成先生曾建议把北京的城墙改作高速公路，那同学笑了起来，说道："梁先生的主意真怪，城墙顶上还能修马路吗？"这位同学去过世界上很多地方，看到过很多城墙，那上面都修不了马路。我也到过世界上很多城市，见过很多古城墙。罗马城的城墙算是宏伟的了，假如有两个帕瓦罗蒂那样的人在上面并肩行走，就得掉下来一个，难怪没见过北京城墙的人要不信在上面可以修马路——其实不仅能修，而且修出来会是这世界上最伟大的人文景观之一。

过去，在北京三十四中附近的城墙里有个很大的仓库，里面放了军火和汽油。有一天爆炸了，三十四中的师生出来救人，赢得了很大的荣誉——他们学校有间荣誉室，里面挂满了那回得来的锦旗。我插队时和三十四中的学生在一起，听他们说过自己母校的光荣史。这说明城墙顶上不但能跑汽车，肚子里还能修仓库。像这样的城墙在世界上绝无仅有，可惜已经被拆了个精光。没有了宏伟的城墙、寂寞的城楼，北京城是一座没有了历史的城市。有些人会说，它怎么会没有历史——历史写在纸上。这种看法是不对的。我到过很多城市，就我所见，一座城市的历史不可能是别的，只能是它的建筑。北京城就其本来面目来说，是一座硕大无朋的四合院。没有了城墙它就不成个样子。

中国有五千年的文明史，这部历史有一半写在故纸上，还有一半埋在地下，只是缺少了一部立在地上的历史，可以供人在其中漫步。我小的时候，北京不但有城墙，还有很多古老的院子——我在教育部院里住过很久，那地方是原来的郑王府，在很长时间里保持了王府的旧貌，屋檐下住满了燕子。傍晚时分，燕子在那里表演着令人惊讶的飞行术；它以闪电般的速度俯冲下来，猛地一抬头，收起翅膀，不差毫厘地钻进椽子中间一个小洞里。一二百年前，郑王府里的一位宫女也能看到这种景象，并且对燕子的飞行技巧感到诧异——能见到古人所见，感到古人所感，这种感觉就是历史感。很遗憾的是，现在北京城里盖满了高楼，燕子找不着自己住过的屋檐，所以也很少能看到了。现在的年轻人读到"似曾相识燕归来"，大概也读不懂了。所幸的是，北京还有故宫，还有颐和园。但是没有了城墙，没有了燕子，总是一种缺憾。

文化的园地

　　我在布鲁塞尔等飞机，等"人民快航"。现在的人大概记不得人民快航（People's Express）了，十年前它在美国却是大名鼎鼎，因为它提供最便宜的机票，其国内航班的票比长途车票还要便宜；其国际航班肯定要比搭货船过海便宜——就算你搭得到，在船上也要吃东西，这笔开销也不小，我乘它到了欧洲，还要乘它回去。很遗憾的是，这家航空公司倒掉了。盛夏时节，欧洲到处是蓝色的人流，大家穿着蓝色的牛仔裤，背着蓝色的帆布包，包上搭着一条小凉席，走到哪儿睡到哪儿，横躺竖卧，弄得候车室、候机厅都像停尸房一样。现在的北京街头也能看到这些人：头发晒得褪了色，脸上晒出了一脸的雀斑，额头晒得红彤彤的，手里拿着旅游地图认着路，只是形不成人流。但我是在这个人流里游遍了欧洲。

　　穷人需要便宜的食宿和交通，学生是穷人中最趾高气扬的一种：虽然穷，但前程远大。当时我就是个学生，所以兴高采烈地研究学生旅游书里那些省钱的法子：从纽约市中心前往肯尼迪国际机场，有直通的机场 bus，那本书却建议你乘地铁前往昆士区的北端，再坐昆士区的公共汽车南下。这条路线在地图上像希腊字母欧米伽。那本书这样解释这个欧米伽：要尽量利用城市的公共交通，这种交通工具在世界上任何地方都是便宜的。书上还教你填饱肚子的诀窍：在纽约，可以走进一家中餐馆，要一碗白饭，用桌上的酱油下饭；在巴黎，你可以前往某教堂门口，那里有舍给穷人喝的粥。在布鲁塞尔，这个诀窍是在下午五点以后前往著名的餐饮城 City2，稍微给一点儿钱，甚至不给钱，就可以把卖剩下来的薯条都包下来。这种薯条又凉又面，但还可以填饱肚子。这些招儿我没有用过，就是用了也不觉得害臊，我是学生嘛。

我到布鲁塞尔时，已是初秋。这个季节北欧上空已是一片阴风惨雾，不宜久留，该干啥快去干啥，所以我在机场等飞机。忽然间肠胃轰鸣，那本旅游书上又没有在布鲁塞尔机场找便宜厕所的指导，我只好进了收费厕所。这地方进门要一个美元，合四十比利时法郎，在我印象中，这是全世界的最高价。走进隔间，把门一关，门上一则留言深得我心："啊，我的心都碎了……"看来是个愤世嫉俗的美国小伙子留在这儿的。他心碎的原因有二：一是被人宰了一刀，二是把自己的问题估计得严重了。至于我，虽然问题是严重的，必须立即解决，不能带上飞机，但也觉得收一美元实在太多。但仔细一看，不禁冷汗直冒：这行字被人批得落花流水——周围密密麻麻用各种字体写着：没水平——没觉悟——层次太低。这行字层次低，却引起了我的共鸣，我的层次也高不了……

我在布鲁塞尔等飞机，去了一趟收费厕所，不想走进了一个文化的园地。假如我说，我在那里看到了人文精神的讨论，你肯定不相信。但国外也有高层次的问题：种族问题，环境问题，"让世界充满爱"，还有

"I have a dream today①"，四壁上写得满满的，这使我冷汗直冒，正襟危坐——坐在马桶上。我相信，有人在这里提到了"终极关怀"，但一定是用德文写的。那地方德文的题字不少，我看不懂。大概还有人提到了后现代，但我也看不懂——那一定是用法文写的，我又不懂法文。那里还有些反着写的问号，不知写些什么。中文却没有，大概是因为该园地收费太贵，同胞们不肯进来——我是个例外。我住了一家学生旅馆，提供免费的早餐——面包片和人造黄油，我把黄油涂得比面包片还要厚，所以跑到这里来了。用英文写出的，大多是些虽很重要，但比较浅薄的问题。比方说，有位先生写道："保护环境。"后面就有人批了一句："既然要保护环境，就不要乱写。"再以后，又有一句批语："你也在乱写。"我很想给他也批上一句："还有你"；但又怕别人再来批我。像这样批下去，整个世界都会被字迹批满，所有的环境都要完蛋。还有不少先生提出，要禁止核武器。当时冷战尚未结束，两个核大国在对峙之中。万一哪天走了火，大家都要完蛋。我当然反对这种局面。我只是怀疑坐在马桶上去反对，到底有没有效力。布鲁塞尔的那个厕所，又是个世界性的正义论坛。很多留言要求打倒一批独裁者，从原则上说，我都支持。但我不知要打倒些谁：要是用中文来写，这些名字可能能认出个把来，英文则一个都不认识。还有些人要求解放一些国家和地区，我都赞成，但我也不知道这些地方在哪里。除此之外，我还不知道我，一个坐在马桶上的人，此时可以为他们做些什么。这些留言都用了祈使句式，主要是促成做一些事的动机——这当然是好的，但这些事到底是什么、怎样来做、由谁来做，通通没有说明。这就如我们的文化园地，总有人在呼吁

---

① 意为'今天我有一个梦想'，这是美国黑人人权活动家马丁·路德·金的著名演讲《我有一个梦想》中的一句话。

着。呼吁很重要，但最好说说到底要干些什么。在那个小隔间里，有句话我最同意，它写在"解放萨尔瓦多"后面："要解放，就回去战斗吧。"由此我想到，做成一件事，需要比呼吁更大的勇气和努力。要是你有这些勇气和精力，不妨动手去做。要是没这份勇气和精力，不如闭上嘴，省点儿唾沫，使厕所的墙壁保持清洁。当然，我还想到了，不管要做什么，都必须首先离开屁股下的马桶圈。这很重要。要是没想到这一点，就会误掉班机。

环境问题

我生在北京城里。小时候，我爬到院里的高楼顶上——这座楼在西单——四下眺望，经常能看到颐和园的佛香阁。西单离颐和园起码有二十里地。几年前，我住在北大畅春园，离颐和园只有数里之遥，从窗户里看佛香阁，十次倒有八次看不见。北京的空气老是迷迷糊糊的，有点儿迷眼，又有点儿呛嗓子，我小时候不是这样。我已经长大了，变成了一条车轴汉子——这是指衬衣领子像车轴而言。在北京城里住，几乎每天都要换衬衣，在国外时，一件衬衣可以穿好几天。世界上有很多以污染闻名的城市——米兰、洛杉矶、伦敦等，我都去过，只有墨西哥城例外。就我所见，北京城的情况在这些城市里也是坏的。

但我对北京环境改善充满了信心。这是因为一座现代大都市，有能力很快改善环境，北京是首都，自然会首先改善。不信你到欧美的大城市看看，就会发现有些旧石头房子像瓦窑里面一样黑，而新的石头房子则像雪一样白。找个当地人问问，他们会说，老房子的黑是煤烟熏的。现在没有煤烟，石头墙就不会变黑了。我在美国的匹兹堡留过学，那里是美国的钢铁城市，以污染著称。据当地人说，大约三十年前，当地人出门访友时，要穿一件衬衣，带一件衬衣。身上穿的那件在路上就脏了，到了朋友家里再把带的那件换上。现在的情况是，那里的空气很干净。现代大城市有办法解决环境问题——有财力，也有这种技术。到了非解决不可时，自然就会解决。在这一天到来之前，我们可以戴风镜、戴口罩来解决空气不好的问题。

我现在住的地方在城乡接合部，出门不远，就不归办事处管，而是乡政府的地面。我家楼下是个农贸市场，成天来往着一些砰砰乱响的东西——手扶拖拉机、小四轮、农用汽车，等等。这些交通工具有一个共同点：全装着吼声震天、黑烟滚滚的柴油机。因为有这种机器，我认为城市近郊小城镇等地环境问题更严重。人家总说城市里噪音严重，但你若到郊区的公路边坐上一天，回来大概已经半聋了。县城的城关大多也吵得要命，上那里逛逛，回来时鼻孔里准是黑的。据报道，我国的农用汽车产值超过了正庄汽车。叫作农用车，其实它们净往城市和郊区跑。这类地方人烟稠密，和市中心差不了很多。这里的人既有鼻子，又有耳朵，因此造这种车时，工艺也宜考究些，要把环境因素考虑在内才好，否则是用不了几年的。

在这方面我有一个例子：一九七四年我在山东烟台一带插队，见到现在农用车的鼻祖——它是大车改制的，大车已经有两个轮子，在车辕部位装上个转盘，安上抽水磨面的柴油机，下面装上第三个轮子，用三角皮带带动，驾驶员坐在辕上，转弯时推动转盘，连柴油机带底下的轮子一块转。我不知它的正式名称叫什么，只知道它的雅号叫作"宁死不屈"，因为在转急弯时，它会把头一扭，把驾驶员扔下车去，然后就头在后、屁股在前，一路猛冲过去，此时用手枪、冲锋枪去打都不能让它停住，拿火箭筒来打它又来不及，所以叫"宁死不屈"。当然，最后它多半是冲进路边的店铺，撞在柜台上不动了。但那台肇事的柴油机还在恬不知耻地吼叫着。后来，它被政府部门坚决取缔了。不安全只是原因之一，主要的原因是：它对环境的影响是毁灭性的。那东西吵得厉害，简直是天理难容。跑在烟台二马路上，两边的人都要犯心脏病。发展农用汽车，也要以"宁死不屈"为鉴。

　　说到环境问题，好多人以为这是近代机器文明造成的，其实大谬不然。说到底，环境问题是人的问题。煤烟、柴油机是糟糕，但也是人愿意忍受它。到了不愿忍受时，自然会想出办法来。老北京是座消费城市，虽然没有什么机器，环境也不怎么样——晴天三尺土，雨天一街泥。我从书上看到，旧北京所有的死胡同底部、山墙底下都是尿窝子，过往行人就在那里撒尿。日久天长，山墙另一面就会长出白色的晶体，成分是硝酸铵，经加工可以做鞭炮。有些大妈还用这种东西当盐来炖肉，说用硝来炖肉能炖烂——但这种肉我是不肯吃的。有人说，喝尿可以治百病，但我没有这种嗜好，我宁可得些病。很不幸的是，这些又臊又潮的房子里还要住人，大概不会舒适。天没下雨，听见自己家墙外老是哗哗的，心情也不会好。费孝通先生有篇文章谈"差序格局"，讲到二三十年代江南市镇，满河漂着垃圾，这种环境也不能说是好。我住的地方不远处，有片乱七八糟的小胡同，是外来人口聚集区。有时从那里经过，到处是垃圾。污水到处流，苍蝇到处飞。排水口的算子上净是粪——根本不成个世界。有一大群人住在一起，只管糟蹋不管收拾，所以就成了这样——此类环境问题源远流长，也没听谁说过什么。

　　就我所见，一切环境问题都是这么形成的：工业不会造成环境问题，农业也不会造成环境问题，环境问题是人造成的。知识分子悲天悯人的哀号解决不了环境问题，开大会、大游行、全民总动员也解决不了这问题。只要知道一件事就可以解决环境问题：人不能只管糟蹋不管收拾。收拾一下环境就好了，在其中生活也能像个体面人。

个人尊严

在国外时看到，人们对时事做出价值评判时，总是从两个独立的方面来进行：一个方面是国家或者社会的尊严，这像是时事的经线；另一个方面是个人的尊严，这像是时事的纬线。回到国内，一条纬线就像是没有，连尊严这个字眼也感到陌生了。

提到尊严这个概念，我首先想到英文词 dignity，然后才想到相应的中文词。在英文中，这个词不仅有尊严之义，还有体面、身份的意思。尊严不但指人受到尊重，它还是人价值之所在。从上古到现代，数以亿万计的中国人里，没有几个人有过属于个人的尊严。举个大点儿的例子，中国历史上有过皇上对大臣施廷杖的事，无论是多大的官，一言不合，就可能受到如此当众羞辱，高官尚且如此，遑论百姓。除了皇上一人，没有一个人能有尊严。有一件最怪的事是，按照传统道德，挨皇帝的板子倒是一种光荣，文死谏嘛。说白了就是，无尊严就是有尊严。此话如有任何古怪之处，罪不在我。到了现代以后，人与人的关系、个人与集体的关系，仍有这种遗风——我们就不必细说"文革"中、"文革"前都发生过什么样的事情。到了现在，已经不用见官下跪，也不会在屁股上挨板子，但还是缺少个人的尊严。环境就是这样，公共场所的秩序就是这样，人对人的态度就是这样，不容你有任何自尊。

举个小点儿的例子，每到春运高潮，大家就会在传媒上看到一个硬座车厢里挤了三四百人，厕所里也挤了十几人。谈到这件事，大家会说国家的铁路需要建设，说到铁路工人的工作难做，提到安全问题，提到所有的方面，就是不提这些民工这样挤在一起，完全没了个人的尊严——仿佛这件事很不重要似的。当然，只要民工都在过年时回家，火车总是要挤的，谁也想不出好办法。但个人的尊严毕竟大受损害，这件事总该有人提一提才对。另一件事现在已是老生常谈，人走在街上感到内急，就不得不上公共厕所。一进去就觉得自己的尊严一点儿都没了。现在北京的公厕正在改观，这是因为外国人到了中国也会内急，所以北京的公厕已经臭名远扬。假如外国人不来，厕所就要臭下去；而且大街上改了，小胡同里还没有改。我认识的一位美国留学生说，有一次他在小胡同里内急，走进公厕撒了一泡尿，出来以后，猛然想到自己刚才满眼都是黄白之物，居然能站住了不倒，觉得自己很了不起，就急忙来告诉我。北京的某些街道很脏很乱，总要到某个国际会议时才能改观，这叫借某某会的东风。不光老百姓这样讲，领导上也这样讲。这话听起来很有点儿不对味。不雅的景象外人看了丢脸，没有外人时，自己住在里面也不体面——这后一点总是被人忘掉。

作为一个知识分子，我发现自己曾有一种特别的虚伪之处，虽然一句话说不清，但可以举些例子来说明。假如我看到火车上特别挤，就感慨一声道："这种事居然可以发生在中华人民共和国的土地上！"假如我看到厕所特脏，又长叹一声："唉！北京市这是怎么搞的嘛！"这其中有点儿幽默的成分，也有点儿当真。我的确觉得国家和政府的尊严受到了损失，并为此焦虑着。当然，我自己也想要点儿个人尊严，但以个人名义提出就过于直露，不够体面——言必称天下，不以个人面目出现，是知识分子的尊严所在。当然，现在我把这作为虚伪提出，已经自外于知识分子。但也有种好处，我找到了自己的个人面目。有关尊严问题，不必引经据典，我个人就是这么看。但中国忽视个人尊严，却不是我的新发现。从大智者到通俗作家，有不少人注意到一个有中国特色的现象。罗素说，中国文化里只重家族内的私德，不重社会的公德公益，这一点造成了很要命的景象。费孝通说，中国社会里有所谓"差序格局"，与己关系近的就关心，关系远的就不关心或少关心，结果有些事从来就没人关心。龙应台为这类事而愤怒过，三毛也大发过一通感慨。读者可能注意到了，所有指出这个现象的人，或则是外国人，或则曾在国外生活过，又回到了国内。没有这层关系的中国人，对此浑然不觉。笔者自己曾在外国居住四年，假如没有这种经历，恐怕也发不出这种议论——但这一点并不让我感到开心。环境脏乱的问题、火车拥挤的问题、社会秩序的问题，人们倒是看到了，但总从总体方面提出问题，讲国家的尊严、民族的尊严。其实这些事就发生在我们身边，削我们每个人的面子——对此能够浑然无觉，倒是咄咄怪事。

人有无尊严，有一个简单的判据，是看他被当作一个人还是一个东西来对待。这件事有点儿两重性，其一是别人把你当作人还是东西，是你尊严之所在。其二是你把自己看成人还是东西，也是你的尊严所在。挤火车和上公共厕所时，人只被当身体来看待。这里既有其一的成分，也有其二的成分，而且归根结蒂，和我们的文化传统有关。说来也奇怪，中华礼仪之邦，一切尊严，都从整体和人与人的关系上定义，就是没有个人的位置。一个人不在单位里、不在家里，不代表国家、民族，单独存在时，居然不算一个人，就算是一块肉。这种算法当然是有问题。我的算法是，一个人独处荒岛而且谁也不代表，就像鲁滨孙那样，也有尊严，可以很好地活着。这就是说，个人是尊严的基本单位。知道了这一点，火车上太挤了之后，我就不会再挤进去而且浑然无觉。

君子的尊严

笔者是个学究，待人也算谦和有礼，自以为算个君子——当然，实际上是不是，还要别人来评判。总的来说，君子是有文化有道德的人，是士人或称知识分子。按照中国的传统，君子是做人的典范。君子不言利。君子忍让不争。君子动口不动手。君子独善其身。这都是老辈子传下来的规矩，时至今日，以君子自居的人还是如此行事。我是宁做君子不做小人的，但我还是以为，君子身上有些缺点，不配作为人的典范，因为他太文弱、太窝囊、太受人欺。

君子既不肯与人争利，就要安于清贫。但有时不是钱的问题，是尊严的问题。前些时候在电视上看到北京的一位人大代表发言，说儿童医院的挂号费是一毛钱，公厕的收费是两毛钱。很显然，这样的收费标准有损医务工作的尊严。当然，发言的结尾是呼吁有关领导注意这个问题，有关领导也点点头说："是呀是呀，这个问题要重视。"我总觉得这位代表太君子，没把话讲清楚——直截了当的说法是，我们要收两块钱。别人要是觉得太贵，那你就还个价来——这样三下五除二就切入了正题。这样说话比较能解决问题。

　　君子不与人争，就要受气。举例来说，我乘地铁时排队购票，总有些不三不四的人到前面加塞。说实在的，我有很多话要说："我排队，你为什么不排队？你忙，难道我就没有事？"但是碍于君子的规范，讲不出口来。话憋在肚子里，难免要生气。有时气不过，就嚷嚷几句："排队，排队啊。"这种表达方式不够清晰，人家也不知是在说他。正确的方式是，指住加塞者的鼻子，口齿清楚地说道："先生，大家都在排队，请你也排队。"但这样一来，就陷入与人争论的境地，肯定不是君子了。

　　常在报纸上看到这样的消息：流氓横行不法，围观者如堵，无人上前制止。我敢断定，围观的都是君子，也很想制止，但怎么制止呢？难道上前和他打架吗？须知君子动口不动手啊。我知道英国有句俗话，绅士动拳头，小人动刀子。假如在场的是英国绅士，就可以上前用拳头打流氓了。

　　既然扯到了绅士，就可以多说几句。从前有个英国人到澳大利亚去旅行，过海关时，当地官员问他是干什么的。他答道："我是一个绅士。"因为历史的原因，澳大利亚人不喜欢听到这句话，尤其不喜欢听到这句话从一个英国人嘴里说出来。那官员又问："我问你的职业是什么？"英国人答道："职业就是绅士。难道你们这里没有绅士吗？"这下澳大利亚人可火了，差点儿揍他，幸亏有人拉开了。在英美，说某人不是绅士，就是句骂人话。当然，在我们这里说谁不是君子，等于说他是小人，也是句骂人话。但君子和绅士不是一个概念。从字面上看，绅士（gentleman）是指温文有礼之人，其实远不止此。绅士要保持个人的荣誉和尊严，甚至可以说是这方面的专业户。坦白地说，他们有点儿狂傲自大。但也有一种好处，真正的绅士绝不在危险面前止步。大战期间，英国绅士大批开赴前线为国捐躯，甚至死在了一般人前面。君子的标准里就不包括这一条。

中国的君子独善其身，这样就没有了尊严。这是因为尊严是属于个人的、不可压缩的空间，这块空间要靠自己来捍卫——捍卫的意思是指敢争、敢打官司、敢动手（勇斗歹徒）。我觉得人还是有点儿尊严的好，假如一个人连个待的地方都没有，就无法为人做事，更不要说做别人的典范。

居住环境与尊严

我住在一座高层建筑里。从一楼到十七楼，人人都封阳台，所用的材料和样式各异，看起来相当丑陋。公用的楼道上，玻璃碎了一半，破了的地方用三合板或纤维板堵住；楼梯上很脏，垃圾道的口上更脏。如果它是一座待拆的楼房，那倒也罢了，实际上它是新的，建筑质量也很好，是人把它住成了这样。至于我家里，和别人家里一样，都很干净，只是门外面脏。假如有朋友要见我，就要区别对待。假如他是中国人，就请他到家里来；要是外国人，就约在外面见面。这是因为我觉得让外国人到我家来，我的尊严要受损失。

假设有个外国人来看我，他必须从单元门进来，爬上六层，才能到达我家的门口。单元门旁边就是垃圾道的出口，那里总有大堆的垃圾流在外面，有鱼头鸭头鸡肠子在内，很招苍蝇，看起来相当吓人。此人看过了这种景色之后，爬上一至六层的楼梯，呼吸着富含尘土的空气，看到满地的葱皮、鸡蛋壳，还有墙上淋漓的污渍。我希望他有鼻炎，闻不见味儿。我没有鼻炎，每回爬楼梯时我都闭着气。上大学时，我肺活量有五千毫升，现在大概有八千。当然，这是在白天。要是黑夜他根本就上不来，因为楼道里没灯，他会撞进自行车堆里，摔断他的腿。夜里我上楼时，手里总拿根棍儿，探着往上爬。他还不知扶手不能摸，摸了就是一手灰。才搬来时我摸过一把，那手印子现在还印在那里，只是没有当初新鲜。就这样到了我的门外，此时他对我肯定有了一种不好的看法。坦白地说，我在美国留学时，见到哪个美国同学住在这样的房子里，肯定也会看不起他。

要是个中国人来看我，看到的景象也是一样。大家都是人，谁也不喜欢肮脏，所以对这种环境的反感也是一样的。但他进了我家的门，就会把路上看到的一切都忘掉。他对我这么好，除了同胞情谊之外，还因为他知道楼道里这么脏不能怪我，所以我敢把他请到家里来。

因为本文想要谈尊严问题，就此切入正题。所谓尊严（dignity），是指某人受到尊敬，同时也是个人的价值所在。笔者曾在国外居住四年，知道洋鬼子怎样想问题：一个人住在某处，对周围的一切既有权利，也有义务。假如邻居把门前和阳台弄得不像话，你可以径直打电话说他，他要是个体面人就不会不理。反过来，假如你把门前弄得不像话，他也会径直打电话来说你，你也不能不理。因此，一个地方住了一些体面人，就不会又脏又乱。居住的环境就这样和个人尊严联系在一起。假如我像那些洋人想象的那样，既有权利，又有义务，本人还是个知识分子，还把楼房住成了这样，那我又算个什么人呢。这就是我不敢让洋人上家里来的原因。

但你若是中国人，就会知道：我有权利把自己的阳台弄成任何一种模样，别人不会来管，别人把家门外弄成任何一种样子，我也没有办法。当然，我觉得楼道太脏，也可以到居委会反映一下，但说了也没有用。顺便说说，我们交了卫生费，但楼梯总没有人扫。我扫过楼道，从六楼扫到了一楼，只是第二天早上出来一看，又被弄得很脏，看来一天要扫三遍才行。所以我也不扫了。我现在下定了一种决心：一过了退休年龄，就什么都不干，天天打扫楼道；现在则不成，没有工夫。总而言之，对这件事我现在是没有办法了。把话说白了，就是这样的：在我家里，我是个人物。出了家门，既没有权利，又没有义务，根本就不是什么人物，说话没有人理，干事情没人响应，而且我自己也不想这样。这不是在说外国人的好话，也不是给自己推卸责任，而是在说自己为什么要搞两面派。

中国这地方有一种特别之处，那就是人只在家里（现在还要加上在单位里）负责任，出了门就没有了责任感（罗素和费孝通对此都有过论述，谁有兴趣可以去查阅）。大家所到之处，既无权利，也无义务；所有的公利公德，全靠政府去管，但政府不可能处处管到，所以到处乱糟糟。一个人在单位是老张或老李，回了家是爸爸或妈妈，在这两处都要顾及体面和自己的价值，这是很好的；但在家门外和单位门外就什么都不是，被称作"那男的"或是"那女的"，一点儿尊严也没有，这就很糟糕。我总觉得，大多数人在受到重视之后，行为就会好。

饮食卫生与尊严

　　每天早上，北京街头就会出现一些早点摊。有一天我起早了，走着走着感到有点儿饿，想到摊上吃一点儿。吃之前先绕到摊后看了一眼，看到一桶洗碗水，里面还泡着碗。坦白地说，与一桶泔水相似。我当时就下定决心，再不到小摊上吃饭。当然，我理解那些吃这种早点的人，因为我也当过工人。下了夜班，胃里难受，嘴里还有点儿血腥味，不吃点儿热东西实在没法睡；这么早又找不到别的地方吃饭，只好到摊上去吃。我不理解的是那些卖早点的人。既然人家到你这里吃东西，你为什么不弄干净一点儿？

　　我认识一个人，是从安徽出来打工的。学了点儿手艺，在个体餐馆里当厨师。后来得了肝炎，老板怕他传染顾客，把他辞掉了，他就自制熟肉到街上去卖。我觉得这很不好，有传染病的人不能卖熟食。你要问他为什么这么干，他就说："要赚钱。"大家想想看，人怎么能这样待人呢。只有无赖才这样看问题。我实在为他们害羞，觉得他们抛弃了人的尊严。当然，这里说到的不是那些饮食者的个人尊严，而是卖饮食者的尊严。准确地说，是指从外地到北京练摊儿的人——其中有好的，但也有些人实在不讲卫生。要是在他本乡本土，他绝不会这么干。这就是说，他们做人方面有了问题。至于这个问题，我认为是这样的：你穿着衣服在街上一走，别人都把你当人来看待。所以，在你做东西给别人吃时，该把别人当人来看待。有一种动物多脏的东西都吃，但那是猪啊。你我是同类，难道大家都是猪？我一直这么看待这个问题，最近发生了一点儿变化，是因为遇上这么一回事：

有一天，我出门去帮朋友搬家。出去时穿得比较破，因为要做粗活；回来时头上有些土，衣服上有点儿污渍，抬了一天冰箱，累得手脚有点儿笨；至于脸色，天生就黑。总而言之，像个"外地来京人员"——顺便说一句，现在"人员"这个字眼就带有贬义，计有无业人员、社会闲散人员、卖淫嫖娼人员等等说法——就这个样子乘车回来，从售票员到乘客，对我都不大客气，看我的眼神都不对。我因此有点儿憋气，走到离家不远，一不小心碰到了一个人。还没等把道歉的话说出口，对方已经吼道："没带眼睛吗？"底下还有些话，实在不雅，不便在此陈述。我连话都不敢说，赶紧溜走了。假如我说，我因此憋了一口气，第二天就蹬辆三轮车，带一个蜂窝煤炉子、一桶脏水到街上练早点，那是我在编故事。但我确实感到了，假如别人都不尊重我，我也没法尊重别人。假如所有的人都一直斜眼看我，粗声粗气地说我，那我的确什么事都干得出来。不过，回到家里，洗个热水澡，换上干净衣服，我心情又好了。有个住的地方，就有这点儿好处。

我住的地方在城乡接合部上，由这里向西，不过二里路，就是一个优雅的公园，是散步的好地方。但要到那里去，要穿过一段小街陋巷，低矮的平房。有的房子门上写着"此房出租"，有的里面住着外地来打工的人，住得很挤。我穿过小巷到公园里去散步，去了一回，就再也不去了。那条路上没有下水道，尽是明沟，到处流着污水。我全身上下最好使的器官是鼻子，而且从来不得鼻炎，所以在这一路上嗅到六七处地方有强烈的尿臊气。这些地方不是厕所，只是些犄角旮旯。而这一路上还真没有什么厕所。走着走着遇上一片垃圾场，有半亩地大，看起来触目惊心。到了这里，我就痛恨自己的鼻子，恨它为什么这么好使。举例来说，它能分出鸡肠子和鸭肠子，前者只是腥臭，后者有点儿油腻腻的，更加难闻。至于鱼肠子，在两里路外我就能闻到，因为我讨厌鱼腥味。就这样到了公园里，我已无心散步，只觉得头昏脑涨，脑子里转着上百种臭味，假如不把它们一一分辨清楚，心里就难受。从那片平房往东看，就是我住的楼房。我已经说过，那楼的楼道不大干净，但已比这片平房强了数百倍。说起来，外地人到京打工，算是我们的客人。让客人住这种地方，真是件不体面的事。成年累月住在这种地方，出门就看到烂鸡肠子，他会有什么样的心境，我倒有点儿不敢想了。

我以为，假如一个人在生活条件和人际关系上都能感到做人的尊严，他就按一个有尊严的人的标准来行事，像个君子。假如相反，他难免按无尊严人的方式行事，做出些小人的行径。虽然君子应该避恶趋善，不把自己置于没有尊严的地位，但这一条有时我也做不到，也就不好说别人了。前些时候看电视，看到几个"外地来京人员"拿自来水和脏东西兑假酱油，令人发指。觉得不但国家该法办这些人，我也该去啐他们一口。但想想人家住在什么地方，受到什么样的对待，又有点儿理不直气不壮。在这方面，我应该做点儿事，才好去吐唾沫。后面这几句话已是题外之语。我的意思当然是说，"外地来京人员"假如做餐饮，应该像君子一样行事，让大家吃着放心。这样说话才像个不是"人员"的北京人。

我有些朋友，帮一个扶贫组织工作，在议这样一件事：租借一些空闲的厂房，给"外地来京人员"一个住的地方。我也常去参加议论，连细节都议出来了：那地方不在于有多考究，而在于卫生，有人管理，让大家住着放心。房间虽是大宿舍，但有人打扫；个人的物品有处寄放。厕所要卫生，还要有洗淋浴的地方。各人的床用白布帘子隔起来——我在国外旅行，住过"基督教青年会"一类的地方，就是这个样子的寄宿舍，住在里面不觉得屈尊。对于出门在外的年轻人来说，住这种地方就可以说有了个人尊严，而且达到了国际标准。因为国际标准不光是奢华靡费，还有简朴、清洁、有秩序的一面，我对此颇有心得，因为我在国外是个穷学生，过俭朴的生活，但也不觉得低人一等。这在中国也可以办到嘛……还有朋友说，这个标准太低。还该有各种训练班，教授求职所需的技能；还要组织些文娱活动。当然，这就更好了。可以想见，"外地来京人员"到了这里，体会到清洁、有序和人对人的关怀，对我们肯定会好一些。这件事从去年六月议起，还在务虚，没有什么务实的迹象。朋友里还有人说，这个寄宿舍应该赢利。我们这些人也不能白说这些事，也该有点儿好处。我听了觉得不大对劲，就不再参加议论。本文的主旨是说，做餐饮的人要像君子一样行事，把这件事也扯了出来，我恐怕自己是说漏了嘴。

有关贫穷

　　国外有位研究发展的学者说：贫穷是一种生活方式——这话很有点儿意思。他的意思是说，穷人不单是缺钱。你给他钱他也富不起来，他的主要问题是陷到一种穷活法里去了。这话穷人肯定不爱听——我们穷就够倒霉的了，还说这是一种生活方式，这不是拿穷人寻开心又是什么。我本人过够了苦日子，到现在也不富裕，按说该有一个穷人的立场，但我总觉得这话是有道理的。贫穷的确是种生活方式，这种生活方式还有很大的感召力。

　　我现在住在一楼，窗外平房住了一位退休的大师傅，所以有机会对一种生活方式做一番抵近的观察。这位老先生七十多岁了，是农村出来的，年轻时肯定受过穷，老了以后，这种生活又在他身上复苏了。每天早上五点，他准要起来把全大院的垃圾箱搜个遍，把所有的烂纸捡到他门前——也就是我的窗前。这地方变成了一片垃圾场，飞舞着大量的苍蝇。住在垃圾场里，可算是个标准穷光蛋，而且很不舒服。但这位师傅哪里都不想去，成天依恋着这堆垃圾，拨拉拨拉东，拨拉拨拉西，看样子还真舍不得把这些破烂卖出去。我的屋里气味很坏，但还不全是因为这些垃圾。老师傅还在门前种了些韭菜，把全家人的尿攒起来，经过发酵浇在地里。每回他浇过了韭菜，我就要害结膜炎。二十年前我在农村，有一回走在大路上，前面翻了一辆运氨水的车，熏得我头发都立了起来——从那以后我再没闻到过这么浓烈的臊味。这位老先生捡了一大堆废纸板，不停地往纸板里浇水——纸板吸了水会压秤。但据我所见，这些纸板有一部分很快就变成了霉菌……我倒希望它长点儿蘑菇，蘑菇的气味好闻些，但它就是不长。我觉得这位师傅没穷到非捡垃圾不可的地步，劝他别捡了，但他就是不听。现在我也不劝了。不但如此，我见了垃圾堆就要多看上一眼——以前我没这种毛病。

我知道旧社会穷人吃糠咽菜，现在这世界上还有不少人吃不上饭、穿不上衣服。没人喜欢挨饿受冻——谁能说饥饿是生活方式呢。但这只是贫穷的一面，另一面则是，贫穷的生活也有丰富的细节，令人神往。就拿我这位邻居来说，这些细节是我们院里的五六十座垃圾箱。他去访问之前，垃圾都在箱里，去过之后，就全到了外面，别人对此很是讨厌；常有人来门前说他，他答之以暧昧的傻笑。另外，他搜集的纸板不全是从垃圾里捡来的。有些是别人放在楼道里的纸箱，人家还要呢，也被他弄了来。物主追到我们这里来说他，他也傻笑上一通。其实他有钱，但他喜欢捡烂纸，因为这种生活比待着丰富多彩——罗素先生曾说，参差多态乃是幸福的本源。也不知是不是这个意思。回收废旧物资是项利国利民的事业，但这么扒拉着捡恐怕是不对的。捡回来还要往里加水，这肯定是种欺诈行为。我很看不惯，决心要想出一种方法，揭穿这种欺骗。我原是学理科的，马上就想出了一种：用两根金属探针往废纸里一插，用一个摇表测废纸的电阻。如果掺了水，电阻必然要降低，然后就被测出来。我就这么告诉邻居。他告诉我说，有人这么测来着。但他不怕，掺不了水，就往里面夹砖头。摇表测不出砖头来，就得用 X 光机。废品收购站总不能有医院放射科的设备吧……

我插队时，队里有位四川同学，外号叫波美，但你敢叫他波美，他就和你玩命。他父亲有一项光荣的职业：管理大粪场。每天早上，有些收马桶的人把大粪从城里各处运来，送到他那里，他以一毛钱一担的价格收购，再卖给菜农。这些收马桶的人总往粪里掺水——这位大叔憎恶这种行径，像我一样，想出了检验的办法，用波美比重计测大粪的比重。你可能没见过这种仪器：它是一根玻璃浮子，下端盛有铅粒，外面有刻度；放进被测液体，刻度所示为比重。我想他老人家一定做过不少试验，把比重计放进各种各样的尿，才测出了标准大粪的比重。但是这一招一点儿都不管用：人家先往粪里掺水，再往粪里掺土，掺假的大粪比重一点儿都不低了。结果是他老人家贻人以笑柄，还连累了这位四川同学。大概你也猜出来了，波美就是波美比重计之简称，这外号暗示他成天泡在大粪里，也难怪他听了要急。话虽如此说，波美和他的外号曾给"插友"们带来了很多乐趣。

如果说贫穷是种生活方式，捡垃圾和挑大粪只是这种方式的契机。生活方式像一个曲折漫长的故事，或者像一座使人迷失的迷宫。很不幸的是，任何一种负面的生活都能产生很多乱七八糟的细节，使它变得蛮有趣的；人就在这种趣味中沉沦下去，从根本上忘记了这种生活需要改进。用文化人类学的观点来看，这些细节加在一起，就叫作"文化"。有人说，任何一种文化都是好的，都必须尊重。就我们谈的这个例子来说，我觉得这解释不对。在萧伯纳的《英国佬的另一个岛》里，有一位年轻人这么说他的穷父亲："一辈子都在弄他的那片土、那只猪，结果自己也变成了一片土、一只猪。"要是一辈子都这么兴冲冲地弄一堆垃圾、一桶屎，最后自己也会变成一堆垃圾、一桶屎。所以，我觉得总要想出些办法，别和垃圾、大粪直接打交道才对。

有关"伟大一族"

　　有位老同学从美国回来探家，我们俩有七八年没见了。他的情况还不错——虽然薪水不很多，但两口子都挣钱，所以还算宽裕。自从美国一别，他的房子买到了第三所，汽车换到了第四辆，至于PC机，只要听说新出来一种更快的，他马上就去买一台，手上过了多少就没了数了。老婆还没有换，也没有这种打算，这正是我喜欢他的地方。虽然没坐过罗尔斯·罗伊斯，没住过棕榈海滩的豪华别墅，手里没有巨额股票，倒有一屁股的饥荒，但就像东北人说的，他起码也"造"了个痛快。我现在房无一间地无一垄，当然只有羡慕的份儿。但我们见面不是光聊这些——这就太过庸俗了。

　　我们哥儿俩都闯荡过四方，种过地，放过牧，当过工人，二十年前在大学里同窗时，心里都曾燃烧起雄心壮志，要开创伟大的事业。所谓伟大的事业，就是要让自己的梦想成真。那时想了些什么，现在我都不好意思说，只好拿别人做例子。比方说微软公司的大老板比尔·盖茨，年轻时想过，要把当时看着不起眼的微处理机做成一种能用的计算机，让人人都能拥有和使用计算机，这样，科学的时代就真正降临人世了——这种梦想的伟大之处就在这里。现在这种梦想在很大程度上变成了真实，他在其中有很大的贡献，这是值得佩服的。至于他在商业上的成功，照我看还不太值得佩服。还有一个例子是马丁·路德·金曾经高呼，"我有一个梦想"，今天在美国的校园里，有时能看到高大英俊的黑人小伙子和白人姑娘拥抱在一起。从这种特别美丽的景象里，可以体会到金博士梦想的伟大。时至今日，我说多了没有意思，脸上也发热。我只能说，像这样的梦想我们也曾有过。

每个人都有自己的梦想，这些梦想不见得都是伟大事业的起点。鲁迅先生的杂文里提到有这样的人，他梦想的最高境界是在雪天，呕上半口血，由丫鬟扶着，懒懒地到院子里去看梅花。我看了以后着实生气，人怎么能想这样的事！同时我还想，假如这位先生不那么考究，不要下雪、梅花、丫鬟揍着，等等，光要呕血的话，这件事我倒能帮上忙。那时我是个小伙子，胳臂很有劲儿，拳头也够硬。现在当然不想帮这种忙，过了那个年龄。现在偶尔照照镜子，里面那个人满脸皱纹，我不大认识。走在街上，迎面过来一个庞然大物，仔细从眉眼上辨认，居然是自己当年的梦中情人，于是不免倒吸一口凉气。凉气吸多了就会忘事，所以要赶紧把要说的事说清楚。梦想虽不见得都是伟大事业的起点，但每种伟大的事业必定源于一种梦想——我对这件事很有把握。

现在的青年里有"追星族""上班族"，但想要开创伟大事业的人没有名目，就叫他们"伟大一族"好了。过去这样的人在校园里（不管是中国校园还是美国校园）是很多的。当盖茨先生穿着一身便装，蓬着一头乱发出现在校园里时，和我们当年一样，属于伟大一族。刚回中国时，我带过的那些学生起码有一半属伟大一族，因为他们眼睛里闪烁着梦想的光芒。谁是谁不是这一族，我一眼就能看出来。但这一族的人数是越来越少了，将来也许会像恐龙一样灭绝掉。我问我哥儿们，现在干吗呢，他说坐在那里给人家操作软件包，气得我吼了起来："咱们这样的人应该做研究工作——谁给他打软件包？"但是他说："人家给钱就得了，管它干什么。"我一想也对。谁要是给我一年三四万美元让我"打"软件包，我也给他"打"去了。这说明现在连我也不属伟大一族。但在年轻时，我们有过很宏伟的梦想。伟大一族不是空想家，不是只会从众起哄的狂热分子，更不是连事情还没弄清就热血沸腾的青年。他们相信，任何美好的梦想都有可能成真——换言之，不能成真的梦想本身就是不美好的。假如事情没做成，那是做得不得法；假如做成了，却不美好，倒像是一场噩梦，那是因为从开始就想得不对头。不管结局是怎样，这条路总是存在的——必须准备梦想，准备为梦想工作。这种想法对不对，现在我也没有把握。我有把握的只是：确实有这样的一族。

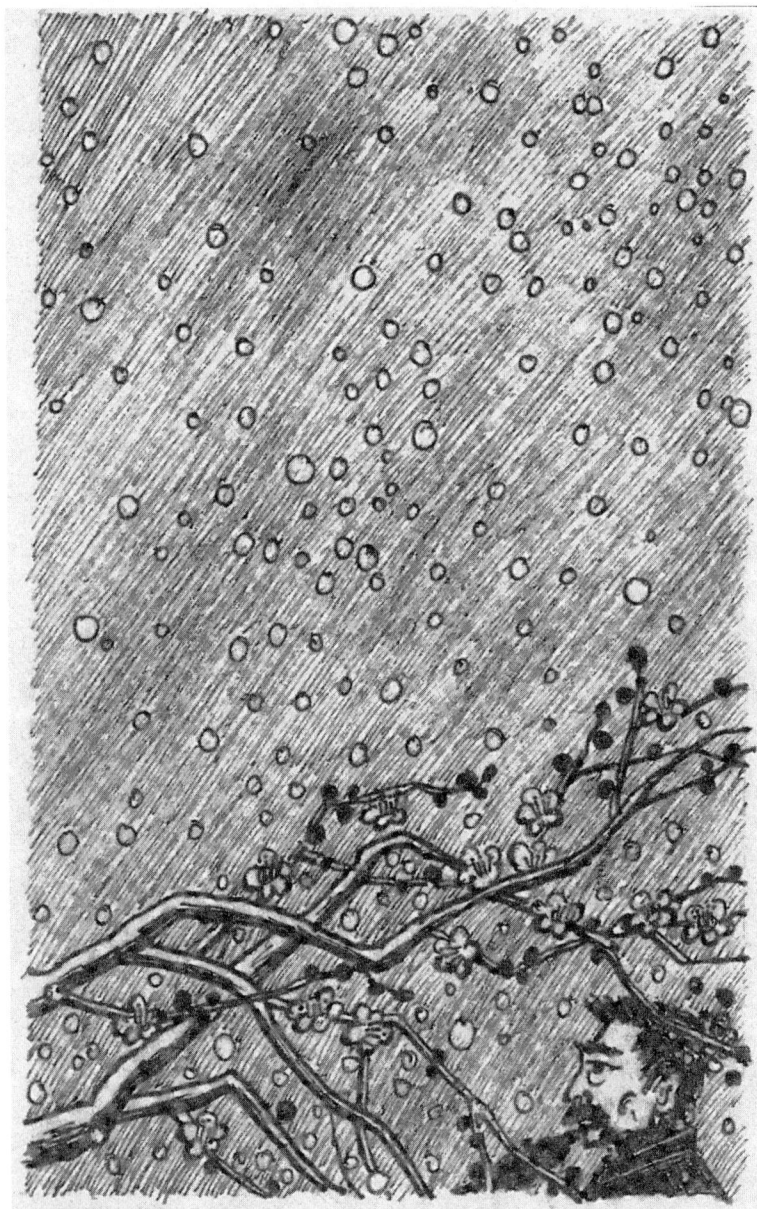

有关"给点气氛"

　　我相信，总有些人会渴望有趣的事情，讨厌呆板无趣的生活。假如我有什么特殊之处，那就是：这是我对生活主要的要求。大约十五年前，读过一篇匈牙利小说，叫作《会说话的猪》，讲到有一群国营农场的种猪聚在一起发牢骚——这些动物的主要工作是传种。在科技发达的现代，它们总是对着一个被叫作"母猪架子"的人造母猪传种。该架子新的时候大概还有几分像母猪，用了十几年，早就被磨得光秃秃的了——那些种猪天天挺着大肚子往母猪架子上跳，感觉有如一坨冻肉被摔上了案板，难免口出怨言，它们的牢骚是："哪怕在架子背上粘几撮毛，给我们点气氛也好！"这故事的结局是相当有教育意义的：那些发牢骚的种猪都被劁掉了。但我总是从反面理解问题：如果连猪都会要求一点儿气氛，那么对于我来说，一些有趣的事情干脆是必不可少。

　　活在某些时代，持有我这种见解会给自己带来麻烦，我就经历过这样的年代——书书没的看，电影电影没的看。整个生活就像个磨得光秃秃的母猪架子，好在我还发现了一件有趣的事情，那就是发牢骚——发牢骚就是架子上残存的一撮毛。大家聚在一起，你一句，我一句，人人妙语连珠，就这样把麻烦惹上身了。好在我还没有被劁掉，只是给自己招来了很多批评帮助。这时候我发现，人和人其实是很隔膜的。有些人喜欢有趣，有些人喜欢无趣，这种区别看来是天生的。

作为一个喜欢有趣的人，我当然不会放弃阅读这种获得有趣的机会。结果就发现，作家里有些人拥护有趣，还有些人是反对有趣的。马克·吐温是和我一头的，或者还有萧伯纳——但我没什么把握。我最有把握的是哲学家罗素先生，他肯定是个赞成有趣的人。莫尔爵士设想了一个乌托邦，企图给人们营造一种最美好的生活方式，为此他对人应该怎样生活做了极详尽的规定，包括新娘新郎该干点什么——看过《乌托邦》的人一定记得，这个规定是：在结婚之前，应该脱光了身子让对方看一看，以防身上暗藏了什么毛病。这个用意不能说不好，但规定得如此之细就十足让人倒胃，在某些季节里，还可能导致感冒。罗素先生一眼就看出乌托邦是个母猪架子，乍看起来美轮美奂，使上一段，磨得光秃秃，你才会知道它有多糟糕——他没有在任何乌托邦里生活过，就有如此见识，这种先知先觉让人佩服得五体投地。他老人家还说，须知参差多态，乃是幸福的本源。反过来说，呆板无趣就是不幸福——正是这句话使我对他有了把握。一般来说，主张扼杀有趣的人总是这么说的："为了营造至善，我们必须做出这种牺牲。"却忘记了让人们活着得到乐趣，这本身就是善，因为这点儿小小的疏忽，至善就变成了至恶……

这篇文章是从猪要求给点儿气氛说起的。不同意我看法的人必然会说，人和猪是有区别的。我也认为人猪有别，这体现在人比猪要求得更多，而不是更少。除此之外，喜欢有趣的人不该像那群种猪一样，只会发一通牢骚，然后就被阉掉。这些人应该有些勇气，做一番斗争，来维护自己的爱好。这个道理我直到最近才领悟到。

我常听人说："这世界上哪有那么多有趣的事情。"人对现实世界有这种评价、这种感慨，恐怕不能说是错误的。问题就在于应该做点儿什么。这句感慨是个四通八达的路口，所有的人都到达过这个地方，然后在此分手。有些人去开创有趣的事业，有些人去开创无趣的事业。前者以为，既然有趣的事不多，我们才要做有趣的事。后者经过这一番感慨，就自以为知道了天命，此后板起脸来对别人进行说教。我以为自己是前一种人，我写作的起因就是：既然这世界上有趣的书是有限的，我何不去试着写几本——至于我写成了还是没写成，这是另一个问题，我很愿意就这后一个问题进行讨论，但很不愿有人就头一个问题来和我商榷。前不久有读者给我打电话，说："你应该写杂文，别写小说了。"我很认真地倾听着。他又说："你的小说不够正经。"——这话我就不爱听了。谁说小说非得是正经的呢。不管怎么说吧，我总把读者当作友人，朋友之间是无话不说的。我必须声明，在我的杂文里也没什么正经。我所说的一切，无非是提醒后到达这个路口的人，那里绝不是只有一条路，而是四通八达的。你可以做出选择。

生活和小说

　　罗素先生曾说，从一个假的前提出发，什么都能够推论出来，照我看这就是小说的实质。不管怎么说，小说里可以虚构。这就是说，在一本小说里，不管你看到什么千奇百怪的事，都不应该诧异，更不该指责作者违背了真实的原则，因为小说就是假的呀。

　　据说罗素提出这一命题时，遭到了好多人的诘难。我对逻辑知道得不多，但我是罗素先生热烈的拥护者。这是因为除了写小说，我还有其他的生活经验。比方说，做几何题。做题时，有时你会发现各种千奇百怪的结果不断地涌现，这就是说，你已经出了一个错，正在假的前提上推理。在这种情况下，你不仅可以推出三角形的内角之和超过了一百八十度，还可以把现有的几何学知识全部推翻。从做题的角度出发，你应该停止推论，从头检查全部过程，找到出错的地方，把那以后的推论全部放弃。这种事谁都不喜欢。所以我选择了与真伪无关的职业——写小说。凭良心说，我喜欢千奇百怪的结果——我把这叫作浪漫，但这不等于我就没有能力明辨是非了。

生活里浪漫的事件很多。举例言之，二十四年前，我作为知识青年上山下乡去了。以此为契机，我的生活里出现了无数千奇百怪的事情，故而我相信这些事全都出自一个错误的前提。现在我能够指出错出在什么地方。说我当时是知识青年，青年是很够格的（十六岁），知识却不知在哪里。用培根的话来说，知识就是力量，假如我们真有知识，到哪里都有办法。可怜那时我只上了七年学，如果硬说我有什么知识，那只能是对"知识"二字的诬蔑。不管怎么说，这个错误不是我犯的，所以后来出了什么事，都不由我负责。

因为生活对我来说，不是算草纸，可以说撕就撕，所以到后来我不再上山下乡时，已经老了好多。但是我的生活对于某些人来说的确是算草纸，可以拿来乱写乱画。其实我又算得了什么，不过是千万人中的一个。像上山下乡这样的事，过去有，现在有，将来保不准还会有的。对此当然要有个正确的态度，用上纲上线的话来说，就叫作"正确对待"。这种态度我已经有了。

我们不妨把过去的生活看作小说，把过去的自己看成小说中的人物，这样心情会好得多。因为不管怎么说，那都是从假命题开始的推理，不能够认真对待。如果这样看待自己的过去，就能看出不少可歌可泣的地方。至于现在和未来是不是该这样看待，则要看现在是不是还有错误的前提存在。虽然我们并不缺少明辨是非的能力。凭良心说，我希望现实的世界在理性的世界里运作，一点儿毛病都没有。但是像这样的事，我们自己是一点儿也做不了主的。

现在的人不大看小说了，专喜欢看纪实文学。这说明我们的生活很有趣味，带有千奇百怪的特征。不管怎么说，有趣的事多少都带点儿毛病，不信你看有趣的纪实文学，总是和犯罪之类的事有关系。假如这些纪实文学纪的都是外国，那倒是无所谓，否则不是好现象。至于小说越来越不好看，则有另外的原因。这是因为有人要求它带有正确性、合理性、激励人们向上等，这样的小说肯定无趣。换言之，那些人用现实所应有的性质来要求小说、电影等。我听人说，这样做的原因是小说和电影比现实世界容易管理，如此说来，这是出于善良的动机，正如堂吉诃德挑风车也是出于善良的动机。但是这样做的结果很不幸。因为现实世界的合理性里就包括了有趣的小说和电影，故而这样做的结果是使现实世界更加不合理了。由于这些人士的努力，世界越来越不像世界，小说越来越不像小说。我们的处境正如老美说的，在 middle of nowhere①。这是小说发生的地方，却不是写小说的地方。

---

① 意为"茫茫荒野"或"了无人烟之地"。

苏东坡与东坡肉

我父亲是教逻辑的教授，我哥哥是修逻辑的 Ph. D.。我自己对逻辑学也有兴趣，这种兴趣是从对逻辑学家的兴趣发展来的。二十世纪初年，罗素发现了以自己名字命名的悖论，连忙写信告诉弗雷泽，顺便通知弗雷泽，他经营了半生的体系，因为这个悖论的发现有了重大的漏洞。弗雷泽考虑了一番，回信说："我要是知道什么是正确的结论就好了……"我觉得这个弗雷泽简直逗死了，他要是有女儿，我一定要娶了做老婆，让他做我的老岳丈。话又说回来，就算弗雷泽有女儿，做我的姥姥一定比做老婆合适得多。这样弗雷泽就不是我的老岳丈，而是我的曾外公啦。我在美国上学时还遇见过一件类似的事：有一回在课堂上，有个胖乎乎的女同学在打瞌睡，忽然被老师叫起来提问。可怜她根本没听，怎么能答得上来。在美国，不但老师可以问学生，学生也可以问老师。万一老师被问住，就说一句："问得好！"不回答问题，接着讲课。这位女同学迷迷糊糊，拖着长声说道：This is a good question.（问得好）……

差点儿把大家的肚皮笑破。下课后，我打量了她好半天，发现她太胖，又有狐臭，这才打消了不轨之心——弗雷泽就有这么逗。让我们书归正传，另一个有趣的逻辑学家是维特根斯坦，罗素请他来英国，研究一下出书的问题。维特根斯坦没有路费，又不肯朝罗素借。最后罗素买下了维特根斯坦留在剑桥的一些旧家具——我觉得他们俩都很逗。受这种浅薄的幽默感驱使，我学过数理逻辑，开头还有兴趣，后来学到了繁难的东西，就学不进去了。

我对数学也有过兴趣，这种兴趣是从对方程的兴趣发展来的。人们老早就知道二次方程有公式解，但二次以上的方程呢？在十九世纪以前，人们是不知道的。在十七世纪，有个意大利数学家，又是一位教授，他对三次方程的解法有点儿心得。有天下午，外面下着雨，在教室里，他准备对学生讲这些心得。忽听咔嚓一声巨响，天上打下来个落地雷，擦着教室落在花园里——青色的电光从狭窄的石窗照进来，映得石墙上一片惨白。教授手捂着心口，对学生们转过身来，说道："先生们，我们触及了上帝的秘密……"我读到这个故事时，差点儿把肠子笑断了。三次方程算个啥，还值得打雷——教授把上帝看成个小心眼了。数学我也学了不少，学来学去没了兴趣，也搁下了。类似的学科还有物理学、化学，初学时兴趣都很大，后来就没兴趣了，现在未必记得多少。

总而言之，我对研究学问这件事和研究学问的人有兴趣，对这门学问本身没什么兴趣。所有的功课我都是这么学的，但我的成绩竟都是五分。只有一门功课例外，那就是计算机编程。我学的时候还要穿纸带，没意思透了。这一门学科里没有名人逸事，除了这门科学的奠基人图灵先生是同性恋，败露后自杀了。我既不是同性恋，也不想自杀，所以我对计算机没兴趣，得的全是三分。但我现在时常用得着它，所以还要买书看看，关心一下最新的进展，以免用时抓瞎。这是因为我写文章的软件是自己编的，别人编的软件我既使不惯，也信不过，就这么点儿原因。但就因为这点儿小原因，我在编程序这件事上，还真正有点儿修为。由此可见，对研究某种学问这件事感兴趣和对这门学问本身感兴趣可以完全是两回事。

这篇小文章想写我的心路历程，但有一件别人的事情越过了这个历程，我决定也把它写上。"文革"中期，我哥哥去看一位多年不见的高中同学。走进那间房子，我哥哥惊呆了：这间房子有整整的一面墙被巨幅的世界地图占满了。这位同学身着蓝布大褂，足蹬布底的黑布鞋，手捻红蓝铅笔，正在屋里踱步，而且对家兄的出现视而不见。据家兄说，这位先生当时梳了个中分头，假如不拿红蓝铅笔，而是挟着把雨伞，就和那张伟大领袖去安源的画一模一样了。我哥哥耐心地等待了一会儿，才小声问道："能不能请教一下……你这是在干吗呢？"他老人家不理我哥哥，又转了两圈，才把手指放到嘴上，说道："嘘，我在考虑世界革命的战略问题。"然后我哥哥就回家来，脸皮乌紫地告诉我此事。然后我们哥儿俩就捧腹大笑，几乎笑断了肠子……

罗素、弗雷泽研究逻辑，是对逻辑本身感兴趣，要解决逻辑领域的问题，正如毛主席投身革命事业，也是对革命本身感兴趣，要解决中国社会的问题。在解决问题的过程中，这些先辈自然会有些事迹，让人很感兴趣。如果把对问题本身的兴趣抹去，只追求这些事迹，就显得多少有点儿不对头。所以，真正有出息的人是对名人感兴趣的东西感兴趣，并且在那上面做出成就，而不是仅仅对名人感兴趣。

古时候有位书生，自称是苏东坡的崇拜者。有人问他："你是喜欢苏东坡的诗词呢，还是喜欢他的书法？"书生答道："都不是的。我喜欢吃东坡肉……"东坡肉炖得很烂，肥而不腻，的确很好吃。但只为东坡肉来崇拜苏东坡，这实在是个太小的理由。

驴和人的新寓言

在一则寓言里，有两个人和一头驴走在路上。这两个人是父子关系，这头驴是他们的财产。这故事很老，想必你已经听过，但都是从人的角度来讲的，现在我把它从驴的角度重新讲过。对于四足动物来说，能在路上走总比被挂在树上要强。何况春日融融，两个人都没有骑在它身上，所以它感到很幸福。我不知道驴子知不知道这样一句古话，叫作"乐极生悲"，但这意思它绝不陌生。走着走着，遇到一伙人，嘀咕了几句，儿子就骑到它身上来了。读过这则寓言的人必然知道，他们遇到了一伙农妇，她们说："瞧这两个笨伯，有驴不骑，自己走路。"按照人的概念，这伙娘们是在下蛆、使坏。但驴子毫无怨言：它被人骑惯了。

文章写到了这里，我忽然想到要做点儿自我介绍。我是个半老不老的学究，已经活满了四张，正往五张上活着。我现在是个自由撰稿人，过着清贫的生活。我挣钱不多，和大多数中国人一样，既没有洋房，也没有汽车。我的稿子发在刊物上，只有光秃秃的一个名字，没有一对括号，里面写着美国。基于这些状况，我和那头驴一样知道自己傻，写个文章也本分，绝不敢起那种取巧的题目："人眼看驴"，或者"第三只眼睛看中国"。闲话少说，让我们来讲这个故事：驴载着人往前走，又遇到了第二伙人，又嘀咕了几句，儿子就从驴背上下来，换了老头骑着。驴子知道自己傻，所以谁爱骑谁骑，它一句话都不说。

在寓言的原本里，驴子遇到的第二伙人说："瞧这少年人，骑在驴身上趾高气扬，让老父亲在后面跟着。人心不古，世道浇漓，到了何等地步。"老年人的屁股硬一些，但对驴来说也没有什么。糟就糟在又遇上了第三伙人，这是一伙少妇，七嘴八舌地说："这个老头太可恨，自己骑驴舒服了，全不顾自己的孩子，让他拿两条腿来攮你们四条腿。"从驴的角度来看，这话讲得没道理，什么"你们"？这四条腿都是我的！既然此驴不骑不可，谁骑也不可，两个人商量了一下，干脆就一齐骑上。一只小毛驴，背才是多大的地方。老头骑着脖子，小孩骑着屁股。驴子难免要嘀咕道："我就是傻，你们也不能这么欺负我。你来试试看，这让我怎么走路？"

我既是个学究，就要读书。现在的书刊内容丰富，作者名字前面有括号的全是重要文章。有的谈新儒学，有的谈后现代，扯着扯着就扯到了治国之策。当然，这路文章的实质不是和我们商量怎么受治之策，而是和别人商量怎么治我们，这就和驴耳朵里听见人嘀咕一样，虽然听不懂，但准知道没好事。当年苏联解体，有美国人乘飞机跑到俄国去，出个主意要大伙休克——他自己当然不休克。再早些时候，红色高棉打了天下，中国就有人给他们出主意，那就不仅是要人家休克。总而言之，我看到带括号的文章，满脊梁都是鸡皮疙瘩，联想到那寓言的最后一幕。

这头驴又遇到了最后一伙人，这些人对骑驴者说："两人骑一头驴，你们想吃驴肉吗？"从驴的角度来看，挨杀被吃肉倒也好了。骑在驴背上的人跳下驴背，一个揪耳朵，一个扯尾巴，把它四条腿捆在一起，穿过一根大杠子，倒扛起来，摇摇晃晃地上了路。那驴头在下，脚在上，它又不是蝙蝠，怎能待得惯。何况它四个蹄子痛入骨髓，所以大叫起来，但编寓言的人不肯翻译一下它喊些什么。我这篇文章要替驴说话，所以当翻译义不容辞——它喊的是："我得罪谁了，你们这么捏咕我！"苏联境内的休克者、高棉境内的冤魂也都这么嚷着。编寓言的人还编出一个寓意，是："走自己的路，让别人去说。"考虑到驴的惨状，真不知是何心肝。我的寓意却是："闭上你的臭嘴，让别人走路。"当然，还有个寓意也说得通：别当驴受人捏咕，要当捏咕驴的人——就算损人不利己，起码也赚了个开心。但这种寓意只适于狠毒的人。

愚人节有感

我写这篇文章时，正逢四月一日，哪天登出来我就不知道了。这一天西方的报刊总会登出些骇人听闻的新闻，比方说几年前，英国一家有名的科学刊物登出一则消息说，英国科学家把牛的基因和西红柿的基因融合在一起，培育出一种牛西红柿。这种西红柿吃起来当然是番茄牛腩的味道。西红柿的皮扒下来可以做鞋子，有些母的西红柿会滴下白色的液体，可以当牛奶来喝，也可以做乳酪。午夜时分从西红柿地边上经过，可以听见阵阵牛鸣，好像是闹鬼一般。咱们国家的一些报纸转载了这条消息，还敦促我国的生物学家一定要迎头赶上——但他们好像还没赶上，因为市面上没有卖西红柿皮鞋的。这是好几年前的事了，可能还有人记得。今天英国报纸上有一则古怪新闻，说要割让他们的北爱尔兰来换我们的香港，这居心何其毒也——谁不知道北爱尔兰是老大一堆的麻烦。早上我打开电子信箱，发现有一老友发来《妖魔化中国》一书的摘要和背景材料，要我写篇评论文章，顿时把我气得脸青——这种娄子我捅过了一次还不够么？想要害死我也不是这种害法嘛。后来看看日历，火又消了。今天是愚人节呀。

虽然今天是愚人节，我也不敢再妄评新书了。说本老书吧。我看过的第一本"字书"是《吹牛大王历险记》。说老实话，这书还不能算完全的字书，因为有一半是字，另一半是画。

其中有些故事很适合在今天讲：吹牛大王在森林里打猎，遇上一头鹿，可叹的是手边没有子弹，只好把樱桃核发射出去，打在鹿额头上，鹿跑了。过几天在森林里遇到该鹿，它头上长出了一棵樱桃树。大王一枪把它放倒，饱餐了一顿烤鹿肉加一顿鲜樱桃。假如这是真的，很有必要给每个人头上都打进一颗樱桃核——出门不用带阳伞了。另一个故事更加神妙：吹牛大王在森林里遇上了一只美丽的狐狸，就是用最小号的枪弹去打，也难免会伤损皮毛。他射出了一根大针，把狐狸尾巴钉牢在树上，然后折了一根树条，狠揍了狐狸一顿。狐狸吃打不过，只好从它自己的嘴里跳出去跑掉了。吹牛大王得到了一张完美无缺的皮毛——至于那没有皮的狐狸怎样了，故事里没有讲到。我想它应该死于肺炎——没皮的狐狸很容易着凉。但这么一讲又很没意思了。在愚人节里我想到这么一个道理：要编故事，就不妨胡编乱造——愚人节的新闻看起来也蛮有意思。要讲真事就不能胡编乱造，虽然没意思，但是有价值。把两样事混在一起就一定不好，既没有意思，又没有价值。当然，这篇有感正好是把两样事混在一起来讲。所以它既没有意思，也没有价值。

工作与人生

　　我现在已经活到了人生的中途，拿一日来比喻人的一生，现在正是中午。人在童年时从蒙眬中醒来，需要一些时间来克服清晨的软弱，然后就要投入工作；在正午时分，他的精力最为充沛，但已隐隐感到疲惫；到了黄昏时节，就要总结一日的工作，准备沉入永恒的休息。按我这种说法，工作是人一生的主题。这个想法不是人人都能同意的。我知道在中国，农村的人把生儿育女看作是一生的主题。把儿女养大，自己就死掉，给他们空出地方来——这是很流行的想法。在城市里则另有一种想法，但不知是不是很流行：它把取得社会地位看作一生的主题。站在北京八宝山的骨灰墙前，可以体会到这种想法。我在那里看到一位已故的大叔墓碑上写着：副系主任、支部副书记、副教授、某某教研室副主任，等等。假如能把这些"副"字去掉个把，对这位大叔当然更好一些，但这些"副"字最能证明有这样一种想法。顺便说一句，我到美国的公墓里看过，发现他们的墓碑上只写两件事：一是生卒年月，二是某年至某年服兵役。这就是说，他们以为人的一生只有这两件事值得记述：这位上帝的子民曾经来到尘世以及这位公民曾去为国尽忠，写别的都是多余的，我觉得，这种想法比较质朴……恐怕在一份青年刊物上写这些墓前的景物是太过伤感，还是及早回到正题上来吧。

　　我想要把自己对人生的看法推荐给青年朋友们：人从工作中可以得到乐趣，这是一种巨大的好处。相比之下，从金钱、权力、生育子女方面可以得到的快乐，总要受到制约。举例来说，现在把生育作为生活的主题，首先是不合时宜；其次，人在生育力方面比兔子大为不如，更不要说和黄花鱼相比较，在这方面很难取得无穷无尽的成就。我对权力没有兴趣，对钱有一些兴趣，但也不愿为它去受罪——做我想做的事（这件事对我来说，就是写小说），并且把它做好，这就是我的目标。我想，和我志趣相投的人总不会是一个都没有。

　　根据我的经验，人在年轻时，最头疼的一件事就是决定自己这一生要做什么。在这方面，我倒没有什么具体的建议，干什么都可以，但最好不要写小说，这是和我抢饭碗。当然，假如你执意要写，我也没理由反对。总而言之，干什么都是好的，但要干出个样子来，这才是人的价值和尊严所在。人在工作时，不单要用到手、腿和腰，还要用脑子和自己的心胸。我总觉得国人对这后一方面不够重视，这样就会把工作看成是受罪。失掉了快乐最主要的源泉，对生活的态度也会因之变得灰暗……

　　人活在世上，不但有身体，还有头脑和心胸——对此请勿从解剖学上理解。人脑是怎样的一种东西，科学还不能说清楚。心胸是怎么回事就更难说清。对我自己来说，心胸是我在生活中想要达到的最低目标。某件事有悖于我的心胸，我就认为它不值得一做；某个人有悖于我的心胸，我就觉得他不值得一交；某种生活有悖于我的心胸，我就会以为它不值得一过。罗素先生曾言，对人来说，不加检点的生活，确实不值得一过。我同意他的意见：不加检点的生活，属于不能接受的生活之一种。人必须过他可以接受的生活，这恰恰是他改变一切的动力。人有了心胸，就可以用它来改变自己的生活。

中国人喜欢接受这样的想法：只要能活着就是好的，活成什么样子无所谓。从一些电影的名字就可以看出来：《活着》《找乐》……我对这种想法是断然地不赞成，因为抱有这种想法的人就可能活成任何一种糟糕的样子，从而使生活本身失去意义。高尚、清洁、充满乐趣的生活是好的，人们很容易得到共识。卑下、肮脏、贫乏的生活是不好的，这也能得到共识。但只有这两条远远不够。我以写作为生，我知道某种文章好，也知道某种文章坏。仅知道这两条尚不足以开始写作。还有更加重要的一条，那就是：某种样子的文章对我来说不可取，绝不能让它从我笔下写出来，冠以我的名字登在报刊上。以小喻大，这也是我对生活的态度。

《代价论》、乌托邦与圣贤

　　郑也夫先生的《代价论》在哈佛燕京丛书里出版了，书在手边放了很长时间都没顾上看——我以为如果没有精力就读一本书，那是对作者的不敬。最近细看了一下，觉得也夫先生文笔流畅，书也读得很多，文献准备得比较充分。就书论书，应该说是本很好的书，但就书中包含的思想而论，又觉得颇为抵触。说来也怪，我太太是社会学家，我本人也做过社会科学的研究工作，但我对一些社会科学家的思想越来越觉得隔膜。

　　这本书的主旨，主要是中庸思想的推广，还提出一个哲理：任何一种社会伦理都必须付出代价，做什么事都要把代价考虑在内，等等。这些想法是不错的，但我总觉有些问题当作技术问题看比当原则问题更恰当些。当你追求一种有利效果时，有若干不利的影响随之产生，这在工程上最常见不过，有很多描述和解决这种问题的数学工具——换言之，如果一心一意地要背弃近代科学的分析方法，自然可以提出很多的原则，但这些原则有多大用处就很难说了。中庸的思想放在一个只凭感觉做事的古代人脑子里会有用——比方说他要蒸馒头,记住中庸二字,就不会使馒头发酸或者碱大。但近代的化工技师就不需要记住中庸的原则,他要做的是测一下 pH 值,再用天平去称量苏打的分量。总而言之,我不以为中庸的思想有任何高明之处,当然这也可能是迷信分析方法造成的一种偏见。我听到社会学家说过,西方人发明的分析方法已经过时,今后我们要用中国人发明的整合方法做研究;又听到女权主义者说,男人发明的理性的方法过时了,我们要用感性的方法做研究。但我总以为,做研究才是最主要的。

《代价论》分专章讨论很多社会学专题,有些问题带有专门性我不便评论,但有一章论及乌托邦的,我对这个问题特别有兴趣。"乌托邦"这个名字来自莫尔的同名小说,作为一种文学题材,它有独特的生命力。除了有正面乌托邦,还有反面乌托邦。这后一种题材生命力尤旺。作为一种制度,它确有极不妥之处。首先,它总是一种极端国家主义的制度,压制个人;其次,它僵化,没有生命力;最后,并非最不重要,它规定了一种呆板的生活方式,在其中生活一定乏味得要死。近代思想家对它多有批判,郑先生也引用了。但他又说,乌托邦可以激励人们向上,使大家保持蓬勃的朝气,这就是我所不能同意的了。

乌托邦是前人犯下的一个错误。不管哪种乌托邦,总是从一个人的头脑里想象出来的一个人类社会,包括一个虚拟的政治制度、意识形态、生活方式,而非自然形成的人类社会。假如它是本小说,那倒没什么说的。要让后世的人都到其中去生活,就是一种极其猖狂的狂妄。现世独裁者的狂妄无非是自己一颗头脑代天下苍生思想,而乌托邦的缔造者是用自己一次的思想,代替千秋万代后世人的思想,假如不把后世人变得愚蠢,就无论如何也不可能成功。现代社会的实践证明,不要说至善至美的社会,就是个稍微过得去的社会,也少不了亿万人智力的推动。无论构思乌托邦，还是实现乌托邦，都是一种错误，所以我就不明白它怎能激励人们向上。我们曾经经历过乌托邦鼓舞出的蓬勃朝气，只可惜那是一种特殊的愚蠢而已。

从郑也夫的《代价论》扯到乌托邦，已经扯得够远的了。下一步我又要扯到圣贤身上去，这题目和郑先生的书没有一丝一毫的关系。讨厌乌托邦的人上溯它的源头，一直寻到柏拉图和他的《理想国》，然后朝他猛烈开火攻击。中国的自由派则另有攻击对象，说种种不自由的始作俑者。此时此地我也不敢说自己是个自由派，但我觉得这种攻击有些道理。罗素先生攻击柏拉图是始作俑者，给他这样一个罪名：一代又一代的青年读了《理想国》，胸中燃烧起万丈雄心，想当莱库格斯或一个哲人王，只可惜对权势的爱好总是使他们误入歧途。这话我想了又想，终于想到，说理想国的爱好者们爱好权势，恐怕不是不当的指责。莱库格斯就不说了，哲人王是什么？就是圣贤啊。

不新的《万历十五年》

黄仁宇先生的《万历十五年》很早就在中国出版了，因为选了家好的出版社，所以能够不断重印。我手里这一本是1995年底第4次印刷的，以后还有可能再印。这是本老书，但以新书的面目面市。这两年市面上好书不多，还出了些"说不"的破烂。相比之下，我宁愿说说不新的《万历十五年》，旧的好书总比新的烂书好。

黄先生以明朝的万历十五年为横断面，剖开了中国的传统社会，这个社会虽然表面上尊卑有序，实际上是乱糟糟的。书里有这么个例子，有一天北京城里哄传说皇上要午朝了，所有的官员（这可是一大群人）赶紧都赶到城市的中心，挤在一起像个骡马大集，把皇宫的正门堵了个严严实实，但这件事皇上自己都不知道，把他气得要撒癔症。假如哪天早上你推门出去，看到外面楼道上挤满了人，都说是你找来的，但你自己不知道有这么回事，你也要冒火，何况是皇上。他老人家一怒之下罚了大家的俸银——这也没有什么，反正大家都有外快。再比方说，中国当时军队很多，机构重叠，当官的很威武，当兵的也不少，手里也都有家伙，但都是些废物。极少数的倭寇登了陆，就能席卷半个中国。黄先生从政治、经济、军事、文化各个方面来考察，到处都是乱糟糟；偏偏明朝理学盛行，很会摆排场，高调也唱得很好。用儒学的标准来看，万历年间不能说是初级阶段，得说是高级阶段，国家的事办得却是最不好，要不然也不会被区区几个八旗兵亡掉。由此得出一个结论说，仅靠儒家的思想管理一个国家是不够的，还得有点儿别的；中国必须从一个靠尊卑有序来管理的国家，过渡到靠数字来管理的国家。

我不是要和黄先生抬杠，若说中国用数字来管理就会有前途，这个想法未免太过天真——数数谁不会呢？"大跃进"时亩产30万斤粮，这不是数字吗？用这种数字来管理，比没有数字更糟，这是因为数字可以是假的，尤其是阿拉伯数字，在后面添起"0"来太方便，让人看了打怵。万历年间的人不识数吗？既知用原则去管理社会不行，为什么不用数字来管？

黄先生又说，中国儒家的原则本意是善良的，很可以做道德的根基，但在治理国家时，宗旨的善良不能弥补制度的粗疏。这话我相信后半句，不信前半句。我有个例子可以证明它行不通。这例子的主要人物是我的岳母，一个极慈爱的老太太。次要人物是我，我是我丈母娘的女婿，用老话来说，我是她老人家的"半子"——当然不是下围棋时说的半个子，是指半个儿子——她对我有权威，我对她有感情，这是不言而喻的。我家的卫生间没有挂镜子，因为是水泥墙，钉不进钉子。有一天老太太到我们家来，拿来了一面镜子和一根钉子，说道："拿锤子来，你把钉子钉进墙里，把镜子挂上。"我一看这钉子，又粗又钝。除非用射钉枪来发射，绝钉不进墙里——实际上这就是这钉子的正确用途。细心考虑了一下，我对岳母解释道："妈，你看这水泥，又硬又脆，差不多和玻璃一样。我呢，您是知道的，不是一支射钉枪，肯定不能把它一下打进墙里，要打很多下，水泥还能不碎吗？结果肯定是把墙凿个坑，钉子也钉不上——"我说得够清楚的了吧？老太太听了瞪我一眼道："我给你买了钉子，又这么大老远给你送来，你连试都不试？"我当然无话可说。过了一会儿，地上落满了水泥碎块，墙上出现了很多浅坑。老太太满意了，说道："不钉了，去吃饭。"结果是我家浴室的墙就此变了麻子，成了感情和权威的牺牲品。过些时候，遇到我的大舅子，才知道他家卫生间也是水泥墙，上面也有很多坑，也是用钝钉子钉出来的；他不愿毁坏自己的墙，但更不愿伤害老太太的感情。按儒家的标准，我岳母对待我们符合仁的要求，我们对待我岳母也符合仁的标准，结果在墙上打了些窟窿。假设她连我的PC机也管起来，这东西肯定是在破烂市上也卖不出去，我连吃饭的家伙都没有了。善良要建立在真实的基础上，所以让我去选择道德的根基，我愿选实事求是。

我说《万历十五年》是本好书，但又这样鸡蛋里挑骨头式地找它的毛病。这是因为此书不会因我的歪批而贬值，它的好处是显而易见的。它是一面镜子，照见了我们的前辈——古时候的读书人，或者叫作儒生们——是怎样做人做事的。古往今来的读书人，从经典里学到了一些粗浅的原则，觉得自己懂了春秋大义，站出来管理国家，妄断天下的是非曲直，结果把一切都管得一团糟。大明帝国是他们交的学费，大清帝国又是他们交的学费。老百姓说：罐子里养王八，养也养不大。儒学的罐子里长不出现代国家来。万历十五年是今日之鉴，尤其是人文知识分子之鉴，我希望他们读过此书之后，收拾起胸中的狂妄之气，在书斋里发现粗浅原则的热情会有所降低，把这些原则套在国家头上的热情也会降低。少了一些造罐子的，大家的日子就会好过了。

京片子与民族自尊心

　　我生在北京西郊大学区里。长大以后，到美国留学，想要恭维港台来的同学，就说："你国语讲得不坏！"他们也很识趣，马上恭维回来："不能和你比呀。"北京乃是文化古都，历朝历代人文荟萃，语音也是所有中国话里最高尚的一种，海外华人佩服之至。我曾在美国华文报纸上读到一篇华裔教授的大陆游记，说到他遭服务小姐数落的情形：只听得一串京片子，又急又快，字字清楚，就想起了《老残游记》里大明湖上黑姐说书，不禁目瞪口呆，连人家说什么都没有去想——我们北京人的语音就有如此的魅力。当然，教授愣完了，开始想那些话，就臊得老脸通红。过去，我们北京的某些小姐（尤其是售票员）在粗话的词汇量方面，确实不亚于门头沟的老矿工——这不要紧，语音还是我们高贵。

　　但是，这已是明日黄花。今天你打开收音机或者电视机，就会听到一串"嗯嗯啊啊"的港台腔调。港台人把国语讲成这样也会害臊，大陆的广播员却不知道害臊。有一句鬼话，叫作

"那么呢"，那么来那么去，显得很低智，但人人都说。我不知这是从哪儿学来的，但觉得该算到港台的账上。再发展下去，就要学台湾小朋友，说出"好可爱好高兴噢"这样的鬼话。台湾人造的新词新话，和他们的口音有关。国语口音纯正的人学起来很难听。

除了广播员，说话港台化最为厉害的，当数一些女歌星。李敖先生骂老K（国民党），说他们"手淫台湾，意淫大陆"，这个比方太过粗俗，但很有表现力。我们的一些时髦小姐糟蹋自己的语音，肯定是在意淫港币和新台币——这两个地方除了货币，再没什么格外让人动心的东西。港台人说国语，经常一顿一顿，你知道是为什么吗？他们在想这话汉语该怎么说啊。他们英语讲得太多，常把中国话忘了，所以是可以原谅的。我的亲侄子在美国上小学，回来讲汉语就犯这毛病。犯了我就打他屁股，打一下就好。中国的歌星又不讲英文，再犯这种毛病，显得活像是大头傻子。电台请歌星做节目，播音室里该预备几个乒乓球拍子。乒乓球拍子不管用，就用擀面杖。这样一级一级往上升，我估计用不到狼牙棒，就能把这种病治好。治好了广播员，治好了歌星，就可以治其他小姐的病。如今在饭店里，听见鼻腔里哼出一句港味的"先生"，我就起鸡皮疙瘩。北京的女孩子，干吗要用鼻子来说话！

这篇文章一直在谈语音语调，但语音又不是我真正关心的问题。我关心的是，港台文化正在侵入内地。尤其是那些狗屎不如的电视连续剧，正在电视台上一集集地演着，演得中国人连中国话都说不好了。香港和台湾的确是富裕，但没有文化。咱们这里看上去没啥，但人家还是仰慕的。所谓文化，乃是历朝历代的积累。你把城墙拆了，把四合院扒了，它还在人身上保留着。除了语音，还有别的——就拿笔者来说，不过普普通通一个北方人，稍稍有点儿急公好义，仗义疏财，有那么一丁点儿燕赵古风，台湾来的教授见了就说："你们大陆同学，气概了不得……"

　　我在海外的报刊上看到这样一则故事：有个前国军上校，和我们打了多年的内战，枪林弹雨都没把他打死。这一方面说明我们的火力还不够厉害，另一方面也说明这个老东西确实有两下子。改革开放之初，他巴巴地从美国跑了回来，在北京的饭店里被小姐骂了一顿，一口气上不来，脑子里崩了血筋，当场毙命。就是这样可怕的故事也挡不住他们回来，他们还觉得被正经京片子给骂死，也算是死得其所。我认识几位华裔教授，常回大陆，再回到美利坚，说起大陆服务态度之坏，就扼腕叹息道："再也不回去了。"隔了半年，又见他打点行装。问起来时，他却说："骂人的京片子也是很好听的呀！"他们还说："骂人的小姐虽然粗鲁，人却不坏，既诚实又正直，不会看人下菜碟，专拍有钱人马屁——"这倒不是谬奖。八十年代初的北京小姐，就是洛克菲勒冒犯到她，也是照骂不误："别以为有几个臭钱就能在我这儿起腻，惹急了，我他妈的拿大嘴巴子贴你！"断断不会见了港客就骨髓发酥非要嫁他不可——除非是领导上交代了任务，要把他争取过来。粗鲁虽然不好，民族自尊心却是好的，小姐遇上起腻者，用大嘴巴子去"贴"他，也算合理，总比用脸去贴好吧？这些事说起来也有十几年了。如今北京多了很多合资饭店，里面的小姐不骂人，这几位教授却不来了。我估计是听说这里满街的鸟语，觉着回来没意思。他们不来也不要紧，但我们总该留点儿东西，好让别人仰慕啊。

有关"错误的故事"

　　1977 年恢复了高考，但我不信大学可以考进去（以前是推荐的），直到看见有人考进去我才信了。然后我就下定决心也要去考，但"文化革命"前我在上初一，此后整整十年没有上学，除了识字，我差不多什么都不会了。离考期只有六个月，根本就来不及把中学的功课补齐。对于这件事，我是这么想的：补习功课无非是为了走进高考的考场，把考题做对。既然如此，我就不必把教科书从头看到尾。干脆，拿起本习题书直接做题就是了。结果是可想而知：几乎每题必错。然后我再对着正确答案去想："我到底忽略了什么？"中学的功课对一个成人的智力来说，并不是什么太难猜的东西。就这样连猜带蒙，想出了很多别人没有教过的东西。乱忙了几个月，最后居然也做对不少题。进了考场，我忽然冷汗直冒，心里没底——到底猜得对不对，这回可要见真佛了。

　　现在的年轻人看到此处，必然会猜到，那一年我考上了，要不就不会写这篇文章。他们还会说："又在写你们老三届过五关斩六将的英雄事迹，真是烦死了。"我的确是考上了，但并不觉得有何值得夸耀之处。与此相反，我是怀着内心的痛苦在回忆此事。别人在考场上，看到题目都会做，就会高兴。我看到题目都会做，心里倒发起虚来。每做出一道题，我心里就要嘀咕一番："这个做法是我猜的，到底对不对呢？"所有题都做完，我已经愁肠千结，提前半小时交卷，像丧家犬一样溜出考场。考完之后，别人都在谈论自己能得多少分。我却不敢谈论：得一百分和零分都在我预料之内。虽然成绩不坏，但我还是后怕得很，以后再不敢这样学习。那一年的考生里，像我这样的人还不少，但不是每个人都像我这样怀疑自己。有些考友从考场出来时，心情激动地说："题目都做出来了，这回准是一百分！"等发榜一看，几乎是零蛋。这不说明别的，只说明他对考试科目的理解彻底不对。

下面一件事是我在海外留学时遇到的。现在的年轻人大可以说，我是在卖弄自己出国留过学。这可不是夸耀，这是又一桩痛苦的经历，虽然发生在别人身上，我却没有丝毫的幸灾乐祸——我上的那所大学的哲学系以科学哲学著称。众所周知，科学哲学以物理为基础，所以哲学系的教授自以为在现代物理方面有很深的修养。忽一日，有位哲学教授自己觉得有了突破性的发现——而且是在理论物理上的发现，高兴之余，发帖子请人去听他的讲座，有关各系的教授和研究生通通都在邀请之列。我也去了，听着倒是蛮振奋的，但又觉得不像是这么回事。听着听着，眼见得听众中有位物理系的教授大模大样，掏出个烟斗抽起烟来。等人家讲完，他把烟斗往凳子腿上一磕，说道："Wrong story！"（错误的故事）就扬长而去。既然谈的是物理，当然以物理教授的意见为准。只见那位哲学教授脸如猪肝色，恨不能一头钻下地去。

现在的年轻人又可以说，我在卖弄自己有各种各样的经历。他们爱说什么就说什么好了。我这一生听过各种"Wrong story"，奇怪的是错得越厉害就越有人信——这都是因为它让人振奋。听得多了，我也算个专家了。有些故事，如"文革"中的种种古怪说法，还可以祸国殃民。我要是编这种故事，也可以发大财，但我就是不编。我只是等故事讲完之后，用烟斗敲敲凳子腿，说一声："这种理解彻底不对。"

洋鬼子与辜鸿铭

　　我看过一些荒唐的书，因为这些书，我丧失了天真。在英文里，丧失天真（lose innocent）兼有变得奸猾的意思，我就是这么一种情形。我的天真丢在了匹兹堡大学的图书馆里。我在那里借了一本书，叫作《一个洋鬼子在中国的快乐经历》，里面写了一个美国人在中国的游历。从表面上看，该洋鬼子是华夏文化的狂热爱好者。清朝末年，他从上海一下船，看了中国人的模样，就喜欢得要发狂。别人喜欢我们，这会使我感到高兴，他却另当别论，这家伙是个 sadist，还是个 bisexual。用中国话来说，是个双性恋的性虐待狂。被这种人喜欢上是没法高兴的，除非你正好是个受虐狂。

　　我和大多数人一样，有着正常的性取向。咱们这些人见到满大街都是漂亮的异性，就会感到振奋。作为一个男人，我很希望到处都是美丽的姑娘，让我一饱眼福——女人的想法就不同，她希望到处都是漂亮小伙子。这些愿望都属正常。古书上说，海上有逐臭之夫。这位逐臭之夫喜欢闻狐臭。他希望每个人都长两个臭腋窝，而且都是熏死狐狸、臊死黄鼠狼那一种，这种愿望很难叫作正常，除非你以为戴防毒面具是种正常的模样。而那个虐待狂洋鬼子，他的理想是到处都是受虐狂，这种理想肯定不能叫作正常。很不幸的是，在中国他实现了理想。他说他看到的中国男人都是那么唯唯诺诺，头顶剃得半秃不秃，还留了猪尾巴式的小辫子，这真真好看死了。女人则把脚缠得尖尖的，要别人搀着才能走路，走起来那种娇羞无力的苦样，他看了也要发狂……

从表面上看，此洋鬼子对华夏文化的态度和已故的辜鸿铭老先生的论点很相似——辜老先生既赞成妇女缠足，也赞成男人留辫子。有人说，辜先生是文化怪杰，我同意这个"怪"字，但怪不一定是好意思。从寻常人的角度来看，sadist 就很怪。好在他们并不侵犯别人，只是偷偷寻找性伴侣。有时还真给他们找到了，因为另有一种 masochist（受虐狂），和他们一拍即合。结成了对子，他们就找个僻静地方去玩他们的性游戏，这种地点叫作"密室"——主要是举行一些仪式，享受那种气氛，并不当真动手，这就是西方社会里的 S/M 故事。但也有些 sadist 一时找不着伴儿，我说到的这个就是。他一路找到中国来了。据他说，有些西洋男人在密室里，给自己戴上狗戴的项圈，远没有剃个阴阳头，留条猪尾巴好看。他还没见过哪个西洋女人肯于把脚裹成猪蹄子。他最喜欢看这些样子，觉得这最为性感——所以他是性变态。至于辜鸿铭先生有什么毛病，我就说不清了。

那个洋鬼子见到中国人给人磕头，心里兴奋得难以自制：真没法想象有这么性感的姿势——双膝下跪！以头抢地！！口中还说着一些驯服的话语！！！他以为受跪拜者的心里一定欲仙欲死。听说臣子见皇帝要行三磕九叩之礼，他马上做起了皇帝梦，每天做那么快乐的性游戏，死了都值！总而言之，当时中国的政治制度在他看来，都是妙不可言的性游戏和性仪式，只可惜他是个洋鬼子，只能看，不能玩……

在那本书里，还特别提到了中国的司法制度。老爷坐在堂上，端然不动，罪人跪在堂下，哀哀地哭述，这情景简直让他神魂飘荡。老爷扔下一根签，就有人把罪人按翻，扒出屁股来，挥板子就打。这个洋鬼子看了几次，感到心痒难熬，简直想扑上去把官老爷挤掉，自己坐在那位子上。终于他花了几百两银子，买动了一个小衙门，坐了一回堂，让一个妓女扮成女犯打了一顿，他的变态性欲因此得到了满足，满意而去。在那本书里还有一张照片，是那洋鬼子扮成官老爷和衙役们的留影。这倒没什么说的，中国古代过堂的方式，确实是种变态的仪式。不好的是真打屁股，不是假打，并不像他以为的那么好玩。所以，这种变态比 S/M 还糟。

我知道有些读者会说，那洋鬼子自己不是个好东西，所以把我们的文化看歪了。这话安慰不了我，因为我已经丧失了天真。坦白地说吧，在洋鬼子的 S/M 密室里有什么，我们这里就有什么，这种一一对应的关系，恐怕不能说是偶合。在密室里，有些 masochist 把自己叫作奴才，把 sadist 叫作主人。中国有把自己叫贱人、奴婢的，有把对方叫老爷的，意思差不多。有些 M 在密室里说自己是条虫子，称对方是太阳——中国人不说虫子，但有说自己是砖头和螺丝钉的，至于只说对方是太阳，那就太不够味儿，还要加上最红最红的前缀。这似乎说明，我们这里整个是一座密室。光形似说明不了什么，还要神似。辜鸿铭先生说，华夏文化的精神，在于一种良民宗教，在于每个妇人都无私地绝对地忠诚于其丈夫，忠诚的含义包括帮他纳妾；每个男人都无私地绝对地忠于其君主、国王或皇帝，无私的含义包括奉献出自己的屁股。每个 M 在密室里大概也是这样忠于自己的 S，这是一种无限雌伏、无限诌媚的精神。清王朝垮台后，不准纳妾也不准打屁股，但这种精神还在，终于在"文革"里达到了顶峰。在五四时期，辜先生被人叫作老怪物，现在却被捧为学贯中西的文化怪杰，重印他的书。我不知道这是为什么——也许，是为了让虐待狂的洋鬼子再来喜欢我们？

我是哪一种女权主义者

　　因为太太在做妇女研究，读了一批女权主义的理论书，我们常在一起讨论自己的立场。作为一个知识分子，我们不可避免地会有一种接近某种女权主义的立场。我总觉得，一个人不尊重女权，就不能叫作一个知识分子。但是女权主义的理论门类繁多（我认为这一点并不好），到底是哪一种就很重要了。

　　社会主义女权主义者认为，性别之间的不平等是社会制度造成的，要靠社会制度的变革来消除。这种观点在西方带点阶段论的色彩，在中国就不一样了。众所周知，我国现在已是社会主义制度，党主张男女平等，政府重视妇女的社会保障，在这方面成就也不少。但恰恰在这种情况下，我们感到了社会主义女权理论的不足。举个例子来说，现在企业精简职工，很多女职工被迫下岗。假若你要指责企业经理，他就反问道："你何不问问，这些女职工自身的素质如何？"像这样的题目报刊上讨论得已经很多了。很明显，一个人的生活不能单纯地依赖社会保障，还要靠自身的努力，而且一个人得到的社会保障越多，自身的努力往往就越少。正如其他女权主义门派指出的那样，社会主义女权主义向社会寻求保障的同时，也就承认了自己是弱者，这是一个不小的失策。在社会主义制度下，得到较多保障的人总是值得羡慕的——我年轻时，大家都羡慕国营企业的工人，因为他们最有保障。但保障和尊严是两回事。

与此有关的问题是：我们国家的男女是否平等了，在这方面有一点儿争议。中国人自己以为，在这方面做得已经很不错，但是西方一些观察家不同意。我认为这不是一个问题，而是两个问题。头一个问题是：在我们的社会里，是否把男人和女人同等看待。这个问题有难以评论的性质。众所周知，一有需要，上面就可以规定各级政府里女干部的比例、各级人代会里女代表的比例，我还听说为了配合"95世妇会"，出版社正在大出女作家的专辑。因为想把她们如何看待就可以如何看待，这件事就丧失了客观性，而且无法讨论。另一个问题是：在我们国家里，妇女的实际地位如何，她们自身的素质、成就、掌握的决策权，能不能和男性相比？这个问题很严肃，我的意见是，当然不能比。妇女差得很多——也许只有竞技体育例外，但竞技体育不说明什么。我们国家总是从社会主义女权理论的框架出发去关怀女性，分配给她们各种东西，包括代表名额。我以为这种关怀是不够的。真正的成就是自己争取来的，而不是分配来的东西。

西方还有一种激进的女权主义立场，认为女性比男性优越，女人天性热爱和平、关心生态，就是她们优越的证明。据说女人可以有比男人更强烈、持久的性高潮，也是一种优越的证明，我很怀疑这种证明的严肃性。虽然女人热爱自己的性别是值得赞美的，但也不可走火入魔。一个人在坐胎时就有男女之分，我以为这种差异本身是美好的。别人也许不同意，但我以为，见到一种差异，就以为这里有优劣之分，这是一种市侩心理——生为一个女人，好像占了很多便宜。当然，要按这个标准，中国人里市侩更多，他们死乞白赖地想要男孩，并且觉得这样能占到便宜。将来人类很可能只剩下一种性别——男或女。那时候的人知道过去人有性别之分，就会不胜痛惜，并且说："我们的祖先是些市侩。"当然，在我们这里，有些女人有激进女权主义者的风貌，中国话叫作"气管炎"。我个人认为，"气管炎"不是中国女性风范的杰出代表。我总是从审美的角度，而不是从势利的角度来看世界，而且觉得自己不是个市侩——当然，这一点还要别人来评判。

西方女权主义者认为，性之于女权主义理论，正如劳动之于马克思的理论一样重要。这个观点中国人看来很是意外。再过一些年，中国人就会体会到这种说法的含义，现在的潮流正把女人逐渐地往性这个圈子里套。性对于人来说，是很重要的。但是单方面地要求妇女，就很不平等。西方妇女以为自己在这个圈子里丧失了尊严，这是有道理的。但回过头去看看"文化革命"里，中国的妇女比男人除了头发长几寸，就没有了区别，尊严倒是有的，只可惜了无生趣。自由女权主义者认为，男人也该来取悦妇女，这样就恢复了妇女的尊严。假如你不同意这个观点，就要在毫无尊严和了无生趣里选一种了。作为男子，我宁愿自己多打扮，希望这样有助于妇女的尊严，也不愿看到妇女再变成一片蓝蚂蚁。当然，按激进女权的观点，这还远算不上有了弃暗投明的决心。真正有决心应该去做变性手术，起码把自己阉掉。

我太太现在对后现代女权主义理论着了迷。这种理论总想对性别问题提供一种全新的解读方式。我很同意说，以往的人对性别问题理解得不对——亘古以来，人类在性和性别问题上就没有平常心，开头有点儿假模假式，后来就有点儿五迷三道，最后干脆是不三不四，或者是横蛮无理——这些错误主要是男人犯的——这是我对这个问题的看法，但和后现代女权理论没有丝毫的相近之处。那些哲学家、福柯的女弟子们，她们对此有着一套远为复杂和深奥的解读方法。我正盼着从中学到一点儿东西，但还没有学会。

作为一个男人，我同意自由女权主义，并且觉得这就够了。从这种认同里，我能获得一点儿平常心，并向其他男人推荐这种想法。我承认男人和女人很不同，但这种差异并不意味着别的。既不意味着某种性别的人比另一种性别的人优越，也不意味着某种性别的人比另一种性别的人高明。一个女孩子来到人世间，应该像男孩一样，有权利寻求她所要的一切。假如她所得到的正是她所要的，那就是最好的——假如我是她的父亲，我也别无所求了。

我看文化热

　　我们已经有了好几次文化热：第一次好像是在 1985 年，我正在海外留学，有朋友告诉我说，国内正在热着。到 1988 年我回国时，又赶上了第二次热。这两年又来了一次文化批评热，又名"人文精神的讨论"。看来文化热这种现象，和流行性感冒有某种近似之处。前两次热还有点儿正经，起码介绍了些国外社会科学的成果，最近这次很不行，主要是在发些牢骚：说社会对人文知识分子的态度不端正，知识分子自己也不端正；夫子曰：君子喻于义，小人喻于利。我们要向君子看齐——可能还说了些别的。但我以为，以上所述，就是文化批评热中多数议论的要点。在文化批评热里王朔被人臭骂，正如《水浒传》里郓城县都头插翅虎雷横在勾栏里遭人奚落："你这厮若识得子弟门庭时，狗头上生角！"文化就是这种子弟门庭，绝不容痞子插足。如此看来，文化是一种以自我为中心的价值观，还有点儿党同伐异的意思；但我不愿把别人想得太坏，所以就说，这次热的文化，乃是一种操守，要求大家洁身自好，不要受物欲的玷污。我们文化人就如唐僧，俗世的物欲就如一个母蝎子精，我们可不要受她的勾引，和那个妖女睡觉，丧了元阳，走了真精，此后不再是童男子，不配前往西天礼佛——这样胡扯下去，别人就会不承认我是文化人，取消我讨论文化问题的权利。我想要说的是，像这样热下去，我就要不知道文化是什么了。

我知道一种文化的定义是这样的：文化是一个社会里精神财富的积累，通过物质媒介（书籍、艺术品等）传诸后世或向周围传播。根据这种观点，文化是创造性劳动的成果。现在正热着的观点却说，文化是种操守，是端正的态度，属伦理学范畴。我也不便说哪种观点更对。但就现在人们呼吁的"人文精神的回归"，我倒知道一个例子，文艺复兴。这虽是个历史时期，但现在还看得见、摸得着。为此我们可以前往佛罗伦萨，那里满街都是文艺复兴时期的建筑，这种建筑是种人文的成果。佛罗伦萨还有无数的画廊、博物馆，走进去就可以看见当时的作品——精妙绝伦，前无古人。由于这些人文的成果，才可以说有人文精神。倘若没有这些成果，佛罗伦萨的人空口说白话道：我们这里有过一种人文精神。别人不但不信，还要说他们是骗子。总而言之，所谓人文精神，应当是对某个时期全部人文成果的概括。

现在可以回过头去看看，为什么在中国，一说到文化，人们就往伦理道德方面去理解。我以为这是种历史的误会。众所周知，中国文化的最大成就，乃是孔孟开创的伦理学、道德哲学。这当然是种了不得的大成果，如其不然，别人也不会承认有我们这种文化。很不幸的是，这又造成了一种误会，以为文化即伦理道德，根本就忘了文化应该是多方面的成果——这是个很大的错误。不管怎么说，只有这么一种成果，文化显得单薄乏味。打个比方来说，文化好比是蔬菜，伦理道德是胡萝卜。说胡萝卜是蔬菜没错，说蔬菜是胡萝卜就有点儿不对头——这次文化热正说到这个地步，下一次就要说蔬菜是胡萝卜缨子，让我们彻底没菜吃。所以，我希望别再热了。

文化之争

　　罗素先生在《权力论》一书里，提到有一种僧侣的权力，过去掌握在教士们手里。他还说，在西方，知识分子是教士的后裔。另外，罗素又说，中国的儒学也拥有僧侣的权力。这就使人想到，中国知识分子是儒士的后裔。教士和儒士拥有的知识来自一些圣书，《圣经》或者《论语》之类。而近代知识分子，即便不是全部，起码也是一部分人，手里并没有圣书。他们令人信服，全凭知识，这种知识本身就可以取信于人。奇怪的是，这后一种知识并不能带来权力。

　　把儒学和宗教并列，肯定会招来一些反对。儒学没有凭借神的名义，更没有用天堂和地狱来吓唬人。但它也编造了一个神话，就是假如你把它排除在外，任何人都无法统治，天下就会乱作一团，什么秩序、伦理、道德都不会有。这个神话唬住了一代又一代的中国人，直到现在还有人相信。罗素说，对学者的尊敬从来就不是出于真知，而是因为想象中他具有的魔力。我认为，儒学的魔力就是统治神话的魔力。当然，就所论及的内容来说，儒学是一种哲学，但圣人说的那些话都是些断语，既没有什么证据，也没有什么逻辑。假如不把统治的魔力估计在内，很难相信大家会坚信不疑。

罗素所说的"真知"是指科学。这种知识，一个心智正常的人，只要肯花工夫，就能学会。众所周知，科学不能解决一切问题，特别是在价值的领域。因此有人说它浅薄。不过，假如你真的花了些时间去学，就会发现，它和儒学有很大的不同。

我们知道，儒士的基本功是要背书，把圣人说过的每一句话都牢牢地记住。我相信，假如孔子或者孟子死而复生，看到后世的儒生总在重复他们说过的只言片语，一定会感到诧异。当然，也不能说这些儒生只是些留声机。因为他们在圣人之言前面都加上了前缀"夫子曰"。此种怪诞的情形提示了儒学的精神：让儒士成为圣人的精神复制品。按我的理解，这种复制是通过背诵来完成的。从另一个方面来说，背诵对儒士也是有利可图的。我们知道，有些人用背诵《韦氏大字典》的方式来学习英文。与过去背圣人书可以得到的利益相比，学会英文的利益实在太小。假设你真的成为圣人的精神复制品，就掌握了统治的魔力，可以学而优则仕，当个官老爷；而会背诵字典的人只能去当翻译，拿千字二十元的稿酬。这两种背诵真不可同日而语。

现在我们来看看科学。如果不提它的复杂性，它是一些你知道了就会同意的东西。它和"君君、臣臣、父父、子子"不同，和"天人合一"也不同。这后两句话我知道了很多年，至今还没有同意。更重要的是，科学并不提倡学者成为某种精神的复制品，也不自称有某种魔力。因为西方知识分子搞出了这种东西，所以不再受人尊重。假如我们相信罗素先生的说法，西方知识分子就是这样拆了自己的台。可恨的是，他们不但拆了自己的台，还要来拆中国知识分子的台。更可恨的是，有些中国知识分子也要来拆自己的台——晚生正是其中的一人。

　　自从近代以来，就有一种关于传统文化的争论。我们知道，文化是人类的生活方式，它有很多方面。而此种争论总是集中在如何对待传统哲学之上，所以叫作"文化之争"多少有点儿名不副实。在争论之中，总要提到中外有别，中国有独特的国情。照我看，争论中有一方总在暗示着传统学术统治的魔力，并且说，在中国这个地方，离开了这种魔力是不行的。假如我理解得不错，说中国离开了传统学术独特的魔力就不行，不是一个问题，而是两个问题。其一是说，作为儒学传统嫡系子孙的那些人离开了这种魔力就不成。其二是说，整个中国的芸芸众生离开了这种魔力就不行。把这两件事合在一起来说，显然是很不恰当。如果分开来说，第一个问题就很是明白。儒学的嫡系子孙们丧失了统治的魔力之后，就沦为雇员，就算当了教授、研究员，地位也不可与祖先相比。对于这种状况，罗素先生有个说明："知识分子发现他们的威信因自己的活动而丧失，就对当代世界感到不满。"他说的是西方的情形。在中国，这句话应该改为：某些中国知识分子发现自己的权威因为西方知识分子的活动而丧失，所以仇恨西洋学术和外国人。至于第二个问题，却是越说越暧昧难明。我总是在怀疑，有些人心里想着第一个问题，嘴上说着第二个问题。凭良心说，我很希望自己怀疑错。

　　我们知道，优秀的统帅总是选择于己有利的战场来决战。军事家有谋略是件好事，学者有谋略好不好就值得怀疑。赞成传统文化的人现在有一种说法，以为任何民族都要尊重自己的文化传统，否则就没有前途。晚生以为，这种说法有选择战场的嫌疑。在传统这个战场上，儒士比别人有利。不是儒士的人有理由拒绝这种挑战。前不久晚生参与了一种论战，在论战中，有些男士以为现在应当回到传统，让男主外女主内；有些女士则表示反对。很显然，在传统这个战场上，男人比女人有利。我虽是男人，却站到了女人一方；因为我讨厌这种阴谋诡计。

　　现在让我们回到正题。罗素先生曾说，他赞成人人平等。但很遗憾的是，事实远不是这样。人和人是不平等的，其中最重要的，是人与人有知识的差异。这就提示说，由知识的差异可以产生权力。让我们假设世界上的人都很无知，唯有某个人全知全能，那么此人就可能掌握权力。中国古代的圣贤和现代的科学家相比，寻求知识的热情有过之而无不及。在圣贤中，特别要提出朱熹，就我所知，他的求知热情是古往今来的第一人。科学家和圣贤的区别在于，前者不但寻求知识，还寻求知识的证明。不幸的是，证明使知识人人可懂，他们就因此丧失了权力。相比之下，圣贤就要高明很多。因此，他们很快就达到了全知全觉的水平，换言之，达到了"内圣"的境界。只是这些知和觉可靠不可靠大成问题。我们知道，内圣和外王总是联系在一起的。假如我们说，圣贤急于内圣，是为了外王，就犯了无凭据地猜度别人内心世界的错误。好在还有朱熹的话来作为佐证。他也承认，自己格物致知，是为了齐家治国平天下。

现在，假如我说儒家的道德哲学和伦理学是全然错误的，也没有凭据。我甚至不能说这些东西是令人羞愧的知识。不过，这些知识里的确有令人羞愧的成分，因为这种知识的追随者，的确用它攫取了僧侣的权力。至于这种知识的发明人，我是指孔子、孟子，不包括朱熹，他们是无辜的。因为他们没有想获得。更没有享受到这种权力。倘若今日仍有人试图通过复兴这种知识来获得这种权力，就可以用孟子的话来说他们："无耻之耻，无耻矣。"当然，有人会说，我要复兴国学，只是为了救民于水火，振兴民族的自尊心。这就等于说，他在道德上高人一等，并且以天下为己任。我只能说，这样赤裸裸地宣扬自己过于直露，不是我的风格，同时感到，僧侣的权力又在叩门。僧侣的权力比赤裸裸的暴虐要好得多，这我是承认的。虚伪从来就比暴力好得多。但我又想，生活在二十世纪末，我们有理由盼望好一点的东西。当然，对我这种盼望，又可以反驳说，身为一个中国人，你也配！——此后我除了向隅而泣，就想不到别的了。

弗洛伊德和受虐狂

我说过，以后写杂文要斯文一些，引经据典。今天要引的经典是弗洛伊德。他老人家说过，从某种意义上说，我们每个人都有点儿歇斯底里——这真是至理名言！所谓歇斯底里，就是按不下心头一股无明火，行为失范。谁都有这种时候，但自打十年前我把《弗洛伊德全集》通读了一遍之后，自觉脾气好多了。古人有首咏雪的打油诗曰：夜来北风寒，老天大吐痰。一轮红日出，便是止痰丸。——有些人的痰气简直比雪天的老天爷还大。谁能当这枚止痰丸呢？只有弗洛伊德。

年轻时，我在街道工厂当工人。有位师傅常跑到班长那里去说病了，要请假。班长问他有何症状，他说他看天是蓝色，看地是土色，蹲在厕所里任什么都不想吃。当然，他是在装鞑子。看天土色看地蓝色，蹲在臭烘烘茅坑上食欲大开，那才叫作有病——在这些小问题上，很容易取得共识，但大问题就很难说了。举例来说，法国人在马赛曲里唱道："不自由毋宁死。"这话有人是不同意的。不信你就找本辜鸿铭的书来看看，里面大谈所谓良民宗教，简直就是在高唱："若自由毋宁死。"《独立宣言》里说："我们认为，人人生而平等。"这话是讲给英国皇上听的，表明了平民的尊严。这话孟夫子一定反对，他说过："无君无父，是禽兽也——"这又简直是宣布说，平民不该有自己的尊严。总而言之，个人的体面与尊严、平等、自由等等概念，中国的传统文化里是没有的，有的全是些相反的东西。我是很爱国的，这体现在：我希望伏尔泰、杰弗逊的文章能归到辜鸿铭的名下，而把辜鸿铭的文章栽给洋鬼子。假如这是事实的话，我会感到幸福得多。

有时候我想，假如"大跃进""文化革命"这些事，不是发生在中国，而是发生在外国，该有多好。这些想法很不体面，但还不能说是有痰气。有些坏事发生在了中国，我们就说它好，有些鬼话是中国人说的，我们就说它有理，这种做法就叫作有痰气。有些年轻人把这些有痰气的想法写成书，他本人倒不见得是真有痰气，不过是哗众取宠罢了。一种普遍存在的事态比这要命得多。举例来说，很多中年人因为"文革"中上山下乡虚耗了青春，这本是种巨大的痛苦，但他们觉得很幸福，还说："青春无悔！"再比方说，古往今来的中国人总在权势面前屈膝，毁掉了自己的尊严，也毁掉了自己的聪明才智。这本是种痛苦，但又有人说："这很幸福！"久而久之，搞到了是非难辨、香臭不知的地步……这就是我们嗓子里噎着的痰。扯完了这些，就可以来谈谈我的典故。

众所周知，有一种人，起码是在表面上，不喜欢快乐，而喜欢痛苦，不喜欢体面和尊严，喜欢奴役与屈辱，这就是受虐狂。弗洛伊德对受虐狂的成因有这样一种解释：人若落入一种无法摆脱的痛苦之中，到了难以承受的地步，就会把这种痛苦看作是幸福，用这种方式来寻求解脱——这样一来，他的价值观就被逆转过来了。当然，这种过程因人而异。有些人是不会被逆转的。比方说我吧，在痛苦的重压下，会有些不体面的想法，但还不会被逆转。另有一些人不仅被逆转，而且还有了痰气，一听到别人说自由、体面、尊严等等是好的，马上就怒火万丈，这就有点儿不对头了，世界上哪有这样气焰万丈的受虐狂？你就是真有这种毛病，也不要这个样子嘛。

诚实与浮嚣

我念大学本科时，我哥哥在读研究生。我是学理科的，我哥哥是学逻辑学的。有一回我问他："依你之见，在中国人写的科学著作中，哪本最值得一读？"他毫不犹豫地答道："费孝通的《江村经济》。"现在假如有个年轻人问我这个问题，不管他是学什么的，我的回答还是《江村经济》——但我觉得这本书的名字还是叫作《中国农民的生活》为好。它的长处在于十分诚实地描述了江南农村的生活景象，像这样的诚实在中国人写的书里还未曾有过。同是社会学界的前辈，李景汉先生做过《定县调查》，把一个县的情况搞得清清楚楚。学社会学的人总该读读《定县调查》——但若不学社会学，我觉得可以不读《定县调查》，但不读《江村经济》可不成。中国的读书人有种毛病，总要对某些事实视而不见，这些事实里就包括了中国农民的生活。读书人喜欢做的事情是埋首于故纸堆里，好像故纸之中什么都有了。中国的典籍倒是浩若烟海，但假若没人把事实往纸上写，纸上还是什么都没有。《江村经济》的价值就在于它把事实写到了纸上，在中国这个地方，很少有人做这样的事。马林诺夫斯基给《江村经济》作序，也称赞了费先生的诚实。所以费先生这项研究中的诚实程度，已经达到了国际先进水平。

这篇文章的主旨不是谈《江村经济》，而是谈诚实。依我之见，诚实就像金子一样，有成色的区别。就以费先生的书为例，在海外发表时，叫作《中国农民的生活》，这是十足赤金式的诚实。在国内发表时叫作《江村经济》，成色就差了一些，虽然它还是诚实的，而且更对中国文人的口味。我们这里有种传统，对十足的诚实甚为不利。有人说，朱熹老夫子做了一世的学问，什么叫作"是"（be），什么叫作"应该是"（should be），从来就没搞清楚过。我们知道，前者是指事实，后者是指意愿，两者是有区别的。人不可能一辈子遇上的都是合心意的事，如果朱夫子总把意愿和事实混为一谈，那他怎么生活呢？所以，当朱夫子开始学术思维时，他把意愿和事实当成了一回事——学术思维确有这样一种特点，不做学问时，意愿和现实又能分开了。不独朱夫子，中国人做学问时都是如此，自打孔子到如今，写文章时都要拿一股劲，讨论国计民生乃至人类的前途这样的大题目，得到一片光明的结论，在这一片光明下，十足的诚实倒显得可羞。在所有重大题目上得出一片光明的结论固然很好，但若不把意愿和现实混为一谈，这是很难做到的。

人忠于已知事实叫作诚实，不忠于事实就叫作虚伪。还有些人只忠于经过选择的事实，这既不叫诚实，也不叫虚伪，我把它叫作浮嚣。这是个含蓄的说法，乍看起来不够贴切，实际上还是合乎道理的：人选择事实，总是出于浮嚣的心境。有一回，我读一位海外新儒家学者的文集（我对海外的新儒学并无偏见，只是举个例子），作者一会儿引东，一会儿引西，从马克斯·韦伯到现代美国黑人的"寻根文学"引了一个遍，所举例子都不甚贴切，真正该引用的事例他又没有引到。我越看越不懂，就发了狠，非看明白不可。最终看到一篇他在台北的答记者问，把自己所治之学和台湾当局的"文化建设"挂上了钩——看到这里，我算是看明白了。我还知道台湾当局拉拢海外学者是不计工本的，这就是浮嚣的起因——当然，更远的起因还能追溯到科举。八股文，人若把学问当作进身之本来做，心就要往上浮。诚实不是学术界的长处，因为太诚实了，就显得不学术；像费先生在《江村经济》里表现出的那种诚实，的确是凤毛麟角。有位外国记者问费先生："你觉得中国再过几时才能再出一个费孝通？"他答："五十年。"这话我真不想信，但恐怕最终还是不得不信。

迷信与邪门书

　　我家里有各种各样的书，有工具书、科学书和文学书，还有戴尼提、气功师一类的书，这些书里所含的信息各有来源。我不愿指出书名，但恕我直言，有一类书纯属垃圾。这种书里写着种种古怪异常的事情，作者还一口咬定都是真的，据说这叫人体特异功能。

　　人脑子里有各种各样的东西，有可靠的知识，有不可靠的猜测，还有些东西纯属想入非非。这些东西各有各的用处，我相信这些用处是这样的：一个明理的人，总是把可靠的知识作为根本，也时常想想那些猜测，假如猜测可以验证，就扩大了知识的领域；最后，偶尔他也准许自己想入非非，从怪诞的想象之中，人也能得到一些启迪。当然，人有能力把可信和不可信的东西分开，不会把怪诞的想象当真——但也有例外。

　　当年我在农村插队，见到村里有位妇女撒癔症，自称狐仙附了体，就是这种例外。时至今日，我也不能证明狐仙鬼怪不存在，我只知道它们不大可能存在，所以狐仙附体不能认定是假，只能说是很不可信。假设我信有狐仙附了我的体，那我是信了一件不可信的事，所以叫撒癔症。当然，还有别的解释，说那位妇女身上有了"超自然的人体现象"，或者是有了特异功能（自从狐仙附体，那位大嫂着实有异于常人，主要表现在她敢于信口雌黄），自己不会解释，归到了狐仙身上，但我觉得此说不对。在学大寨的年代里，农村的生活既艰苦，又乏味，妇女的生活比男人还要艰苦。假如认定自己不是个女人，而是只狐狸，也许会愉快一些。我对撒癔症的妇女很同情，但不意味着自己也想要当狐狸。因为不管怎么说，这是一种病态。

我还知道这样一个例子，我的一位同学的父亲得了癌症，已经到了晚期，食水俱不能下，静脉都已扎硬。就在弥留之际，忽然这位老伯指着顶棚说，那里有张祖传的秘方，可以治他的病。假如找到了那张方子，治好了他的病，自然可以说，临终的痛苦激发了老人家的特异功能，使他透过顶棚纸，看到了那张祖传秘方。不幸的是，把顶棚拆了下来也没找到。后来老人终于在痛苦中死去。同学给我讲这件事，我含泪给他解释道："伯父在临终的痛苦之中，开始想入非非，并且信以为真了。"

我以为，一个人在胸中抹杀可信和不可信的界限，多是因为生活中巨大的压力。走投无路的人就容易迷信，而且是什么都信（马林诺夫斯基也是这样来解释巫术的）。虽然原因让人同情，但放弃理性总是软弱的行径。我还认为，人体特异功能是件不可信的事，要让我信它，还得给我点儿压力，别叫我"站着说话不腰疼"。比方说，让我得上癌症，这时有人说，他发点儿外气就能救我，我就会信；再比方说，让我是个犹太人，被关在奥斯维辛，此时有人说，他可以用意念叫希特勒改变主意，放了我们大家，那我不仅会信，而且会把全部钱物（假如我有的话）都给他，求他意念一动。我现在正在壮年，处境尚佳，自然想循科学和艺术的正途，努力地思索和工作，以求成就，换一种情况就会有变化。在老年、病痛或贫困之中，我也可能相信世界上还有些奇妙的法门，可以呼风唤雨，起死回生。所以我对事出有因的迷信总抱着宽容的态度。只可惜有种情况叫人无法宽容。

在农村还可以看到另一种狐仙附体的人，那就是巫婆神汉。我以为他们不是撒癔症，而是装神弄鬼，诈人钱物。如前所述，人在遇到不幸时才迷信，所以他们又是些趁火打劫的恶棍。总的来说，我只知道一个词，可以指称这种人，那就是"人渣"。各种邪门书的作者应该比人渣好些，但凭良心说，我真不知好在哪里。

我以为，知识分子的道德准则应以诚信为根本。假如知识分子也骗人，让大家去信谁？但知识分子里也有人信邪门歪道的东西，这就叫人大惑不解。理科的知识分子绝不敢在自己的领域里胡来，所以在诚信方面记录很好。就是文史学者也不敢编造史料，假造文献。但是有科学的技能，未必有科学素质；有科学的素质，未必有科学的品格。科学家也会五迷三道。当然，我相信他们是被人骗了。老年、疾病和贫困也会困扰科学家，除此之外，科学家只知道什么是真，不知道什么是假，更不谙弄虚作假之道，所以容易被人骗。

小说家是个很特别的例子，他们以编故事为主业；既知道何谓真，更知道何谓假。我自己就是小说家，你让我发誓说写出的都是真事，我绝不敢，但我不以为自己可以信口雌黄到处骗人。我编的故事，读者也知道是编的。我总以为写小说是种事业，是种体面的劳动，有别于行骗。你若说利用他人的弱点进行欺诈，干尽人所不齿的行径，可只因为是个小说家，他就是个好人了，我抵死也不信。这是因为虚构文学一道，从荷马到如今，有很好的名声。

我还以为，知识分子应该自尊、敬业。我们是一些堂堂君子，从事着高尚的事业，所有的知识分子都是这样看自己和自己的事业，小说家也不该例外。现在市面上有些书，使我怀疑某人是这么想的：我就是个卑鄙小人，从事着龌龊的事业。假如真有这等事，我只能说，这样想是不好的。

　　最近，有一批自然科学家签名，要求警惕种种伪科学，此举来得非常及时。《老残游记》上说，中国有"北拳南革"两大祸患。当然，"南革"的说法是对革命者的污蔑，但"北拳"的确是中国的一大隐患。中国人——尤其是社会的下层——有迷信的传统，在社会动荡、生活有压力时，简直就是渴望迷信。此时有人来装神弄鬼，就会一哄而起，造成大的灾难。这种流行性的迷信之所以可怕，在于它会使群众变得不可理喻。这是中国文化传统里最深的隐患。宣传科学，崇尚理性，可以克制这种隐患；宣扬种种不可信的东西，是触发这种隐患。作家应该有社会责任感，不可为一点儿稿酬，就来为祸人间。

生命科学与骗术

我的前半生和科学有缘，有时学习科学，有时做科学工作，但从未想到有一天自己会充当科学的辩护士，在各种江湖骗子面前维护它的名声——这使我感到莫大的荣幸。身为一个中国人，由于有独特的历史背景，很难理解科学是什么。我在匹兹堡大学的老师许倬云教授曾说，中国人先把科学当作洪水猛兽，后把它当作呼风唤雨的巫术，直到现在，多数学习科学的人还把它看成宗教来顶礼膜拜，而他自己终于体会到，科学是个不断学习的过程。但是，这种体会过于深奥，对大多数中国人不适用。在大多数中国人看来，科学有移山倒海的威力，是某种叫作"科学家"的人发明出的、我们所不懂的古怪门道。基于这种理解，中国人很容易相信一切古怪门道都是科学，其中就包括了可以呼风唤雨的气功和让药片穿过塑料瓶的特异功能。我当然要说，这些都不是科学。要把这些说明白并不容易——对不懂科学的人说明什么是科学，就像要对三岁孩子说明什么是性一样，难于启齿。

物理学家维纳曾说，在理论上，人可以通过一根电线来传输。既然如此，你怎么能肯定地说药片不可能穿过药瓶？爱因斯坦说，假如一个车厢以极高的速度运动，其中的时间就会变慢。既然如此，三国时的徐庶为什么就不能还在人间？答案是维纳、爱因斯坦说话，不该让外行人听见。我还听说有位山里人进城，看到城里的电灯，就买个灯泡回家，把它用皮绳吊起来，然后指着它破口大骂："妈的，你为什么不亮！"很显然，城里人点电灯，也不该让山里人看到。现在的情况是：人家听也听到了，看也看到了，我们负有解释之责。我的解释是这样的：科学对于公众来说，确实犯下了过于深奥的罪孽。虽然如此，科学仍然是理性的产物。它是世界上最老实、最本分的东西，而气功呼风唤雨，药片穿瓶子，就不那么老实。

大贤罗素曾说，近代以来，科学建立了权威。这种权威和以往一切权威都不同，它是一种理性的权威，或者说，它不是一种真正的权威。科学所说的一切，你都不必问它是从谁嘴里说出来的，那人可不可信，因为你可以用纸笔或者实验来验证。虽然不是每个人都有验证数学定理的修养，更不见得拥有实验室，但也不出大格——数学修养可以学出来，实验设备也可以置办。数学家证明了什么，总要把自己的证明写给人看；物理学家做出了什么，也要写出实验条件和过程。总而言之，科学家声称自己发明、发现了什么，都要主动接受别人的审查。

我们知道，司法上有无罪推定一说，要认定一个人有罪，先假设他是无罪的，用证据来否定这个假设。科学上认定一个人的发现，也是从他没发现开始，用证据来说明他确实发现了。敏感的读者会发现，对于个人来说，这后一种认定，是个有罪推定。举例来说，我王某人在此声称自己最终证明了哥德巴赫猜想（我当然不是认真说的），就等于把自己置于骗子的地位。直到我拿出了证明，才能脱罪。鉴于此事的严重性，我劝读者不要轻易尝试。

假如特异功能如某些作家所言，是什么生命科学大发现的话，在特异功能者拿出足以脱罪的证明之前，把他们称为骗子，显然不是冒犯，因为科学的严肃性就在于此。现在有几位先生努力去证明特异功能有鬼，当然有功于世道，但把游戏玩颠倒了——按照前述科学的规则，我们必须首先推定：特异功能本身就是鬼，那些人就是骗子，直到他们有相反的证据。如果有什么要证明的，也该让他们来证明。

现在来说说科学的证明是什么。它是如此清楚、明白、可信，绝不以权威压人，也绝不装神弄鬼。按罗素的说法，这种证明会使读者感到，假如我不信他所说的就未免太笨。按维纳所说的条件（他说的条件现在做不到），假如我不相信人可以通过电线传输，那我未免太笨；按爱因斯坦所说的条件（他说的条件现在也做不到），假如我不相信时间会变慢，也未免太笨。这些条件太过深奥，远不是特异功能的术者可以理解的。虽然那些人可能看过些科普读物，但连科普都没看懂。在大家都能理解的条件之下，不但药片不能穿过塑料瓶，而且任何刚性的物体都不可能穿过比自身小的洞而毫发无损，术者说药片穿过了分子间的缝隙，显然是不要脸了。那些术者的证明，假如有谁想要接受，就未免太笨。如果有人持相反的看法，必然和"骗"字有关，或行骗或受骗。假如我没有勇气讲这些话，也就不配做科学的弟子。因为我们已经被逼到了这个地步，假如不把这个"骗"字说出来，就只好当笨蛋了。

关心"特异功能"或是"生命科学"的人都知道，像药片穿瓶子、耳朵识字这类的事，有时灵，有时不灵。假如你认真去看，肯定碰上他不灵，也说不出什么时候会灵。假如你责怪他们：为什么不把特异功能搞好些再出来表演，就拿他们太当真了。仿此我编个笑话，讲给真正的科学家听。有一位物理学家致电瑞典科学院说："本人发现了简便易行的方法，可以实现受控核聚变，但现在把方法忘掉了。我保证把方法想起来，但什么时候想起来不能保证。在此之前请把诺贝尔物理奖发给我。"当然，真正的物理学家不会发这种电报，就算真的出了忘掉方法的事，也只好吃哑巴亏。我们国家的江湖骗子也没发这种电报，是因为他们层次太低。他们根本想不到骗诺贝尔奖，只能想到混吃混喝，或者写几本五迷三道的书，骗点儿稿费。

按照许倬云教授的意见，中国人在科学面前，很容易失去平常心。科学本身太过深奥，这是原因之一。民族主义是另一个原因。假设特异功能或是生命科学是外国人发明的，到中国来表演，相信此时它已深深地淹没在唾液和黏痰的海洋里。众所周知，现代科学发祥于外国，中国人搞科学，是按洋人发明的规则去比赛规定动作。很多人急于发明新东西，为民族争光。在急迫的心情下，就大胆创新，打破常规，创造奇迹。举例来说，1958年"大跃进"时就发明了很多东西。其中有一样，上点儿岁数的都记得：一根铁管，一头拍扁后，做成单簧管的样子，用一片刀片做簧片。他们说，冷水从中通过，就可以变成热水，彻底打破热力学第二定律。这种东西叫作"超声波"，被大量制造，下在澡堂的池子里。据我所见，它除了割破洗澡者的屁股，别无功能；我还见到一个人的脚筋被割断，不知他现在怎样了。"特异功能""生命科学"就是九十年代的"超声波"。"超声波"的发明者是谁，现在已经不可考，但我建议大家记下现在这些名字，同时也建议一切人：为了让自己的儿女有脸做人，尽量不要当骗子。很显然，这种发明创造，丝毫也不能为民族争光，只是给大家丢丑，所以让那些假发明的责任者溜掉有点儿不公道。我还建议大家时时想到：整个人类是一个物种，科学是全人类的事业，它的成就不能为民族所专有，所以它是全人类的光荣；这样就能有一些平常心。有了平常心，也就不容易被人骗。

我的老师曾说，科学是个不断学习的过程。学习科学，尤其要有平常心。如罗素所言，科学在"不计利害地追求客观真理"。请扪心自问，你所称的科学，是否如此淳朴和善良。尤瑟纳尔女士说："当我计算或写作时，就超越了性别，甚至超越了人类。"请扪心自问，你所称的科学，是否是如此崇高的事业。我用大师们的金玉良言劝某些成年人学好。不用别人说，我也觉得此事有点儿可笑。

现在到了结束本文的时候，可以谈谈我对所谓"生命科学"的看法了。照我看，这里包含了一些误会。从表面上看，科学只认理不认人，仿佛它是个开放的领域，谁都能来弄一把，但在实际上，它又是最困难的事业，不是谁都能懂，所以它又最为封闭。从表面上看，科学不断创造奇迹，好像很是神奇，但在实际上，它绝无分毫的神奇之处——如马林诺夫斯基所言，科学是对真正事实的实事求是——它创造的一切，都是本分得来的；其中包含的血汗、眼泪和艰辛，恐非外人所能知道。但这不是说，你只要说有神奇的事存在，就会冒犯到我。我还有些朋友相信基督死了又活过来，这比药片穿瓶更神奇！这是信仰，理当得到尊重。科学没有理由去侵犯合理的宗教信仰。但我们现在见到的是一种远说不上合理的信仰在公然强奸科学——一个弱智、邪恶、半人半兽的家伙，想要奸污智慧女神，它还流着口水、吐着黏液、口齿不清地说道："我配得上她！她和我一样笨！"——我想说的是："你搞错了。换个名字，到别处去试试吧。"

王朔的作品

　　与王朔有关的影视作品我看了一些，有的喜欢，有的不喜欢。有些作品里带点儿伍迪·艾伦的风格，这是我喜欢的。有些作品里也冒出些套话，这就没法喜欢。总的来说，他是有艺术成就的，而且不小；当然，和伍迪·艾伦的成就相比，还有不小的距离。现在他受到一些压力，说他的作品没有表达真善美，不够崇高，等等，对此我倒有点儿看法。有件事大家可能都知道：艺术的标准在世界上各个地方是不同的。以美国的标准为例，到了欧洲就会被视为浅薄。我知道美国有部格调高尚的片子，说上帝本人来到了美国，变成了一个和蔼可亲的美国老人，到处去助人为乐；听见别人顺嘴溜出一句："感谢上帝……"就接上一句："不客气！"相信这个故事能使读者联想到一些国产片。这种片子叫欧洲人，尤其是法国人看了，一定会觉得浅薄。法国人对美国电影的看法是，除了伍迪·艾伦的电影，其他通通是狗屎一堆。

　　相反，一些优秀的欧洲电影，美国人没有看过。比方说，我小时看过一些极出色的意大利电影，如《罗马十一时》之类，美国人连听都没听说过。为此我请教过意大利人，他们皱着鼻子说道："美国人看我们的电影？他们看不懂！"把知识分子扣除在外，仅就一般老百姓而论，欧洲人和美国人在文化上有些差异。欧洲，尤其是南欧的老百姓喜欢深刻的东西，美国人喜欢浅薄的东西；这一点连后者自己也是承认的。这种区别是因为欧洲有历史，美国没有历史所致。

因为有这种区别，所以对艺术的认识也有深浅的不同。假定你有深刻的认识，对浅薄的艺术就会视为庸俗——这正是欧洲人对美国电影的看法。现在来谈谈我们中国人民是哪一种人。我毫不怀疑，因为有五千年的文明史，我们是全世界最深刻的人民。这一点连自以为深奥的欧洲人也是承认和佩服的。我在国外时，从电视上看到这样一件事：美籍华人建筑师贝先生主持了卢浮宫改造工程，法国人不服，有人说："美国人有什么文化？凭什么来动我们的卢浮宫？"对此，贝先生从容答道："我有文化，我是中国人哪。"对方也就哑口无言了。顺便说说，伍迪·艾伦的电影，充满了机智、反讽，在美国电影里是绝无仅有的。这也难怪，他虽是美国籍，却是犹太人，犹太文化当然不能小看。他的电影，能搞到手的我都看过，我觉得他不坏；但对我来说，还略嫌浅薄。略嫌浅薄的原因除中华文化比犹太文化历史悠久之外，还有别的。这也难怪，在美国的中国人当时不过百万，作为观众为数太少，他也只能迁就一下一般浅薄的美国观众。正因为中国的老百姓有历史、有文化、很深刻，想在中国搞出正面讴歌的作品可不容易啊；无论是美国导演还是欧洲导演，哪怕是犹太导演，对我们来说，都太浅薄。我认为，真善美是一种老旧的艺术标准，新的艺术标准是：搞出漂亮的、有技巧的、有能力的东西。批判现实主义是艺术的一支，它就不是什么真善美。王朔的东西在我看来基本属于批判现实主义，伍迪·艾伦也属这一类。这一类的艺术只有成熟和深刻的观众才能欣赏。

在我看来，所谓真善美就是一种甜腻腻的正面描写，在一个成熟的现代国度里，一流的艺术作品没有不包括一点儿批判成分的。因此，从批判转入正面歌颂往往意味着变得浅薄。王朔和他的创作集体在影视圈，乃至文化圈里都是少数派。对于上述圈子里的多数派，我有这样一种意见：现在中青年文化人之大多数，对文化的一般见识，比之先辈老先生们，不仅没有提高，反而大幅度下降。为了防止激起众怒，我要声明：我自己尤其远不如老先生们。五六十年代的意大利的优秀电影一出现，老先生们就知道是好东西，给予"批判现实主义杰作"的美誉。现在的文化人不要说这种见识，连这样的名词都不知道，只会把"崇高"之类的名词径直讲出口来，也不怕直露。当然，大家不乏讴歌主旋律的决心，但能力，或者干脆说是才能，始终是个主要问题。多数影视作品善良的创作动机是不容怀疑的，但都不好看。

在此情况下，应该想到自己的艺术标准浅于大众；和有五千年文明史的中国人民之一般水平不符，宜往深处开掘——不要看不起小市民，也不要看不起芸芸众生。毛主席曾言：高贵者最愚蠢，卑贱者最聪明。你搞出的影视作品让人家看了身上爆起三层鸡皮疙瘩，谁聪明谁笨，也就不言自明。搞影视的人常抱怨老百姓口味太刁，这意思无非是说老百姓太聪明，自己太笨。我倒觉得不该这样子不打自招，这就显得更笨了。我觉得王朔过去的反嘲、反讽风格，使我们能见到深一层的东西。最近听说他要改变风格，向主流靠拢，倒使我感到忧虑。王朔是个聪明人。根据我的人生经验，假如没有遇上车祸，聪明人很不容易变笨。可能他想要耍点儿小聪明，给自己的作品披上一层主旋律的外衣，故作崇高之状。但是，中国人都太聪明，耍小聪明骗不了谁，只能骗骗自己。就拿他最近的《红樱桃》来说，虽然披了一层主旋律的外衣，其核心内容和美国电影《九周半》还是一类。把这些不是一类的东西嫁接在一起，看上去真是不伦不类。照这个样子搞下去，广电部也未必会给他什么奖励，还要丢了观众。两样都没得到，那才叫倒霉。

盛装舞步

　　初入大学的门槛，我发现有个同学和我很相像：我们俩都长得人高马大，都是一副睡不醒的样子，而且都能言善辩。后来发现，他不仅和我同班，而且同宿舍，于是感情很好。每天吃完了晚饭，我要在校园里散步，他必在路边等我，伸出手臂说："年兄请——"这家伙把我叫作年兄，好像我们是同科的进士或者举人。我也说："请。"就手臂挽着手臂（有点儿像一对情人），在校园里遛起弯来，一路走，一路高谈阔论。像这个样子在美国是有危险的，有些心胸狭隘的家伙会拿枪来打我们。现在走在上海街头恐怕也不行，但是七十年代末、八十年代初，在北京的一所校园的角落里遛遛，还没什么大问题。当然，有时也有些人跟在我们身后，主要是因为这位年兄博古通今，满肚子都是典故；而我呢，如你所知，能胡编是我吃饭的本事，我们俩聊，听起来蛮有意思的。有些同班同学跟着我们，听我们胡扯——从纪晓岚一路扯到爱因斯坦，这些前辈在天之灵听到我们的谈话内容可能会不高兴。到了期中期末，功课繁忙，大家都去准备考试，没人来听我们胡扯，散步的就剩下我们两个人。

我们俩除了散步，有时还跳跳踢踏舞。严格地说，还不是踢踏舞。此事的起因是，这位年兄曾在内蒙插队，对马儿极有感情，一看到电视上演到马术比赛，尤其是盛装舞步，他马上就如痴如狂。我曾给他出过这样的主意："等放了暑假，你回插队的地方，弄匹马来练练好了。"他却说："我们那里只有小个子蒙古马，骑上去它就差不多了，怎忍心让它来跳舞——再说，贫下中牧也不会答应，他们常说，糟蹋马匹的人不得好死。"然后，他忽然有了一个重要的发现："啊呀年兄，咱俩合起来是四条腿，和马的腿一样多嘛！"……他建议我们来练习盛装舞步，我也没有不同意见——反正吃饱了要消消食。两条大汉扣着膀子乱跳，是有点儿古怪，但我们又不是在大街上跳，而是在偏僻小路上跳，所以没有妨碍谁。再说，我们俩都是出了名的特立独行之士，无论是老师，还是学生干部，全都懒得来管我们。后来有一天，有个男同学经过我们练习舞步的地方——记得他是上海人，戴副小眼镜——他看了我们一阵，然后冲到我们面前来说："像你们俩这样可不行——不像话。"说完，就走了。

这位同学走了以后，我们停了一会儿。年兄问道："刚才那个人说了什么？"我说："不知道。这个人好像有毛病——咱们怎么办？"年兄说："不理他，接着跳！"直到操练完毕，我们才回宿舍拿书，去阅览室晚自习。第二天傍晚，还在老地方，那位小眼镜又来了。他皱着眉头看了我们半天，忽然冲过来说："那件事还没公开化呢！"说完，就又走了。这回我们连停都懒得停，继续我们的把戏。但不要以为我们是傻子，我知道人家说的那件事是同性恋。很不巧的是，我们俩都是坚定的异性恋者，我的情况尚属一般，年兄不仅是坚定的异性恋，而且有点儿骚——见了漂亮女生就两眼放光，口若悬河。当然，同样的话，年兄也可以用来说我。所以实际情况是，说我们俩是同性恋，不仅不正确，而且很离谱。那天晚上那位眼镜看到的，不是同性恋者快乐的舞蹈，而是一匹性情温良的骏马在表演左跨步……文化人类学指出，不同文化、不同价值观的人之间，会发生误解，明明你在做这样一件事，他偏觉得你在做另外的事，这就是个误解的例子。你若说，我们不该引起别人的误会，这也是对的。但我们躲到哪儿，他就追到哪儿，老在一边乱嘀咕。

我和年兄在校园里操练舞步，有人看了觉得很可耻，但我们不理睬他。我猜这个人会记恨我们，甚至在心里用孟夫子的话骂我们："无耻之耻，无耻矣！"我们不理他，是因为他把我们想错了。顺便说一句，孟老夫子的基本方法是推己及人，这个方法是错误的。推己往往及不了人，不管从谁那儿推出我们是同性恋，都不对，因为我们不是的。但这不是说，我们拒绝批评。批评只要稍微有点儿靠谱，我们就听。有一天，我们正在操练舞步，有个女同学从那儿经过，笑了笑说："狗撒尿。"然后飘然而去。我们的步法和狗撒尿不完全一样，说实在的，要表演真正的狗撒尿步法，非职业舞蹈家不可，远非我二人的胯骨力所能及；但我们忽然认为，盛装舞步还是用马匹来表演为好。

我早就从大学毕业了，靠写点儿小文章过活，不幸的是，还是有人要误解我。比方说，我说人若追求智慧，就能从中得到快乐，就有人来说我是民族虚无主义者——他一点儿都不懂我在说什么。他还说理性已经崩溃了，一个伟大的、非理性的时代就要降临。如此看来，将来一定满世界都是疯子、傻子。我真是不明白，满世界都是疯子和傻子，这就是民族实在主义吗？既然谁都不明白谁在说些什么，就应该互不搭理才对。我在这方面做得不错，我从来不看有痰气的思辨文章（除非点了我的名），以免误解。至于我写的这种幽默文章，也不希望它被有痰气的思辨学者看到。

科学与邪道

从历史书上看到，在三十年代末的德国，很多科学家开始在学校里讲授他们的德国化学、德国数学、德国物理学。有位德国物理学家指出："有人说科学现在和永远是有国际性的——这是不对的；科学和别的每一项人类创造的东西一样，是有种族性和以血统为条件的。"这话着实有意思。但不知是怎么个种族性法。化学和数学的种族性我没查到，有关物理学的种族性，人家是这么解释的：经典物理是由亚利安人创造的。牛顿、伽利略等，都是亚利安人，而且大多是北欧血统，所以这门科学是好的。至于现代物理学，都是犹太人搞出来的，所以是邪恶的，必须斩尽杀绝。爱因斯坦是犹太人，他和他的相对论是"德国物理"的死敌——纳粹物理学家宣称，谁要是称赞相对论，那就是喜欢犹太人统治世界，并对"德国人永远沦为无生气的奴隶地位"表示高兴。可想而知，爱因斯坦要是落到德国人手里，肯定没有好。他也知道这一点，所以早早地逃到美国去，保住了一条命。德国数学和化学的内容是什么，我不确切知道，但知道它肯定会让纳粹科学家特别开心，让犹太科学家特别不开心——因为一般来说，挨骂总是不开心的事情。

过去，在生物学领域里，遗传学曾被认为是资产阶级的邪说，所以就有种无产阶级的生物学——这就是李森科的神圣学派。这种学说我上学时听过一耳朵，好像还有些道理，但不知为什么一定要和遗传学过不去。这股邪风是从苏联传过来的，老大哥教给我们些好的东西，也教了些邪的歪的。身在那个时代，不会遗传学的人会很高兴，但也有人不高兴。我有位老师，年轻时对现代语言学很有兴趣，常借些新的英文书刊来看。后来有人给他打个招呼说："你这样下去很危险，会滑进资产阶级的泥坑。我们的语言学要以一位苏联伟人论语言学问题的小册子为神圣的根基——而你正在背离这个根基。"我老师听了很害怕，后来就进了精神病院。他告诉我说，自己是装疯避祸，但我总觉得他是真被吓疯了，因为他讲起这件事来总带着一股胆战心惊的样子。这位老师后来贫困潦倒、提心吊胆，再后来虽然用不着提心吊胆，但大好年华已过。他对这些事当然很不开心。

我说的都是过去的事情，现在已经好多了。相对论、遗传学，还有社会学和人类学，都不再是邪恶的学问，我们可以放心地学习了。但有些事情我们还是不明白——如果只是外行来摧残科学，我们还可以理解，真正能在科学领域内兴风作浪的，都是懂点儿科学的人。那些德国和苏联的学者，干吗要分裂科学，把它搞褊狭呢？有些史实可以帮助解释这个疑问：从1905年到1931年，有十位德国犹太人，因为在科学上做出贡献得到了诺贝尔奖奖金，这对某些以纯亚利安血统而自豪的德国科学家来说，未免太多了些。近现代科学取得了很多成就，这些成就大多不是诞生在俄国，难免让俄国科学家气不顺，因此就想把别人的成就贬低，甚至抹杀掉，对自己的成就则夸大，甚至无中生有，以此来证明种族或者这方土地有很大的优越性。中国血统的科学家成就也不少，诺贝尔物理奖、化学奖通通拿到了，虽然他们是美籍，但愿我们能以此为荣。有件事正在使我忧虑：中国人和德国人不同。中国人对证明自己的种族优越从来就不很在意的，他们真正在意的是想要证明自己传统文化的优越性。

最近我们听说，从儒家道家、阴阳五行、周易八卦等等之中，即将产生震惊世界的科学成就。前不久，我在电视上和一位作家辩论，他告诉我说，有位深谙此道的老者，不用抹胶水，脑门上能贴一叠子钢镚。这件事无论是爱因斯坦还是玻尔都做不到，看来我们的诺贝尔奖又有门儿了。但我想来想去，怎么也想象不出瑞典科学院的秘书会这样向世界宣布："女士们先生们，这位获奖的科学家能在脑门上贴一大叠钢镚。"这是了不起的本领，但诺贝尔奖总不能奖给一个很黏糊的脑门吧？作家这样瞎说还不要紧，科学家也有信这个的。像这样的学问搞了出来，外国人不信怎么办呢？到那时又该说，科学和人类创造的一切东西一样，是以文化和生活方式的特异性为基础的。以此为基础，划分出中国的科学，这是好的。还有外国的科学，那是邪恶的，通通都要批倒批臭。中国数学、中国物理和中国化学，都不用特别发明出来，老祖宗都替我们发明好了：中国物理是阴阳，中国化学是五行，中国数学是八卦。到了那时，我们又退回到中世纪去了。

男人眼中的女性美

从男人的角度谈女人的外在美，这个题目真没什么可说的。这是一个简单的、绝对的命题。从远了说，海伦之美引起了特洛伊战争；从近了说，玛丽莲·梦露之美曾经风靡美国。一个男人，只要他视力没有大毛病，就都能欣赏女人的美。因为大家都有这种能力，所以这件事常被人用来打比方——孟夫子就喜欢用"目之于色也有同美焉"这个例子来说明大家可以有一致的意见，很显然，他觉得这样一说大家就会明白。谁都喜欢看见好看一点儿的女人，这一点在男人中间可说是不言自明的。假如还有什么争议，那是在女人中间，绝不是在男人中间。

当年玛丽莲·梦露的三围从上面数，好像是34、22、34（英寸）。有位太太看这个小妖精太讨厌，就自己掏钱买了一套内衣给她寄去，尺寸是22、34、22，让她按这个尺寸练练，杀杀男人的火。据我所知，梦露小姐没有接受她的意见。这是说到身材，还没说到化妆不化妆，打扮不打扮。这类题目只有在女人杂志上才是中心议题，我所认识的男人在这方面都有一颗平常心，也就是说，见到好看的女人就多看一眼，见到不好看的就少看一眼，仅此而已。多看一眼和少看一眼都没什么严重性。所以我认为，在我们这里，这问题在女人中比在男人中敏感。

大贤罗素曾说，人人理应生来平等。但很可惜，事实不是这样。有人生来漂亮，有人生来就不漂亮，与男人相比，女人更觉得自己是这种不平等的牺牲品。至于如何来消除这种不平等，就有各种解决的办法。给梦露小姐寄内衣的那位太太就提出了一种解法，假设那套内衣是她本人穿的，这就意味着请梦露向她看齐。假如这个办法被普遍地采用，那么男人会成为真正的牺牲品。

在国外可以看到另一种解决不平等的方法，那里年轻漂亮的小姐们不怎么化妆，倒是中老年妇女总是要化点儿妆。这样从总体上看，大家都相当漂亮。另外，年轻、健康，这本身就是最美丽的，用不着用化妆品来掩盖它。我觉得这样做有相当的合理性。国内的情况则相反，越是年轻漂亮的小姐越要化妆，上点儿岁数的就破罐破摔，蓬头垢面——我以为这是不好的。

假如有一位妇女修饰得恰到好处地出现在我面前，我是很高兴的。这说明她在乎我对她的看法，对我来说是一种尊重。但若修饰不得法，就是一种灾难。几年前，我到北方一座城市出差，看到当地的小姐们都化妆，涂很重的粉，但那种粉颜色有点儿发蓝，走在阳光灿烂的大街上尚称好看，走到了暗处就让人想起了戏台上的窦尔敦。另外，当地的小姐都穿一种针织超短裙，大概此种裙子很是新潮，但有一处弊病，就是会朝上收缩，走在街上裙子就会呈现一种倒马鞍形。于是常能看到有些很可爱的妇女走在当街叉开腿站下来，用手抓住裙子的下摆往下拉——那情景实在可怕。所以我建议女同志们在选购时装和化妆品时要多用些心，否则穿得随便一点儿、不化妆会更好一点儿。

对于妇女在外貌方面的焦虑情绪，男人的平常心是一服解毒剂。另外，还该提到女权主义者的看法，她们说："我们干吗要给男人打扮？"这话有些道理，也有点儿过激。假如修饰自己意味着尊重对方，还是打扮一下好。

对待知识的态度

我年轻时当过知青，当时没有什么知识，就被当作知识分子送到乡下去插队。插队的生活很艰苦，白天要下地干活，天黑以后，"插友"要玩，打扑克，下象棋。我当然都参加——这些事你不参加，就会被看作怪人。玩到夜里十一二点，别人都累了，睡了，我还不睡，还要看一会儿书，有时还要做几道几何题。假如同屋的人反对我点灯，我就到外面去看书。我插队的地方地处北回归线上，海拔2400米。夜里月亮像个大银盆一样耀眼，在月光下完全可以看书——当然，看久了眼睛有点儿发花——时隔二十多年，当时的情景历历在目。

如今，我早已过了不惑之年。旧事重提，不是为了夸耀自己是如何自幼有志于学。现在的高中生为了考大学，一样也在熬灯头，甚至比我当年熬得还要苦。我举自己作为例子，是为了说明知识本身是多么诱人。当年文化知识不能成为饭碗，也不能夸耀于人，但有一些青年对它还是有兴趣，这说明学习本身就可成立为一种生活方式。学习文史知识目的在于"温故"，有文史修养的人生活在从过去到现代一个漫长的时间段里。学习科学知识目的在于"知新"，有科学知识的人可以预见将来，他生活在从现在到广阔无垠的未来。假如你什么都不学习，那就只能生活在现时现世的一个小圈子里，狭窄得很。为了说明这一点，让我来举个例子。

在欧洲的内卡河畔，有座美丽的城市。在河的一岸是历史悠久的大学城。这座大学的历史，在全世界好像是排第三位——单是这所学校，本身就有无穷无尽的故事。另一岸陡峭的山坡上，矗立着一座城堡的废墟，宫墙上还有炸药炸开的大窟窿。照我这样一说很是没劲，但你若去问一个海德堡人，他就会告诉你，二百年前法国大军来进攻这座宫堡的情景：法军的掷弹兵如何攻下了外层工事，工兵又是怎样开始爆破——在这片山坡上，何处是炮阵地，何处是指挥所，何处储粮，何处屯兵。这个二百年前的古战场依然保持着旧貌，硝烟弥漫——有文化的海德堡人绝不只是活在现代，而是活在几百年的历史里。

与此相仿，小时候我住在北京的旧城墙下。假如那城墙还在，我就能指着它告诉你，庚子年间，八国联军克天津，破廊坊，直逼北京城下。当时城里朝野陷于权力斗争之中，偌大一个京城竟无人去守……此时有位名不见经传的营官不等待命令，挺身而出，率健锐营"霆字队"的区区百人，手持新式快枪，登上了左安门一带的城墙，把联军前锋阻于城下，前后有一个多时辰。此人是一个英雄。像这样的英雄，正史上从无记载，我是从野史上看到的。有关北京的城墙，当年到过北京的联军军官写道："这是世界上最伟大的防御工事。它绵延数十里，是一座人造的山脊。"对于一个知道历史的中国人来说，他也不会只活在现在。历史，它可不只是尔虞我诈的宫廷斗争……

作为一个理工科出身的人，其实我更该谈谈科学，说说它如何使我们知道未来。打个比方来说，我上大学时，学了点儿计算机方面的知识，今天回想起来，都变成了老掉牙的东西。这门科学一日一变，越变越有趣，这种进步真叫人舍不得变老，更舍不得死……学习科学技术，使人对正在发展的东西有兴趣。但我恐怕说这些太过专业，所以就到此为止。现在的年轻人大概常听人说，人有知识就会变聪明，会活得更好，不受人欺。这话虽不错，但也有偏差。知识另有一种作用，它可以使你生活在过去、未来和现在，使你的生活变得更充实、更有趣。这其中另有一种境界，非无知的人可解。不管有没有直接的好处，都应该学习——持这种态度来求知更可取。大概是因为我曾独自一人度过了求知非法的长夜，所以才有了这种想法……当然，我这些说明也未必能服人。反对我的人会说："就算你说的属实，但我就愿意只生活在现时现世！我就愿意得些能见得到的好处！有用的我学，没用的我不学，你能奈我何？"……假如执意这样放纵自己，也就难以说服。罗素曾经说，对于人来说，不加检点的生活，确实不值得一过。他的本意恰恰是劝人不要放弃求知这一善行。抱着封闭的态度来生活，活着真的没什么意思。

有与无

我靠写作为生。有人对我说:"像你这样写是不行的啊,你没有生活!"我虽然长相一般,加上烟抽得多,觉睡得少,脸色也不大好看。但若说我已是个死尸,总觉得有点儿言过其实。人既没有死,怎么就没生活了呢?笔者过着知识分子的生活,如果说这种生活就叫作"没有",则带有过时的意识形态气味——要知道,现在知识分子也有幸成为劳动人民之一种了。当然,我也可以不这样咬文嚼字,这样就可以泛泛地谈到什么样的生活叫作"有",什么样的生活叫作"无";换句话说,哪种生活是生活,哪种生活不叫生活。众所周知,有些作家常要跑到边远、偏僻的地方去"体验生活"——这话从字面上看,好像是说有些死人经常诈尸——我老婆也做过这样的事,因为她是社会学家,所以就不叫体验生活或者诈尸,而是叫作实地调查——field work。她当然有充分的理由做这件事,我却没有。

有一次,我老婆到一个南方小山村调查,因为村子不大,所以每个人都在别人眼皮底下生活。随便哪个人，都能把全村每个人数个遍，别人的家庭关系如何、经济状况如何，无不在别人的视野之中，岁数大的人还能记得你几岁出的麻疹。每个人都在数落别人，每个人也都在受数落，这种现象形成了一条非常粗的纽带，把所有的人捆在一起，婚丧嫁娶，无不要看别人的眼色，个人不可能做出自己的决定。她去调查时，当地人正给自己修坟，无论老少、健康状况如何，每个人都在修，把附近的山头都修满了椅子坟。因为这种坟异常地难看，当地的景色也异常地难看，好像一颗痢头。但当地人陷在这个套里，也就丧失了审美观。村里人觉得她还不错，就劝她也修一座——当然要她出些钱。但她没有修，堂堂一个社会学家，下去一个月，就在村里修了个椅子坟，这会是个大丑闻。这个村里的"文化"，或者叫作"规范"，是有些特异性的。从总体来说，可以说存在着一种集体的"生活"。但若说到属于个人的生活，可以说是没有的。这是因为村里每个成年人惦记的都是一模一样的事情，给自己修座椅子坟就是其中比较有趣的一件。至于为什么要这样生活，他们也说不出。

　　笔者曾在社会学研究所工作，知道有种东西叫作"norm"，可以译作"规范"，是指那些约定俗成，大家必须遵从的东西。它在不同的地方是不一样的，当然能起一些好作用，但有时也相当丑恶。人应该遵从所在社会的 norm，这是不言而喻的。但除了遵从 norm，还该不该干点儿别的，这就是问题。如果一个社会的 norm 很坏，就如纳粹德国或者"文革"初的中国，人在其中循规蹈矩地过了一世，谁都知道不可取。但也存在了这样的可能，就是经过某些人的努力，建立了无懈可击的 norm，人是不是只剩遵从一件事可干了呢？假如回答是肯定的，就难免让我联想到笼养的鸡和圈养的猪。我想任何一个农场主都会觉得自己猪场里的 norm 对猪来说是最好的——每头猪除了吃什么都不做，把自己养肥。这种最好的 norm 当然也包括这些不幸的动物必须在屠场里结束生命……但我猜测有些猪会觉得自己活得很没劲。

我老婆又在城里做一项研究，调查妇女的感情与性。有些女同志除了自己曾遵守 norm 就说不出什么，仿佛自己的婚姻是一片虚无。但也有些妇女完全不是这样，她们有自己的故事——爱情中每个事件，在这些故事里都有特别的意义。这主要是因为，这些姐妹有属于自己的生活，和属于自己的价值观。"到岁数了，找合适的对象结婚，过正常的性生活"和"爱上某人"，是截然不同的事情。当然，假如你说，性爱只是生活的一隅，不是全体，我无条件地同意。但我还想指出，到岁数了，找合适的人，正常的性生活，这些都是从 norm 的角度来判断的——属于个人的，只是一片虚无。我总觉得，把不是生活的事叫作"生活"，这是在巧言掩饰。

现在可以说到我自己。我从小就想写小说，最后在将近四十岁时，终于开始写作——我做这件事，纯粹是因为，这是我爱的事业。是我要做，不是我必须做——这是一种本质的区别。我个人以为，做爱做的事才是"有"，做自己也不知为什么要做的事则是"无"。因为这个缘故，我的生活看似平淡，但也不能说是"无"。有一种说法是这样的：人在年轻时，心气总是很高的，最后总要向现实投降。我刚刚过了四十四岁生日，在这个年龄上给自己做结论似乎还为时过早。但我总觉得，我这一生绝不会向虚无投降，我会一直战斗到死。

虚伪与毫不利己

过去我有过这样的人生观：人应该为别人而活着，致力于他人的幸福，不考虑自己的幸福。这是因为人生苦短，仅为自己活着不太有意思。这是二十年前的事了，现在再说这话有沽名钓誉之嫌。当时我们都是马克思的信徒，并且坚信应该毫不利己，专门利人。我以为帮助别人比自己享受，不但更光荣，而且更幸福。假如人人都像我一样，就没有了争权夺利，岂不是天下太平？

后来有一天，我忽然发现一个悖论。倘有一天，人人像我一样高尚，都以帮助别人为幸福，那么谁来接受别人的帮助？帮助别人比自己享受幸福，谁乐意放弃更大的幸福呢？大家毫不利己，都要利人，利归何人？这就是我发现的礼让悖论。

设想有一个美好社会，里面住的都是狂热分子，如我之辈，肯定不会太平。你要为我，我要为你，恐怕要争到互挥老拳，甚至拔刀玩命。其他民族咱说不准，我们中国人为了礼让打架，那是绝对可能的。再说，我们专门利人，人家专门利我，利就成了可疑的东西。利己很坏，受人利也难受。比如吃饭，只有人喂，我才能吃，白吃是不好的（一、利己，二、剥夺了别人利他的机会）；我们大家喂来喂去，都是 baby-sitter。如此看来，我的生活目的，就是要把可疑的东西强加于人，因此也不能说是高尚。归根到底一句话，毫不利己必然包含虚伪，等到想通了这一点，我也不再持有这样的人生观。从那时到现在想的都是，希望我有些成就，为人所羡慕；有一些美德，为人所称道。但是为时已晚，大好年华已经空过。唉，蹉跎岁月，不说也罢！

海明威的《老人与海》

老人驾着船去出海，带回来的却是一副大得不可思议的鱼骨。在海明威的《老人与海》中，我读到了一个英雄的故事。

在这本书里，只有一个简单到不能再简单的故事和纯洁到如同两滴清水的人物。然而，它那么清楚而有力地揭示出人性中强悍的一面。在我看来，再没有什么故事能比这样的故事更动人，再没有什么搏斗能比这样的搏斗更壮丽了。

我不相信人会有所谓"命运"，但是我相信对于任何人来说，"限度"总是存在的。再聪明再强悍的人，能够做到的事情也是有限度的。老人桑地亚哥不是无能之辈，然而，尽管他是最好的渔夫，也不能让那些鱼来上他的钩。他遇到他的限度了，就像最好的农民遇上了大旱，最好的猎手久久碰不到猎物一般。每一个人都会遇到这样的限度，仿佛是命运在向你发出停止前行的命令。

可是老人没有沮丧，没有倦怠，他继续出海，向限度挑战。他终于钓到了一条鱼。如同那老人是人中的英雄一样，这条鱼也是鱼中的英雄。鱼把他拖到海上去，把他拖到远离陆地的地方，在海上与老人决战。在这场鱼与人的恶战中，鱼也有获胜的机会。鱼在水下坚持了几天几夜，使老人不能休息，穷于应付，它用苦刑来折磨他，把他弄得双手血肉模糊。这时，只要老人割断钓绳，就能使自己摆脱困境，得到解放，但这也就意味着宣告自己是失败者。老人没有做这样的选择，甚至没有产生过放弃战斗的念头。他把那大鱼当作一个可与之交战的敌手，一次又一次地做着限度之外的战斗，他战胜了。

老人载着他的鱼回家去，鲨鱼在路上抢劫他的猎物。他杀死了一条来袭的鲨鱼，但是折断了他的鱼叉。于是他用刀子绑在棍子上做武器。到刀子又折断的时候，似乎这场战斗已经结束了。他失去了继续战斗的武器，他又遇到了他的限度。这时，他又进行了限度之外的战斗：当夜幕降临，更多的鲨鱼包围了他的小船，他用木棍、用桨，甚至用舵和鲨鱼搏斗，直到他要保卫的东西失去了保卫的价值，直到这场搏斗已经变得毫无意义的时候他才住手。

老人回到岸边，只带回了一副白骨，只带回了残破不堪的小船和耗尽了精力的躯体。人们怎样看待这场斗争呢？

有人说，老人桑地亚哥是一个失败了的英雄。尽管他是条硬汉，但还是失败了。

什么叫失败？也许可以说，人去做一件事情，没有达到预期的目的，这就是失败。

但是，那些与命运斗争的人，那些做接近自己限度的斗争的人，却天生地接近这种失败。老人到海上去，不能期望天天有鱼来咬他的钩，于是他常常失败。一个常常在进行着接近自己限度的斗争的人，总是会常常失败的，一个想探索自然奥秘的人也常常会失败，一个想改革社会的人更是会常常失败。只有那些安于自己限度之内的生活的人才总是"胜利"，这种"胜利者"之所以常胜不败，只是因为他的对手是早已降伏的，或者说，他根本没有投入斗争。

在人生的道路上，"失败"这个词还有另外的含义，即是指人失去了继续斗争的信心，放下了手中的武器。人类向限度屈服，这才是真正的失败。而没有放下手中的武器，还在继续斗争，继续向限度挑战的人并没有失败。如此看来，老人没有失败。老人从未放下武器，只不过是丧失了武器。老人没有失去信心，因此不应当说他是"失败了的英雄"。

那么，什么也没有得到的老人竟是胜利的吗？我确是这样看的。我认为，胜利就是战斗到最后的时刻。老人总怀着无比的勇气走向莫测的大海，他的信心是不可战胜的。

他和其他很多人一样，是强悍的人类的一员。我喜欢这样的人，也喜欢这样的人性。我发现，人们常常把这样的事情当作人性最可贵的表露：七尺男子汉坐在厨房里和三姑六婆磨嘴皮子，或者衣装笔挺的男女们坐在海滨，谈论着高尚的、别人不能理解的感情。我不喜欢人们像这样沉溺在人性软弱的部分之中，更不喜欢人们总是这样描写人性。

正像老人每天走向大海一样，很多人每天也走向与他们的限度斗争的战场，仿佛他们要与命运一比高低似的。他们是人中的强者。

人类本身也有自己的限度，但是当人们一再把手伸到限度之外，这个限度就一天一天地扩大了。人类在与限度的斗争中成长。他们把飞船送上太空，他们也用简陋的渔具在加勒比海捕捉巨大的马林鱼。这些事情是同样伟大的。做这样不可思议的事情的人都是英雄。而那些永远不肯或不能越出自己限度的人是平庸的人。

在人类前进的道路上，强者与弱者的命运是不同的。弱者不羡慕强者的命运，强者也讨厌弱者的命运。强者带有人性中强悍的一面，弱者带有人性中软弱的一面。强者为弱者开辟道路，但是强者往往为弱者所奴役，就像老人是为大腹便便的游客打鱼一样。

《老人与海》讲了一个老渔夫的故事，但是在这个故事里揭示了人类共同的命运。我佩服老人的勇气，佩服他不屈不挠的斗争精神，也佩服海明威。

掩卷：《鱼王》读后

　　翻开阿斯塔菲耶夫的《鱼王》，就听到他沉重的叹息。北国的莽原简直是一个谜。黑色的森林直铺到更空旷的冻土荒原，这是一个谜。河流向北方流去，不知所终，这是同一个谜。一个人向森林走去，不知道为什么，这也是同一个谜。河边上有一座巨石，水下的沉木千年不腐，这还是同一个谜。空旷、孤寂、白色的冰雪世界令人神往，这就是那个谜。

　　这样的谜不仅在北方存在。当年高更脱下文明的外衣，走进一张热带的风情画。热风、棕色的土著人、密集的草木也许更令人神往。生命是从湿热里造出来的。也许留在南方更靠近生命的本源？高更也许已经走到了谜底？我们从他的画上看到星光涂蓝了的躯体，看到黑色里诡谲的火，看到热带人神秘的舞蹈，也许这就是他发出的信息？但是这信息对我们来说太隔膜了。提到高更，我又想起《月亮与六便士》，毛姆和阿斯塔菲耶夫一样，感觉到未知世界的魅力，而且发出了起跑线上的叹息。可惜他没有足够的悟性与勇气，像高更一样深入那个世界。但是毛姆毕竟指出了那条界线，比阿斯塔菲耶夫又强了一些。

但《鱼王》毕竟是本了不起的书。除了给评论家提供素材，它还指出：冷与热有同等的魅力，离群索居与过原始生活有同等的魅力，空旷无际与密集生长有同等的魅力。如汤因比所云，我们生活在阳的时期。在史前阴的时期，人类散居于地球上，据有空间，也向空间学习。杀戮生命，也向生命学习。如今我们拥挤在一起，周围的生命除了人，就是可食的肉类。也许这真的值得惋惜。

道德

正如评论家所指出的，《鱼王》是一部道德文章（我认为它不只是道德文章）。在"道德"小说中，作家进行道德思辨，又对人物进行道德评判，虽然我喜欢《鱼王》，但我必须承认，其中的道德思辨叫我头疼。

在阿斯塔菲耶夫笔下，他所钟爱的西伯利亚的自然环境，隐隐具有上帝的雏形。这种信仰值得赞美，可惜有时达到偏执的程度，作者对从其他地方来到西伯利亚，又不知爱惜自然环境的"城里人"，有一份不合情理的仇恨，于是字里行间透出讨伐异教徒的意思来。

人

在道德文章里，作家对人做价值判断。这种价值判断是颂扬的工具，也是杀戮的工具。作家给正义者戴上花环，还把不义者送上道德的刑台，凌迟处死，以恣快意。在行使这种特权时，很少有作家不暴露出人性中卑劣的一面。在实际生活中，人们处死一个人，还给他申辩与忏悔的机会，而道德作家宣布一个人的死刑，则往往不容他申辩，只是剥夺他一切优点，夸大一切缺点，把他置于禽兽不如的地位。

《鱼王》虽然被评论家列入道德文章一类，却没有太凌厉的杀气。在厚厚一本书里，作家只活剐了一个叫戈加·盖尔采夫的，杀法也算不得毒辣。而对盗鱼人柯曼采夫之流，作者只是大加鞭挞，没有举起屠刀，这在苏联作家中尤为难能可贵。阿斯塔菲耶夫几乎具有真正大作家必不可少的悲天悯人的气概。

精彩段落

全书最精彩的一章，是"鱼王"一章。盗鱼贼伊格纳齐依奇在江上下了排钩（对于鱼儿来说，这是相当于化骨绵掌的阴毒手段），钩中了鱼王。在收钩时，伊格纳齐依奇（这个恶棍）不小心也纠缠到排钩里，被拉下水去，处于求生不得求死不能的境地。这时该恶棍回想起平生所做的恶事，想到其中最卑劣的一件事是凌辱了爱他的姑娘：

> 他让那唯命是从的姑娘站在陡峭的河岸上，让她转过脸去对着河滩，拉下她身上的厚绒裤，裤子上粗针疏线缝着颜色杂乱的扣子，就是扣子给他的印象比什么都深。

我们也能想象到那条绒裤和那些扣子，这里深藏着多少辛酸！作家的仁厚之处在于叫该恶棍也感到了这份辛酸。虽然他还是把姑娘踢下水去了，但是在最后的时刻，他又想起这些事情，承担了自己的罪孽：

> 你就让这个女人摆脱掉你，摆脱掉你犯下的永世难饶的罪过吧！在此之前，你要承受全部苦难，为了自己，也为了天地间那些此

时此刻尚在作践妇女、糟蹋她们的人。

对于做过的恶事，不是靠请求对方原谅来解脱，也不归于忘却，而是自己来承担良心的谴责，这是何等坦荡的态度！这种良知出现在该恶棍身上，又是那样合乎情理。所以我们可以说，江上的排钩不是道德法庭的判决，而是人性演出的舞台，这两者在文学上的分量，真不可同日而语。

沉重的段落

全书中最夹缠不清的段落，要算"黑羽翻飞"这一章开头所写的一群城里人下乡去偷鱼，然后又写当地人有一年为了挣钱，打死了很多的鸟儿。作者用卑劣行为之类的字眼儿形容这类行为，而对当地人的偷鱼和打死少量的鸟儿采取宽容的态度。细查作者的逻辑，似乎仅仅为了糊口的杀戮是可以的，而为了贪欲的杀戮是不可以的。这就让人想起朱熹对"饮食男女人之大欲存焉"和"存天理、灭人欲"的调和处理：人要吃饭，是为天理；人要美食，是为人欲。这种议论简直贻人以笑柄。

内容·风格·整体结构

从内容来说，《鱼王》是一本了不起的书，包括了很多优点。一本书只要有足够的优点，就是一本好书，《鱼王》当然是一本好书。但是它也有很多缺点，有些甚至很突出。

作者同时擅长抒情和道德议论两种风格，这是很好的，但是不分章节、不分段落地写在同一本书里，我认为这不能算一个优点。我甚至认为这是作者思维不清晰的表现，当然这是有待商榷的说法。

《鱼王》虽然被称为长篇小说，实质上是集长篇小说、中篇小说、抒情散文、道德议论于一体的东西。其优点是容量非常之大，劣点是结构荡然无存。当然，只要你把一批内容汇编成集，装订成书，它自然就有了一个结构，但我说的不是这一种意义上的结构。我要说的是"条理明晰""层次分明"一类的东西。这本书在局部不缺少这种结构，但在整体上是根本没有的。在此提出一个设想，请熟读《鱼王》的读者思考：假如全书纯以阿基姆的经历为线索，砍去若干章节（黑羽纷飞），是不是能够组织得更好一点儿？

掩卷之后

掩卷之后的议论不局限于《鱼王》，但是仍由《鱼王》而起。从初读《鱼王》到这次再读《鱼王》，已经有六年左右，我对它的兴趣并未减退，这样的书并不多，拿破仑曾云："世间一切书中，我偏爱以血写成者。"此话颇有道理。

用我的话来说，世间一切书中，我偏爱经过一番搏斗才写成者，哪怕是小说（虚构类）也不例外。这种书的出现，是作家对自己的胜利，是后辈作家对先辈作家的胜利，是新出的书对已有的书的胜利。

这种胜利不能靠花拳绣腿得来，也不能靠诡异的招数、靠武林秘籍、靠插科打诨得到，而是不折不扣地比拼内力。《鱼王》的魅力在于作家诚实的做人态度，对写作一道的敬业精神，抒情时的真诚，思辨时的艰苦，而不在于他使用了"象征主义、自然主义、意识流一类方法"（评论家语），所以我把它列入了不可多得的好书之列。

萧伯纳的《巴巴拉少校》

　　萧伯纳的剧作《巴巴拉少校》是萧翁的精彩之作，新中国出的两种萧伯纳戏剧集都收了。如果哪个热爱文学的人没有读过，实为一大憾事。青年人一般爱读小说不爱读剧本，我也如此，但是萧伯纳的剧本与众不同，不可不读。

　　《巴巴拉少校》剧情不算复杂，讲的是本世纪初一个军火大王安德谢夫如何解决他的继承人问题的故事。一般来说，军火大王名声不好，安德谢夫的名声尤其糟糕。资本家做缺德事时总要标榜些礼义廉耻，安德谢夫却言行如一，他自称"绝不要脸"，弄得声名狼藉。他的妻子薄丽夫人有心让儿女斯泰芬和巴巴拉继承他的生意，可是斯泰芬受过良好的教育，是个上流人，讨厌他爹的那股下流气；巴巴拉的问题更复杂。她加入了救世军，诚心诚意地爱上了救灵魂的事业，干脆把她爹看成个混世魔王。而安德谢夫本人恰恰是反对儿女继承祖业的：安德谢夫一家世世代代都不由亲生儿女继承，而是从大街上拾个弃儿当继承人，这一位安德谢夫也是这么想。安德谢夫并不是拘泥于这个古怪传统，而是要挑一个没受过正统教育毒害的人。其实受过正统教育与否还在其次，主要是要找个像他一样不要脸的人。他对斯泰芬评价甚低，却喜欢巴巴拉。为此他收买了救世军，揭露了救灵魂的虚伪，又邀请巴巴拉和大家一起到他厂里去参观。混世魔王的工厂精彩无比，连斯泰芬都倾心不已。这时，忽然巴巴拉的情人柯森斯教授异军突起，跳出来宣称自己是个弃儿，通过了"绝不要脸"的考试，被安德谢夫接受为继承人。

全剧不但妙趣横生，而且蕴涵着丰富的思想内容。其中最有力的一笔是剧中人围绕"明辨是非"问题发生的戏剧性冲突，读来耐人寻味。

第三幕。薄丽夫人要安德谢夫接受斯泰芬为继承人，可是斯泰芬坚决不肯接受这个肮脏的造大炮的生意。安德谢夫很高兴。他打算给儿子找个好职业作为补偿。他向斯泰芬建议了下列职业：文学艺术、哲学、陆海军、宗教、律师、戏剧，斯泰芬声称一概干不来。安德谢夫只好问他的儿子："你能说说你长于什么或是爱好什么吗？"

> 斯泰芬：（起立，目不转睛地瞅着他）我会明辨是非。
>
> 安德谢夫：真的吗？怎么！没有做买卖的才能，对艺术无兴趣，不敢碰哲学，却知道辨别是非的秘诀！这是考倒一切哲学家、难坏一切律师、搞昏一切商人、毁灭大多艺术家的一个问题呀！唉，先生，您真是个天才，圣人中的圣人，人间的天神！而且年纪只有二十四岁！

接下去，安德谢夫又说："拿救世军那个可怜的小姑娘珍妮·希尔来说吧。你要是叫她站在大街上讲文法、讲地理、讲算术，甚至叫她讲交际舞，她都会认为你是开她的玩笑！可是她绝不怀疑她能够讲道德问题、讲宗教问题……"

真的，论起明辨是非，儿童仿佛比成人强，无知的人仿佛比聪明人强。这真是个有趣的现象。问题的关键就在于接受一个伦理的（或宗教的）体系比接受一个真理的（或科学的）体系要容易得多。一个伦理的体系能告诉人们什么是对，什么是错，简单明了。人们能够凭良心、凭情感来明辨是非。斯泰芬可以指出造大炮是残忍的，可以指出做买卖斤斤计较是下流的，世界在他那里是无比简单的，是非都写在每件东西上，写在每一个人脸上。世界上绝不存在一个能把他难倒的难题。

说来惭愧，十几岁的时候我也是斯泰芬一流的人物。那时我也会明辨是非，我甚至能说出：光明是好的，黑暗是坏的；左边是好的，右边是坏的；东边是好的，西边是坏的，等等。所差的是斯泰芬能说出下列一些话来。

斯泰芬：您不知您那一套有多可笑……（您就没）上那些尚有古风、不屑与时代为伍的中学和大学去看看，我的思想方法都是在这两个学校养成的。所以您觉着统治英国的是金钱，却也难怪。可是您总得承认，这问题我比您知道得更多。

安德谢夫：那么统治英国的是什么呢？

斯：品质，爸爸，品质。

安：谁的品质？你的还是我的？

斯：既不是你的，也不是我的，而是英国民族一切最优的品质的结晶。

这里，我们需要研究一下，斯泰芬的品质是怎么来的。这些品质是他过的那种生活的产物，教育只是其中一个侧面而已，他什么也不要想，什么也不用记，只要过这种生活，品质就自然地形成啦。也可以说，这种品质不是知识，不是学问，只是一种情绪罢了。

　　凭着这种情绪，我们不难把世界上的一切分为好和坏两大类，不难"明辨是非"，却不能做成任何一件事情。看到这儿，真让人为安德谢夫捏把冷汗，不知他能给他儿子找个什么事做。可是他居然找到了。

　　　　噢！正合他自己要干的那一行。他什么也不懂，而自以为什么都懂，就凭这一点，到政界准能飞黄腾达……

　　让我们回到关于"明辨是非"问题上去。"明辨是非"并非毫无必要，但是如果以为学会了"明辨是非"就有了什么能力，那就大错特错了。我们学会了把世上一切事物分成好的和坏的以后，对世界的了解还是非常非常可怜的。我们还要继续学习一切是如何发生、如何变化的。这些知识会冲击我们过去形成的是非标准，这时我们就面临一个重大抉择，是接受事实，还是坚持旧有的价值观念？事实上有很多这样的人，他们"明辨是非"的能力却成了接触世界与了解世界的障碍，结果是终生停留在只会"明辨是非"的水平上。可以这样说，接受了一个伦理的体系不过达到了小学四年级的水平，而接受一个真理的体系就难得多，人们毕生都在学习科学，接触社会。人们知道得越多，明辨是非就越困难。

　　在一个伦理的体系之中，人们学会了把事物分成好的与坏的、对的与错的、应该发生的和不应该发生的，这样的是非标准对我们了解世界是有不良影响的。科学则指出事物存在和不存在、发生和不发生，这些事实常常与那些道德标准冲突。不该发生的事情发生了，如果我们承认它，就成了精神上的失败者。如果我们不承认它，那么我们就失去了一个认识世界的机会。事实上，很多人为了这种精神上的胜利，就被永远隔绝在现实世界之外。在萧伯纳的戏剧中，这样的人物多得是。斯泰芬、巴巴拉、《英国佬的另一个岛》中的娜拉等人都是。还有另一种人物：他们信奉一套道德标准，在行动中却绝不遵守它。他们可以正确地认识世界，但是又不和旧有的信念冲突。他们保存了这个矛盾不去解决，结果活得很好。如薄丽夫人、《英国佬的另一个岛》中的博饶本。第三种人就是安德谢夫，他把这个矛盾解决啦。他干脆不去明辨是非，只信奉"绝不要脸"的信条，结果在那个社会非常成功。

在我们看来，安德谢夫是个十恶不赦的坏蛋，他残酷地剥削和欺骗劳动人民。但是他在那个社会中取得了巨大的成功，又说明他有他的高明之处。比之那些糊涂的"善良人"，他是一个头脑清楚的坏蛋。一个坏蛋清楚的头脑中，真理的成分要比善良的糊涂人多一些。然而，坏蛋终究是坏蛋。这一点提示我们，"明辨是非"的伦理体系并非毫无用处，我只是说，它不是接近真理的方法。萧伯纳在其戏剧之中，把这一点表达得淋漓尽致。

《血统》序

　　艾晓明请我给她的新作写序——像这样的事求到我这无名之辈头上，我想她是找对了人。我比艾君稍大一些，"文化革命"开始的时候是个中学生。我的出身当时也不大好，所以我对她说到的事也有点儿体验。我记得"文化革命"刚开始时，到处都在唱那支歌——老子英雄儿好汉，老子反动儿浑蛋——与此同时，我的一些同学穿上了绿军装，腰里束上了大皮带，站在校门口，问每个想进来的人："你什么出身？"假如回答不是红五类之一，他就从牙缝里冒出一句："狗崽子！"他们还干了很多更加恶劣的事，但是我不喜欢揭别人的疮疤，而且那些事离题了。

　　我说的这件事很快就过去了。我的这些同学后来和我一起去插队，共过患难以后，有些成了很好的朋友，但是我始终以为他们那时的行为很坏。"文化革命"是件忽然发生的事，谁也没有预料到，谁也不可能事先考虑遇到这样的事我该怎么做人。我的这些同学也是忽然之间变成了人上人——平心而论，这是应该祝贺的，但这不能成为欺压别人的理由。把"狗崽子"三个字从朝夕相处的同学嘴里逼出来，你又于心何忍。我这样说，并不等于假如当年我是红五类的话，就不会去干欺压别人的事。事实上，一筐烂桃里挑不出几个好的来，我也不比别人好。当年我们十四五岁，这就是说，从出世到十四岁，我们没学到什么好。

我在北方一个村里插队时（当时我是二十二岁），看到村里有几个阴郁的年轻人，穿着比较干净，工作也比较勤奋，就想和他们结交。但村里人劝我别这么做，因为他们是地主。农村的情况和城里不一样，出身是什么，成分也是什么。故而地主的儿子是地主，地主的孙子也是地主，子子孙孙不能改变。因为这个原因，地主的儿子总是找不到老婆。我们村里的男地主（他们的父亲和祖父曾经拥有土地）都在打光棍，而女地主都嫁给了贫下中农，以求子女能改变成分。我在村里看到，地主家的自留地种得比较好，房子盖得也比较好。这是因为他们只能靠自己，不能指望上面救济。据说在"文化革命"前，地主家的孩子学习成绩总是比贫下中农出色，因为他们除了升学离开农村外，别无出路。这一点说来不足为奇，因为在中世纪的欧洲，犹太人在商业方面也总是比较出色。但是在"文化革命"里，升学又不凭学习成绩，所以黑五类就变得绝无希望。我所见到的地主就是这样的。假如我宣扬我的所见所闻，就有可能遇到遇罗克先生的遭遇——被枪毙掉，所以我没有宣扬它。现在中国农村已经没有地主富农这些成分了，一律改称社员，这样当然是好多了。

到了我考大学那一年（当时我已经二十六岁），有一天从教育部门口经过，看到有一些年轻人在请愿。当时虽然上大学不大看出身了，但还是有些出身坏到家的人，虽然本人成绩很好，也上不了大学。后来这些人经过斗争，终于进了大学。其中有一位还成了我的同班同学。这位同学的出身其实并不坏，父母都是共产党的老干部。他母亲在"文革"里不堪凌辱，自杀了。从党的立场来看，我的同学应当得到同情和优待，但是没有。人家说，他母亲为什么死还没有查清。等到查清了（这已是大学快毕业的事了），他得到一笔抚恤金，也就是几百块钱吧，据我所知，我的同学并不为此感激涕零。

以上所述，就是我对出身、血统这件事的零碎回忆。也许有助于说明"血统"是怎样的一回事。总体来说，我以为人生在世应当努力，应该善良，而血统这种说法对于培养这些优良品质毫无帮助。除此之外，血统这件事还特别地荒唐。但是现实，尤其是历史，与我怎样想毫无关系。因此就有了这样的事：在"文化革命"里，艾君这样一个正在上小学的女孩子，她的命运和她的外祖父——一位国民革命的元勋（但是这一点在当时颇有争议），她的父亲——一位国民党军队的炮兵军官，紧密地联系在一起了。这本书就在讲这些事——艾君当时是怎样一个人，她的外祖父，她的父母又是怎样的人。拿破仑曾说："世间各种书中，我独爱以血写成者。"假如你是拿破仑这样的读者，就会喜欢这本书。

《私人生活》与女性文学

　　李静让我谈谈对女性文学的看法。我读过一些女作家的作品，但不幸的是，这些作品不是中国女性文学中的代表作品，真正的代表作一时又找不到，于是她给我拿来一本陈染的《私人生活》。据说这本书卖得虽好，还算不上女性文学的代表作。虽然不是是代表作，毕竟还是女性文学。看过这本书之后，忽然想到前几天在报上看到一篇评女性文学的作品，说是这类作品无他，不过是披露个人的隐私，招人窥视。女性文学该如何评价暂且不论，这种批评本身是没有道理的。明明你窥视了别人，却说是人家招的，这是一种假道学。如果不用窥视的眼光来看，就该说它是本小说，按这种标准来评价。

　　《私人生活》是本有趣的书，讲述了一个女人成长的经历。假如我理解得不错，主要是讲她的性别意识形成的过程。类似题材的书，我以前只看过闵安琪用英文写的《红杜鹃》，这也是本有趣的书。相比之下，我更喜欢《红杜鹃》，因为它的时代背景是"文化革命"，和我的生活经历比较接近。因为同样的理由，年轻人会更喜欢《私人生活》。《红杜鹃》是用英文写的，国内看不到，其中也写到了性别意识的形成，甚至也有女同性恋，不知这是不是女性文学的特征。这两本书有趣归有趣，恐怕还不能说是好小说。

《私人生活》的前半部比后面写得好：主人公童年的经历讲得有条有理，和 T 老师爱恨交集的感情纠葛交代得也算清楚。因为这个缘故，我说它是有趣的。书的后半部陷入了严重的混乱，主人公甚至进了精神病院——一部以第一人称写成的书出现这样的情节，应该说是失败的。听了一个故事，后来发现讲故事的人头脑有问题，这肯定不是个意外的惊喜。一般情况下，听众会感到后悔，觉得不该一本正经地听了很多疯话。所幸故事结束时，主人公的神志又恢复了，给读者一点儿安慰。总的来说，我不赞成这样写小说——这样对待读者是不严肃的。假如作者的态度不严肃，读者又怎能认真地对待你的作品呢？照我看，这是全书最大的败笔。作为小说，《私人生活》不够好。假如《私人生活》是男作家写的书，我对自己的看法就有十分的把握。现在的问题是，这是女性文学。人家可以说，这是男性中心主义的批评，还可以说，我没读懂女性文学，所以我对自己的意见也没有把握了。

《私人生活》写了主人公的性经历，我觉得也没有写好。场面的描写本身就有问题（那些描写完全没达到陈染的水平），感情的脉络也不清楚。全书结束时，写到主人公在浴缸里审视自己，恢复了平静，我的理解是主人公感情的主线是自恋。再翻回去看前面那些吃力的煽情描写，觉得言不由衷——和自恋的感觉很矛盾。我觉得，把这些描写通通删掉会好一些。当然，都删了就会不好卖了。但想写好小说，就不能管它好卖不好卖。

《私人生活》写了女同性恋。《红杜鹃》里也写到了同性恋，女主人公和一位女指导员爱得发昏，想要做爱，又不知怎么下手，就说："让我们在战争中学习战争吧。"——当时人们疯不疯傻不傻的劲头全都跃然纸上，这一笔很成功。相比之下，《私人生活》中禾寡妇和倪拗拗搞的那些事，倒让人看不懂了。拙劣的场面描写夹杂着一些没来由的感慨，倒像出自中学生的手笔。而《私人生活》中异性恋比同性恋写得还坏，举例来说，主人公倪拗拗和 T 老师初次发生性关系，是在一个叫作"阴阳洞"的地方，这个地名叫人想起了地摊上署名"黑松林"的下流读物。这地方看上去像个墓穴，实际上却是个餐厅；在干那件事之前，先吃了十道大菜，其中包括猴子的腿……干完之后，又来上一段哲学思辨。我不知别人感觉如何，反正我没猜出这么写用意何在。

就小说而论，我以为《私人生活》写简明些好。主人公倪拗拗是个自恋倾向很重的人，似应着重写她的内心世界，她的感觉，写她无法实现的想入非非。小说里有一笔写她单恋尼克松，就比较自然，一直这样写就好了。而把所有女人的性别意识都套在她一个人头上，当然无法收拾。主人公进了精神病院，这是感情逻辑的破产。一个感情不能自圆其说，非进精神病院不可的人物，叫人无法认真对待，这主要是因为我扪心自问，觉得自己还没有疯。

其实，我对此书的附录——陈染的访谈录——更感兴趣。这篇短文比整本小说都好读。陈染对小说的很多看法我都赞成，只有对卡夫卡的看法例外。陈染说，她觉得和卡夫卡气质相近，我觉得不然。卡夫卡虽然抑郁，但他的抑郁里没有自恋的成分——他说，每个障碍都能克服我。他的问题是悲观绝望。这种情绪和过度自恋造成的抑郁不是一回事——不能把所有的气质都往自己身上扯。在访谈结束时，谈到了女性写作的文化角度。我对这个问题很有兴趣：这主要是因为，一种文化人类学的观点正在泛滥，一直蔓延到了文学的领域。

文化人类学有种文化相对主义的观点，主张尊重各种文化特异性。假如真有一种女性的文化角度，我们也该尊重它的特异性。如陈染所说，女作家可以在男人性别停止之处开始思索，假如这是真的，我们就有指望读到些独特的好作品。但就《私人生活》而论，我有理由说，我的指望落空了。现在我觉得《私人生活》不好，陈染会说，这是男性心中的偏见。假如我说这书好看至极，她就不会在意我是个男性。这样等于立起了个单向的闸门：颂扬的话能通过，批评的话就通不过。任何人都能看出这件事的不合理之处：女作家的作品，男人只能赞美，这种赞美就没了意义。假如女性文学意味着对文学做这样的分割，那就没什么意思。文化相对主义的观点，在文学领域也不可滥用，它会把文学割碎。当然，对于女性文学，我也不是完全的取消派。女作家写性别意识，只要能写好，我就赞成。

另外一方面，作者写出文学未曾表现的一种文化特异性，会是有趣的，但又不一定会好。举例来说，假设有种肉冻似的海洋生物有思维的能力，在大海中漂浮了亿万年。我们把它们中的一个捞了出来，放进鱼缸，给它一支笔，可以想见，它能写出些有趣的东西，但不见得好，虽然它们在陆生动物停止的地方开始思考，也不见得是好小说家。除非它对文学有些了解，有一些写作的经验——假如我们承认有好和坏，那么就必须承认在文化的特异性之外，还有一个统一的文学标准，由这个标准来决定作品的好和坏。我对女权主义的理论和文化人类学还有些了解，我的看法是：这些学问不能教给我们如何写作。通过写作可以改变自我，这就是说，真正能教我们如何写作的，却是写作自身。

从《赤彤丹朱》想到的

　　翻开张抗抗的《赤彤丹朱》，马上就想到了尤瑟纳尔的《虔诚的回忆》和《北方档案》。这几本书大体是同一个路数。我虽然是尤瑟纳尔赤诚的崇拜者，对《北方档案》却一点儿都不喜欢——我喜欢尤瑟纳尔的《一弹解千愁》《东方奇观》；假如尤瑟纳尔没写过《虔诚的回忆》《北方档案》，我的感觉能好一些。这主要是因为我觉得尤瑟纳尔是位小说家，我更希望她写小说，而不希望她写史或纪实一类的东西。当然，我对写史和纪实也无偏见，只要它写得好。张抗抗的书以前没有读过，对她并无这种先入之见。但不管怎么说吧，照我的个人判断，《赤彤丹朱》不属小说一类。

　　在此谈谈我对小说的看法，也许不是多余的。本世纪四十年代，茨威格就抱怨说，以往的小说不够精当。我对他的抱怨是赞成的，但以为他自己的小说也不够精当。以后就出现了很多可称是精当的小说，比方说，意大利卡尔维诺的作品，还有法国的"新小说"。当然，有人认为它们"太拘泥于文学，不怎么好",但我总觉得这才叫作小说——小说从语言到结构,就该是处处完美。朝这个方向努力,小说才能和历史、纪实、通俗文学分开——就像戏剧、哲学那样,是一种远不是谁都能来上一手的文体,这样才对。当然,这是我个人的看法,按照我们这里通用的标准,《赤彤丹朱》还得算是小说,而且是属小说中比较经典的一个类别。因为我相信近三四十年来,小说艺术有了很大的进步,所以这里的"经典"应该说是个贬义词。尤瑟纳尔有些小说达到了现代的标准,这是她最好的作品;还有些达到了"经典"的标准,就没有前一种好。我倒希望张抗抗除了《赤彤丹朱》,还能有另一类的小说。

如前所述,我不大欣赏《虔诚的回忆》和《北方档案》,但我倒能理解尤瑟纳尔写这两本书的出发点。知识分子不同于芸芸众生,他不仅仅生活在现时现世,而是生活在一个时间段里。人文知识分子更了解历史,他生活在从过去到现在的这个时间段里;科技知识分子更关注未来,他生活在从现在到未来的时间段里——假如我说出,我受过科技和人文两种科学的训练,也许大家更能宽容我的武断——不管是哪种知识分子,与大众都有所区别,所以都是知识分子。在上述两本书里,尤瑟纳尔体现了她的这种胸襟。尽管如此,我还是不喜欢这两本书。因为我很崇拜尤瑟纳尔,所以带着内心的痛苦说这样的话。至于《赤彤丹朱》,我更不喜欢。请相信,我是带着更大的痛苦说这句话的。因为我也写小说,而且很害怕听到苛评,所谓己所不欲勿施于人……好在还有一句可以安慰张抗抗的话:我不喜欢,不等于别人也不喜欢。

仅从形式上看,张抗抗的书和尤瑟纳尔的书有很像的地方。尤瑟纳尔《虔诚的回忆》里写了她母系的故事,又在《北方档案》写了她父系的故事;《赤彤丹朱》在前 270 页写母系,270 页以后写父系。但在意思上有一点根本的颠倒,造成了我更不喜欢后一本书。《北方档案》写到一个女婴（也就是尤瑟纳尔）出世为止；而在《赤彤丹朱》里，第一人称作者已经出生，还占据了全书的中心地位。尤瑟纳尔把自己推广到了遥远的过去，把对自我的感觉扩展到一个宽广的时间段里；而张抗抗则从父母两系来解释自己，最后把一切都压缩到了一个点上，那就是全书最后一句她写的："1994 年 8 月完稿于北京花园村。"客观地说，这两种想法有高低的区别。顺便说一句，对尤瑟纳尔的文化胸襟，实在不能轻看，她老人家是位文化上的巨人。要是拿尤瑟纳尔和张抗抗做比较，对后者不够公平——她还年轻，而且不是科学院院士。但这非我之罪，谁让她的书那么像尤瑟纳尔呢？

张抗抗的这本书主要是在写自我，对于女作家来说，写自我是很可取的。但也不知为什么，中国现代女作家写的自我是有毛病的，往往很不好看。依我之见，作家写自我有两种不同的态度。一种是把自我当作 subject，一种则把自我当作 object。我不是在卖弄自己懂几句洋文，而是在这方面中文没有特别贴切的相应词汇。假如把自我看作 subject，则把它看成是静态的、不可改变的，是自恋、自足的核心。若把它看作是 object，那就是说，自我也是动态的、可以改变的，可以把它向前推进。我们国家的文学传统，有一半来自传统文化，另一半来自苏联，总以人类灵魂的工程师自居，想着提升和改造别人的灵魂，炫耀和卖弄自己的灵魂。不知为什么，我不大喜欢这一点。相比之下，我很喜欢福柯的这句话："通过写作来改变自我。"这也是我的观点。所以，一在书里看到以自我为中心的种种感触，我马上就有不同意见。

坦白地说，如果不是编辑先生力邀，我不会写这篇评论。这主要是因为此书的书名，还有洋溢在书中强烈的使命感和优越感。这些成分不属于文学，更不属于文化的范畴。要论家庭出身，我也属红五类，但我总觉得，如果我自己来提到这一点，是令人厌恶的……好在这本书还有些可以评论

的东西。由它可以谈到尤瑟纳尔，甚至谈到了福柯。这说明我们国家的文
学事业也在和国际接轨。很不幸的是，接轨这件事，有好的一面，也有坏
的一面：好的一面是增广了见识，坏的一面是画虎不成反类犬。更加不幸
的是，我这篇文章谈的全是坏的一面。

域外杂谈·衣

编辑部来信约写《域外随笔》，一时不知从何写起。就像《红楼梦》上说的，咱也不是到国外打过反叛，擒过贼首的，咱不过在外面当了几年穷学生罢了。所以就谈谈在外面的衣食住行吧。

初到美国时，看到楼房很高，汽车很多，大街上各种各样的人都有，于是一辈子没想过的问题涌上了心头："咱们出门去，穿点儿什么好呢？"刚到美国那一个月，不管是上课还是见导师，都是盛装前往。过了一段时间，自己也觉得不自然。上课时，那一屋子人个个衣着随便，有穿大裤衩的，有穿 T 恤衫的，还有些孩子嫌不够风凉，在汗衫上用剪子开了些口子。其中有个人穿得严肃一点儿，准是教授。偶尔也有个把比教授还衣着笔挺的，准是日本来的。日本人那种西装革履也是一种风格，但必须和五短身材、近视眼镜配起来才顺眼。咱们要装日本人，第一是一米五的身高装不出来，第二咱们为什么要装他们？所以后来衣着就随便了。

在美国，有些场合衣着是不能随便的，比方说校庆和感恩节 Party。这时候穿民族服装最体面，阿拉伯和非洲国家的男同学宽袍大袖，看了叫人肃然起敬。印度和孟加拉的女同学穿五彩纱丽，个个花枝招展。中国来的女同学身材好的穿上旗袍，也的确好看。男的就不知穿什么好了。这时我想起过去穿过的蓝布制服来，后悔怎么没带几件到美国来。

后来牛津大学转来一个印度人，见了这位印度师兄，才知道什么叫作衣着笔挺。他身高有两米左右，总是打个缠头，身着近似中山服的直领制服，不管到哪儿，总是拿了东西，边走边吃，旁若无人。系里的美国女同学都说他很 sexy（性感）。有一回上着半截课，忽听身后一声巨响。回头一看，原来是他把个苹果一口咬掉了一半。见到大家都看他，他就举起半个苹果说："May（可以吗）？"看的人倒觉得不好意思了。

衣着方面，我也有过成功的经验。有年冬天外面下雪，我怕冷，头上戴了羊剪绒的帽子，身穿军用雨衣式的短大衣，蹬上大皮靴跑出去。路上的人都用敬畏的眼光看我。走到银行，居然有个女士为我推了一下门。到学校时，有个认识的华人教授对我说："Mr. 王，威风凛凛呀。"我赶紧找镜子一照，发现自己一半像巴顿将军，一半像哥萨克骑兵。但是后来不敢这么穿了，因为路上有个停车场，看门的老跟我歪缠，要拿他那顶皱巴巴的毛线帽换我的帽子。

我这么个大男子汉，居然谈起衣着来了，当然是有原因的。衣着涉及我一件痛心的体验。有一年夏天，手头有些钱，我们两口子就跑到欧洲去玩，从南欧转北欧，转到德国海德堡街头，清晨在一个喷水池边遇到国内来的一个什么团。他乡遇故知，心里挺别扭。那些同志有十几个人，扎成一个堆，右手牢牢地抓住自己的皮箱，正在东张西望，身上倒个个是一身新，一看就是发了置装费的，但是很难看。首先，那么一大疙瘩人，都穿一模一样的深棕色西服，这种情形少见。其次，裤子都太肥，裤裆将及膝盖。只有一位翻译小姐没穿那种裤子，但是腿上的袜子又皱皱巴巴，好像得了皮肤病。再说，纳粹早被苏联红军消灭了，大伙别那么紧张嘛。德国人又是笑人在肚子里笑的那种人，见了咱们，个个面露蒙娜丽莎式的神秘微笑。我见了气得脑门都疼。其实咱们要不是个个都有极要紧的公干，谁到你这里来受这份洋罪？痛斥了洋鬼子以后，我们也要承认，如今在世界各大城市，都有天南海北来的各种各样的人，其中国内公出的人在其中最为扎眼，和谁都不一样，有一种古怪气质，难描难画。以致在香港满街中国人中，谁都能一眼认出大陆来的表叔。这里当然有衣着的问题，能想个什么办法改变一下就好了。

域外杂谈·食

　　到了国外吃过各种各样的东西，其中有些很难吃。中国人假如讲究吃喝的话，出国前在这方面可得有点儿精神准备。比方说，美国人请客吃烤肉，那肉基本上是红色的。吃完了我老想把舌头吐出来，以为自己是个大灰狼了。至于他们的生菜沙拉，只不过是些胡乱扯碎的生菜叶子。文学界的老前辈梁实秋有吃后感如下："这不是喂兔子吗？"当然，在一个地方待久了，就会发现哪些东西是能吃的。在美国待了一两年，就知道快餐店里的汉堡包、烤鸡什么的，咱们都能吃。要是美国卖的pizza饼，那就更没问题了。但是离开美国就要傻眼。到欧洲玩时，我在法国买过大米沙拉，发现是些醋泡的生米，完全不能下咽。在意大利又买过pizza饼，发现有的太酸，有的太腥，虽然可以吃，味道完全不对。最主要的是pizza顶上那些好吃的融化的奶酪全没了，只剩下番茄酱，还多了一种小咸鱼。后来我们去吃中国饭。在剑桥镇外一个中国饭馆买过一份炒饭，那些饭真是掷地有声。后来我给我哥哥写信，说到了那些饭，认为可以装进猎枪去打野鸭子。那种饭馆里招牌虽然是中文，里外却找不到一个中国人。这种事不算新鲜，我在美国住的地方不远处，有一家饭馆叫竹园，老是换主。有一阵子业主是泰国人，缅甸人掌勺，牌子还是竹园，但是炒菜不放油，只放水。在美国我知道这种地方，绝不进去。当然，要说我在欧洲会饿死，当然是不对的。后来我买了些论斤卖的烤肉，用啤酒往下送，成天醉醺醺的。等到从欧洲回到美国时，已经瘦了不少，嘴角还老是火辣辣的，看来是缺少维生素。

咱们中国人到什么地方去，背包里几包方便面都必不可少。有个朋友告诉我说，假如没有方便面，他就饿死在从北京开往莫斯科的火车上了。

据我所知，孔夫子要是现在出国，一定会饿死，他老人家割不正不食，但是美国人烤肉时是不割的，要割在桌上割。而那些餐刀轻飘飘的，用它们想割正不大可能。他老人家吃饭要有好酱佐餐。我待的地方有个叫北京楼的中国菜馆，卖北京烤鸭。你知道人家用什么酱抹烤鸭吗？草莓酱。他们还用春卷蘸苹果酱吃。就是这种莫名其妙的吃法，老外们还说好吃死了。

孔夫子他老人家要想出国，假如不带厨子的话，一定要学会吃ketchup，这是美国人所能做出的最好的酱了。这种番茄酱是抹汉堡包的，盛在小塑料袋里。麦当劳店里多得很，而且不要钱。每回我去吃饭，准要顺手抓一大把，回来抹别的东西吃。他老人家还要学会割不正就食，这是因为美式菜刀没有钢火（可能是怕割着人），切起肉来总是歪歪扭扭。

假如咱们中国人不是要求一定把食物切得很碎，弄得很熟，并且味道调得很正的话，那就哪儿都能去了。除此之外，还能长得肥头大耳，虎背熊腰。当然，到了那种鸡翅膀比大白菜便宜的地方，谁身上都会长点儿肉。我在那边也有九十公斤，但是这还差得远。马路上总有些黑哥们儿，不论春夏秋冬，只穿小背心儿，在那里表演肌肉。见了他们你最好相信那是些爱好体育的好人，不然就只好绕道走了。

假如你以为这种生肉生菜只适于年轻人，并非敬老之道，那就错了。我邻居有个老头子，是画广告牌的，胡子漆黑漆黑，穿着瘦腿裤子跑来跑去，见了漂亮姑娘还要献点儿小殷勤。后来他告诉我，他七十岁了。我班上还有位七十五岁的美国老太太，活跃极了，到处能看见她。有一回去看校合唱团排练，她站在台上第一排中间。不过那一天她是捂着嘴退下台来的，原来是引吭高歌时，把假牙唱出了嘴，被台下第三排的人捡到了。不管怎么说吧，美国老人精神真好，我爸我妈可比不上。

假如你说，烹调术不能决定一切，吃的到底是什么也有很大关系，这我倒能够同意。除此之外，生命还在于运动。回国前半年有时间，我狠狠地练了练。顶着大太阳去跑步，到公园里做俯卧撑。所以等回国时，混在那些短期（长期的不大有回去的）考察、培训的首长和老师中间，就显得又黑又壮。结果是过海关时，人家让我等着，让别人先过。除此之外，还搡了我一把，说出国劳务的一点儿规矩也没有。当时我臊得很。现在我食不厌精，脍不厌细，躲风躲太阳地养了三年多，才算有点儿知识分子的模样了。

域外杂谈·住

　　人都是住在房子里，这是不易之理。是什么样的人就会住什么房子，恐怕有的人就体会不这么深了，这是因为房子是人造的，又是人住的。在美国，有些人住在 apartment 里面，有些人住在 house 里面，这两种东西很不一样。apartment 是城里的公寓楼，和咱们的单元楼有点儿像。所不同的是楼道里铺了红地毯，门厅里坐了位管理员。再体面一点儿的楼，比方说，纽约城里五大道（Fifth Avenue）的公寓楼，门前就会有位体面的老先生，穿着红制服给客人拉车门。这样的地方我没去过，因为不认识里面的人。从车子来看，肯定是些大款。再有就是门前有网球场，楼顶上有游泳池。不过这也说明不了什么，只说明有钱——盖房子的花了钱，住房子的更有钱。钱这种东西，我们将来会有的，我对此很有信心。再有就是阳台上没有堆那些破烂——破木头、破纸板、破烟囱，等等，这说明什么我也不知道。有一次一位认识的法国姑娘指着北京阳台上那些伤风败俗的破烂说道："北京也是座大城市，这些楼盖得也不坏，住在这里的人应该很有体面。怎么这些房子弄得像贫民窟一样？"我没接她的茬儿。

说到了 apartment，我就想起了巴黎市中心的楼房。那里面不一定是公寓房子，但是看上去有点儿像公寓楼房。灰白色的石块砌的，铅皮顶，镂花的铁窗栏，前面是石块铺的街道。到底好在哪里说不出来，但是确实好看。据此你就可以说，巴黎是一座古城，是无与伦比的花都。北京原来也是一座无与伦比的古都，它的魅力在于城墙。在美国遇到了一位老传教士，他在中国住了很多年，一见我就问起北京的城墙。我告诉他已经拆了，他就露出一副不想活了的模样。

至于 house，那是在郊区或者乡下的一座房子，或者是单层，或者是两层，里面住了一家人，house 这个词，就有家的意思。但是没有院墙。我向你保证，假设门前绿草成茵，屋后又有几棵大树，院墙那种东西就是十足讨厌。不但妨碍别人看你的花草，也妨碍自己看风景。几摊烂泥，几只猪崽子，当然不成为风景，还是眼不见为净。不过我没在外国的 house 附近见过烂泥和猪崽子。当然，这些东西哪里都会有，但是欧美人不乐意它在家附近出现。假如我对这类事态理解得对的话，house 这个词，应该译为家园，除了房子，还有一片开放的环境。会盖深宅大院的，不过是些有钱的村牛罢了。

美国的 house 必有一片草坪，大可以有几百亩，小可以到几平方米。不过大有大的坏处，因为草坪必须要剪。邻居有个家伙实在懒得弄，就用碎树皮把它盖起来，在上面种几棵罗汉松。这样看上去也不坏，有点儿森林气氛。绝对没人把草拔光了，把光光的地皮露出来，叫它下雨时流泥汤子。谁要动土盖房子，就要先运来卵石把挖开的地面盖上。这是因为边上有别人的 house。有的人的 house 有池塘，还有的人有自己大片的湖，湖水舀上来不用消毒就可以喝。不过这些就越扯越远。美国也有的地方地皮紧张，把房子盖在山上，但是不动山上的树，也不动山上的草，把房子栽到山上。然后山还是那座山，树还是那些树，属人、鸟、兽共有，不像咱们这里把什么都扒得乱糟糟，像个乱葬场。这样的事和贫富没什么大关系，主要是看你喜欢住在什么地方。顺便说一句，在美国大多数地方，小松鼠爬到窗台上是常有的事。但是在热爱家园方面，美国佬又何足道哉。欧洲人把家弄得更像样。

世界上最好的 house 是在奥地利的萨尔兹堡附近的山区，房东就是这么说的。我认为他说得有道理。造起这些房子的不是什么富人，不过是些山区的农民罢了。我去看时，见到那房子造在枞树林里。但是有关这些房子的事不能细讲，一讲我就心里痒痒，想到奥地利去连树林带房子都抢回国来。只能讲这样的一件事：我在林子边上见到一条通到农民家的小路，路上铺了一种发泡的碎石头，一尘不染。那条路铺石板或铺别的东西就没那么好看了。不过我以为荷兰的牧场、风车、沟渠、运河，等等，也是一片美丽的家园，不在奥地利之下。德国的海德堡在内卡河畔，河上有座极美丽的桥。有个洋诗人写道："老桥啊，你多次承载了我！"再接下去就说他要死在桥上。剑桥镇边有个拜伦塘，虽然只是荒郊野外的一个小池塘，但是和上个世纪拜伦勋爵跳到塘里游泳时相比，池岸上一棵草都没有少。到处绿草茵茵，到处古树森森，人到了这种地方，就感到住在这里的人对这片环境的爱心，不敢乱扔易拉罐。而生在这里的人也会爱护这里的一草一木，挖动一片泥，移动一块石头都会慎重。人不爱自己的家就无以为人，而家可不只是房门里那一点儿地方。

域外杂谈·行

　　我们（我和我太太）在美国做学生时，有一年到欧洲去旅行，这需要订美国到欧洲的来回票，还要订欧洲的火车票。这件事说起来复杂，办起来却非常简单。我们俩到学校办的旅行社去，说明了我们的要求，有一位小姐拿起电话听筒来说："你们是要最便宜的票，对吧？"然后就拨了几个电话，一切都订妥了。去时乘科威特航空公司的飞机，回来时到比利时乘美国的"人民快航"，在欧洲用欧洲铁路通票。我们只消在约定的时间，前往美国和欧洲的几个旅行机构，就可以取到一切需要的票证，完成经过十几个国家、历时一个月的旅行。这种订票的方式还是最麻烦的，假如我们有信用卡，就可以不去学校的旅行社，在家里打几个电话把一切票订好。这是六七年前的事，现在大概还是这样的吧？

　　我太太最近到非洲去开了一个国际会议——具体开的什么会，去了哪个国家，在这里就不说了。会议的议题很重要，参加会议的也是高水平的学者和活动家，从这个意义上说，会议的质量很高。但要说会议的组织，恐怕就不能这样评价。她认为自己做了一次艰巨的旅行，我也同意这种看法。首先，前往开会的地点就很不容易。这是因为来回机票都是会议组委会给订的，对方来了一个电传，告知航班的日期、换机地点，等等，却没告诉是什么航空公司。给非洲的组委会打电话，却怎么也打不通。于是她跑遍了全北京一切航空公司去打听是否有这么一张票，当然重点怀疑对象是非洲的航空公司，但是没有打听到。然后她又给非洲的组委会打电话和电传，还是打不通。从这种情形来看，她后来能够出席那个会议，纯属偶然。

等到她从非洲回来之后，告诉我当地的电话的情形是这样：当地是有电话的，比方说，她们开会的会场——一所大学，就有唯一的一部电话在门房里。假如有人给会议代表打电话，在理论上就会有一个人从门房出来，跑到宿舍，找到代表的房间叫她去接电话，这个过程大约需要一小时，与此同时，对方手拿听筒在等待。假如是越洋电话的话，电话费就要达到天文数字。但是门房里根本就没人专管听电话，所以这种事不会发生。而从非洲发出的电传看起来就如一群蚊子在天上形成的图案一样，很不容易看明白，可以想象传到那里的电传也是这样的。这就使别人几乎无法和他们联系。这样有好处，也有不好处。好处是你不会在凌晨五点被叫起来听一个由你付款的电话，这是一位去度假的同学打来的，他忘了交论文或者交学费，总之，你得替他跑一趟；坏处是外面的人没法和他们做生意。我太太说，那地方虽然是一个国家的首都，却没有什么工商业，好像一个大集市。我想，这不足为怪。

那张机票的事是这样的：组委会是给我太太订了票，却和别人订在了一起，并且用了别人的名字，所以怎么查也查不出。考虑到中国有十几亿人口这一现实，我太太最后找到了这张票并且去了非洲，实属奇迹。但是因为票来得太晚，种的疫苗还没生效，所以是冒着生霍乱和黄热病的危险去的。到了当地，一面开会，一面为回程机票而奔忙。会议的工作人员是一些和蔼可亲的非洲大婶，不管你问到谁，都告诉你应该去找另外一个谁。机场的工作人员则永远说："你明天再来吧，问题肯定能解决。"所有这些大叔大婶，工作都很辛苦，热汗直流。那些来自亚非拉的代表，个个也是热汗直流。我不知道最后她是怎么回来的，她自己也不知道。作为一个学者和作者，各种各样的经历都对她有益，所以有必要的话，她还会去那个国家。但假如是一位视时间为金钱的商人，恐怕就不会得到这样的结论。

我老婆学会了一句非洲话，不知是哪一国的，反正非洲人都能听懂："哇呀哇呀哇呀！"据说是进步的意思。"哇呀哇呀哇呀阿非利加"就是，非洲，进步呀。晚上大家跳土风舞时，就这样喊着。看起来"哇呀哇呀哇呀"十分必要。我们国家的通信、旅行条件，大概比东非国家好，但和世界先进水平比，还是很差。让我们也高呼："哇呀哇呀哇呀，China！"

域外杂谈·盗贼

　　出门在外，遇上劫匪是最不愉快的经历。匹兹堡虽然是一座比较安全的城市，但也有些不学好的男孩子，所以常能在报上看到抢劫的消息。奇怪的是我们在那里留学的头两年，从来没听说过中国人遭劫。根据可靠消息，我们都在李小龙的庇护之下。这位仁兄虽然死去好几年了，但是他的功夫片仍然在演。谁都能看出李小龙的厉害之处——在银幕上开打之前，他总是怪叫一声，然后猛然飞出一腿。那些意图行劫的坏蛋看到了，就暗暗咬指道："我的妈！遇上这么一腿，手里有枪也不管用。"外国人看我们，就像我们看他们一样，只能看出是黑是白是黄，细微的差别一时不能体会。所以在他们看来，我们个个都像李小龙。这种情形很快就发生了变化，起因是 1984 年的国庆招待会。那一天我们中国留学生全体出动，占住了学校的大厅，做了饺子、春卷等食品来招待美国人。吃完了饭，人家又热烈欢迎我们表演节目。工学院的一个小伙子就自告奋勇，跳上台去表演了一套"初级长拳"，说是中国功夫。照我看他的拳打得还可以，在学校的体育课上可以得到四分以上，不过和李小龙的功夫相比，还有很大差距。当场我就看到在人群里有几个小黑孩在扁嘴，好像很不佩服。这种迹象表明不幸的事情很快就要发生，后来它就发生了。

我们那座楼里住了七八个中国人，第一个遭劫的是楼下的小宋。这位同学和我们都不一样。1977 年高考时，他一下考取了两个学校，一个是成都体院，一个是东北工学院。最后他上了东北工学院，但是他完全有资格当运动员。因此他就相当自负。晚上到系里做实验，他完全可以开车去，但是他偏要走着去，穿过一大片黑洞洞的草坪，草坪边上还有树林子。我们都劝他小心点儿，他说不怕，打不过可以跑。这位朋友的百米速度是十一秒几，一般人追不上的。有一天夜里一点多钟，他跑回家里说遭劫了，劫匪是两个人，一个个儿高，一个个儿矮，全是黑孩子。遭劫的地点离家很近，这两个家伙估计还没走远。我们楼里也有四五个男人，听了都很气愤，决心出去找那两个家伙算账，甚至还找出了一根打棒球的棍子，想拿着去。临出门时我问小宋："你跑得快，怎么不跑呢？"他说那个个儿高的家伙手里拿了一支手枪。虽然他又补充说，那枪不像是真的，但是大家都认为不该冒险出去。除此之外，还抱怨小宋为什么不早说对方有枪。大家离家好几万公里，家里人对我们又寄予厚望，千万别有个好歹。

过了几天，我也遭了劫。劫匪只有一个，手里也没枪。他是个白人小伙子，身材没有我高，身体没有我壮，还有点儿病歪歪的。按说该是我劫他才对，但是我的确被他劫了。对这件事唯一的解释就是：我在不知不觉之中被他劫了。当时天还没大亮，我到公园里去运动。公园在一个山谷里，要经过一个木制的扶手梯，我就在那儿遇上了他。他对我说："伙计，给我点儿钱。"我告诉他说："我没带钱。"他说："让我看看你的钱包。"（混账！你凭什么看我的钱包？）我说："我没带钱包。"他说："那你兜里鼓鼓囊囊的是什么？"（岂有此理。你管得着吗？）我说："那是一盒烟。"他说："我就是要向你要根烟。"我就给了他烟，借这个机会他也看了我的口袋，里面的确没有钱包。分手之后跑了一百多米，我才想到这是打劫。顺便说一句，括弧里的话都是我后来想起来的。我当时很胖，所有的腰带都不能用了，正在跑步减肥，所以心没往别处想。当然，你要硬说我胆怯了，没敢嚷嚷，我也没话可讲。后来知道，那个公园里有人卖毒品。所以我见到的那家伙十之八九是瘾发了，想找我要钱买根大麻杀杀痛。还有人说，遇上那种瘾急了的家伙，最好给他点儿钱，否则他会扎你一刀，或者咬你一口。我想，这也不是闹着玩的，所以以后我早上跑步都绕着那个公园。

后来有一阵子，匹兹堡的坏家伙专劫中国人，因为他们听说中国学生没有信用卡，身上总有现金。遇劫的人越来越多，工学院的一位兄弟被劫时，还想给劫匪讲讲理想、人生之类，打算做点儿感化工作，结果被人家打了一拳，口眼歪斜。不过那班家伙从来不劫女生，这说明盗亦有道。但是后来出了例外，被劫的是医学院的小夏，她是匹兹堡最美丽的花朵，中国人的骄傲，也就是说，她长得漂亮极了。这件事的经过照她讲来是这样的：

那天晚上十一点左右，她和丈夫在电影院看完电影出来等公共汽车，忽然从黑地里闪出了三条黑人大汉，手持亮闪闪的手枪，厉声喝道："这是打劫！"然后就要看他们的钱包。把两个钱包都看过，把钱取走之后，公共汽车来了。那三个劫匪挥舞着手枪上了车——在这种情形之下，他们当然没兴趣上同一辆车接着看热闹，就坐下一班车回家了。根据这种说法，他们被劫实属无奈。她丈夫是个白面书生，不是三条黑人大汉的对手。更何况对方有枪，就算是穆铁柱被手枪打上一下，恐怕也要有损健康。

但是还有另一种说法。当时有一个中国人在离他们不远的另一个汽车站候车，据他说情形是这样的：晚上十一点多，电影散场了，那条街上没有什么人。小夏和她丈夫在那里候车时，站上有三条黑人大汉，没有藏在黑地里。那三个人穿得是有一点儿流气，但没有手持手枪，肩上倒扛了个长条状的东西，但既不是机关枪，又不是火箭筒，只是一架录音机。人家在那里又唱又扭，但是小夏他们没来由地发起抖来，隔着马路就听见牙齿打架。我想，这和当时有很多人遭了劫有关，也可能和汽车老不来有关。总而言之，又过了一会儿，小两口就开始商量："去问吧？"等一会儿。还是去问，好吧。于是小夏走到那几位黑兄弟面前，问道："请问你们是不是要打劫？"那几个人愣了一会儿，就阴阳怪气地笑起来："对了，我们是要打劫！"小夏又说："那你们一定要看我们的钱包了？"那些人笑得更厉害："对对，把你们的钱包拿出来！！"小夏说："钱包在这儿。"人家把钱拿走，把钱包还给她，说一声："Thank you！"就又唱又扭地找地方喝酒去了。这两种说法里我相信后一种，因为那个电影院离警察局很近，警车没地方停时就停在电影院的停车场。美国的警察大叔屁股上总挎着枪，见到劫匪可以朝他们身上打。谁要在那里打劫，一定是身上很痒，想被短鼻子左轮打上一枪。但是你要一心想送钱给人家，人家也不便拒绝。我想，自打出了这样的事，我们不但有了身上有现金的名声，还有了非常好劫的声誉，所以遇劫的人就越来越多，仿佛全美的劫匪都到了匹兹堡。但是被劫的情形越来越少有人提起，这就使人很好奇。

匹兹堡的中国留学生里有一位老金，这位仁兄和我们不一样的地方是他是老大学生，比我们大很多。所以他一听说有人遭了劫，就说："你们年轻人不行！"另外，他是朝鲜族，所以有时还说："你们汉族同学胆儿太小，净惯那些人的毛病。要是碰见我，要钱没有，要命有一条！"这些话叫人听了很不舒服，但是谁也不能反驳他。老金有一项光荣的记录，他在欧洲旅行时，有次遇上了持刀劫匪，他就舞动照相机的三脚架和对方打了起来，把劫匪打跑了。但是光有这项记录还不能让人服气。我不能说自己盼着老金遇上持枪劫匪冒生命的危险，但是我的确希望，假如遇上了那种人，老金能在劫匪的枪口下给我们"年轻人"树立一个不畏强暴的典范。后来果然有一天，有人在一家超级市场门前见到了老金，只见他手抖得一塌糊涂，嗓子里咯咯乱响，完全不正常。那人就把他搀到车里坐下，弄筒可乐给他喝了。然后一打听，老金果然遭了劫，不过情形和我们指望的不大一样。当时他正在店里逛，口渴了，就到自动售货机去买杯可乐。那地方挺偏僻。忽听乒的一声响，售货机后跳出个劫匪。那是个小黑孩，只有十二三岁的样子，手持一把小小的螺丝刀，对准了老金，奶声奶气地叫道："打劫！掏钱！！"老金脑子里一炸，只听见自己怪叫了一声："滚蛋！滚回家去！"吓得那孩子哇的一声跑了。吓退了劫匪，老金还气得要命，几乎发了羊角风。

　　后来匹兹堡的警察抓住了两个劫匪，在大学里开了新闻发布会，以后劫案就没有了。这两个劫匪就是当初劫了小宋的那两个家伙。被劫了的人都说是被这两个家伙劫了，但我不大相信。就我个人而言，我遭劫那次，就不是这两个人所为。现在我想，人活在世界上有两大义务，一是好好做人，无愧于人生一世。这一条我还差得远。另一条是不能惯别人的臭毛病，这一条我差得更远。这一条我们都差得太远了。举个例子来说吧，我住的地方（我早就回国来了）门前一条马路，所有的阴沟盖全被人偷走了。这种毛病完全是我们惯出来的。

域外杂谈·农场

　　什么地方只要有了中国人，就会有中国餐馆，这是中国人的生计。过去在美国见到的绝大多数中国人都和餐馆有关系，现在不一样了。有的人可能是编软件的，有的人可能是教书的，但是种类还是不多。物理学家说，世间只有四种力：强力，弱力，电磁力和万有引力。中国人在外的生计种类也不比这多多少。这些生计里不包括大多数中国人从事的那一种：种地。这是因为按照当地的标准，中国人都不会种地。刚到美国，遇到了一个美国老太太，叫沃尔夫，就是大灰狼的意思。她是个农民，但是不想干了，叫我教她中文，她要到中国来教书。我教她中文，她就教我英文，这是因为她拿不出钱来做学费。但是这笔买卖我亏了。我教了她不少地道的北京话，她却找了几本弥尔顿的诗叫我抑扬顿挫地念。念着念着，我连话都不会说了。沃尔夫老太太有英美文学的学位，但是她教给我的话一出口，别人就笑。这倒不是因为她的学位里有水分，而是因为时代在前进。在报纸上看到哈佛大学英美文学系老师出个论文题：论

《仲夏夜之梦》。学生不去看莎翁的剧本，却去找录像带看。那些录像带里女孩子都穿超短裙，还有激光炮。沃尔夫老太太让我给她念杨万里的诗，念完以后，她大摇其头，说是听着不像诗。我倒知道古诗应当吟诵，但我又不是前清的遗老，怎么能会？我觉得这位老太太对语言的理解到中国来教英文未必合适。最后她也没来成。

　　现在该谈谈沃尔夫老太太的生计——认识她不久，她就请我到她农场去玩，是她开车来接的。出了城走了四个多小时就到了，远看郁郁葱葱的一大片。她告诉我说，树林子和宅地不算，光算牧场是六百多英亩，合中国亩是三四千亩。在这个农场上，总共就是沃老太太一个人，还有一条大狗，和两千多只羊。我们刚到时，那狗跑来匆匆露了一面，然后赶紧跑回去看羊去了。沃尔夫老太太说，她可以把农场卖掉。这就是说，她把土地、羊加这条狗交给别人，自己走人，这是可以的。但是这条狗就不能把农场卖掉——换言之，这条狗想把土地、羊加沃尔夫老太太交给别人，自己走掉就万万不能，因为老太太看不住羊。这个笑话的结论是农场上没有她可以，没有它却不成。当然，这是老太太的自谦之辞。车到农场，她就说："要把车子上满油，等会儿出去时忘了可找不到加油站。"于是她把车开到地下油库边上，用手泵往车里加油，摇得像风一样快。我替她摇了一会儿，就没她摇得快，还觉得挺累。那老太太又矮又瘦，有六十多岁。我是一条彪形大汉，当时是三十五岁。但是我得承认，我的臂力没有她大。她告诉我说，原来她把汽油桶放在地面上，邻居就说有碍观瞻。地方官又来说，不安全。最后她只得自己动手建了个地下油库，能放好几吨油。我觉得这话里有水分，就算泥水活儿是她做的，土方也不能是她挖的。不过这话也不敢说死了，沃尔夫老太太的手像铁耙一样。后来她带我去看她的家当，拖拉机、割草机，等等。这么一大堆机器，好的时候要保养，坏了要修，可够烦人的了。我问她机器坏了是不是要请人修，她就直着嗓子吼起来："请人？有钱吗？"

后来我才知道，沃尔夫老太太这样的农夫带有玩票的性质，虽然她有农学的学位，又很能吃苦耐劳，但毕竟是个老太太。真正的个体劳动者，自己用的机器坏了，送给别人去修就是耻辱。不仅是因为钱被人赚走了，还因为承认了自己无能。后来我们到一位吊车司机家做客，他引以为自豪的不是那台自己的价值三十万美元的吊车，而是他的修理工具。那些东西都是几百件一套的，当然我们看了也是不得要领。他还说，会开机器不算一种本领，真正的本领是会修。假如邻居或同行什么东西坏了请他修，就很光荣。而自己的家什坏了拾掇不了要请别人，就很害臊。总而言之，这就是他的生计。他在这方面很强，故而得意扬扬。在美国待了几年，我也受到了感染。我现在用计算机写作，软件是我自己编的，机器坏了也不求人，都是自己鼓捣，这么干的确可以培养自豪感。

沃尔夫老太太有三个女儿，大女儿混得很成功，是个大公司驻日本的代表。这位女儿请她去住，她不肯，说没有意思。我在她家里看到了男人的袜子，聊天时她说到过还有性生活，但是她没和别人一块住。照她的说法，一个人一条狗住在一个农场上，是一种理想的生活方式。不过她也承认，这几年实是有点儿顶不住了。首先，要给两千只羊剃毛，这件事简直是要累死人。其次，秋天还要打草。除此之外，环绕她的牧场有十几公里的电网，挡住外面的狼（更准确地说是北美野狗）和里面的羊，坏了都要马上修好，否则就不得了啦。等把这些事都忙完，就累得七死八活。当时正是深秋，她地上有十几棵挺好的苹果树，但是苹果都掉在地上。她还种了些土豆，不知为什么，结到地面上来了。晚饭时吃了几个，有四川花椒的味道——麻酥酥的。我很怀疑她的土豆种得不甚得法，因为土豆不该是这种味道。远远看去，她那片墨绿色的牧场上有些白点子。走近了一看，是死羊。犄角还在，但是毛早被雨水从肢体上淋下来，大概死了有些日子了。面对着这种死羊，老太太面露羞愧之色，说道："应该把老羊杀死，把皮剥下来。老羊皮还能派上用场，但是杀不过来。"除此之外，她也不知道自己有多少只羊。因为那些羊不但在自己死掉，还在自己生出来。好在还有 Candy（她那条狗）知道。Candy 听见叫它名字，就汪汪地叫，摇摇尾巴。我在沃尔夫老太太农场上见到的景象就是这样的。

　　在美国我结识了不少像沃尔夫老太太这样的人——个体吊车司机、餐馆老板、小镇上的牙医，等等，大家本本分分谋着一种生计，有人成功，有人不成功。不成功的人就想再换一种本分生计，没有去炒股票，或者编个什么故事惊世骇俗。这些人大概就叫人民吧。美国的政客提到美国富强的原因，总要把大半功劳归因于美国高素质的人民，不好意思全归因于自己的正确领导。回了中国，我也净结识这样的人。要是有人会炒股票，或者会写新潮理论文章，我倒不急于认识。这大概是天性使然吧。

域外杂谈·中国餐馆

　　到美国第二年上一个人类学课，要交个 term paper。教授要我们去调查一群人或是一类人，写个故事出来。我跟教授说，想调查一下广东人。他说这不好，你又不是广东人。他还说，有不少中国人在餐馆打工，何不写写这个呢？开头我不大想去，后来一想，去看看也好，就到一家餐馆干了两个月，老板叫周扒皮。后来我和老板吵翻了扬长而去。这篇 paper 得了好几个 A，教授叫辛格顿，当过全美人类学主席。我扯这一大堆，是要说明自己到餐馆里打工是去做研究，不是为了挣钱。交代了这些以后，就该书归正传。我去的那家餐馆，叫作 × 厨，我在厨房里洗碗。那家店当时生意好得不得了，雇了三个厨子，大厨炒菜，二厨耍嘴皮子兼带欺负三厨，三厨整天长吁短叹。后来我和三厨混得蛮熟，我俩还搭点儿老乡。这老家伙当时有五十岁，经常喝酒，一副潦倒相。在美国也有二十多年了，一句英文不会讲。他的故事是一个匹兹堡中国男人的故事。匹兹堡不是曼哈顿，男人不是女人，所以这故事一点儿不浪漫。不仅不浪漫，还有点儿悲惨。这个三厨姓李，是山东人，从小就被国民党拉了壮丁，径直拉到了台湾，在军队里最大干到了司务长。

×厨的餐厅有点儿古怪，一进门就拐弯，先往左拐，后往右拐，简直像肠子在肚子里的模样。但是总面积可不小，能放三四十桌。装潢也是蛮好的。我说设计这餐厅的人有大学问，这叫作曲径通幽。我那位老乡说，这儿原来是个破仓库，把门口拦起来，做了春卷店，有门面没桌子。干了一些年，挣了一点儿钱，才装修一小片，卖起炒菜来。再卖一些年，才有钱又装修一小片。这么曲里拐弯，是要遮住后面的破烂。要是满墙烂纸被人看见，谁还来吃饭？十冬腊月在街面上卖春卷，呵气成烟；白天炒一天菜，半夜里再当木匠、泥水匠，这滋味可不好受。所以，什么他妈的曲径通幽，叫蚯蚓打洞更正确。这个店是我老乡花了近十年时间白手起家练出来的。他真的吃了不少苦头。不过话说回来，在美国创业，谁不吃苦头？我老乡又说，吃苦他不抱怨，就是这辈子苦吃得太多了一点儿。原来他退了役在台北开店，日子蛮不坏的，忽然来了老客，说是到纽约混吧，可以发财。绿卡包在我身上。于是我老乡拿了个旅游签证就去了。到纽约下了飞机，连时差还没转过来哪，就被按到灶上炒上菜了。人家还告诉他："可不敢出门呀！移民局正逮你这样的哪。"于是白天炒菜，晚上看店，一干十几年，别说逛街去，连日头也很少看见。

这故事讲到这里，基本上算明白了。原来这×厨曾是他的店。至于他从纽约怎么到了这儿来，也不难想象。他在纽约干了十几年后，人家给他一张绿卡说，瞧，我给你办来了，咱们两清了。我们山东人是憨厚，但不傻，知道十几年血汗换张纸片不值。所以再不能给那种人面兽心的家伙干，一定要自己闯天下。纽约中餐馆太多不好混，就到匹兹堡来了。在这里当大厨，但是给自己干。

有关我自己，还没有给你做个介绍。我插过队，到过兵团，当过工人，什么活儿都干过。照我看，在美国当厨子是最累的。假如他做两顿饭的话，上午九点多就到店里了，收拾厨房，备菜，忙忙叨叨，到十点多就开炒，一直炒到一点多，收拾厨房，给员工做一顿饭，就到夜里两点多了，这是顺利的一天。假如有个把客人屁股沉，坐在店里不走，也不能撵人家走，顶多去多问几次："先生，您还要点儿什么？"这样能弄到早上四点。假如卫生局来查店，那就要通宵挑灯大战。卫生局的还老来，逼得你撅着屁股钻到灶台下面用钢丝刷子刷油泥。据我统计，这些厨子每天总要干十五个钟点，烈火烤，油烟熏，而且没有星期天。要是给别人干，每月还可以向老板请两天假，给自己干就什么都没了。虽然外面是花花世界，也没工夫去看。与此同时，什么生命呀，青春哪，就如一缕青烟散去了。这么苦熬，总要图个什么吧。×厨里三个厨子，大厨快七十了，现在不是给儿子攒，是给孙子挣学费。一说起养活了一大堆儿孙，也蛮有自豪感。二厨坚持到月底，请了假就驱车直扑新泽西赌场，把钱输光了就回来。不管怎么说，这么活着也算有点儿刺激。只有这位老乡，前李老板，他自己也不知为什么要熬下去。

李老板说，他到匹兹堡来创业时，是三十多岁，光棍一条，上无父母，下无妻儿，一辈子苦惯了，也不觉得干活儿苦。这话有点儿不对头，他哪里来的这么高觉悟？我还不明白的是他开餐馆，不懂英文成吗？一说到这里，我老乡就有点儿羞答答。原来他开餐馆时，是和个意大利女人搭一伙。有一阵他还能讲点儿意大利话，是在纽约学的。纽约唐人街就靠着小意大利，中国大厨认识意大利姑娘不稀奇。也不知怎么的，人家就和他私奔了。这件事有点儿浪漫色彩。奔到了匹兹堡，我老乡拿出毕生积蓄和吃奶的力气开起店来，那娘们儿只管收银。原来是爱情的力量支持他创业。除此之外，他还开了洋荤。我老乡说，就甭追问了。女人都是毒蛇，色字头上一把刀。

对于意大利，我也略有所知。意大利风光秀丽，意大利姑娘漂亮。我们到意大利去玩，被人偷走了钱包和相机。找警察报案，他说偷了就偷了，不偷你们外国人偷谁？咱们的同胞杨传广，到罗马参加奥运会，本来该拿金牌，被一个意大利姑娘瞄上，破了他的童子功，结果只拿了铜牌，金牌被意大利拿走了。这说明意大利人惯使美人计。杨传广是中华田径史上不世出的奇才，号称十项铁人，着上了还一败涂地，何况区区李老板。李老板说，开头那个意大利女人是真心跟他好，满嘴都是 sweet heart。这件事也可能是真的。谁都知道中国饭好吃，厨房里难闻；炒一天菜，一身的油腥味，怎么洗都洗不去。再说，在美国做久了的厨子，脸色全惨黄，和熟透了的广柑皮相似。我很怀疑油烟会和脸皮起化学反应，产生深黄的生成物。再加上他一天要干十八小时的活儿，到了床上准不大中用。假如有浪漫爱情，这些都算不了什么。他店里生意虽好，却缺少现钱，甚至到了没钱买菜，去买便宜货的地步。在美国干餐饮，最忌讳的就是这个，一片烂菜叶就能毁一个店。不像现在北京的小饭馆，见到农民大哥来吃饭，就把筋头筋脑大肥肉往菜里炒。到了这个地步，他该打听打听了。一打听就打听出来，这女人在外面开了个 pizza 店，店里还有个意大利裔的小白脸。我对我老乡说，这小白脸没准是从纽约跟来的。我老乡一听就翻了脸，差点儿拿菜刀砍我。

我在×厨做了两个月，却好像有好几年。因为总是没完没了地洗盘洗碗倒垃圾。除此之外，还有个虐待狂二厨，刻薄无比的老板周扒皮，老憋不住想啐他们一口。我每周只做两晚都度日如年，更何况李老板整天待在他以前拥有的店里。他未老先衰，手脚都慢，周扒皮说，收留他是做好事，所以不能给他太多工钱。因为以上原因，我老乡又来找我聊。我俩下了班要去等公共汽车。黑更半夜的，一等就是一两个小时车不来。他发誓说，那个意大利姑娘原来对他是真心的，后来才变了。后来那个姑娘说，要离开他了，但是不要他的钱。除此之外，她还给他找了个老婆，是个秘鲁人。这女人也说不上是白人、黑人还是红种人，因为南美人血统最杂。他听不懂西班牙文，她听不懂中文，而美国通用的语言英文，两人都一窍不通。有件事不说话也能干，他们就干起来，孩子接二连三生出来。一个个黑又不黑，黄又不黄，简直奇形怪状。还有一桩古怪，那些孩子全讲他妈的话，一句中文也不讲。他一回家，就陷入无言的围观之中。这种气氛叫人毛骨悚然。只有揍哭几个，心里才能好受一点。他告诉我说，看着一屋小崽子，简直不知自己干了些什么。

我老乡告诉我说，那个意大利女人给他介绍了老婆，就离开了他的店，果然没拿一分钱。底下的事也不难想象，过了些时候，各种各样的人就拿了有他本人签字的有效文件出现了，那女人以×厨李老板的名义借了许多钱，把店卖了也还不清。这些字是他签的，可他并不知道签了是干什么的。到了这地步，他还爱着她，觉得为了爱情损失了毕生积蓄，也算是个题目吧。直到有一天灵机一动，找了个懂西班牙文的中国人来盘问了一下他老婆，结果不出所料，这秘鲁人原本是个难民，没有绿卡，和李老板结婚同时才拿到的。为了撮合这桩婚姻，那位可爱的意大利女人收了不少介绍费。知道了这件事后，他才不爱她了。

我离开×厨不久，李老板就被周扒皮开掉了。后来他就蹲在家里喝闷酒，因为他的确老了，没有中国饭馆肯雇他。这个故事也是老生常谈，我一直懒得把它写出来。现在忽然写了出来，乃是有感于坊间的各种美国故事。这故事的寓意是提醒诸君，假如你想到美国发财，首先最好是女人而不是男人；其次一定要去曼哈顿，千万别去别的地方。

前面提到×厨的老板叫周扒皮。这位仁兄长一张刀子脸，一看就是个刻薄人。他舍不得给员工好东西（当然也舍不得多给钱），大家恨他恨得要命。有人跑到厨房里，抓起生虾生鱼就吃，理由是不能便宜了周扒皮，但结果是往往把自己泻到脸尖尖的。据说还有人在 × 厨的厨房里生吃鸡腿，连骨头都嚼成渣咽下了肚，但是我没看见，不能确认。有一回他去纽约几天，不在家里，门上被人用黄油漆大书"周扒皮"。那家餐馆后来变得七颠八倒，没个生计的模样。我在那里干得不长，就和周扒皮闹翻了，换了一家餐馆来干。这一家算是个老字号，有十来年的历史。老板和我岁数差不多，姓 Y。他那家店在一个犹太人聚居区，一点儿也不繁华。他也不做广告，所以除了住在那个社区的人，别人都不大知道。那是一座黑色的玻璃房子，假如门上不写那几个中国字，就不像中国餐馆。店里雇的人也杂得很，有中国人，韩国人，还有高鼻梁的美国人。原来他那家店是谁想去干都可以的。有一回一个韩国女孩子，本人是艺术家，不缺钱的，却发现 Y 老板是个光棍汉，狠下心来到他店里刷了几个月的碗，但是 Y 老板装傻充愣地不上钩，气得那女孩背地里咬牙切齿地说他是 pervert（性变态）。又过些日子，发现他还不来上钩，她就不来了。

Y 老板的店堂里有一幅宣纸写的《波罗蜜多心经》。这段经文最通俗了，《西游记》里全文抄录，我十六岁时一张嘴就能带出几句来："揭谛！揭谛！波罗揭谛！"，等等。所以看了那经，也没有什么特殊的感觉，只是觉得 Y 老板怪逗的，还把它写了出来。后来有一天，有个新搬来的老犹太到店里来吃饭，Y 老板炒完了菜，就跑出去和他聊起来，说起大家共同的地方——都要挣钱、吃饭，等等。最后说，大家都信教，只是你们信犹太教，我信佛。这经就是用我的血写的。该犹太一听，马上起来，对着经文立正，请 Y 老板给他念了一遍。临走时，还和他握手说："Y 老板，我很尊敬你，过几天介绍几个朋友来。"后来才知道，这经还真是用 Y 老板的血写的，而且是舌头上割出的血。写完经还剩了半碗，又写了几个大字"身为中国人而自豪"，挂在旁边。这里面没有一点儿玩世不恭的态度。他就是这么挺严肃地告诉洋人："作为中国人，我和你们不一样，但是作为人，和你们是一样的，完全可以信任。"这也是一种生计。

这位 Y 老板同时也是大厨，炒四川菜和北京菜。我祖籍四川渠县，北京长大，依我看他炒的相当像川菜，又有点儿像京菜。就是这样，还常有客人说宫煲菜里辣椒煳了。所以美国那地方把菜做地道了行不通。每天从早到晚，也是要干十五个钟点。据我所知，虽然入了美国籍，他在台湾也算个干部子弟哩。何况他在美国拿到了建筑学硕士学位，满可以找个建筑师的事干干。说实在的，给我他那份钱我要，让我干他的事我不干——在此顺便说说我自己，过去我也极能吃苦，十六岁就跑到云南去开荒，一天干十六七个钟点的时候都有。如此干了几年，临走时一看，没开出什么田来，反而把所有的山全扒坏了，一下雨又是泥又是水，好像在流屎汤子。从此就相当地懒，从不给钱也拼命干变到不缺钱就不干——所以我就问他。他说，干这个餐馆是应该的。有这么个店，就帮了好多人，当然也帮了他本人。当时在那个店里干活儿的人可真不少，还有国内名牌大学来的副教授呢。不过这个帮字听起来还是蛮别扭。Y 老板也知道剩余价值学说，所以他想让我说说在 × 厨的遭遇，就这么说："小波，谈谈你在周扒皮手下是怎么受压迫的——"他就是不说受剥削。不过应该给他个知耻近勇的评价，因为他干起活儿来身先士卒，炒完了菜，就帮二厨倒垃圾，帮我刷碗，同时引吭高歌。当时他手下国内来的颇多，你猜猜他唱什么吧——《大海航行靠舵手》。唱完了还说："这歌不坏，有调。"晚上打烊后，大鱼大虾炒一顿给大家吃，并且宣布："我是 Y 老板，不是周老板。"他就是这么笼络员工的。

不管 Y 老板怎么看自己，我还要说他有一切老板的通病。假如没有客人来，前厅的女招待（都是留学生）找个地方坐下来，掏出课本来看，他就阴沉着脸。这种时候你必须站着，对准店外做个翘首以望的样子，他看了才喜欢。这是他小心眼的一面。也有手面大的一面：每年总有一天，他到公园里租一片地方，把一切在他店里做过的人和一切熟客、邻居都请来吃顿烤肉。他还能记住好多熟客的生日，在那些日子里，献上他免费的敬菜。他是做熟客生意的。所以每位客人都是他生活里不能忘记的一件事——他也希望自己和自己的店成为别人生活里不被遗忘的一件事。这是他的生计。要做到这一点，就要以礼待人，还要本分。

　　附言：这篇文章中的大部分内容是我亲耳听来的，我来担保到我耳朵以后的真实性。至于杨传广在罗马被人破了童子功以致痛失金牌，是在纽约的华文报纸看来的。我对体育一窍不通，人家怎么说，我就怎么信了。特此声明。

写给新的一年（1996年）

　　我们读书、写作——1995年就这样过去了。这样提到过去的一年，带点儿感慨的语调，感叹生活的平淡。过去我们的生活可不是这样平淡。在我们年轻时，每一年的经历都能写成一本书，后来只能写成小册子，再后来变成了薄薄的几页纸。现在就是这样一句话：读书、写作。一方面是因为我们远离了动荡的年代，另一方面，我们也喜欢平淡的生活。对我们来说，这样的生活就够了。

　　九十年代之初，我们的老师—— 一位历史学家——这样展望二十一世纪：理想主义的光辉已经暗淡，人类不再抱着崇高的理想，想要摘下天上的星星，而是把注意力放到了现实问题上去。当一切都趋于平淡，人类进入了哀乐中年。我们都不是历史学家，不会用这样宏观的态度来描述世界，但这些话也触动了我们的内心。过去，我们也想到过要摘下天上的星星，而现在我们的生活也趋于平淡。这是不是说，我们也进入了哀乐中年？假设如此，倒是件值得伤心的事。一位法国政治家说过这样一句话：一个人在二十岁时如果不是激进派，那他一辈子都不会有出息；假如他到了三十岁还是个激进派，那他也不会有什么大出息。我们这样理解他的话：一味地勇猛精进，不见得就有造就，相反，在平淡中冷静思索，倒更能解决问题。

很多年轻人会说："平淡的生活哪里有幸福可言？"对此，我们倒有不同的意见。罗素先生曾说："真正的幸福来自建设性的工作。"人能从毁灭里得到一些快乐，但这种快乐不能和建设带来的快乐相比。只有建设的快乐才能无穷无尽，毁灭则有它的极限。夸大狂和自恋都不能带来幸福，与此相反，它正是不幸的源泉。我们希望能远离偏执，从建设性和创造性的工作中获取幸福。创造性工作的快乐只有少数人才能获得，而我们恰恰有幸得到了渴望获得这种快乐的机会——那就是做一个知识分子。

转眼之间，我们从国外回来已经快八年了。对于当初回国的决定，我们从没有后悔过。这丝毫不说明我们比别人爱国。生活在国内的人，对祖国的感情反倒不像海外学人表现得那么强烈。假如举行爱国主义征文比赛，国内的人倒不一定能够获奖。人生在世，就如一本打开的书，我们更希望这本书的主题始终如一，不希望它在中途改变题目——到外文化中生活，人生的主题就会改变。与此同时，我们也希望生活更加真切，哪怕是变得平淡也罢，这就是我们回国的原因。这是我们的选择，不见得对别人也适用。

假如别人来写这篇文章，可能是从当前的大好形势谈起，我们却在谈内心的感受。你若以为这种谈法层次很低，那也不见得。假如现在形势不大好，我们也不会改变对这个国家的感情。既然如此，就不急着提起。顺便说说，现在国家的形势当然是好的。但从我们的角度看来，假如在社会生活里再多一些理性的态度，再多一些公正和宽容，那就更好了。

　　随着新年钟声响起，我们都又长了一岁。这正是回顾和总结的时机。对于过去的一年，还有我们在世上生活的这些年，总要有句结束语：虽然人生在世会有种种不如意，但你仍可以在幸福与不幸中做选择。

写给新的一年（1997年）

又到了新的一年。一年年地过得真快。转眼之间，四十多年就过去了，真让人不敢相信。在新年来临之际，本来该讲点儿凑趣的话，但我偏偏想起自己见过的种种古怪事来。我小的时候，大概是六七岁时吧，见过一件有趣的事：当时的成年人都在忙着做一种叫作"超声波"的东西。比我年长的人一定记得更清楚：用一根铁管砸出个扁口来，再在扁口的尖上装上刀片。据说冷水从扁口里冲出来，射在刀片上，就能产生振荡，发出超声波来，而超声波不仅能蒸馒头，更能使冷水变热。假如这超声波能起作用，那么我们肯定不会缺少热水——何止是不会缺少热水，简直是可以解决一切能源问题。那时公共澡堂的浴池里到处埋伏着这种东西，去洗澡时可要小心，一不留神就会把屁股割破，水会因此变红，但也没因此变热——到现在我们洗热水澡还要用煤气来烧，看来这超声波是不起作用的——这也没有什么。奇怪的是，这件事就没了下文，再也没人提，好像是我自己梦到了这件东西，就是这件事让我感到奇怪。

　　另一件事情发生在二十多年前，当时我是个知青，从乡下回来，凌晨赶头一班电车回家。走出胡同口，那儿有家小医院。在朦胧的曙光里，看到好多人在医院门前排队。每个人都挎了个篮子，篮子盛着一只雄赳赳的大公鸡。当时我以为那家医院已经关了门，把房子让给了禽类加工站，这些人等着加工站的人帮他们宰鸡。谁知不是的，他们在等医院的人把鸡血抽出来，打进他们的血管里。据说打过鸡血之后，人会变得精神百倍，返老还童。排队的人还告诉我说，在所有的动物中，公鸡的精神最旺，天不亮就起来打鸣，所以注射公鸡血会有很神奇的作用——但我不明白起早打鸣有什么了不起，猫头鹰还整夜不睡呢。那一阵子，每天早上五点钟我准会被打鸣声吵醒，也不知是鸡打鸣还是人打鸣——假如打鸡血会使人精神旺盛得像只公鸡，可能他也会在五点钟起来打鸣，这样就省了闹钟了。当然，这件事也没了下文，忽然间，没人再打鸡血，也没人再提到打鸡血的事，又好像是我在做梦。

　　假如我不是从六岁起就在做梦，一直梦到了如今，这两件事情就值得在岁末年初时提起：我记得人们一直在发明各种诀窍，企图用它们解决重大的现实问题。用小煤炉子炼钢，用铁管做超声波哨子，用这些古怪的方法解决现代工业才能解决的问题。把鸡血打进血管，每天喝掉好几盆凉开水，早上起来站在路边甩手不休，用这些方法解决现代医学解决不了的问题——既然说到了甩手，就不如多说几句。有一阵子盛传甩手治百病，到处都是站着甩手的人，好像一些不倒翁。可能你也甩过，只是现在不记得了。忽然间就不让甩了，据说有个恶毒的反革命分子发明了这种动作，以此来传达一种恶毒的寓意：让全国人民都甩手不干了……现在最新的诀窍是，假如你得了癌症，不必去医院，找个大气功师来，他可以望空抓上一把，把这个癌抓出来。这些诀窍在科学面前，只能用古怪二字来形容。但我说到的这些还不是最大的古怪。最大的古怪是在知识的领域里……

　　不知道人们记不记得，"文化革命"里有过一个工农兵学哲学的浪潮。据说哲学就是聪明学，学了哲学人就会变得很聪明，可以解决一切问题。假如真能耐着性子把哲学学会，人也许能够变得聪明一些。但当时的人学的并非真正的哲学，而是一些很简单的咒语和小诀窍。怀疑这些诀窍是很不聪明的：你会被打成落后分子，甚至是反革命。我虽然很革命，但总不相信在这些咒语里包含了很多的聪明。不管怎么说吧，这种古怪就这样诞生了。时至今日，文化人总在不断地发现新的咒语和诀窍，每发现一个，就像电影《地雷战》里那个反面角色那样兴冲冲地奔走相告："地雷的秘密我知道了！"在这种一惊一乍的气氛中，我们知道了"第三次浪潮""后现代"，还知道了不管说点儿什么，都要从文化的角度去说；只要从这个角度去说，那你就是很聪明的。作为一个知识分子，我对文化、浪潮等抱有充分的尊敬，对哲学和文化人类学也很有兴趣。我不满意的只是在知识领域里的这种古怪现象，它和超声波哨子、打鸡血是同一类的东西。热起来人人都在搞，过后大家都把它忘掉。最后只剩下我一个人记着这些事情，感觉很是寂寞。

　　我说起种种古怪的事来，总该有个结论。据我所见，诀窍和真正的知识是不同的。真正的知识不仅能说明一件事应该怎样做，还能说明为什么要这样做。而那些诀窍呢，从来就说不出为什么，所以是靠不住的。能使人变聪明的诀窍是没有的。倒是有种诀窍能使人觉得自己变聪明了，实际上却变得更笨。人应该记住自己做过的聪明事，更该记得自己做的那些傻事——更重要的是记住自己今年几岁了，别再搞小孩子的把戏。岁末年初，总该讲几句吉利话：但愿在新的一年里，我们能远离一切古怪的事，大家都能做个健全的人——我实在想不出有什么话比这句话更吉利。